Die Inhaltskontrolle von Allgemeinen Arbeitsbedingungen anhand der §§ 305 ff. BGB

Zivilrechtliche Schriften

Beiträge zum Wirtschafts-, Bank- und Arbeitsrecht

Herausgegeben von Peter Kreutz und Dieter Reuter

Band 52

PETER LANG

Frankfurt am Main · Berlin · Bern · Bruxelles · New York · Oxford · Wien

Malte Kriebitzsch

Die Inhaltskontrolle von Allgemeinen Arbeitsbedingungen anhand der §§ 305 ff. BGB

PETER LANG
Internationaler Verlag der Wissenschaften

Bibliografische Information der Deutschen Nationalbibliothek
Die Deutsche Nationalbibliothek verzeichnet diese Publikation in der Deutschen Nationalbibliografie; detaillierte bibliografische Daten sind im Internet über <http://www.d-nb.de> abrufbar.

Zugl.: Kiel, Univ., Diss., 2007

D 8
ISSN 0941-147X
ISBN 978-3-631-57344-0

www.peterlang.de

Vorwort

Die vorliegende Arbeit wurde von der Rechtswissenschaftlichen Fakultät der Christian-Albrechts-Universität zu Kiel im März 2007 als Dissertation angenommen.

Mein Dank gilt zunächst Herrn Professor Dr. Dieter Reuter, der die Anregung zu dieser Arbeit gab und der ihre Aufnahme in diese Schriftenreihe befürwortete. Ihm und Herrn Professor Dr. Hartmut Oetker danke ich zudem für die zügige Erstattung der Gutachten.

Ferner gilt mein Dank dem Land Schleswig-Holstein, das diese Arbeit mit einem Promotionsstipendium unterstützt hat. In diesem Zusammenhang danke ich auch Herrn Prof. Dr. Dieter Reuter und Herrn Prof. Dr. Peter Kreutz für die meine Förderung befürwortenden Gutachten.

Für stets hilfreiche Hinweise und Anregungen sowie für die Mühen des Korrekturlesens danke ich Liv Heimbach.

Meinen Eltern möchte ich abschließend meinen ganz besonderen Dank aussprechen. Sie haben mich stets und in jeder Hinsicht unterstützt und mir bei der Verwirklichung meiner Ziele geholfen.

Kiel, im Juni 2007

Malte Kriebitzsch

Inhaltsverzeichnis

1. Kapitel: Einleitung

Mit dem „Gesetz zur Regelung des Rechts der Allgemeinen Geschäftsbedingungen“[1], das am 01.04.1977 in Kraft trat, hat der Gesetzgeber den im Privatrecht geltenden Grundsatz der Vertragsfreiheit in Bezug auf den Vertragsinhalt über die im BGB vorgesehenen Schranken hinaus weiter eingeschränkt. Von diesem Eingriff ausgenommen wurde damals mittels der sogenannten Bereichsausnahme in § 23 Abs.1 AGBG unter anderem auch das Arbeitsrecht. Mit dem Gesetz zur Modernisierung des Schuldrechts wurde das AGBG in das BGB eingegliedert. Einhergehend damit erfolgte die Streichung der in § 23 Abs.1 AGBG enthaltenen Bereichsausnahme für den individualrechtlichen Teil des Arbeitsrechts. In § 310 Abs.4 BGB heißt es jetzt nur noch: „Dieser Abschnitt findet keine Anwendung bei Verträgen auf dem Gebiet des Erb-, Familien- und Gesellschaftsrechts sowie auf Tarifverträge, Betriebs- und Dienstvereinbarungen“.

Die Herausnahme des Arbeitsrechts aus der Anwendbarkeit des AGBG gemäß § 23 Abs.1 AGBG hatte der Gesetzgeber seinerzeit damit begründet, dass ein Schutzbedürfnis der Arbeitnehmer wegen des bereits vorhandenen Schutzsystems bestehend aus zwingenden Vorschriften und wegen des Systems der kollektivrechtlichen Vereinbarungen nicht bestehe. Falls doch noch Verbesserungen des Schutzes notwendig sein sollten, sollten entsprechende gesetzgeberische Maßnahmen ergriffen werden[2]. Zu einer solchen Maßnahme hat der Gesetzgeber in der über zwanzigjährigen Geschichte des AGBG allerdings nie gegriffen. Auch im Rahmen des Gesetzgebungsverfahrens bezüglich des Gesetzes zur Modernisierung des Schuldrechts sahen sowohl der Gesetzentwurf der Fraktionen von SPD und Bündnis 90/Die Grünen vom 14.05.2001 als auch der der Bundesregierung vom 31.08.2001 noch eine Beibehaltung der Bereichsausnahme vor[3]. Erst durch die Stellungnahme des Bundesrates zum Regierungsentwurf wurde die Änderung eingeleitet. Mit der Begründung, dass das BAG über §§ 242, 315 BGB bereits eine der Regelung des § 9 AGBG entsprechende Kontrolle von Arbeitsvertragsbedingungen vornehme, bat der Bundesrat um die Prüfung, ob die Ausnahme für das Arbeitsrecht noch sachgerecht sei[4]. Die Bundesregierung nahm diesen Gedanken auf und schlug in ihrer Gegenäußerung eine der heutigen Fassung des § 310 Abs.4 BGB annähernd entsprechende Fassung vor[5]. Als Begründung führte sie an, aus dem Fall-Material der Rechtsprechung des BAG ergebe sich, dass ein ausreichender Schutz der Arbeitnehmer vor unangemessenen

1 Im folgenden AGBG genannt.
2 BT-Drs.7/3919 S.41.
3 BT-Drs.14/6040 S.12, 160; BT-Drs.14/6857 S.5.
4 BT-Drs.14/6857 S.17.
5 BT-Drs.14/6857 S.53.

Vertragsbedingungen nicht gewährleistet sei. Die bezüglich der Inhaltskontrolle von Arbeitsvertragsbedingungen über §§ 242, 315 BGB herrschende Uneinheitlichkeit in der Rechtsprechung der einzelnen Senate des BAG und die damit verbundene Rechtsunsicherheit solle mit der Streichung der Bereichsausnahme beseitigt werden. Damit solle auch eine Angleichung des Schutzniveaus der Vertragsinhaltskontrolle im Arbeitsrecht an das des Zivilrechts erreicht werden[6]. Diese Begründung wurde vom Rechtsausschuss in der Begründung seiner Beschlussempfehlung vom 25.09.2001 geteilt[7]. Auf den Punkt gebracht liegen der Streichung der Bereichsausnahme mithin drei Aspekte zu Grunde: Schutzbedürftigkeit der Arbeitnehmer, Schaffung von Rechtssicherheit und Angleichung des arbeitsrechtlichen Schutzniveaus an das Zivilrecht.

Mit der Verkündung des Schuldrechtsmodernisierungsgesetzes im Bundesgesetzblatt am 29.11.2001[8], seinem Inkrafttreten am 01.01.2002 und seiner Anwendbarkeit für vor diesem Datum geschlossene Dauerschuldverhältnisse ab dem 01.01.2003 gemäß Art.229 § 5 S.2 EGBGB hat das Recht der allgemeinen Geschäftsbedingungen nun im Arbeitsrecht Einzug gehalten. Die Auswirkungen dieser Neuerung im Arbeitsrecht sollen Gegenstand dieser Arbeit sein. Dabei soll eine Antwort auf die Frage gefunden werden, ob der Gesetzgeber mit seiner Maßnahme die von ihm verfolgten Ziele erreicht hat beziehungsweise erreichen wird. Zunächst werden dafür in Kapitel 2 die beiden Regelungswerke „Allgemeine Geschäftsbedingungen (AGB)“ und „Allgemeine Arbeitsbedingungen (AAB)“ vergleichend untersucht[9]. Anschließend wird in Kapitel 3 der Anwendungsbereich der §§ 305 ff. BGB im Arbeitsrecht dargestellt und damit aufgezeigt, wie weitgehend die potentielle Veränderungskraft der Gesetzesänderung für die Arbeitsvertragsgestaltung ist. In Kapitel 4 soll dann der Frage nachgegangen werden, welche Auswirkungen die §§ 305 ff. BGB tatsächlich auf die zukünftige Vertragspraxis im Arbeitsrecht haben. Abschließend werden in Kapitel 5 die Ergebnisse dieser Arbeit zusammengefasst und resümiert, inwieweit der Gesetzgeber mit der Inhaltskontrolle von Arbeitsverträgen anhand der §§ 305 ff. BGB eine sachgerechte Lösung gewählt und mit dieser seine Ziele erreicht hat.

6 BT-Drs.14/6857 S.54.
7 BT-Drs.14/7052 S.189.
8 BGBl. I S.3138 ff.
9 Im Folgenden nur noch AGB und AAB genannt.

2. Kapitel: Vergleich der Regelungswerke AGB und AAB

Auf den ersten Blick scheinen AGB und AAB weitgehend identisch zu sein. Es handelt sich bei beiden Regelungswerken um Vertragsbedingungen, die für eine Vielzahl von Verträgen vorformuliert und auf Initiative einer Vertragspartei in den Vertrag mit aufgenommen worden sind. In der Vertragspraxis, auch in der arbeitsrechtlichen, stellt diese Art der Vertragsgestaltung den Normalfall dar. Die Streichung der Bereichsausnahme mit der Folge, dass beide Regelungswerke grundsätzlich - die Bedeutung des § 310 Abs.4 S.2 1.HS BGB wird noch zu klären sein - auf gleicher gesetzlicher Grundlage nach den §§ 305 ff. BGB einer Vertragskontrolle unterliegen, erscheint vor dem Hintergrund dieses äußeren Erscheinungsbild eine längst überfällige Konsequenz zu sein.

A. Unterschiedliche Vertragssituationen

Freilich kann der äußere Eindruck nie entscheidend sein. Im vorliegenden Fall bestätigt dies ein Blick hinter die Fassade auf die den Vertragsschlüssen zu Grunde liegenden Situationen.

I. Vertragssituation bei Verwendung von AGB

Zunächst soll die Vertragssituation bei der Verwendung von AGB betrachtet werden. AGB im herkömmlichen Sinne des AGBG sind Vertragsbedingungen rein bilateraler Austauschverhältnisse[10]. Das AGBG war für Verträge konzipiert, bei denen sich die Vertragspartner mit entgegengesetzten Interessen gegenüber stehen, also daran interessiert sind, den Leistungsaustausch zu für sie möglichst guten Konditionen vollziehen zu können. Die Interessen des anderen Vertragspartners spielen dabei keine Rolle. Der Kunde würde die Leistung des Verwenders am liebsten zu „Schleuderpreisen" erhalten, auch wenn das die Konsequenz hätte, dass eine solche Preisgestaltung den Verwender in die Insolvenz treiben würde. Ein vergleichbares Denken findet sich auch auf der Verwenderseite. Ob der Kunde sich bei dem Geschäft hoch verschuldet, interessiert den Verwender, wie sich beispielsweise den von vielen Verkäufern angebotenen Finanzierungsmöglichkeiten entnehmen lässt, nicht. Neben diesem Interessengegensatz kennzeichnet ein weiterer Umstand die Verträge, auf die das AGBG zugeschnitten gewesen ist. Die Vertragsverhältnisse beschränken sich auf die beiden Vertragspartner, ohne sich auf andere vom Verwender abgeschlossene Vertragsverhält-

10 *Reuter*, FS 50 Jahre BAG, S.177 (183).

nisse auszuwirken. Zur Verdeutlichung sei der Kaufvertrag über eine Kaffeemaschine angeführt. Die Kaufverträge mit Kunde 1 und Kunde 2 bezüglich einer Maschine der selben Marke stehen völlig unabhängig nebeneinander. Kunde 1 und Kunde 2 werden sich in ihrer Eigenschaft als Vertragspartner des Verwenders der AGB höchstens im oder vor dem Ladengeschäft des Verwenders begegnen. Aber selbst die Möglichkeit dieses rein tatsächlichen Kontakts ist in Zeiten des Versand- und Internethandels nicht mehr selbstverständlich. Kunde 1 wird also im Zweifel nicht erfahren, wenn der Verwender dem Kunden 2 aufgrund dessen besonderen Verhandlungsgeschicks eine Packung Filtertüten zur Kaffeemaschine hinzugibt. Noch unwahrscheinlicher ist dies, wenn der Verwender auf der Ebene der AGB einem Wunsch des Kunden 2 nachgibt.

II. Vertragssituation bei Arbeitsverträgen

Bei Arbeitsverträgen ist die Ausgangslage hingegen eine andere. Zwar haben auch die Arbeitsvertragsparteien ein Interesse daran, zu möglichst guten Konditionen ihre jeweilige Leistung zu erbringen. Insofern besteht im Arbeitsvertrag ebenfalls ein Interessengegensatz. Jedoch steht hinter diesem Interessengegensatz auch ein gemeinsames Ziel, nämlich die Sicherstellung eines produktiven und sich rentierenden Betriebs[11]. Seine nahliegende Begründung findet diese Gemeinsamkeit in dem Faktum, dass davon sowohl die Rendite des Arbeitgebers als auch die Sicherheit der Arbeitsplätze der Arbeitnehmer abhängen[12]. Die stärkste Ausprägung der gemeinsamen Interessen wird dabei in solchen Betrieben erreicht, in denen eine Gewinnbeteiligung der Arbeitnehmer erfolgt. Um das gemeinsame Ziel zu erreichen, ist es sowohl Arbeitnehmer als auch Arbeitgeber verwehrt, die Interessen ihres Vertragspartners gänzlich zu missachten. Der Arbeitgeber muss die Interessen des Arbeitnehmers berücksichtigen, um den Arbeitnehmer nicht zu demotivieren und so eine sogenannte innere Kündigung zu provozieren[13]. Auf der anderen Seite müssen die Arbeitnehmer die auf die Produktivität und Rentabilität gerichteten Interessen des Arbeitgebers beachten, um den erfolgreichen Fortbestand des Betriebs nicht zu gefährden. Neben diesem gemeinsamen Interesse der Vertragsparteien weisen Arbeitsverträge noch einen weiteren Unterschied zu den bilateralen Austauschverträgen auf, für die das AGBG konzipiert war. Die Arbeitnehmer als Vertragspartner des die AAB verwendenden Arbeitgebers bilden als Belegschaft des Betriebs, unabhängig davon, welchen Rechtscharakter man dem Arbeitsverhältnis beimisst, eine Gemein-

---

11 Zu den Folgerungen daraus für die dogmatische Betrachtung der Arbeitsverhältnisse vgl. nur *Boysen*, S.171 ff., 229 ff.

12 *Zöllner/Loritz*, S.156.

13 *Reuter*, ZfA 1993 S.221 (236).

schaft[14]. Einer solchen liegt von Natur aus das Bedürfnis nach gleicher Behandlung zu Grunde[15]. Zwar besteht, solange der Arbeitnehmer noch nicht Mitglied dieser Gemeinschaft ist, keine Rechtspflicht zur Gleichbehandlung. Die Vertragsfreiheit geht bei Abschluss des Arbeitsvertrages insoweit konsequenter Weisevor[16]. Jedoch sorgt das Bedürfnis nach gleicher Behandlung dafür, dass sich eine individuell getroffene Regelung mit einem Arbeitnehmer auch auf die Arbeitsverhältnisse mit den anderen Arbeitnehmern auswirkt. Die vom Arbeitgeber mit seinen Arbeitnehmern eingegangenen Arbeitsverhältnisse stehen daher nicht isoliert nebeneinander, bilden vielmehr ein Gemeinschaftsverhältnis[17]. Auch über das Gleichbehandlungsinteresse der Arbeitnehmer hinaus kann sich ein Arbeitsvertrag auf andere vom Arbeitgeber geschlossene Arbeitsverhältnisse auswirken. Es geht somit bei der Kontrolle der AAB auch um die Herstellung von relativer Gerechtigkeit. Diese Aspekt ist im Arbeitsrecht nicht unbekannt. Der Gesetzgeber des KSchG hat ihn im Falle der betriebsbedingten Kündigung berücksichtigt. Die in § 1 Abs.3 KSchG vorgesehene Sozialauswahl dient allein dazu, diejenigen Arbeitnehmer mit den Folgen einer Kündigung zu belasten, die diese Belastung am ehesten verkraften können. Zu denken ist dabei auch an die Einstellung oder Versetzung eines Arbeitnehmers. Ist eine solche personelle Entscheidung getroffen, kann sich dies unter Umständen auf die Stellung anderer Arbeitnehmer auswirken. Daran knüpft unter anderem auch die personelle Mitbestimmung gemäß § 99 BetrVG an, wie sich § 99 Abs.2 Nr.3 BetrVG entnehmen lässt[18].

III. Zwischenergebnis

Damit ist zu resümieren, dass der auf den ersten Blick bestehenden Identität von AGB und AAB eine zumindest auch gegensätzliche Ausgangslage zu Grunde liegt. Diese dem Arbeitsvertrag zu Grunde liegende Ausgangslage lässt isoliert betrachtet unweigerlich die Frage aufkommen, ob ein durch die Inhaltskontrolle vorgenommener Eingriff in die Vertragsautonomie durch ein bestehendes Bedürfnis nach einer solchen Kontrolle gerechtfertigt ist.

---

14 *Reuter*, FS 50 Jahre BAG, S.177 (183 f.); MünchArbR-*Richardi*, § 14 Rn.8; *Hromadka/Maschmann*, § 7 Rn.104; *Zöllner/Loritz*, S.156; *Zöllner*, AcP 176 (1976) S.221 (245); ausführlich auch *Gamillscheg*, FS Fechner, S.135 (138 ff.); *Hueck/Nipperdey*, S.420 der jedoch auch eine Gemeinschaft zwischen den Arbeitnehmern und dem Arbeitgeber sieht.

15 *Hueck/Nipperdey*, S.420; *Zöllner*, AcP 176 (1976) S.221 (233 f.).

16 ErfK-*Preis*, § 611 BGB Rn.384; MünchArbR-*Richardi*, § 14 Rn.34; *Zöllner/Loritz*, S.216 f.

17 MünchArbR-*Richardi*, § 14 Rn.8.

18 Vgl. Richardi-*Richardi/Thüsing*, § 99 Rn.9, 208 ff.; GK-BetrVG-*Kraft*, § 99 Rn.138 ff.

B. Ursachen für die Verwendung von AGB und AAB – Funktion der Regelwerke

Trotz dieser mithin abweichenden Ausgangslage bei Arbeitsverträgen gegenüber herkömmlichen, der AGB-Kontrolle unterworfenen, Verträgen stellt sich die tatsächliche Lage im Arbeitsrecht so dar, dass die überwiegende Mehrheit der Arbeitsverträge vom Arbeitgeber vorgegebene Arbeitsbedingungen enthält. Die Ursachen hierfür dürften ausgehend von den unterschiedlichen Ausgangssituationen nicht deckungsgleich sein.

I. Verwendungsursache für AGB

Für die Verwendung von AGB und AAB ist als Ursache das Aufkommen von Massenverträgen zu bezeichnen. Durch diese wurde das Bedürfnis nach einer rationellen Geschäftsabwicklung hervorgerufen[19]. Kosten und Mühen bei den Verhandlungen über die Bedingungen des Leistungsaustauschs sollen mit ihrer Hilfe reduziert werden. Dieser Aspekt ist bis heute wohl in der Masse der Fälle der bedeutendste. Neben den Einsparungen auf der Ebene des Vertragsabschlusses kommen den AGB noch weitere Funktionen zu. Sie sollen durch die mit ihnen verbundene Klarstellung des Vertragsinhaltes eventuelle Rechtsstreitigkeiten möglichst vermeiden beziehungsweise zu einer schnellen Klärung beitragen. Zudem haben AGB den Vorzug, dass durch einheitliche Vertragsbedingungen dem Verwender die Kalkulation erleichtert wird, kann er doch beispielsweise auf ihn zukommende Gewährleistungskosten durch einheitlich gestaltete Gewährleistungsregelungen besser abschätzen. Zusammengefasst ist die Funktion der AGB somit in der Rationalisierung des Geschäftsbetriebs zu sehen[20]. Die dem Rationalisierungsgedanken auch zu Grunde liegende Absicht des AGB-Verwenders, durch die AGB möglichst langwierige Rechtsstreitigkeiten im Rahmen der Vertragsabwicklung zu vermeiden, beruht auf der Tatsache, dass das dispositive Gesetzesrecht oftmals nur unzureichende Hilfe leistet. Vielfach sind Einzelfragen dort nicht geregelt beziehungsweise es haben sich im Laufe der Jahre neue Vertragstypen entwickelt, die der BGB-Gesetzgeber seinerzeit noch gar nicht regeln konnte. Mit Hilfe der AGB können und konnten diese „Schwächen“ des BGB überwunden werden, indem nicht passendes dispositives

---

19 BT-Drs.7/3919 S.9 f.; Wolf/Horn/Lindacher-*Wolf*, Einl. Rn.1.

20 Vgl. BGH v. 10.1.1996, NJW 1996 S.988 (989); *Raiser*, S.19 ff.; *Stoffels*, AGB-Recht, Rn.67; Wolf/Horn/Lindacher-*Wolf*, Einl. Rn.1; Ulmer/Brandner/Hensen-*Ulmer*, Einl. Rn.4; Staudinger-*Schlosser*, Einl. Zum AGBG Rn.4; MüKo-*Basedow*, Vor § 305 Rn.2; *Locher*, S.6.

Gesetzesrecht mit ihrer Hilfe abgeändert und das fehlende Gesetzesrecht durch sie ersetzt wird. Man kann mithin sagen, dass den AGB eine Anpassungs-, Lückenfüllungs- bzw. sogar eine Kreationsfunktion zukommt[21]. Auf den Punkt bringt diese Funktionen der von *Großmann-Doerth* entworfene Begriff „selbstgeschaffenes Recht der Wirtschaft“[22].

II. Verwendungsursache für AAB

Bei der Verwendung von AAB steht ebenfalls zu einem gewissen Teil der Rationalisierungsgedanke mit seinen einzelnen Aspekten im Vordergrund[23]. Auch die Lückenfüllungsfunktion ist bei den AAB anzutreffen. Allerdings ist der Einsatz dieser Funktion beim Arbeitsvertrag in weiten Teilen ein grundlegend anderer. Während bei AGB oftmals der Schwerpunkt auf der Anpassung des dispositiven Gesetzesrechts an die Wünsche des Verwenders im Vordergrund liegt, weil aufgrund der bereits erwähnten Ausgangsgrundlage überwiegend vom dispositiven Gesetzesrecht zu Ungunsten der Vertragspartner abgewichen wird, treffen AAB oftmals Regelungen in einem die Arbeitnehmer begünstigenden Bereich[24]. Die Ursache dafür ist in dem bereits angesprochenen gemeinsamen Interesse der Arbeitsvertragsparteien an einem produktiven, sich rentierenden Betrieb und dem sich daraus ergebenden, aufgrund fachlicher Spezialisierung immer mehr zunehmenden und oft vergessenen Angewiesensein des Arbeitgebers auf seine Arbeitnehmer, das sogenannte Humankapital[25], zu sehen. Mit Hilfe der die Arbeitnehmer begünstigenden Regelungen ist es dem Arbeitgeber möglich, seine Anerkennung für bereits geleistete Arbeit auszudrücken, einen Anreiz für zukünftige Leistung zu geben und damit eine „innere Kündigung“ seiner Arbeitnehmer zu vermeiden. Dabei befinden sich die AAB im Gegensatz zu den AGB aufgrund einer fehlenden Kodifikation des Arbeitsvertragsrechts größten Teils im gesetzesfreien Raum[26]. Zu denken ist dabei zum Beispiel an den großen Bereich der freiwilligen Zulagen und Gratifikationen. Der Schwerpunkt liegt mithin auf der - da man kaum von Lückenfüllung sprechen kann - Kreation von Arbeitsrecht.

---

21 Vgl. Wolf/Horn/Lindacher-*Wolf*, Einl. Rn.2; MüKo-*Basedow*, Vor § 305 Rn.2; Ulmer/Brandner/Hensen-*Ulmer*, Einl. Rn.4; *Stoffels*, AGB-Recht, Rn.71; *Locher*, S.7.

22 S.5.

23 Vgl. *Reuter*, ZfA 1975 S.85 (87); *Säcker*, S.85; *Zöllner*, AcP 176 (1976) S.221 (234); *Preis*, S.106; *Gumpert*, BB 1974 S.139.

24 Vgl. dazu *Zöllner*, AcP 176 (1976) S.221 (245, 228 f.).

25 *Reuter*, ZfA 1993 S.221 (236).

26 *Preis*, S.107.

Über die unterschiedliche Aufgabe der Lückenfüllungsfunktion im Arbeitsrecht hinaus ist ein weiterer die AAB entscheidend von den AGB abhebender Grund für ihre Verwendung zu beachten. Der Arbeitgeber in Betrieben mit mehreren Arbeitnehmern ist faktisch dazu gezwungen, die Regelung von Arbeitsbedingungen generell vorzunehmen, so dass das individuelle Aushandeln der Arbeitsverträge mit den einzelnen Arbeitnehmern praktisch gar nicht möglich ist. Zum einen ergibt sich dieser Zwang aus der Komplexität der Arbeitsabläufe eines Betriebs, die einen hohen Grad an Organisation verlangt, um einen möglichst effektiven Einsatz von Betriebsmitteln und Arbeitsleistung der Arbeitnehmer zu erreichen[27]. Dies erfordert beispielsweise die Erstellung eines Arbeitsplans, der alle Arbeitsverhältnisse umfasst. Eine individuelle Regelung mit jedem Arbeitnehmer ist aus diesem Grunde bereits nicht möglich, ein effektiver Einsatz von Betriebsmitteln und Arbeitsleistung der Arbeitnehmer wäre nicht gewährleistet[28]. Wird ein Arbeitnehmer neu eingestellt oder auch nur innerhalb des Betriebs oder Unternehmens versetzt, so muss er sich zwangsläufig in diesen Arbeitsplan einpassen. Jedes arbeitnehmerseitige Einwirken auf den Arbeitgeber wird in der Regel zum Scheitern verurteilt sein. Die Sonderregelung müsste nämlich vom Arbeitgeber in den bestehenden Arbeitsplan integriert werden. Zur Folge hätte dies Änderungen für die anderen Arbeitnehmer. Darauf kann sich der Arbeitgeber aus zwei Gründen nicht einlassen: Zum einen würde auch diese Änderung zu einer Störung des Betriebsablaufs führen. Vor allem aber muss der Arbeitgeber auch aus Rücksicht auf seine anderen Arbeitnehmer eine Änderung des Arbeitsplans ablehnen. Diese haben sich auf die bestehende Regelung eingestellt, ihren Alltag danach organisiert und haben daher im Zweifel kein Interesse daran, wegen des Wunsches eines Kollegen diese Änderungen hinzunehmen. Abgesehen von den rechtlichen Schwierigkeiten, die für den Arbeitgeber bei der Durchsetzung der Änderung der Arbeitsbedingungen entstehen können, würde der Betriebsfrieden durch eine solche Maßnahme erheblich gestört.

Mit dem Betriebsfrieden ist auch gleichzeitig der weitere Grund neben der Komplexität der Arbeitsabläufe für den faktischen Zwang des Arbeitgebers, die Arbeitsbedingungen generell zu regeln, genannt. Um dem der Belegschaft eines Betriebs als Gemeinschaft innewohnenden Bedürfnis nach gleicher Behandlung gerecht zu werden, damit den Betriebsfrieden aufrecht zu erhalten beziehungsweise zu stärken und somit die Grundlage für einen produktiven Betrieb zu legen, verbietet es sich dem Arbeitgeber faktisch, mit jedem Arbeitnehmer ein-

---

27 Vgl. *Boysen*, S.106; *Richardi*, Arbeitsrecht in der Kirche, § 5 Rn.3.

28 Vgl. *Reuter*, ZfA 1975 S.85 (86); *v.Hoyningen-Huene*, S.151; *Richardi*, FS zum 100jährigen Bestehen des Deutschen Arbeitsgerichtsverbandes, S. 537 (553 f.); *ders.*, NZA 2002 S.1057 (1060).

zelne Vertragsbedingungen zu vereinbaren[29]. Vor dem Hintergrund des Gleichbehandlungsinteresses dienen die AAB somit auch dem Interesse der Belegschaft eines Betriebs und damit auch den einzelnen Arbeitnehmern[30]. Zusammengefasst lässt sich somit sagen, dass der Arbeitgeber aufgrund der Komplexität der Arbeitsabläufe und aufgrund des Gemeinschaftsverhältnisses der Arbeitnehmer dazu gezwungen ist, die Arbeitsbedingungen mit Hilfe von generellen Regelungen zu gestalten. Dieser Zwang verstärkt sich naturgemäß mit der Größe des Betriebs. Er finden sich jedoch auch in Betrieben mit nur zwei Arbeitnehmern wieder. Zwar hat der Gesetzgeber als Anwendungsvoraussetzung für das BetrVG, das in seinen Mitbestimmungsregelungen ebenfalls an diesem Aspekt ansetzt[31], eine Schwelle von mindestens fünf ständigen wahlberechtigten Arbeitnehmern festgelegt. Diese Betriebsgröße kam jedoch nicht durch die Überlegung zustande, dass in kleineren Betrieben die Betriebsorganisation weniger komplex ist. Vielmehr ist der Hauptgrund für diesen Wert, Kleinstbetriebe von der wirtschaftlichen Belastung einer betrieblichen Interessenvertretung zu verschonen[32].

Die den Zwang des Arbeitgebers zur generellen Regelung der Arbeitsbedingungen auslösenden Gründe bestimmen notwendigerweise auch die entscheidende Funktion der AAB. Die AAB sollen einen produktiven Betriebsablauf gewährleisten und als dessen Voraussetzung insbesondere das Interesse der Arbeitnehmer nach gleicher Behandlung befriedigen[33].

III. Zwischenergebnis

Insofern kann man zusammenfassend feststellen, dass mit den AAB nicht nur die Bedingungen des Leistungsaustausches zwischen Arbeitgeber und Arbeitnehmern geregelt werden sollen, sondern dass mit ihnen darüber hinaus eine

---

29 Vgl. *Hoyningen-Huene*, S.152; *Zöllner*, AcP 176 (1976) S.221 (234); *Preis*, S.105; *Richardi*, FS zum 100jährigen Bestehen des Deutschen Arbeitsgerichtsverbandes, S.537 (553 f.); ders. in MünchArbR, § 14 Rn.49; *Schwarz*, BB 1996 S.1434 (1437); auch *Säcker*, S.87, der dieses Phänomen beim Lohngefüge beschreibt.

30 *Reuter*, FS 50 Jahre BAG, S.177 (183 f.); *v.Hoyningen-Huene*, Billigkeit im Arbeitsrecht, S.152; *Preis*, S.105; *Söllner*, ZfA 2003 S.145 (159); *Richardi*, NZA 2002 S.1057 (1058).

31 Vgl. *Reuter*, FS 50 Jahre BAG, S.177 (184); vgl. GK-*Wiese*, Einl. Rn.70 ff.

32 *Wahsner*, AiB 1996 S.81 (85); vgl. auch *Hessert*, S.24.

33 *Reuter*, FS 50 Jahre BAG, S.177 (183 f.); *Preis*, S.105; vgl. auch *Richardi*, NZA 2002 S.1057 (1060).

Ordnung geschaffen werden soll, die das Zusammenleben und Zusammenarbeiten der Arbeitnehmer innerhalb der Betriebsgemeinschaft regelt[34].

C. Ursachen für die Akzeptanz von AGB und AAB bei den Vertragspartnern – Ziele der Inhaltskontrolle von AGB und AAB

Es stellt sich anschließend die Frage nach den Gründen für die Akzeptanz der AGB- bzw. AAB-Verwendung auf Seiten der Vertragspartner, die sich entgegen dem Grundgedanken der Vertragsfreiheit, der Vertrag als Instrumentarium zur interessengerechten Regelung der Rechtsbeziehungen zwischen selbstbestimmten, freien Vertragsparteien[35], dem Diktat des Verwenders unterwerfen. Ausgehend von der Ursache kann anschließend das Ziel der Inhaltskontrolle benannt werden.

I. Ursachen für die Akzeptanz von AGB

Die Ursache dafür, dass die vom Verwender einseitig gestellten AGB von dessen Vertragspartner akzeptiert werden, wird seit der Schaffung des AGBG streitig diskutiert.

1. Unterlegenheits-Theorie

Ein Großteil der Literatur sieht den Grund der damaligen gesetzgeberischen Ansicht folgend[36] in der angeblichen überlegenen Verhandlungsmacht des Verwenders gegenüber seinen Vertragspartnern. Diese überlegene Verhandlungsmacht des AGB-Verwenders beziehungsweise die Unterlegenheit seines Vertragspartners wird dabei auf verschiedene Ursachen zurückgeführt. Zum einen wird ein wirtschaftliches Übergewicht des AGB-Verwenders als Ursache herangezogen, das darin liege, dass nur eine Vertragspartei – der Vertragspartner des Verwenders - auf den Vertragsabschluss angewiesen sei, während der Verwender aufgrund der Vielzahl anderer Vertragspartner auf den einzelnen Vertrags-

34 *Reuter*, FS 50 Jahre BAG, S.177 (184); *Söllner*, ZfA 2003 S.145 (159); *Willemsen/Grau*, RdA 2003 S.321 (327); vgl. auch *Hueck/Nipperdey*, S.420.

35 *Flume*, S.1; *Zöllner*, JuS 1988 S.329 (330); Eckert/Delbrück-*Reuter*, S.99 (104); *Dauner-Lieb*, S.52 f.

36 BT-Drs.7/3919 S.13.

abschluss verzichten könne[37]. Zum anderen wird auf eine intellektuelle Übermacht des AGB-Verwenders abgestellt. Diese beruhe auf der Unerfahrenheit seines Vertragspartners beziehungsweise aus dem Wissensvorsprung, den der Verwender aufgrund der Vorformulierung des Vertragstextes habe[38]. Diese Übermacht bringe die Gefahr des Missbrauchs durch den Verwender mit sich, so dass die Angemessenheit der Vertragsinhalte nicht gewährleistet und eine inhaltliche Überprüfung daher erforderlich sei[39]. Das Ziel der AGB-Kontrolle sei dabei der Schutz des Schwächeren vor dem Stärkeren[40] bzw. losgelöst von dem individuellen Schutz des Einzelnen die Verhinderung des Missbrauchs der dem Verwender durch dessen Übermacht eingeräumten Vertragsgestaltungsfreiheit[41].

2. Ökonomische Theorie

Andere dagegen sehen die Ursache für die uneingeschränkte Akzeptanz vorgegebener Vertragsbedingungen in dem ökonomischen Denken des Kunden als Vertragspartner. Dieser unterwerfe sich den AGB nicht aufgrund einer wie auch immer gearteten Übermacht des Unternehmers als Verwender der AGB, sondern aus ökonomischen Gründen. Es lohne sich für ihn nicht, viel Mühe in die Verhandlungen über die Vertragsbedingungen oder in die Suche nach einem anderen Anbieter zu investieren[42]. Hierzu trage auch der Aufwand bei, die oftmals umfangreichen AGB erst einmal juristisch korrekt zu verstehen[43]. Im Übrigen sei mit dem Verständnis der AGB häufig kein Vorteil gewonnen, da das Eintreten vieler der dort geregelten Situationen ungewiss ist[44]. Aufgrund dieses Desinteresses der Kunden herrsche eine Informationsasymmetrie zwischen den Vertragspartnern, die der insofern überlegene AGB-Verwender zu seinen Gunsten ausnutze. Im Wettbewerb führe dies dazu, dass auch Konkurrenten des Verwenders ihre AGB zu Ungunsten ihrer Vertragspartner umgestalten. Aufgrund der Informationsasymmetrie finde dabei ein den Markt regulierender Wettbewerb

37 *Raiser*, S.19; *Larenz/Wolf*, § 42 Rn.7, § 43 Rn.1.; *Köhler*, § 16 Rn.1; *Locher*, S.7; *Nicklisch*, BB 1974 S.941 (944); *Lindacher*, BB 1972 S.296 (297).

38 *Raiser*, S.21 f.; *Larenz/Wolf*, § 42 Rn.8 f., § 43 Rn.1.; *Köhler*, § 16 Rn.1; Wolf/Horn/Lindacher-*Wolf*, Einl. Rn.17; *Locher*, S.7; *Nicklisch*, BB 1974 S.941 (944); *Lindacher*, BB 1972 S.296 (297).

39 Wolf/Horn/Lindacher-*Wolf*, Einl. Rn.4; *Locher*, S.7.

40 Wolf/Horn/Lindacher-*Wolf*, Einl. Rn.4; *Nicklisch*, BB 1974 S.941 (945 ff.); *Lindacher*, BB 1972 S.296 (299), vgl. *Raiser*, S.263 ff.

41 *Locher*, S.18; *Köhler*, § 16 Rn.2.

42 *Kötz*, JuS 2003 S.209 (211 ff.); MüKo-*Basedow*, Vor § 305 Rn.4 f.; Palandt-*Heinrichs*, Überbl v. § 305 Rn.6 ; Staudinger-*Schlosser*, Einl. Zum AGBG Rn.4; vgl. auch *Fastrich*, S.84.

43 *Adams*, BB 1989 S.781 (783 f.).

44 *Adams*, BB 1989 S.781 (784); für § 305 c Abs.1 BGB dies anerkennend Wolf/Horn/Lindacher-*Lindacher*, § 3 Rn.1.

um den AGB-Inhalt nicht mehr statt[45]. Das Ziel der AGB-Kontrolle sei danach die Korrektur eines nicht funktionierenden Marktes, um ein „race to the bottom" zu verhindern[46].

3. Theorie der wirtschaftlichen Selbstbestimmung

Drexl dagegen meint, die durch die AGB verursachte Informationsasymmetrie beruhe nicht auf einer rationalen Entscheidung der Kunden in Form einer Kosten-Nutzen-Analyse. Diese setze nämlich zwangsläufig voraus, dass der Kunde ausreichend Kenntnis von den Tatsachen besitze, die für eine Kosten-Nutzen-Analyse erforderlich seien[47]. Diese Kenntnis besäße der Kunde jedoch nicht. Als Gründe für die fehlende Kenntnis führt *Drexl* dann allerdings überwiegend die Gründe an, die die Vertreter der ökonomischen Theorie für die hohen Kosten für ein AGB-Verständnis verantwortlich macht. Daneben klingt bei *Drexl* auch die Unterlegenheitstheorie an, wenn er meint, die Informationszugangs- und Informationsverarbeitungsmöglichkeiten seien von Kunde zu Kunde unterschiedlich[48]. *Drexl* kommt insgesamt zu dem Ergebnis, dass dem Kunden keine andere Wahl bleibe, als das Risiko der ihm unbekannten AGB hinzunehmen oder vom Vertrag Abstand zu nehmen. Diese einem Monopol gleichkommende Situation, durch die der Verwender seine AGB willkürlich ausgestalten könne, nehme dem Kunden die Möglichkeit der wirtschaftlichen Selbstbestimmung und führe zu Fremdbestimmung. *Drexls* stark an die ökonomische Theorie angenäherte Auffassung weicht allerdings insofern von dem ökonomischen Ansatz ab, als er zur Rechtfertigung der AGB-Kontrolle nicht auf die Verschlechterung der AGB-Qualität als Folge des nicht funktionierenden Wettbewerbs abstellt. Vielmehr lässt er allein die Fremdbestimmung durch den Verwender ausreichen[49]. Eine Begründung dafür liefert *Drexl* allerdings nicht. Das Ziel der AGB-Kontrolle ist nach *Drexl* somit der Schutz der Vertragspartner vor der Fremdbestimmung durch den Verwender.

4. Eigener Standpunkt vor dem Hintergrund des § 310 Abs.3 Nr.2 BGB

Keine der vorstehenden Theorien kann für sich genommen überzeugen. Problematisch erscheint zunächst die allein auf die überlegene Verhandlungsmacht des Verwenders abstellende Unterlegenheits-Theorie. Dies bestätigt bereits ein Blick auf folgende Konstellationen: Vertragspartner akzeptieren auch dann AGB, wenn sie gegenüber dem wirtschaftlich mächtigeren Verwender, beispielsweise

---

45 *Kötz*, JuS 2003 S.209 (213).

46 *Kötz*, JuS 2003 S.209 (213); vgl. auch *Fastrich*, S.83 ff.

47 *Drexl*, S.338.

48 *Drexl*, S.339 ff.

49 *Drexl*, S.339.

bei einem hart umkämpften Markt, in der stärkeren Verhandlungsposition sind. Außerdem akzeptieren regelmäßig auch wirtschaftlich stärkere Vertragspartner die AGB ihrer Geschäftspartner, beispielsweise die AGB eines Handwerksbetriebs, der kleine Reparaturarbeiten in den Räumen einer Konzernzentrale durchführen soll. Mit dem Abstellen auf die Verhandlungsüberlegenheit des Verwenders lässt sich die in diesen Fällen dennoch stattfindende Inhaltskontrolle also nicht erklären[50]. Eine Theorie zur Erklärung eines Rechtssatzes muss aber eine gewisse Konsistenz aufweisen. Dies ist dann nicht der Fall, wenn sie Ausnahmen zulässt, ohne dass ein einleuchtender und mit ihrer Prämisse verträglicher Grund dafür existiert[51]. Daher ist die Unterlegenheit des Vertragspartners beziehungsweise die Verhandlungsmacht des Verwenders als Erklärung für die widerspruchslose Hinnahme der AGB nicht hinreichend.

Erklären lässt sich die Anwendung der AGB-Kontrolle für die Fälle eines nicht bestehenden Ungleichgewichts allerdings mit der ökonomischen Theorie. Neben dem meist großen Aufwand, sich den Inhalt der vorformulierten Vertragsbedingungen zu erarbeiten, sorgt insbesondere die den AGB beigemessene geringe Bedeutung auch bei wirtschaftlich überlegenen Vertragspartnern für den negativen Ausfall der Kosten-Nutzen-Analyse. Die diesem Ansatz entgegengehaltene Kritik von *Drexl*, der Vertragspartner könne nicht rational mittels einer Kosten-Nutzen-Analyse handeln, wenn er die Tatsachen nicht kenne, überzeugt nicht. Die Tatsachen, die *Drexl* für die fehlende Kenntnis anführt, sind gerade die Erwägungen, die eine Kosten-Nutzen-Analyse negativ ausfallen lässt. Insofern erscheint es sehr wohl rational, von den AGB gar keine Kenntnis zu nehmen, sie also gar nicht erst durchzulesen[52]. Darüber hinaus lassen sich die von § 305 BGB aufgestellten Voraussetzungen für eine Inhaltskontrolle weder mit dem Unterlegenheitsansatz noch mit dem Ansatz von *Drexl* erklären. Besteht ein Verhandlungsungleichgewicht wegen wirtschaftlicher oder intellektueller Übermacht bzw. fehlt es an der wirtschaftlichen Selbstbestimmung, so ist dies nicht abhängig davon, ob die vom Verwender vorgegebenen Vertragsbedingungen für eine Vielzahl von Verträgen bestimmt sind. Das Abstellen auf den angestrebten Ausgleich des funktionsunfähigen Wettbewerbs zur Qualitätserhaltung lässt sich dagegen mit der Voraussetzung des § 305 BGB vereinbaren. Nur bei der Verwendung der Vertragsbedingungen für alle beziehungsweise die Mehrheit der abgeschlossenen Verträge ergibt sich ein Wettbewerbsvorteil gegenüber den anderen Wettbewerbsteilnehmern, der diese dazu zwingt, über die Vertragsbedingungen diesen Wettbewerbsvorteil wieder auszugleichen beziehungsweise den Konkurrenten sogar zu überbieten, so dass es zu einem sogenannten „race to

50 Vgl. *Kötz*, JuS 2003 S.209 (210).
51 *Canaris*, JZ 1993 S.377 (385).
52 So auch *Bunte*, NJW 1987 S.921 (924); *Koller*, FS Steindorff S.667 (670).

the bottom" auf der Ebene der Vertragsbedingungen kommt[53]. Die Wahrung einer gewissen Qualität der AGB ist somit entgegen *Drexl* ein Ziel der AGB-Kontrolle.

Vor dem Hintergrund des § 310 Abs.3 Nr.2 BGB reicht der Ansatz der ökonomischen Theorie allein nicht aus, um das Phänomen der Akzeptanz von AGB bei den Vertragspartnern umfassend zu erklären. Vielmehr darf auch bei dem ökonomischen Ansatz nicht übersehen werden, dass in vielen Fällen auch ein Verhandlungsungleichgewicht zwischen den Vertragspartnern besteht, das zu einer Fremdbestimmung durch den Verwender führt. Der Ausgleich eines Verhandlungsungleichgewichts als Ziel ist erst mit der Einführung des § 24 a AGBG, dem jetzigen § 310 Abs.3 BGB, aufgrund der EG-Richtlinie EG-RL 93/13 über missbräuchliche Vertragsklauseln in das AGBG aufgenommen worden[54]. Besteht tatsächlich ein Verhandlungsungleichgewicht, so ist gemäß § 310 Abs.3 Nr.2 BGB konsequenter Weise eine Angemessenheitskontrolle unabhängig von dem Erfordernis „für eine Vielzahl von Verträgen" vorgesehen. Entsprechend dem Verbraucherschutzkonzept handelt es sich dabei, anders als bei der auf ein generelles Verhandlungsungleichgewicht abstellenden Unterlegenheits-Theorie, um den Ausgleich einer situativen Unterlegenheit. Ist es dem Verbraucher aufgrund der Vorformulierung der Vertragsbedingungen nicht möglich, die Konsequenzen der dort getroffenen Regelungen zu übersehen, so ist seine Entscheidungsfreiheit nicht mehr gewährleistet. Somit kommt den in § 310 Abs.3 Nr.2 BGB genannten Normen auch die Aufgabe des Schutzes vor Unterlegenheit zu. Dies allerdings nur dann, wenn eine Einflussmöglichkeit gerade wegen der Vorformulierung nicht bestand. Dieses Schutzziel muss konsequenterweise bei der Auslegung der Normen mit einbezogen werden, wenn es sich um AGB im Sinne des § 305 Abs.1 BGB handelt und die materielle Voraussetzung der fehlenden Einflussmöglichkeit wegen der Vorformulierung erfüllt ist. Zusammenfassend bleibt mithin festzuhalten, dass die AGB-Kontrolle ursprünglich und grundsätzlich als Hauptziel nicht darauf ausgerichtet ist, den einzelnen Kunden zu schützen, sondern vielmehr ein Funktionsdefizit des Wettbewerbs um AGB ausgleichen soll[55]. Hinzu gekommen ist der Schutz des situationsbedingt unterlegenen Vertragspartners.

53 Vgl. *Kötz*, JuS 2003 S.209 (213).
54 MüKo-*Basedow*, § 305 Rn.4; Palandt-*Heinrichs*, Überbl v. § 305 Rn.9.
55 So auch Staudinger-*Coester*, § 9 AGBG Rn.3.

II. Die Ursache der Akzeptanz von AAB

Sind somit die Ursachen für die Akzeptanz von AGB bei den Vertragspartnern des Verwenders und damit die Ziele der AGB-Kontrolle herausgearbeitet, soll anschließend die Situation bei AAB betrachtet werden.

1. Ungeeignetheit der ökonomischen Theorie

Von vornherein ausgeschlossen werden kann der durch die Gleichstellung der AAB mit den AGB aufkommende Gedanke, dass auch bei den Arbeitnehmern eine Kosten – Nutzen-Analyse zur Hinnahme der arbeitgeberseitig vorgegebenen AAB führt und die AAB-Kontrolle ebenso einen Ausgleich eines nicht funktionierenden Wettbewerbs bezwecken soll. Der Arbeitsvertrag kann in seiner Bedeutung mit den Verträgen, in denen herkömmlicherweise AGB verwendet werden, nicht verglichen werden. In der Regel dient der Arbeitsvertrag dem Arbeitnehmer zur Deckung seiner Lebenshaltungskosten und hat somit eine besondere Bedeutung für den Arbeitnehmer[56]. Abgesehen von dieser finanziellen Bedeutung hat der Arbeitsvertrag und die daraus resultierende Beschäftigung große Bedeutung im Hinblick auf das Allgemeine Persönlichkeitsrecht[57] und entscheidende Auswirkungen auf das Alltagsleben des Arbeitnehmers und gegebenenfalls der mit ihm zusammenlebenden Menschen. Als das herausragende Beispiel dafür sei nur die Lage der Arbeitszeit genannt. Bei dieser zentralen Bedeutung des Arbeitsvertrages kann eine Kosten-Nutzen-Analyse durchaus positiv ausfallen. In diesem Zusammenhang ist auch zu bedenken, dass der Arbeitsvertrag ein Rechtsgeschäft ist, das ein Arbeitnehmer nicht so häufig abschließt[58]. Diese herausragende Stellung des Arbeitsvertrages für den Arbeitnehmer veranlasst einige Stimmen im Schrifttum sogar zu der Aussage, dass es dem Arbeitnehmer zumutbar sei, bei der Bewertung der vom Arbeitgeber vorformulierten Arbeitsbedingungen eine qualifizierte Rechtsberatung in Anspruch zu nehmen[59]. Die Annahme, den Arbeitnehmer interessiere der Inhalt der AAB aufgrund ökonomischer Erwägungen nicht, erscheint daher fernliegend. Die Ursache für die Akzeptanz der vom Arbeitgeber aufgestellten Arbeitsbedingungen muss somit eine andere sein.

56 Vgl. *Fastrich*, S.187; *Geißler*, JuS 1991 S.617 (621); *Hromadka*, FS Dieterich, S.251 (255 f.); *Thüsing/Leder*, BB 2005 S.938 (940).
57 Vgl. *Hromadka*, FS Dieterich, S.251 (255).
58 Vgl. *Leder/Morgenroth*, NZA 2002 S.952 (955).
59 *Annuß*, BB 2002 S.457 (461).

2. Strukturelle Unterlegenheit der Arbeitnehmer

Zurückgreifend auf die im arbeitsrechtlichen Schrifttum und in der Rechtsprechung bisher für eine Inhaltskontrolle von Arbeitsverträgen herangezogene Begründung könnte man als Ursache eine strukturelle Unterlegenheit der Arbeitnehmer gegenüber dem Arbeitgeber annehmen. Zur Begründung für die angenommene strukturelle Unterlegenheit wurden mehrere Faktoren, zum Teil kumulativ, angeführt. Dies waren das existenzielle Angewiesensein der Arbeitnehmer auf einen Arbeitsplatz[60], die Unausgeglichenheit des Arbeitsmarktes[61], die mangelnde Flexibilität der Arbeitnehmer in örtlicher und fachlicher Hinsicht[62] und eine intellektuelle[63] sowie wirtschaftliche Unterlegenheit[64]. Diese strukturelle Unterlegenheit der Arbeitnehmer - so das BAG unter Bezugnahme auf die ständige Rechtsprechung des BVerfG[65] - rechtfertige einen Eingriff in die Privatautonomie, da das die Privatautonomie stützende Prinzip der freien Selbstbestimmung aufgrund der bestehenden Unterlegenheit nicht gewährleistet sei[66]. Diese Rechtsprechung deckte sich in weiten Teilen mit der Literatur, die neben der strukturellen Unterlegenheit auch den Begriff der gestörten Vertragsparität verwendete und solche Verträge von der Inhaltskontrolle ausgenommen wissen wollte, bei denen ausnahmsweise keine Paritätsstörung vorlag[67].

Dieses eine strukturelle Unterlegenheit begründende Bild des Arbeitnehmers kann pauschal jedoch nicht als Ursache für die Akzeptanz von AAB herangezogen werden. Seine in den wirtschaftlichen und sozialen Umstände des 19. Jahrhunderts findende Überzeugungskraft[68] hat sich durch die heutigen sozialen Sicherungssysteme, die Entwicklung des Arbeitnehmervermögens[69] und die gestiegene schulische und berufliche Bildung relativiert[70]. Von einem Angewie-

---

60 *Fastrich*, S.187; *Wank*, S.49 f.; *Wolf*, RdA 1988 S.270 (272).

61 *Fastrich*, S.187; *Gast*, S.66 f.; *Wank*, S.48 f.

62 *Fastrich*, S.187; *Wank*, S.49.

63 *Säcker*, S.88 ff.; *Gast*, S.68; *Wolf*, RdA 1988 S.270 (272).

64 *Wolf*, RdA 1988 S.270 (272).

65 BVerfGE 81, 242 (254 f.); BVerfG v. 19.10.1993, AP Nr.35 zu Art.2 GG.

66 BAG v. 16.3.1994, AP Nr.18 Bl.5 R; v. 21.11.2001, AP Nr.31 Bl.3 zu § 611 Ausbildungsbeihilfe; BVerfG v. 19.10.1993, AP Nr.35 zu Art.2 GG Bl.4 R

67 *Fastrich*, S.185, 201, 271 ff.; *Wolf*, RdA 1988 S.270 (272); *Hromadka*, FS Dieterich, S.251 (258 f.); *Dieterich*, RdA 1995 S.129 (134 f.); *Gumpert*, BB 1974 S.139 (142); im Interesse der Masse der schutzbedürftigen Arbeitnehmer für eine ausnahmslose Kontrolle: *Hildebrandt*, S.35 f., 119; gleicher Ansicht im Prinzip auch *Heinrich*, S.551, der aber auf die einseitige Gestaltung der Vertragsbedingungen als Folge der Ungleichgewichtslage abstellte.

68 Vgl. *Zöllner*, AcP 196 (1996) S.1 (16 ff.); *Heinze*, FS D.Gaul S.305 (314 ff.).

69 Vgl. *Reuter*, FS 50 Jahre BAG, S.177 (181).

70 Vgl. *Reuter*, FS 50 Jahre BAG, S.177 (181); *Preis*, S.284; *Bengelsdorf*, BB 1995 S.978 (983).

sensein auf den Arbeitsplatz kann nur noch im Zusammenhang mit der Erhaltung oder der Verbesserung des Lebensstandards ausgegangen werden[71]. Die Erhaltung des Lebensstandards wird jedoch nicht nur durch den Arbeitsplatz gesichert, sondern auch durch viele andere Rechtsgeschäfte des Arbeitnehmers gestützt, beeinflusst und gegebenenfalls auch gefährdet. Auch soweit die Unausgeglichenheit des Arbeitsmarktes aufgrund fehlender Arbeitsplätze sowie der mangelnden örtlichen und fachlichen Mobilität der Arbeitnehmer zur Begründung einer typischen Unterlegenheit herangezogen wird, vermag das nicht zu überzeugen[72]. Zum einen besteht in einigen Bereichen trotz der hohen Arbeitslosenzahlen ein Wettbewerb der Arbeitgeber um Fachkräfte[73]. Zum anderen ist ein notwendiger Zusammenhang zwischen der angespannten Arbeitsmarktsituation und der Ausgestaltung der AAB nicht ersichtlich. Es ist sicher so, dass in Zeiten hoher Arbeitslosigkeit und einer schlechten Wirtschaftlage die Tendenz zu sinkenden Löhnen besteht. Die von der Inhaltskontrolle gemäß §§ 305 ff. BGB kontrollierten AAB aber werden von Arbeitgebern auf Grund der äußeren Umstände nicht geändert[74]. Auch eine angebliche wirtschaftliche Übermacht des Arbeitgebers kann als Grund für die Unterlegenheit in dieser Allgemeinheit nicht herangezogen werden. Zum einen muss eine wirtschaftliche Übermacht nicht notwendigerweise gegeben sein[75] und zum anderen hat auch der zugegebenermaßen eher selten vorkommende wirtschaftlich stärkere Arbeitnehmer kaum Chancen, Einfluss auf die AAB zu nehmen[76]. Soweit auf eine intellektuelle Unterlegenheit der Arbeitnehmer verwiesen wird, muss dem der bestehende Bildungsstandard in Deutschland entgegengehalten werden, der es nicht mehr zulässt, Arbeitnehmern generell eine intellektuelle Unterlegenheit zuzuschreiben[77]. Nach *Zöllner* eignet sich das Thema „intellektuelle Unterlegenheit“ demnach auch nur als Stoff für eine Satire[78]. Es ist damit noch einmal zusammengefasst festzustellen, dass keine der für eine strukturelle Unterlegenheit der Arbeitnehmer angeführten Ursachen verallgemeinernd eine strukturelle Unterlegenheit der Arbeitnehmer herleiten kann. Im Übrigen lassen sich mit der strukturelle Unterlegenheit auch nicht die nun auch im Arbeitsrecht grundsätzlich zu fordernden Voraussetzungen des einseitigen Stellens von für **eine Vielzahl von Verträgen** vorformulierten Vertragsbedingungen durch eine Vertrags-

71 Vgl. auch *Hildebrandt*, S.97 f.; insofern ist auch *Preis*, NZA 2003 Sonderbeilage zu Heft 16, S.19 (25); *Thüsing*, BB 2002 S.2666 und der Begr. des RegE, BT-Drs.14/6857 S.53 zuzustimmen.

72 So *Fastrich*, S.187.

73 Vgl. *Busch/Dendorfer*, BB 2002 S.301; *Braun*, NZA 2003 S.633.

74 Vgl. *Preis*, S.287.

75 *Zöllner*, AcP 176 (1976) S.221 (231); *Richardi*, FS zum 100 jährigen Bestehen des Deutschen Arbeitsgerichtsverbandes, S. 537 (553).

76 *Preis*, S.287 f.

77 *Preis*, S.287.

78 *Zöllner*, AcP 176 (1976) S.221 (237).

partei nicht in Einklang bringen. Auch bei einer überlegenen Position des hoch qualifizierten Arbeitnehmers ist es diesem kaum möglich, auf die AAB inhaltlich Einfluss zu nehmen[79]. Somit ist eine typischerweise bestehende Unterlegenheit der Arbeitnehmer nicht die Ursache für die generelle Akzeptanz der arbeitgeberseitig vorgegebenen Arbeitsbedingungen durch die Arbeitnehmer.

3. Eigener Ansatz

Der in der Sache nicht überzeugende Ansatz der strukturellen Unterlegenheit setzt bereits einen Schritt zu spät an, um die Ursache für die unwidersprochene Akzeptanz von arbeitgeberseitig aufgestellten AAB zu erklären. Bevor nämlich Überlegungen angestellt werden, warum der Arbeitnehmer die AAB nicht mit dem Arbeitgeber aushandelt, muss zunächst die Grundvoraussetzung für Vertragsverhandlungen gegeben sein: ein Verhandlungsspielraum. Hinsichtlich der AAB ist ein solcher Spielraum unabhängig von der dogmatischen Einstufung des Arbeitsverhältnisses jedoch nicht vorhanden. Sieht man das Arbeitsverhältnis mit der überwiegenden Meinung als Schuldverhältnis an, so muss man feststellen, dass der bereits oben herausgearbeitete faktische Zwang des Arbeitgebers, generelle Regelungen zu treffen, Vertragsverhandlungen über die AAB mit den Arbeitnehmern keinen Raum lässt[80]. Insofern spricht *Kreutz* davon, dass die Rechtsordnung dem Arbeitgeber die bei arbeitsteiliger Produktionsweise unverzichtbare einheitliche Organisations- und Leitungsmacht zuweist[81]. Dagegen sind AAB bereits kraft Natur der Sache nicht verhandelbar, wenn man das Arbeitsverhältnis als ein Verbandsverhältnis versteht. Dann nämlich haben die Arbeitnehmer keine Möglichkeit, an der Willensbildung des Verbandes und damit am Inhalt der AAB mitzuwirken[82]. Damit ist festzustellen, dass die Ursache für die einseitige Gestaltung der AAB in der fehlenden Möglichkeit der Arbeitnehmer liegt, auf den Inhalt der AAB - sei es als Individuum oder als Mitglied eines Verbandes - Einfluss zu nehmen. Diese Ursache kann, da sie bei Betrieben mit nur einem einzigen Arbeitnehmer nicht vorliegt, auch die Voraussetzung „für eine Vielzahl von Verträgen" erklären.

Ist die fehlende Möglichkeit der Arbeitnehmer zur Einflussnahme auf die inhaltliche Ausgestaltung der AAB die Ursache für deren unwidersprochene Hinnahme, so ist ein Schutzbedürfnis des Arbeitnehmers nicht von der Hand zu weisen. Als Ziel der AAB-Kontrolle ist mithin in Übereinstimmung mit der Theorie der strukturellen Unterlegenheit der Schutz der dem Willen des Arbeitgebers ausgelieferten Arbeitnehmer zu bestätigen.

---

79 *Preis*, S.287.

80 So auch *Richardi*, Arbeitsrecht in der Kirche, § 5 Rn.3.

81 *Kreutz*, S.182; vgl. auch *Söllner*, S.13 ff.

82 *Reuter*, FS Wiedemann, S.449 (489); *ders.*, ORDO 48 (1997) S.437 (449).

D.Ergebnis

Über die äußeren Ähnlichkeiten hinaus weisen die AAB und AGB somit grundlegende Unterschiede auf. Bedingt durch die unterschiedlichen Ausgangslagen sind die Gründe für die Verwendung von AGB und AAB nicht deckungsgleich. Über bloße Rationalisierungs- und Lückenfüllungsgründe hinaus – letztere bereits mit zum Teil grundlegend anderer Bedeutung – hat der Arbeitgeber bereits keine andere Wahl, als die Arbeitsvertragsbedingungen in Form von AAB generell zu regeln. Als Konsequenz daraus differieren auch die Gründe für die Akzeptanz der Regelwerke bei den Vertragspartnern der Verwender. Insgesamt resultiert daraus die Erkenntnis, dass sich auch die Ziele der Inhaltskontrolle unterscheiden. Während die AGB-Kontrolle hauptsächlich und ursprünglich nur die Funktionsunfähigkeit des Marktes zur Qualitätssicherung von AGB ausgleichen soll, hat die AAB-Kontrolle nur den Schutz der Arbeitnehmer im Visier. Der Gesetzgeber scheint dieses Problem zumindest erahnt zu haben, wie der Existenz der Besonderheitenklausel des § 310 Abs.4 S.2 1.HS BGB zu entnehmen ist. Ob er statt dieser Ausnahmeklausel besser daran getan hätte, die Bereichsausnahme der §§ 305 ff. BGB für das Arbeitsrecht weiter aufrecht zu erhalten, wird im Laufe dieser Arbeit zu klären sein.

3. Kapitel: Anwendungsbereich der §§ 305 ff. BGB im Arbeitsrecht

Um die Auswirkungen der trotz der Unterschiede zwischen AGB und AAB auch im Arbeitsrecht stattfindenden Inhaltskontrolle beurteilen zu können, ist zu untersuchen, welche Gestaltungsmöglichkeiten der AAB von den §§ 305 ff. BGB erfasst werden. Grundsätzliche Anwendungsvoraussetzung dafür ist, dass die AAB die von § 305 BGB aufgestellten Voraussetzungen für AGB erfüllen. Sie müssen also gemäß § 305 Abs.1 BGB für eine Vielzahl von Verträgen vorformulierte Vertragsbedingungen sein, die eine Vertragspartei, der Verwender, der anderen Vertragspartei bei Abschluss eines Vertrags stellt. Dabei ist es gemäß § 305 Abs.1 S.2 BGB gleichgültig, ob die Bestimmungen einen äußerlich gesonderten Bestandteil des Vertrages bilden oder in die Vertragsurkunde selbst aufgenommen werden, welchen Umfang sie haben, in welcher Schriftart sie verfasst sind und welche Form der Vertrag hat. Dagegen liegen allgemeine Geschäftsbedingungen gemäß § 305 Abs.1 S.3 BGB nicht vor, soweit die Vertragsbedingungen zwischen den Vertragsparteien im Einzelnen ausgehandelt sind.

A. Die individualarbeitsrechtlichen Gestaltungsmöglichkeiten von AAB

Zur Gestaltung der AAB stehen dem Arbeitgeber auf individualarbeitsrechtlicher Ebene verschiedene Instrumentarien zur Verfügung. Neben den klassischen vertraglichen Einheitsregelungen in Form von Formulararbeitsverträgen kann der Arbeitgeber auf die Gesamtzusage, die Betriebsübung sowie sein Direktionsrecht zurückgreifen.

I. Formulararbeitsvertrag

1. Situation vor Inkrafttreten des Schuldrechtsreformgesetzes

Bereits vor der Schuldrechtsreform fand eine ausgeprägte Kontrolle von Formulararbeitsverträgen statt.

a) Gesetzlich vorgesehene Kontrollmechanismen im Arbeitsrecht vor der Schuldrechtsreform

Dank der Bereichsausnahme des § 23 AGBG sah die Gesetzeslage vor dem Inkrafttreten der Schuldrechtsreform neben den sich aus der Normenhierarchie ergebenden (zwingendes Gesetzesrecht, § 4 Abs.1 TVG und § 77 Abs.4 S.1 BetrVG) nur folgende inhaltliche Schranken für das Arbeitsrecht vor, deren Reichweite kurz dargestellt werden soll.

aa) Verstoß gegen Verbotsgeschäfte gemäß § 134 BGB
Zu vorderst zu nennen ist dabei die Norm des § 134 BGB. Danach ist ein Rechtsgeschäft nichtig, wenn es gegen ein gesetzliches Verbot verstößt und sich aus dem Gesetz nicht ein anderes ergibt. Verbotsgesetze im Sinne des § 134 BGB sind dabei Gesetze im Sinne des § 2 EGBGB – also jede Rechtsnorm –, die eine nach der Rechtsordnung grundsätzlich mögliche rechtsgeschäftliche Regelung wegen ihres Inhaltes oder wegen der Umstände ihres Zustandekommens untersagen[83]. Die Rechtsfolge eines Verstoßes gegen ein Verbotsgesetz bestimmt sich maßgeblich nach dem Sinn und Zweck der Verbotsnorm und führt, sofern sich aus dieser nichts anderes ergibt, gemäß § 134 BGB zur Unwirksamkeit des gesamten Vertrages. Aufgrund der zahlreichen arbeitsrechtlichen Schutzgesetze kam und kommt § 134 BGB im Arbeitsrecht eine hervorgehobene Bedeutung zu. Relevant war § 134 BGB beispielsweise bei Verstößen gegen § 12 BBiG[84] oder § 9 EFZG[85].

Im Rahmen des § 134 BGB zu nennen ist auch das als allgemeiner Rechtsgrundsatz anerkannte Verbot der Gesetzesumgehung[86]. Seine rechtliche Qualifizierung wird unterschiedlich bewertet: Zum Teil wird das Verbot der Gesetzesumgehung als eigenes Rechtsinstitut angesehen. Die Vertreter dieser Auffassung fordern neben der objektiven Gesetzumgehung auch eine entsprechende Umgehungsabsicht[87]. Andere dagegen gehen aufgrund der weitreichenden Gesetzesauslegung davon aus, dass die Gesetzesumgehung keine eigenständige Lehre ist, sondern vielmehr ein Problem der Gesetzesauslegung und Analogie[88]. Im Ergebnis ist man sich jedoch dahingehend einig, dass danach zu fragen ist, ob der Sinn und Zweck des Verbotsgesetzes auf die Verhinderung des mit dem Rechtsgeschäft angestrebten Erfolgs abzielt[89].

---

83 Staudinger-*Sack* (2003), § 134 Rn.16; Palandt-*Heinrichs*, § 134 Rn.2, 5.

84 BAG v. 25.04.1984, DB 1985 S.51.

85 Vgl. BAG v. 26.10.1971, NJW 1972 S.702; BAG v. 20.08.1980, NJW 1981 S.1061.

86 Vgl. Palandt-*Heinrichs*, § 134 Rn.28.

87 So MüKo-*Mayer-Maly/Armbrüster*, § 134 Rn.12.

88 BGHZ 110, 47 (64); *Flume*, S.350; *Medicus*. AT BGB, Rn.660.

89 Vgl. Palandt-*Heinrichs*, § 134 Rn.28.

bb) Sittenwidrigkeitskontrolle gemäß § 138 BGB

Gemäß § 138 BGB ist ein Rechtsgeschäft, das gegen die guten Sitten verstößt, nichtig. Nach der für diese Generalklausel allgemein geläufigen Formel verstößt ein Rechtsgeschäft gegen die guten Sitten, wenn es gegen das Anstandsgefühl aller billig und gerecht Denkenden verstößt[90]. Wie dem in § 138 Abs.2 BGB normierten Wuchertatbestand als Sonderfall der Sittenwidrigkeit zu entnehmen ist, sind an sie hohe Anforderungen zu stellen. Im Verhältnis zum Vertragspartner erfüllt nicht jede als unangemessen empfundene Vertragsklausel die Voraussetzungen des § 138 Abs.1 BGB. Erforderlich hierfür sind beispielsweise eine verwerfliche Gesinnung neben einem besonders groben Missverhältnis von Leistung und Gegenleistung, die Einbuße nahezu jeglicher wirtschaftlicher Handlungsfreiheit oder in den Bürgschaftsfällen, in denen eine krasse Überforderung des Bürgen vorliegt, die erkennbare strukturelle Unterlegenheit des Bürgen. Letzteres kann nicht als eine Bestätigung der Rechtfertigung einer Inhaltskontrolle wegen einer „strukturellen Unterlegenheit" einer Vertragspartei verstanden werden. Diese Bürgschaftsfälle entsprechen der Situation nach dem Wuchertatbestand des § 138 Abs.2 BGB, der nur deswegen nicht zur Anwendung kommt, weil die Bürgschaft gemäß § 765 BGB kein gegenseitiger Vertrag ist. Dementsprechend genügt auch nicht allein die „strukturelle Unterlegenheit" zum Eingriff in den Vertragsinhalt. Hinzukommen muss vielmehr eine krasse Überforderung des Bürgen.

cc) § 612 a BGB

Gemäß dem Maßregelungsverbot des § 612 a BGB darf ein Arbeitgeber einen Arbeitnehmer bei einer Vereinbarung (oder einer Maßnahme) nicht benachteiligen, weil der Arbeitnehmer in zulässiger Weise seine Rechte ausübt. Da sich dieses Benachteiligungsverbot auch auf Vereinbarungen bezieht, die vor der zulässigen Rechtsausübung des Arbeitnehmers getroffen wurden, ist § 612 a BGB auch für den Inhalt von Arbeitsverträgen relevant[91].

b) Die Vertragskontrolle von Arbeitsverträgen in der Rechtsprechung des BAG

Das BAG praktizierte eine über die vorstehend genannten Inhaltsschranken weit hinaus gehende[92] Vertragskontrolle.

90 Vgl.nur Palandt-*Heinrichs*, § 138 Rn.2.

91 Vgl. *Preis*, S.171 f.; MünchArbR-*Richardi*, § 14 Rn.60.

92 Von § 612 a BGB machte es bisher im Zusammenhang mit der Vertragskontrolle nur eingeschränkt Gebrauch; zur Anwendung kam § 612 a BGB hier vor allem bei Vereinbarungen im Zuge von Arbeitskämpfen, vgl. BAG v. 31.10.1995, AP Nr.140 zu Art.9 GG Arbeitskampf Bl.3 R; LAG Köln v. 18.12.1986, LAGE Art.9 GG Arbeitskampf Nr.30.

aa) Kontrolle unter dem Deckmantel des § 134 BGB

Dabei dehnte es zum einen im Rahmen des § 134 BGB das Tatbestandsmerkmal „Verbotsgesetz" exzessiv aus und sah sogar entgegen der ganz herrschenden Lehre von der mittelbaren Drittwirkung der Grundrechte Art.12 GG als Verbotsgesetz an – eine Form der unmittelbaren Drittwirkung[93]. Die inflationäre Prüfung der unzulässigen Gesetzesumgehung führte vielfach zu unerklärlichen systematischen Widersprüchen. So waren Vertragsklauseln wegen verbotener Gesetzesumgehung in Arbeitsverträgen unwirksam, obwohl identische Regelungen auch in Tarifverträgen, deren Vereinbarkeit mit höherrangigem Recht zu überprüfen ist, zulässig waren[94]. Dass das BAG in der Sache oftmals nicht die Umgehung eines Verbotsgesetzes prüfte, wird auch daran deutlich, dass es bei seiner Befristungskontrolle eine Zulässigkeit aufgrund Branchenüblichkeit anerkannte. Dieses Ergebnis ist mit den Rechtsfolgen eines Verstoßes gegen das Umgehungsgesetz unvereinbar. Im Übrigen lehnte das BAG bei seiner Befristungskontrolle eine analoge Anwendung der kündigungsschutzrechtlichen Regelungen ab, obwohl es mit der wohl herrschenden Meinung nur eine objektive Umgehung prüfte und demzufolge zu einer direkten oder analogen Anwendung des Verbotsgesetzes in Verbindung mit § 134 BGB hätte kommen müssen[95].

bb) Kontrolle unter dem Deckmantel des § 138 BGB

Auch bei der Anwendung des § 138 BGB verlor das BAG die an die Sittenwidrigkeit zu stellenden Anforderungen aus den Augen. So prüfte es seinem Obersatz nach die Unwirksamkeit einer vertraglichen Ausschlussfrist gemäß § 138 BGB, subsumierte jedoch nicht unter dessen Tatbestandsmerkmal, sondern fragte sich, „ob die Verfallklausel gleichermaßen auf beide Parteien des Arbeitsverhältnisses Anwendung findet, ob sie inhaltlich ausgewogen ist und nicht Rechte des Arbeitnehmers einseitig beschneidet"[96]. Ähnlich frei stellte das BAG einen Verstoß gegen § 138 BGB mit der Begründung fest, der Arbeitnehmer würde durch ein Wettbewerbsverbot in seiner beruflichen Betätigung unbillig beschwert[97]. Eine vertragliche Ausschlussfrist überprüfte es anhand von § 138 BGB, indem es im Rahmen der Sittenwidrigkeit die Ausgewogenheit von Verfallklauseln und die Einseitigkeit der Beschneidung von Arbeitnehmerrechten diskutierte[98].

---

93 BAG v. 18.11.1988, AP Nr.3 zu § 611 BGB Doppelarbeitsverhältnis Bl.3.

94 BAG v. 26.06.1985, EzA Nr.19 zu § 1 TVG Bl.104 f; vgl. auch *Preis*, S.157:

95 BAG v. 12.10.1960, AP Nr.16 zu § 620 BGB Befristeter Arbeitsvertrag Bl.4; BAG v. 29.08.1979, AP Nr.50 zu § 620 BGB Befristeter Arbeitsvertrag Bl.2 R; vgl. auch *Fastrich*, S.170 f.; *Preis*, S.164 f.

96 BAG v. 24.3.1988, AP Nr.1 zu § 241 BGB Bl.2 f.

97 BAG v. 29.04.1966, AP Nr.21 zu § 611 BGB Konkurrenzklausel Bl.2 R; BAG v. 22.11.1965, AP Nr.1 zu § 611 BGB Abwerbung Bl.1 R; BAG v. 02.02.1968, AP Nr.22 zu § 74 HGB Bl.3.

98 BAG v. 24.3.1988, AP Nr.1 zu § 241 BGB Bl.2 f.

cc) Kontrolle des BAG anhand §§ 242, 315 BGB

Daneben nahm das BAG aber vor allem auch eine mal als Inhalts-[99],mal als Billigkeitskontrolle[100] bezeichnete Vertragskontrolle vor, die es zum Teil auf § 242 BGB[101], zum Teil auf § 315 BGB[102] stützte oder die Rechtsgrundlage teilweise auch dahinstehen ließ[103]. Das BAG missachtete dabei weitgehend die im Folgenden kurz dargestellten Unterschiede zwischen einer Angemessenheitskontrolle anhand § 242 BGB und einer Billigkeitskontrolle anhand § 315 BGB.

Die dem AGB-Gesetz und den §§ 305 ff. BGB zugrunde liegende, vom BGH anhand § 242 BGB durchgeführte Angemessenheitskontrolle hatte die Wirksamkeit einer Vertragsklausel als Prüfungsgegenstand. Der Maßstab bei dieser Wirksamkeits- beziehungsweise Rechtskontrolle war generalisierend[104]. Zu trennen ist diese Angemessenheitskontrolle von der Billigkeitskontrolle im Sinne des § 315 BGB. Danach ist eine Leistung, deren Bestimmung einem Vertragspartner eingeräumt ist, gemäß Abs.1 im Zweifel nach billigem Ermessen zu bestimmen. Entspricht die getroffene Bestimmung nicht der Billigkeit, so kann die Bestimmung gemäß Abs.3 BGB durch Urteil erfolgen. Der bei einer Billigkeitskontrolle gemäß § 315 BGB anzuwendende Maßstab ist gegenüber der vom BGH entwickelten Angemessenheitskontrolle grundlegend anders. Die Billigkeit ist ein individueller Maßstab, der alle Umstände des Einzelfalles berücksichtigt[105]. Auch in der Rechtsfolge unterscheidet sich die Billigkeitskontrolle wesentlich von der Angemessenheitskontrolle. Die Billigkeitskontrolle hat die Reduzierung auf ein der Billigkeit entsprechendes Maß zur Folge und ähnelt damit der geltungserhaltenden Reduktion an sich unwirksamer vertraglicher Regelungen[106].

---

99 BAG v. 06.09.1995, AP Nr.23 zu § 611 BGB Ausbildungsbeihilfe Bl.3; BAG v. 06.05.1998, AP Nr.28 zu § 611 BGB Ausbildungsbeihilfe Bl.2.

100 BAG v. 11.01.1995, ZTR 1995 S.277 f..

101 BAG v. 06.05.1998, AP Nr.28 zu § 611 BGB Ausbildungsbeihilfe Bl.2; BAG v. 06.09.1995, AP Nr.23 zu § 611 BGB Ausbildungsbeihilfe Bl.3; BAG v. 11.01.1995, ZTR 1995 S.277 f..

102 BAG 15.2.1990, AP Nr.15 zu § 611 BGB Anwesenheitsprämie Bl.6 ff.; BAG v. 30.4.1975 AP Nr.8 zu § 38 MTB II Bl.3; BAG v. 18.12.1975, AP Nr.170 zu § 242 BGB Ruhegehalt Bl.2 ff.

103 BAG v. 24.11.1993, AP Nr.11 zu § 611 BGB Mehrarbeitsvergütung Bl.3 R; BAG v. 31.10.1969, AP Nr.1 zu § 242 BGB Ruhegehalt-Unterstützungskassen Bl.3; BAG v. 13.12.2000, AP Nr.2 zu § 241 BGB Bl.3.

104 Seit BGHZ 22, 90 (98) st. Rspr.; vgl. auch *Fastrich*, S.12, 310 f.

105 *v.Hoyningen-Huene*, S.17 f.; 45 f.; 153 ff.; *Fastrich*, S.16; Müko-*Gottwald*, § 315 BGB Rn.30.

106 ErfK-*Preis*, §§ 305-310 BGB Rn.7.

Das BAG führte demgegenüber zum Teil eine Billigkeitskontrolle im Sinne des § 315 BGB durch[107], zum Teil eine Angemessenheitskontrolle gemäß § 242 BGB[108]. Dabei bezeichnete es seine Kontrolle zum Teil als Inhaltskontrolle gemäß § 242 BGB und wendete den Prüfungsmaßstab des § 315 BGB an, indem es einen einzelfallbezogenen Prüfungsmaßstab heranzog[109]. Andererseits verwendete das BAG den Begriff der Billigkeitskontrolle, obwohl es in der Sache den Vertrag anhand eines generellen Maßstabs prüfte und im Ergebnis zur Unwirksamkeit der fraglichen Vertragsklausel gelangte[110]. Auch in den vom BAG angenommenen Rechtsfolgen wird deutlich, dass das Gericht sich der Problematik der Rechtsnatur seiner Vertragskontrolle anhand der §§ 242, 315 BGB nicht bewusst war. So wurde zum Teil anhand eines generellen Maßstabs die Wirksamkeit einer Vertragsbedingung überprüft, im Ergebnis aber eine geltungserhaltende Reduktion durchgeführt[111]. Bei seiner Prüfung ging das BAG über die Kontrolle von vom Arbeitgeber vorformulierten vertraglichen Einheitsbedingungen hinaus und sah auch individuell ausgehandelte Arbeitsverträge als kontrollbedürftig und –fähig an[112].

Ein Zeichen dafür, dass das BAG - anders als das vorstehend aufgezeigte Durcheinander im Rahmen der Vertragskontrolle vermuten lässt - ein Bewusstsein für die unterschiedlichen Prüfungsmaßstäbe des § 242 BGB einerseits und des § 315 BGB andererseits hatte, findet sich nur im Rahmen der von ihm durchgeführten Kontrolle von Betriebsvereinbarungen. Dort differenzierte es zwischen einer abstrakten, anhand von generellen Maßstäben vorzunehmenden Billigkeitskontrolle, deren Folge die Wirksamkeit bzw. Unwirksamkeit der überprüften Regelung sei, und einer im Einzelfall anhand eines individuellen Maßstabs vorzunehmenden Billigkeitskontrolle, die zu einem billigen Ergebnis führen sollte[113].

---

107 BAG 15.2.1990, AP Nr.15 zu § 611 BGB Anwesenheitsprämie Bl.6 ff.; BAG v. 30.4.1975 AP Nr.8 zu § 38 MTB II Bl.3; BAG v. 18.12.1975, AP Nr.170 zu § 242 BGB Ruhegehalt Bl.2 ff.

108 BAG v. 24.11.1993, AP Nr.11 zu § 611 BGB Mehrarbeitsvergütung Bl.3 R.

109 Vgl. BAG v. 06.05.1998, AP Nr.28 zu § 611 BGB Ausbildungsbeihilfe

110 BAG v. 13.9.1974, AP Nr.84 zu § 611 BGB Gratifikation Bl.3; BAG v. 28.09.1989, AP Nr.5 zu § 611 BGB Parkplatz Bl.2 ff.; BAG v. 23.5.1984, AP Nr.9 zu § 339 BGB Bl.2 ff.

111 BAG 16.3.1994, AP Nr.18 zu § 611 BGB Ausbildungsbeihilfe Bl.9 R f.; BAG v. 05.12.2002, AP Nr.32 zu § 611 BGB Ausbildungsbeihilfe.

112 Siehe dazu unter 3.Kapitel A. V. 1. a).

113 BAG 8.12.1981 AP Nr.1 zu §1 BetrAVG Ablösung Bl.4.

c) Der Meinungsstand in der Literatur

In der Literatur herrschte ein vielfältiges Meinungsspektrum.
Zwar lehnten nur wenige Stimmen eine über §§ 134 und 138 (und § 612 a) BGB hinausgehende Vertragskontrolle gänzlich ab. Hierzu gehörte früher *Zöllner*, der bereits vor Inkrafttreten des AGBG eine Gleichstellung von AGB und AAB im Zusammenhang mit rechtspolitisch in der Diskussion stehenden Konzepten für eine Inhaltskontrolle von AGB ablehnte. Zur Begründung verwies er insbesondere auf die durch die gemeinschaftliche Erbringung der Arbeitsleistung bedingte fehlende Vergleichbarkeit von AAB und AGB[114]. Auch *Schwarz* griff das durch die gemeinschaftliche Erbringung der Arbeitsleistung hervorgerufene Gleichbehandlungsinteresse der Arbeitnehmer als Kritikpunkt an einer Gleichsetzung von AAB mit AGB auf, verwies aber vor allem auf die vom Gesetzgeber in § 23 AGBG vorgesehene Bereichsausnahme für das Arbeitsrecht[115]. *Mayer-Maly* hingegen lehnte - das fehlende Problembewusstsein des BAG kritisierend - eine weitergehende Vertragskontrolle aufgrund der zahlreichen und ausreichenden Schutzgesetze im Arbeitsrecht ab, mittels derer über § 134 BGB ein ausreichender Schutz der Arbeitnehmer bestehe[116].

Die ganz herrschende Meinung, manche sprachen von arbeitsrechtlichem Gewohnheitsrecht[117], befürwortete jedoch eine weitergehende Vertragskontrolle. Allein die Rechtsgrundlage und damit der anzuwendende Kontrollmaßstab wurde entsprechend der durch das BAG uneinheitlich praktizierten und von der Literatur daher kritisierten[118] Vertragskontrolle im Laufe der Jahre kontrovers diskutiert. Einige Vertreter favorisierten die vom BAG immer wieder herangezogene Norm des § 315 BGB[119]. Andere befürworteten § 242 BGB als Rechtsgrundlage [120]. *Fastrich* führte die Inhaltskontrolle nicht auf § 242 BGB zurück, sondern auf das in dieser Norm verkörperte allgemeine Rechtsprinzip von Treu und Glauben[121]. Dabei war man sich weitestgehend einig, dass im Rahmen des § 242 BGB trotz der Bereichsausnahme des § 23 AGBG auch auf die Wertungen

---

114 AcP 176 (1976), S.221 (245 f.), mittlerweile jedoch anderer Ansicht, *Zöllner*, RdA 1989 S.153 ff.
115 BB 1996 S.1434 (1436 f.).
116 Anm. zu AP Nr.15 zu § 611 BGB Anwesenheitsprämie Bl.8R f.
117 *Preis*, S.237; MünchArbR-*Richardi*, § 14 Rn.62.
118 Vgl. nur *v.Hoyningen-Huene*, S.131 f.; 153 f.; *Fastrich*, S.164 ff.; *Hildebrandt*, S.5.
119 Insbesondere *Säcker*, S.224 ff.; *Söllner*, S.67; aber auch im neueren Schrifttum: MüKo-*Gottwald*, § 315 Rn.66.
120 *Preis*, S.249 f.; *Zöllner*, RdA 1989 S.152 (158); *Wolf*, RdA 1988 S.270 (271 f.); *v.Hoyningen-Huene*, S.156; *Hönn*, S.159; *Heinrich*, S.549 ff.; *Hromadka/Maschmann*, Band 1 (2.Aufl.), § 5 Rn.116.
121 *Fastrich*, S.70 ff.

des AGBG zurückgegriffen werden konnte[122]. Die Bereichsausnahme des Arbeitsrechts wurde immer wieder kritisch gesehen. Bereits in der Diskussion im Vorfeld der AGB-Gesetzgebung forderte *Becker* die Einbeziehung der AAB in diese Diskussion[123] und die Schaffung legislativer Schutznormen im Sinne des heutigen § 309 BGB[124]. *Richardi* bezeichnete die Bereichsausnahme des Arbeitsrechts in § 23 AGBG als eine rechtspolitische Fehlleistung[125].

2. Rechtslage nach Inkrafttreten des Schuldrechtsreformgesetzes

In der heutigen Praxis handelt es sich bei den Arbeitsverträgen meist um vorformulierte, nicht individuell ausgehandelte Einheitsarbeitsverträge[126]. Diese erfüllen klassischerweise die Voraussetzungen der von der einen Vertragspartei, dem Arbeitgeber, gestellten vorformulierten Vertragsbedingungen. Dass Arbeitgeber gerade kleiner oder mittlerer Betriebe ohne eigene Personalabteilung sich der Formulararbeitsverträge von diversen Verlagen oder von Arbeitgeberverbänden bedienen[127], schränkt den Anwendungsbereich der §§ 305 ff. BGB dabei nicht ein, reicht doch nach einhelliger Ansicht für das Merkmal „Vorformulierung" aus, dass der Verwender die Vertragsbedingungen nicht selbst vorformuliert haben muss, sondern sich der vorformulierten Vertragsbedingungen eines Dritten bedient[128].

a) Problem der Tatbestandsvoraussetzung „für eine Vielzahl von Verträgen"

Fraglich ist allein, wann solche Einheitsarbeitsvertragsbedingungen für eine Vielzahl von Verträgen im Sinne des § 305 Abs.1 BGB vorformuliert sind. Für das Merkmal „für eine Vielzahl von Verträgen" genügt bei AGB nach allgemeiner Auffassung allein die beabsichtigte Verwendung der vorformulierten Vertragsbedingungen für eine Vielzahl von Verträgen, wobei neben der Absicht des

122 *Preis*, S.249; *Zöller*, RdA 1989 S.152 (158); *Wolf*, RdA 1988 S.270 (273 f.); *Richardi*, FS zum 100jährigen Bestehen Jahre deutscher Arbeitsgerichtsverbandes, S. 537 (555); *Lieb* (7.Aufl.), Rn.118 f.

123 *Becker*, NJW 1973 S.1913.

124 Dabei vergaß er allerdings auch nicht die kollektivrechtlichen Besonderheiten des Arbeitsrechts und forderte die Gewerkschaften und Betriebsräte dazu auf, die AAB in größerem Umfang durch Tarifverträge bzw. Betriebsvereinbarungen abzulösen; NJW 1973 S.1913 (1918)

125 *Richardi*, FS zum 100jährigen Bestehen des Deutschen Arbeitsgerichtsverbandes, S. 537 (555); ebenso *Preis*, S.241 ff.

126 Nach Schätzung von *Preis* sind weit über 90% der Arbeitsverträge formularmäßig gestaltet (S.56 f.).

127 Vgl. *Preis*, S.54 ff., 81.

128 Vgl. nur MüKo-*Basedow*, § 305 Rn.14.

Verwenders auch die Absicht desjenigen genügen soll, der die AGB vorformuliert hat[129]. Dabei soll eine Vielzahl jedenfalls immer dann anzunehmen, wenn die Vertragsbestimmungen für eine unbestimmte Anzahl von Verträgen gedacht ist[130]. Umstritten ist hingegen, wann die Vertragsbedingungen für eine Vielzahl von Verträgen vorgesehen sind, wenn die Anzahl der Verträge von vornherein bestimmt ist. Welche Größe sich dann hinter der „Vielzahl" verbirgt, wird unterschiedlich beurteilt. Nach überwiegender Ansicht wird eine Mindestzahl von drei bis fünf Verträgen im Regelfall als ausreichend angesehen[131].

Auch im Arbeitsrecht ist danach zu differenzieren, ob die Vertragsbedingungen für eine unbestimmte oder bestimmte Anzahl von Verträgen vorgesehen sind. Sind die Vertragsbedingungen vom Arbeitgeber für eine unbestimmte Anzahl von Verwendungen aufgestellt, so ist das Merkmal „Vielzahl" gegeben. Hat der Arbeitgeber sich des Vorschlages eines Dritten, beispielsweise eines Arbeitgeberverbandes, bedient, wäre nach herkömmlicher Auffassung, die auch die Absicht des Urhebers der Vertragsbedingungen genügen lässt, auch dann das Merkmal „für eine Vielzahl von Verträgen" erfüllt, wenn der Arbeitgeber selber nur einen einzigen Arbeitnehmer einzustellen beabsichtigt. Dieses Ergebnis kann im Hinblick auf die Ursache der Kontrollbedürftigkeit von AAB nicht richtig sein, da der Arbeitgeber dem Zwang, eine betriebliche Ordnung zu schaffen, (frühestens) ab zwei Arbeitnehmern ausgesetzt ist. Die Absicht des Urhebers der Vertragsbedingungen kann somit bei Arbeitsverträgen nicht genügen. Deshalb muss bei Drittvorschlägen nicht die Absicht des Dritten, sondern die Absicht des Arbeitgebers ausschlaggebend sein[132].

Ist die Anzahl der beabsichtigten Verwendungen der Vertragsbedingungen jedoch bestimmt, so stellt sich die Frage, ob - wie bisher von der überwiegenden Meinung vertreten - die Verwendungsabsicht mindestens eine dreifache beziehungsweise drei- bis fünffache Verwendung vorsehen muss. Eine Begründung wird dafür in den wenigsten Fällen angeführt. *Wolf* argumentiert für eine Mindestzahl von drei Verwendungen, dass die bloße doppelte Verwendung auf Zu-

---

129 BGH v. 26.09.1996, NJW 1997 S.135; Ulmer/Brandner/Hensen-*Ulmer*, § 305 BGB Rn.24; Wolf/Horn/Lindacher-*Wolf*, § 1 Rn.13; MüKo-*Basedow*, § 305 Rn.18; *Stoffels*, AGB-Recht, Rn.127; Bamberger/Roth-*Becker*, § 305 Rn.23 f.

130 BGH v. 8.6.1979, NJW 1979 S.2387 (2388); Wolf/Horn/Lindacher-*Wolf*, § 1 Rn.14; Ulmer/Brandner/Hensen-*Ulmer*, § 305 BGB Rn.24; Staudinger-*Schlosser*, § 1 AGBG Rn.17a.

131 3 Verträge: BGH v. 15.4.1998, NJW 1998 S.2286 (2287); BGH v. 27.9.2001, NJW 2002 S.138 (139); BGH v. 21.3.2002, NJW 2002 S.2470 (2471); 4 Verträge: AG Hamburg v.26.5.1998, NJW-RR 1998 S.1593; 5 Verträge: BGH v. 29.6.1981, NJW 1981 S.2344 (2345); Ulmer/Brandner/Hensen-*Ulmer*, § 305 BGB Rn.25a; Palandt-*Heinrichs*, § 305 Rn.9; *Stoffels*, AGB-Recht, Rn.128; MüKo-*Basedow*, § 305 Rn.18.

132 A.A. *Zeller-Müller*, S.145.

fall beruhen könne[133]. Dieser Einwand kann für den Bereich des Arbeitsrechts jedoch nicht überzeugen. Denn aufgrund der Notwendigkeit, die Arbeitsbedingungen generell zu regeln, ist eine zufällige Doppeltverwendung so gut wie ausgeschlossen. *Hefermehl* meint, dass andernfalls die mit dem Gebrauch von AGB verbundene Gefahr der einseitigen Interessenwahrnehmung noch nicht ausreichend spürbar wird[134]. Ähnlich argumentiert der BGH. Er meint, dass die dreifache Verwendung ein hinreichendes Indiz für die die Anwendung des AGB-Gesetzes erfordernde einseitige Gestaltungsmacht des Verwenders sei[135]. Im Arbeitsrecht hingegen ist die einseitige Gestaltungsmacht aufgrund der ab zwei Arbeitnehmern bestehenden Notwendigkeit, generelle Regelungen aufzustellen, zwangsläufig. Die Notwendigkeit der generellen Regelung der Arbeitsbedingungen ab einer Zahl von zwei Arbeitnehmern kann auch der Argumentation von *Ulmer* entgegengehalten werden, der meint, dass ab einer Mindestzahl von drei bis fünf Verträgen ein Interesse des Verwenders an einheitlicher Ausgestaltung der Verträge unter Ablehnung von Änderungswünschen zu erwarten ist[136]. Insofern erscheint es vorzugswürdig, im Arbeitsrecht auch die beabsichtigte zweifache Verwendung der Vertragsbedingungen für das Merkmal „für eine Vielzahl von Verträgen" genügen zu lassen. Dass damit unterschiedliche Werte im Arbeits- und Zivilrecht bestehen, steht auch nicht dem Willen des Gesetzgebers, der eine Angleichung beider Rechtsgebiete anstrebte, entgegen, da nach Meinung des AGBG-Gesetzgebers das Vorliegen einer Vielzahl nach den Gegebenheiten des einzelnen Falles zu beurteilen ist[137].

b) Konsequenzen für die zukünftige Kontrollpraxis

Formulararbeitsverträge, die vom Arbeitgeber für mindestens zwei Arbeitsverträge verwendet werden sollen, unterfallen somit der Inhaltskontrolle gemäß der §§ 305 ff. BGB. Dem BAG ist damit eine ausdrückliche gesetzliche Grundlage für eine Inhaltskontrolle an die Hand gegeben worden. Ein Rückgriff auf die §§ 242, 315 BGB und die extensive Ausdehnung der §§ 134, 138 BGB sind mithin nicht mehr erforderlich.

133 Wolf/Horn/Lindacher-*Wolf*, § 1 Rn.14;
134 Erman (10.Aufl.)-*Hefermehle*, § 1 AGBG Rn.11.
135 BGH v. 27.9.2001, NJW 2002 S.138 (139).
136 Ulmer/Brandner/Hensen-*Ulmer*, § 305 BGB Rn.25a.
137 BT-Drs.7/3919 S.16.

II. Gesamtzusage

1. Situation vor Inkrafttreten des Schuldrechtsreformgesetzes

Das BAG hat entsprechend seiner Begründung für die Kontrollbedürftigkeit von AAB auch Gesamtzusagen einer Billigkeitskontrolle unterzogen[138]. Kritik aus der Literatur war insoweit nicht zu verzeichnen.

2. Rechtslage nach Inkrafttreten des Schuldrechtsreformgesetzes

Auch die Gesamtzusage könnte die Voraussetzungen des § 305 BGB erfüllen. Vorformuliert, für eine Vielzahl von Arbeitnehmern und vom Arbeitgeber gestellt sind die Regelungen, die der Arbeitgeber mit einer Gesamtzusage aufstellt. Darüber hinaus müsste es sich bei den durch eine Gesamtzusage aufgestellten Bedingungen auch um Vertragsbedingungen im Sinne des § 305 Abs.1 BGB handeln. Insofern ist die Rechtsnatur der Gesamtzusage entscheidend. Wurde früher die Ansicht vertreten, dass es sich bei der Gesamtzusage um einen eigenständigen Gestaltungsfaktor handele[139], so ist nach heute weitgehend einhelliger Ansicht die Gesamtzusage als individualvertragliche Vereinbarung zu qualifizieren. Die Zusage des Arbeitgebers ist das Angebot gemäß § 145 BGB. Die Besonderheit der Gesamtzusage besteht darin, dass der Arbeitgeber gemäß § 151 BGB auf den Zugang der Annahme seines Angebots verzichtet[140]. Danach erfüllt auch die Gesamtzusage die Voraussetzungen des § 305 Abs.1 BGB[141]. Die Bedeutung der §§ 305 ff. BGB im Hinblick auf die Gesamtzusagen wird jedoch gering sein, da sie nur Leistungsgewährungen seitens des Arbeitgebers und somit für die Arbeitnehmer grundsätzlich positive Regelungen zum Gegenstand hat[142]. Denkbar sind jedoch Fälle, in denen an die versprochene Leistung Bedingungen geknüpft sind. Als Beispiel dafür lassen sich die sogenannten Rückzahlungsklauseln anführen.

---

138 BAG v. 18.12.1975, AP Nr.170 zu § 242 BGB Ruhegehalt Bl.2.

139 *Denecke*, DArbR 1940, S.141 (146); *Reuß/Siebert*, S.116 ff.; *Hilger*, S.51 ff.; *Söllner*, S.32 ff.

140 BAG GS v. 16.9.1986, AP Nr.17 zu § 77 BetrVG 1972 Bl.6 R; MünchArbR-*Richardi*, § 12 Rn.42; *Hromadka/Maschmann*, § 2 Rn.79; *Zöllner/Loritz*, S.71; *Hueck/Nipperdey*, S.150 f.

141 Ebenso Ulmer/Brandner/Hensen-*Fuchs*, § 307 Rn.424; *Henningfeld*, S.65 ff.

142 ErfK- *Preis*, § 611 BGB Rn.259; MünchArbR-*Richardi*, § 12 Rn.38; *Zöllner/Loritz*, S.71; *Hromadka/Maschmann*, § 2 Rn.79.

III. Betriebliche Übung

1. Situation vor Inkrafttreten des Schuldrechtsreformgesetzes

Eine Inhaltskontrolle betrieblicher Übungen ist bislang in der (veröffentlichten) Rechtsprechung nicht vorgekommen. Auch in der Literatur findet sich darüber keine Diskussion.

2. Rechtslage nach Inkrafttreten des Schuldrechtsreformgesetzes

Im neuen Schrifttum zur Situation nach der Schuldrechtsreform findet sich lediglich bei *Däubler/Dorndorf* die Feststellung, dass auch betriebliche Übungen in vollem Umfang der AAB-Kontrolle gemäß §§ 305 ff. BGB unterfallen, weil sie keine kollektivrechtliche Ordnung schaffen, sondern von vornherein nur die Arbeitsverträge betreffen[143].

Gerade bei der betrieblichen Übung ist jedoch besondere Aufmerksamkeit der Frage zu widmen, ob sie die Voraussetzungen des § 305 Abs.1 BGB zu erfüllen vermag. Zwar erfüllt die betriebliche Übung die Merkmale „Vorformulierung", „Vielzahl" und „vom Verwender gestellt". Die betriebliche Übung zeichnet sich dadurch aus, dass sie durch regelmäßige Wiederholung gleichförmiger Verhaltensweisen im Betrieb entsteht. Auf eine schriftliche Fixierung kommt es im Rahmen des Merkmals „Vorformulierung" nicht an, genügt doch die gedankliche Speicherung des Arbeitgebers. Für das Merkmal der „Vielzahl" gilt das bereits zu den Formulararbeitsverträgen Gesagte. Dadurch, dass die betrieblichen Übungen ihren Auslöser im Verhalten des Arbeitgebers haben, sind die durch sie eingeführten Arbeitsbedingungen auch vom Arbeitgeber im Sinne des § 305 Abs.1 S.2 BGB gestellt.

Fraglich ist hingegen, ob es sich bei durch betriebliche Übungen geschaffenen Arbeitsbedingungen um Vertragsbedingungen im Sinne des § 305 Abs.1 BGB handelt. Jedenfalls steht dem nach den §§ 305 ff. BGB nicht die äußere Form entgegen, da es gemäß § 305 Abs.1 S.2 BGB nicht darauf ankommt, ob die Bestimmungen einen äußerlich gesonderten Bestandteil des Vertrags bildet oder in die Vertragsurkunde selbst aufgenommen wird, welchen Umfang sie haben, in welcher Schriftart sie verfasst sind und welche Form der Vertrag hat. Entscheidende Bedeutung kommt vielmehr dem Rechtscharakter der betrieblichen Übung zu. Im wesentlichen werden zwei Ansätze vertreten. Nach einer traditionellen Lehre handelt es sich dabei um eine vertragliche Einigung oder zumindest

143 *Däubler/Dorndorf*, § 310 Rn.35.

wird eine solche fingiert[144]. Danach wären auch betriebliche Übungen vom Tatbestand des § 305 Abs.1 BGB erfasst. Allerdings erscheint es - was auch aus dem Rückgriff auf die Fiktion deutlich wird – konstruiert, eine Willenserklärung bei einer reinen tatsächlichen Leistung anzunehmen[145]. Der Vertragstheorie kann damit, anders als bei der Gesamtzusage, nicht gefolgt werden. Nach anderer Auffassung handelt es sich daher bei betrieblichen Übungen um eine außerrechtsgeschäftliche Bindung des Arbeitgebers, die in den Bereich der Vertrauenshaftung einzuordnen sei[146]. Abweichend davon meint *Reuter* auf der Grundlage seines Verständnisses vom Arbeitsverhältnis als Verbandsverhältnis, dass die betriebliche Übung dogmatisch als Verbandsgewohnheitsrecht zu bewerten sei[147]. Nach den beiden letzteren Ansichten handelt es sich somit bei betrieblichen Übungen um nicht durch §§ 145 ff. BGB zustande gekommene Arbeitsbedingungen und somit nicht um Vertragsbedingungen im Sinne des § 305 Abs.1 BGB[148].

Es erscheint jedoch auf den ersten Blick willkürlich, dass auf betrieblichen Übungen beruhende Arbeitsbedingungen, im Gegensatz zu vertraglichen Arbeitsbedingungen, nicht gemäß §§ 305 ff. BGB kontrolliert werden. Ebenso wie bei Formulararbeitsverträgen fehlt dem Arbeitnehmer jegliche faktische Möglichkeit, auf die vom Arbeitgeber ausgeübte Praxis inhaltlich Einfluss zu nehmen. Daher ist zu prüfen, ob nicht eine Inhaltskontrolle in Analogie zu den §§ 305 ff. BGB in Frage kommt.

Zu überlegen ist aufgrund der vorliegenden vergleichbaren Interessenlage, ob es sich hierbei um eine planwidrige Regelungslücke handelt. Aufgrund der mit der Verwendung von Formulararbeitsverträgen vergleichbaren Situation, die den Arbeitgeber zu der „Verwendung" von betrieblichen Übungen veranlassen, liegt eine Regelungslücke vor. Fraglich ist jedoch, ob diese Regelungslücke planwidrig ist. Von einer Planwidrigkeit kann nur dann gesprochen werden, wenn betriebliche Übungen kontrollfähig und kontrollbedürftig sind. Ersteres liegt dann nicht vor, wenn die regelmäßig wiederkehrende gleichförmige Arbeitsbedingung auf dem Direktionsrecht des Arbeitgebers beruht. Der Arbeitgeber kann sein Di-

144 BAG v. 28.2.1996, NZA 1996 S.758; BAG v. 8.12.1982, DB 1983 S.997; *Löwisch*, Rn.58; *Brox/Rüthers/Henssler*, Rn.148; *Hueck*, S.150 ff.; *Gaul*, A III Rn.26; KassHdB-*Leinemann*, 1.1 Rn.507; *Schaub*, § 111 Rn.3 ff.

145 ErfK-*Preis*, § 611 BGB Rn.262.

146 *Zöllner/Loritz*, S.72; *Seiter*, S.92 ff.; *Canaris*, Vertrauenshaftung S.387 ff.; *Lieb* (8.Aufl.), Rn.57; MünchArbR-*Richardi*, § 13 Rn.19; *Singer*, ZfA 1993 S.487 (494 ff.); *Hromadka*, NZA 1984 S.241 (244).

147 ZfA 1993 S.221 (227); vgl. auch *Gamillschegg*, FS Hilger/Stumpf, S.227 (243 ff.); *Nebel*, S.220 ff.

148 Ebenfalls die Betriebliche Übung nicht von § 305 BGB als erfasst ansehend, jedoch ohne die zu begründen: *Giesen*, NZA 2006 S.625 (628).

rektionsrecht nämlich auch in Form von dauerhaften Weisungen nutzen[149]. Eine Kontrolle kann hier nur nach den für das Direktionsrecht geltenden Regelungen erfolgen. An der Kontrollbedürftigkeit könnte man deswegen zweifeln, weil betriebliche Übungen meist im Zusammenhang mit Vergünstigungen für die Arbeitnehmer stehen, insbesondere mit vom Arbeitgeber gewährten Gratifikationen. Meist werden bei ihnen allenfalls Konflikte mit dem allgemeinen Gleichbehandlungsgrundsatz oder seinen speziellen Ausprägungen vorliegen, die jedoch einen Fall der Rechtskontrolle darstellen und nicht der Inhaltskontrolle gemäß der §§ 305 ff. BGB unterfallen. Möglich sind allerdings auch Betriebsübungen mit für die Arbeitnehmer ungünstigen Regelungsinhalten[150]. In der Rechtsprechung des BAG handelt es sich bei nachteiligen betrieblichen Übungen überwiegend um die Ablösung einer Betriebsübung durch eine verschlechternde Betriebsübung. Zum einen wurde eine zunächst vorbehaltlos gewährte Gratifikation über mehrere Jahre ohne Widerspruch der Arbeitnehmer mit einem Freiwilligkeitsvorbehalt gewährt[151], zum anderen eine Gratifikationszahlung ohne Widerspruch der Arbeitnehmer ganz eingestellt[152]. Im sogenannten „Überholungspausen-Fall" wurde eine betriebliche Übung darin gesehen, dass in dem Betrieb während der mehrtägigen Überholung der Maschinen, die an den Festtagen Ostern, Pfingsten und Weihnachten erfolgte, kein Lohn gezahlt wurde[153]. Ebenso wurde eine betriebliche Übung hinsichtlich arbeitsvertraglich nicht geregelter Übernachtungskosten für Bauarbeiter angenommen, die ohne Widerspruch vom Lohn einbehalten wurden[154]. Denkbar erscheinen negative betriebliche Übungen auch im Bereich der betrieblichen Ordnung[155]. Insofern ist ein Kontrollbedürfnis durchaus denkbar. Im Übrigen darf nicht übersehen werden, dass ein großer Teil der Literatur und auch die Rechtsprechung Anhänger der Vertragstheorie sind. Sofern der Gesetzgeber die betriebliche Übung in seine Überlegungen mit einbezogen haben sollte, dürfte er dieser Auffassung vermutlich gefolgt sein, so dass nach seiner Ansicht gar keine Regelungslücke bestünde. Die tatsächlich vorliegende Regelungslücke muss bereits deswegen als

149 *Hueck*, S.155; MünchArbR-*Richardi*, § 13 Rn.29.

150 *Schaub*, § 111 Rn.18 *Seiter*, S.113 ff.; *Hueck*, S.152 f.; MünchArbR-*Richardi*, § 13 Rn.29 f.; *Brox/Rüthers/Henssler*, Rn 148; *Zöllner/Loritz*, S.72; ders., RdA 1989 S.152 (155); KassHdB-*Leinemann*, 1.1 Rn.508; *Dütz*, Rn.57; *Tappe/Koplin*, DB 1998 S.2114 ff.; a.A. ErfK-*Preis*, § 611 BGB Rn.266; *Goertz*, AuR 1999 S.463 (464 ff.); *Speiger*, NZA 1998 S.510 (511 ff.); *Lieb* (8.Aufl.), Rn.68; *Kettler*, NJW 1998 S.435 ff.

151 BAG v. 26.3.1997, AP Nr.50 zu § 242 BGB Betriebliche Übung; BAG v. 4.5.1999, AP Nr.55 zu § 242 BGB Betriebliche Übung; LAG Köln v. 21.4.1998, LAGE Nr.22 zu § 242 BGB Betriebliche Übung; kritisch dazu: LAG Schleswig-Holstein v. 24.02.1998, LAGE Nr.41 zu § 611 BGB Gratifikation; .

152 BAG 18.7.1968, AP Nr.8 zu § 242 BGB Betriebliche Übung Bl.2 R f.

153 BAG v. 21.12.1954, AP Nr.2 zu § 611 BGB Lohnanspruch.

154 BAG v. 17.8.1988, AP Nr.1 zu § 120 c GewO.

155 Vgl. *Schaub*, § 111 Rn.18.

planwidrig bezeichnet werden. Dafür spricht insbesondere auch der Ausschluss der Anwendbarkeit des § 305 Abs.2 BGB auf Arbeitsverträge durch § 310 Abs.4 S.2 2.HS BGB, dem der Wille des Gesetzgebers zu entnehmen ist, dass auch konkludent in den Vertrag einbezogene Arbeitsbedingungen von der Inhaltskontrolle erfasst werden[156]. Darauf weist auch die Ausnahme des § 310 Abs.4 S.1 BGB für Tarifverträge und Betriebsvereinbarungen hin. Die §§ 305 ff. BGB sind folglich in analoger Anwendung auf betriebliche Übungen anzuwenden[157].

IV. Direktionsrecht des Arbeitgebers

Auf unterster Ebene der dem Arbeitgeber zur Verfügung stehenden individualrechtlichen Gestaltungsfaktoren befindet sich das Direktionsrecht des Arbeitgebers. Das Direktionsrecht ist allerdings ein in der Natur des Arbeitsverhältnis liegendes Leistungsbestimmungsrecht des Arbeitgebers[158], so dass es bereits an dem Merkmal Vertragsbedingung mangelt. Für das Direktionsrecht bleibt es somit „nur" bei einer Ausübungskontrolle gemäß § 315 BGB.

V. Einzelarbeitsverträge

Neben den vom Arbeitgeber gezwungener Maßen überwiegend verwendeten AAB sind im Arbeitsrecht, wenn auch weit in der Unterzahl, Verträge oder Vertragsbedingungen anzutreffen, die nur zur einmaligen Verwendung bestimmt sind. Denkbar ist beispielsweise, dass der Druck zur Verwendung genereller Regelungen aufgrund der herausragenden Stellung eines Arbeitnehmers nicht vorhanden beziehungsweise nicht so stark ausgeprägt ist oder das Arbeitsverhältnis im Kleinstbetrieb mit nur einem Arbeitnehmer. Zu differenzieren ist dabei zwischen solchen Vereinbarungen, die ausgehandelt worden sind und solchen, die vom Arbeitgeber einseitig entworfen und so vom Arbeitnehmer akzeptiert worden sind.

---

156 Siehe dazu unter 4.Kapitel A.

157 Im Ergebnis übereinstimmend: *Henningfeld*, S.71 ff, der jedoch in Erklärungsschwierigkeiten gerät, indem er auf ein bewusstes Ausnutzen der einseitigen Vorformulierungsmöglichkeit des Arbeitgebers abstellt; a.A. Ulmer/Brandner/Hensen-*Fuchs*, § 307 BGB Rn.425.

158 MünchArbR-*Richardi*, § 12 Rn.50; *Hueck/Nipperdey*, S.158; *Hromadka/Maschmann*, § 6 Rn.11.

1. Situation vor Inkrafttreten des Schuldrechtsreformgesetzes

Zunächst soll das Meinungsspektrum hinsichtlich der Kontrollfähigkeit von Einzelarbeitsverträgen zwischen Arbeitgeber und Arbeitnehmer auf Grundlage der Rechtslage vor Inkrafttreten der Schuldrechtsreform betrachtet werden.

a) Die Rechtsprechung des BAG

Die arbeitsgerichtliche Rechtsprechung stützte wie bereits ausgeführt die inhaltliche Kontrolle von Arbeitsverträgen auf die angebliche strukturelle Unterlegenheit der Arbeitnehmer[159]. Konsequenter Weise orientierte sich das BAG daher nicht an den Voraussetzungen der AGB-Definition im Sinne des § 1 AGBG, so dass auch arbeitsvertragliche Bedingungen als kontrollfähig angesehen wurden, die nicht für eine Vielzahl von Verträgen bestimmt waren[160]. Darüber hinaus kontrollierte das BAG in seiner Rechtsprechung zu befristeten Arbeitsverträgen selbst solche Vertragsbedingungen, die nicht vom Arbeitgeber vorformuliert, sondern vom Arbeitnehmer in den Vertrag eingeführt wurden. Gegenstand dieser Rechtsprechung waren Befristungen des Arbeitsvertrages auf Wunsch des Arbeitnehmers[161]. Grundsätzlich bedurften Befristungsregelungen nach ständiger Rechtsprechung auch schon vor Inkrafttreten des Gesetzes über Teilzeitarbeit und befristete Arbeitsverträge eines sachlichen Grundes[162]. Der Sache nach stellte dies eine Form der Inhaltskontrolle dar. Zwar war dies nicht erforderlich, wenn die Befristung auf Wunsch des Arbeitnehmers erfolgte. Jedoch wurde vom BAG geprüft, ob dieser Wunsch des Arbeitnehmers ein freier Wunsch gewesen ist oder nur ein Resultat seiner Unterlegenheit, weil der Arbeitgeber erkennbar nur zum Abschluss von befristeten Arbeitsverträgen bereit gewesen war[163]. Geprüft wurde dabei, ob im Zeitpunkt des Vertragsschlusses objektive Anhaltspunkte vorlagen, aus welchen gefolgert werden konnte, dass der Arbeitnehmer ein Interesse gerade an einer befristeten Beschäftigung hatte[164]. Für das BAG waren Einzelarbeitsverträge somit selbst dann inhaltlich kontrollfähig, wenn die fraglichen Bedingungen über das Merkmal der „Vielzahl“ weder „vorformuliert“ noch vom Arbeitgeber „gestellt“ waren. Nach der Rechtsprechung des

159 BAG v. 16.3.1994, AP Nr.18 Bl. 5 R; v.21.11.2001, AP Nr.31 Bl.3 R zu § 611 BGB Ausbildungsbeihilfe; v. 4.7.1972, AP Nr.6 zu § 65 HGB.

160 BAG v. 4.7.1972, AP Nr.6 zu § 65 HGB.

161 BAG v. 26.4.1985, AP Nr.91 Bl.4 f., v. 6.11.1996, AP Nr.188 Bl.1 R zu § 620 BGB Befristeter Arbeitsvertrag.

162 BAG v. 12.10. 1960, AP Nr.16 Bl.4 R; v. 22.3.1973, AP Nr.38 Bl.2; v. 26.4.1985, AP Nr.91 Bl.4 f.; v. 6.11.1996, AP Nr.188 Bl.1 R zu § 620 BGB Befristeter Arbeitsvertrag.

163 BAG v. 26.4.1985, AP Nr.91 Bl.4 R, v. 6.11.1996, AP Nr.188 Bl.1 R zu § 620 BGB Befristeter Arbeitsvertrag.

164 BAG v. 26.4.1985, AP Nr.91 Bl.4 R, v. 6.11.1996, AP Nr.188 Bl.1 R zu § 620 BGB Befristeter Arbeitsvertrag.

BAG war somit auch eine Inhaltskontrolle von ausgehandelten Individualvereinbarungen möglich.

b) Meinungsstand in der Literatur

Auch in der Literatur wurde, zum Teil mit unterschiedlichen Begründungen, überwiegend auf das Erfordernis einer mehrmaligen Verwendung der Vertragsbedingungen verzichtet und damit eine Inhaltskontrolle von Einzelarbeitsverträgen befürwortet. Dabei wurde jedoch gegenüber dem BAG einschränkend vorausgesetzt, dass der Einzelvertrag nicht frei zwischen Arbeitgeber und Arbeitnehmer ausgehandelt worden ist, also der Arbeitgeber die Vertragsbedingungen einseitig aufgestellt und dem Arbeitnehmer zur Annahme vorgelegt habe, ohne eine wirkliche Verhandlungsbereitschaft signalisiert zu haben[165]. *Fastrich* dagegen sah darüber hinaus zum Teil auch solche Bedingungen in Einzelarbeitsverträgen als kontrollfähig an, die auf Wunsch des Arbeitnehmers in den Vertrag aufgenommen worden sind und folgte damit im Ergebnis teilweise dem BAG. Als Begründung bemühte er dafür allerdings nicht die strukturelle Unterlegenheit der Arbeitnehmer, sondern stellte die Behauptung auf, dass das Arbeitsrecht zumindest partiell den Arbeitnehmer auch vor unbedachten Entscheidungen schütze[166]. Danach kam es ebenso wie nach der Rechtsprechung nicht darauf an, ob die Vertragsbedingung vom Arbeitgeber oder vom Arbeitnehmer in den Vertrag eingeführt worden ist. Eine Inhaltskontrolle von individuell ausgehandelten Verträgen wäre nach dieser Ansicht somit möglich gewesen. Es existierten aber auch vereinzelt Stimmen, die die Inhaltskontrolle jeglicher Einzelarbeitsverträge ablehnten, indem sie das Merkmal der „Vielzahl“ für die Kontrollfähigkeit von Arbeitsverträgen verlangten[167]. So forderte *Fenn* die Übertragung aller AGB-Voraussetzungen in das Arbeitsrecht[168], während *Coester-Waltjen* nicht auf dem Merkmal der „Vorformulierung“ bestand, sondern neben der mehrmaligen Verwendung eine Intransparenz der Klauseln forderte[169].

2. Rechtslage nach Inkrafttreten des Schuldrechtsreformgesetzes

Mit der Anwendbarkeit der §§ 305 ff. BGB könnte man auf den ersten Blick die These aufstellen, dass mit ihr insofern eine Stärkung der Vertragsfreiheit im Ar-

165 Vgl. *Preis*, S.282 f.; *Zöllner/Loritz*, S.162; *Hildebrandt*, S.99 f.; *Heinrich*, S.550 ff.; *Wolf*, RdA 1988 S.270 (272 f.); *Gamillscheg*, S.149; vgl. auch *Zöllner*, RdA 1989 S.152 (156 ff.); *Rieble*, Arbeitsmarkt und Wettbewerb, Rn.968 ff.

166 *Fastrich*, S.276 f.; vgl. auch *ders.*, RdA 1997 S.65 (77 f.); *Dieterich*, RdA 1995 S.129 (135).

167 Vgl. *v.Hoyningen-Huene*, S.128 ff.; *Fenn*, FS Söllner, S.333 (347, 355 f.); *Coester-Waltjen*, AcP 190 (1990), S.1 (25, 30).

168 *Fenn*, FS Söllner, S.333 (347, 355 f.)

169 AcP 190 (1990), S.1 (24 f., 30 f.).

beitsrecht einhergegangen ist, als nur noch die Voraussetzungen des § 305 BGB erfüllende Einheitsarbeitsbedingungen einer Inhaltskontrolle unterlägen.
Dem könnte allerdings § 310 Abs.2 Nr.2 BGB entgegenstehen. Gemäß § 310 Abs.3 Nr.2 BGB finden die Vorschriften der §§ 305c Abs.2, 306, 307-309 BGB und Art.29 a EGBGB auch dann Anwendung, wenn ein Unternehmer Vertragsbedingungen nur für einen konkreten Vertrag mit einem Verbraucher vorformuliert hat - es also an dem Merkmal „für eine Vielzahl von Verträgen" mangelt - und soweit der Verbraucher auf Grund der Vorformulierung auf die Vertragsbedingungen keinen Einfluss nehmen konnte. Inwieweit durch die Streichung der Bereichsausnahme die Vertragsfreiheit im Arbeitsrecht gegenüber der bisherigen Rechtsprechung des BAG gestärkt wird, hängt von der Beantwortung der Fragen ab, ob es sich bei Arbeitsverträgen um Verbraucherverträge im Sinne des § 310 Abs.3 BGB handelt und - falls dies der Fall sein sollte - ob § 310 Abs.3 BGB auch im Arbeitsrecht Anwendung findet. Im Umkehrschluss zu dieser Regelung ergäbe sich dann als zwingende Voraussetzung für eine Inhaltskontrolle, dass die Vertragsbedingungen dem Arbeitnehmer vom Arbeitgeber vorformuliert gestellt werden und der Arbeitnehmer aus diesem Grunde keinen Einfluss mehr auf die Vertragsbedingungen nehmen konnte. Insoweit bestünde dann mit § 310 Abs.3 Nr.2 BGB eine Norm, die die Inhaltskontrolle von Einzelvereinbarungen begrenzt und somit zwar nicht so weitgehend, aber immerhin auch die Vertragsautonomie im Arbeitsrecht stärkt.

a) Arbeitsvertrag als Verbrauchervertrag im Sinne des § 310 Abs.3 Nr.2 BGB

Ein Verbrauchervertrag ist in § 310 Abs.3 BGB legaldefiniert als ein Vertrag zwischen Unternehmer und Verbraucher.

aa) Arbeitgeber gleich Unternehmer

Ein Unternehmer ist gemäß § 14 BGB eine natürliche oder juristische Person oder eine rechtsfähige Personengesellschaft, die bei Abschluss eines Rechtsgeschäfts in Ausübung ihrer gewerblichen oder selbständigen beruflichen Tätigkeit handelt. Solange der Arbeitgeber also nicht zu privaten Zwecken einen Arbeitnehmer anstellt, beispielsweise eine Haushaltskraft, erfolgt der Abschluss eines Arbeitsvertrags im Rahmen seiner gewerblichen oder selbstständigen beruflichen Tätigkeit[170].

bb) Arbeitnehmer gleich Verbraucher

Anders als der Arbeitgeber, der unstreitig bei Abschluss von Arbeitsverträgen als Unternehmer im Sinne des § 14 BGB anzusehen ist, herrscht bei der Frage,

170 *Preis*, Sonderbeilage zu Heft 16 NZA 2003, S.19 (23); *Thüsing*, BB 2002 S.2666 (2668); *Gotthardt*, ZIP 2002 S.277 (279); *Bauer/Kock*, DB 2002 S.42 (43).

ob der Arbeitnehmer hinsichtlich des Arbeitsvertrags als Verbraucher im Sinne des § 13 BGB angesehen werden kann, eine erbitterte Auseinandersetzung in der Literatur[171]. Das BAG hat sich inzwischen mehrfach für die Verbrauchereigenschaft des Arbeitnehmers ausgesprochen[172]. In den der Entscheidung des BAG vorangegangen Entscheidungen auf erst- und zweitinstanzlicher Ebene spiegelt sich das zweigeteilte Lager in der Literatur wieder[173]. Diese neue „Glaubensfrage" im Arbeitsrechts soll mit Hilfe der Auslegung des § 13 BGB beantwortet werden.

(1) Wortlaut des § 13 BGB

Der Begriff des Verbrauchers ist in § 13 BGB legaldefiniert als jede natürliche Person, die ein Rechtsgeschäft zu einem Zwecke abschließt, der weder ihrer gewerblichen noch ihrer selbständigen beruflichen Tätigkeit zugerechnet werden kann. Dass ein Arbeitnehmer eine natürliche Person ist, die mit dem Arbeitsvertrag ein Rechtsgeschäft mit dem Arbeitgeber abschließt, kann niemand bestreiten. Der Arbeitsvertrag ist auch der beruflichen Tätigkeit des Arbeitnehmers zuzuordnen. Damit ist die Selbständigkeit der Tätigkeit das entscheidende Merkmal für die Frage, ob ein Arbeitnehmer nach dem Wortlaut Verbraucher ist oder nicht. Da die Unselbständigkeit jedoch ein die Arbeitnehmereigenschaft konstituierendes Merkmal ist[174], wird auch dieses Tatbestandsmerkmal vom Arbeitnehmer erfüllt. Hält man sich bei der Subsumtion somit streng an den Wortlaut, muss der Arbeitnehmer als Verbraucher im Sinne des § 13 BGB angesehen werden[175]. An dieser Tatsache kommen auch die Gegner des „Arbeitneh-

171 **Dafür**: *Hümmerich*, AnwBl. 2002 S.671 ff.; *ders./Holthausen*, NZA 2002 S.173 ff.; *Thüsing*, BB 2002 S.2666 (2668); *Preis*, NZA 2003 Sonderbeilage zu Heft 16, S.19 (22 ff.); Eckert/Delbrück-*Reuter*, S.99 (109); *Reinecke*, DB 2002 S.583 (586 ff.); *Gotthardt*, ZIP 2002 S.277 (278 f.); *Däubler*, NZA 2001 S.1329 (1332 ff.); *Lakies*, NZA-RR 2002, 337 (343); *Wedde*, AiB 2002 S.267 (269 f.); *Lindemann*, AuR 2002 S.81 (84); **Dagegen**: *Hromadka*, NJW 2002 S.2523 (2524 f.); *Annuß*, NJW 2002 S.2844 ff.; *Natzel*, NZA 2002 S.595 ff.; *Lingemann*, NZA 2002 S.181 (184); *Bauer/Kock*, DB 2002 S.42 (43 f.); *Fiebig*, DB 2002 S.1608 ff.; *Henssler*, RdA 2002 S.129 (133 f.); *Löwisch*, FS Wiedemann, S.311 (315 f.); *Reichold*, ZTR 2002 S.202 ff.; *Zeller-Müller*, S.139; Ulmer/Brandner/Hensen-*Fuchs*, § 307 BGB Rn.441 f., der jedoch § 310 Abs.3 analog anwenden möchte.

172 BAG v. 25.05.2005, AP Nr.1 zu § 310 BGB Bl.6 f.; BAG v. 31.08.2005, APNr.8 zu § 6 ArbZG Bl.6 R; offen lassend demgegenüber BAG v. 27.11.2003, NZA 2004 S.598 (600).

173 Gegen die Verbrauchereigenschaft u.a.: LAG Köln v. 12.12.2002, LAGE Nr.1 zu § 765 Bl.6 f.; LAG Rheinland-Pfalz v.03.04.2003 - Az.6 Sa 109/03, n.v.; ArbG Stralsund v.28.08.2002 – Az.3 Ca 237/02, n.v.; Für die Verbrauchereigenschaft: LAG Schleswig-Holstein v. 25.06.2003 – Az.2 Ta 154/03; LAG Mecklenburg-Vorpommern v. 29.01.2003 – Az. 2 Sa 492/02, EzA-SD 2003 Nr.9,8.

174 *Hueck*, S.41; *Zöllner/Loritz*, S.45.

175 *Hümmerich*, AnwBl 2002 S.671.

merverbrauchers“ nicht vorbei[176]. Bezweifelt wird von ihnen allerdings, ob das damit zunächst gefundene Ergebnis mit dem Sinn des Wortes „Verbraucher“ zu vereinbaren ist. Es wird unter Berufung auf Duden und Brockhaus angeführt, dass nach dem allgemeinen Sprachgebrauch ein Verbraucher eine Person sei, die Waren und Dienstleistungen zur eigenen Bedürfnisbefriedigung kaufe oder verbrauche[177]. Diese Definition kann jedoch nur als Anhaltspunkt bei der Auslegung des Gesetzeswortlautes herangezogen werden, da der Gesetzgeber „Definitionsfreiheit“ besitzt und nicht an außerrechtliche Terminologien gebunden ist[178]. Die gesetzliche Definition eines Verbrauchers erfolgt in § 13 BGB eben gerade ohne eine Einschränkung auf Rechtsgeschäfte, bei denen Waren konsumiert werden[179]. Dass sich die Verbraucherdefinition des BGB von derjenigen allgemeiner Wörterbücher unterscheidet, kann also nicht dazu führen, letztere an die Stelle der gesetzlichen Definition zu setzen[180]. Außerdem wird bei dem Einwand des allgemeinen Sprachgebrauchs übersehen, dass der Verbraucherbegriff selbst kein Tatbestandsmerkmal des § 13 BGB ist, sondern allein die amtliche Überschrift.

(2) Entstehungsgeschichte des Verbraucherbegriffs im deutschen Rechtssystem

Sind dem Wortlaut des § 13 BGB keine dem Arbeitnehmerverbraucher entgegenstehenden Anhaltspunkte zu entnehmen, so könnte sich etwas anderes aus der Entstehungsgeschichte des § 13 BGB ergeben.

Den Ausgangspunkt des Verbraucherbegriffs stellen die zahlreichen Verbraucherschutzrichtlinien der EG dar. Auf dieser europäischen Ebene wird der Verbraucher beispielsweise in Art.2 lit.b der Richtlinie 93/13/EWG vom 5.4.1993 über missbräuchliche Klauseln in Verbraucherverträgen[181], Art.1 II lit.a der Verbraucherkreditrichtlinie 87/102/EWG vom 22.12.1986[182] oder Art.2 der Haustürwiderrufsrichtlinie 85/577/EWG vom 20.12.1985[183] als eine natürliche Person definiert, die bei Verträgen, die unter die Richtlinien fallen, zu einem Zweck handelt, der nicht ihrer gewerblichen oder beruflichen Tätigkeit zugerechnet werden kann. Die Selbstständigkeit beziehungsweise die Unselbststän-

---

176 *Singer*, RdA 2003 S.194 (195); *Henssler*, RdA 2002 S.129 (133); *Bauer/Kock*, DB 2002 S.42 (43); *Natzel*, NZA 2002 S.595.

177 *Bauer/Kock*, DB 2002 S.42 (43); *Natzel*, NZA 2002 S.595; Ulmer/Brander/Hensen-*Fuchs*, § 307 BGB Rn.441; ähnlich *Löwisch*, FS Wiedemann, S.311 (316).

178 Vgl. *Zippelius*, S.45 f.; *Schmalz*, Rn.232.

179 BAG v. 25.05.2005, AP Nr.1 zu § 310 BGB Bl.6; *Preis*, Sonderbeilage zu Heft 16 NZA 2003, S.19 (23); MüKo-*Micklitz*, § 13 Rn.44 f.

180 Vgl. *Singer*, RdA 2003 S.194 (195).

181 ABl. L 095 21.04.1993 S.29.

182 ABl. L 042 12.02.1987 S.48.

183 ABl. L 372 31.12.1985 S.31.

digkeit der beruflichen Tätigkeit ist somit anders als in § 13 BGB unbedeutend. Daraus wird von *Lingemann* abgeleitet, dass der Begriff des Verbrauchers im Sinne des § 13 BGB in europarechtskonformer Weise ausgelegt werden müsse und es daher nicht auf die selbständige berufliche Tätigkeit ankomme, so dass Arbeitnehmer keine Verbraucher im Sinne des § 13 BGB seien[184]. Teilt man die Ansicht *Basedows*, der durch Vergleich mit der französischen und englischen Formulierung der Verbraucherdefinition der Richtlinie das Merkmal „beruflich" als „selbständig beruflich" verstanden wissen will und nach dem somit gar keine Abweichung vom europäischen Sekundärrecht vorliege[185], ist *Lingemanns* Argumentation bereits aus diesem Grund haltlos. Aber auch ansonsten muss seiner Argumentation entgegnet werden, dass es dem Gesetzgeber durch die Richtlinien nicht verwehrt ist, einen weitergreifenden und damit verbraucherfreundlicheren Verbraucherbegriff zu entwerfen[186]. Dieses Recht wird den Mitgliedsstaaten in Art.8 der Richtlinie 93/13/EWG über missbräuchliche Klauseln in Verbraucherverträgen ausdrücklich eingeräumt.

Im Übrigen kann von einem „evident missglückten Wortlaut" auch deswegen keine Rede sein[187], weil sich der Gesetzgeber über die Abweichung vom Verbraucherbegriff des europäischen Sekundärrechts durch das Merkmal „Selbstständigkeit" durchaus bewusst war. Dies zeigt sich in der Entstehungsgeschichte des Verbraucherkreditgesetzes, dem die Verbraucherkreditrichtlinie mit ihrem Verbraucherbegriff in Art.1 Abs.2 lit.a zugrunde lag. Während der erste Referentenentwurf des BMJ die „Selbstständigkeit" noch nicht vorgesehen hatte[188], wurde sie im zweiten Referentenentwurf im März 1989, in dem die Stellungnahmen der Länder und interessierter Verbände verarbeitet waren, aufgenommen[189]. In der Begründung des Regierungsentwurfs wird zum einen auf die Verbraucherumschreibung des Art.1 Abs.2 lit.a der Verbraucherkreditrichtlinie verwiesen. Gleichzeitig wird die Selbstständigkeit ausdrücklich mit dem Hinweis hervorgehoben, dass Arbeitnehmer, die zu beruflichen Zwecken Kredite aufnehmen, im Schutzbereich des Gesetzes liegen[190]. Auch bei der Einführung des § 24a AGBG war sich der Gesetzgeber – wie den Gesetzesmaterialien zu entnehmen ist[191] - dieser Abweichung von Art.2 der Richtlinie über missbräuchliche Klauseln in Verbraucherverträgen bewusst. Bei der Integration des Verbraucherbegriffs in den Allgemeinen Teil des BGB im Zuge der Umsetzung

184 NZA 2002 S.181 (184); so auch Ulmer/Brandner/Hensen-*Fuchs*, § 307 BGB Rn.441.
185 MüKo-*Basedow*, § 310 Rn.44.
186 *Thüsing*, BB 2002 S.2666 (2668), Eckert/Delbrück-*Reuter*, S.99 (106).
187 So aber *Henssler*, RdA 2002 S.129 (134).
188 Abgedruckt in ZIP 1988 S.1215 ff.
189 Vgl. ZIP 1989 A 69 Nr.254.
190 BT-Drs.11/5462 S.17.
191 BT-Drs.13/2713 S.4, 7.

der Fernabsatz-Richtlinie 97/7/EG orientierte sich der Gesetzgeber schließlich an § 24 a AGBG[192]. Zum Teil wird aus der Tatsache, dass § 24 a AGBG aufgrund der Bereichsausnahme gemäß § 23 Abs.1 AGBG im Arbeitsrecht keine Anwendung fand, die Schlussfolgerung gezogen, dass der Verbraucherbegriff des § 24 a AGBG keine Arbeitnehmer erfasst habe und dass angesichts der Verweisung auf § 24 a AGBG bei der Einführung des § 13 BGB keine Ausweitung des Verbraucherbegriffs beabsichtigt gewesen sei[193]. Hiergegen muss jedoch eingewendet werden, dass der Regelungsgehalt des § 23 AGBG im Gesetzestext des § 13 BGB keinen Eingang gefunden hat. Hätte der Gesetzgeber wirklich Arbeitnehmer aus dem Verbraucherbegriff ausnehmen wollen, dann hätte er dies, auch angesichts der systematischen Stellung im allgemeinen Teil des BGB, im Wortlaut deutlich machen müssen. Im übrigen sah der Gesetzgeber des Verbraucherkreditgesetzes die Arbeitnehmer von der identischen Verbraucherdefinition des § 1 Abs.1 VerbrKrG erfasst[194]. Somit erscheint die Annahme, § 23 AGBG habe die Arbeitnehmer aus der Definition des § 24 a AGBG ausgenommen, fernliegend[195]. Daher kann aus der Übernahme der Definition aus dem § 24 a AGBG nicht geschlossen werden, der Arbeitnehmer könne kein Verbraucher im Sinne des § 13 BGB sein.

Ganz im Gegenteil äußerte sich der Gesetzgeber während des Gesetzgebungsverfahrens zur Modernisierung des Schuldrechts[196] mehrmals derart, als ob seiner Meinung nach Arbeitnehmer Verbraucher im Sinne des § 13 BGB seien. So heißt es in der Begründung zu § 473 des Regierungsentwurfs: „Es sollten aber nicht die Personen aus dem Verbraucherbegriff ausgenommen werden, die als abhängig Beschäftigte eine Sache zu einem Zweck kaufen, der (auch) ihrer beruflichen Tätigkeit dient, z.B. der Lehrer, der sich einen Computer anschafft, um damit Klassenarbeiten zu entwerfen, oder der Angestellte, der eine Kaffeemaschine für sein Büro kauft. Das gilt auch für die Rechtsbeziehungen des Arbeitnehmers zu seinem Arbeitgeber[197].“ Der Rechtsausschuss äußert sich in seiner Stellungnahme zu § 310 Abs.4 wie folgt: „Da Arbeitnehmer auch Verbraucher sind, könnten sich theoretisch auch Gewerkschaften als qualifizierte Einrichtungen in die Liste des Bundesverwaltungsamtes eintragen lassen[198].“ Und in der Begründung zu § 310 Abs.4 heißt es zur Streichung der Bereichsausnah-

192 Begr. RegE, BT-Drs.14/2658, S.47; Begr. Rechtsausschuss, BT-Nr.14/3195, S.32.

193 BAG v. 25.05.2005, AP Nr.1 zu § 310 BGB Bl.6 R; *Annuß*, NJW 2002 S.2844 (2845); *Rieble/Klumpp*, ZIP 2002 S.2153 (2156); *Bauer/Kock*, DB 2002 S.42 (43); *Zeller-Müller*, S.126, 129.

194 Vgl. BT-Drs.11/5462 S.17.

195 So wohl auch *Hümmerich*, AnwBl 2002 S.671 (673).

196 Im Gegensatz zur Einführung des § 13 BGB, bei der das Arbeitsrecht keinerlei Erwähnung fand; so kritisch anmerkend *Annuß*, NJW 2002 S.2844 (2845).

197 BT-Drs.14/6040, S.243.

198 BT-Drs.14/7052, S.190.

me: „Dadurch wird auch dafür gesorgt, dass das Schutzniveau der Vertragsinhaltskontrolle im Arbeitsrecht nicht hinter demjenigen des Zivilrechts zurückbleibt[199]." Die Passage zu § 473 des Regierungsentwurfs kann jedoch für dir Frage, ob dem Arbeitnehmer bei Abschluss arbeitsrechtlicher Verträge Verbraucherstatus zukommt, keine Klärung herbeiführen: Hier geht es offenkundig um Kaufverträge, bei denen nach einhelliger Meinung Arbeitnehmer als Verbraucher agieren und zwar auch dann, wenn diese zwischen Arbeitnehmer und Arbeitgeber geschlossen werden[200]. Die Begründung zu § 310 Abs.4 führt ebenfalls nicht weiter. Da im Zivilrecht nicht jeder Vertrag ein Verbrauchervertrag ist, bleibt das Schutzniveau der Vertragsinhaltskontrolle im Arbeitsrecht auch dann nicht zurück, wenn der Arbeitsvertrag mangels Verbrauchereigenschaft des Arbeitnehmers nicht als Verbrauchervertrag angesehen wird. Ob § 310 Abs.4 BGB zur Anwendung kommt, ist eben wie im Zivilrecht davon abhängig, ob ein Verbrauchervertrag vorliegt. Der Stellungnahme des Rechtsausschusses allerdings ist die Auffassung zu entnehmen, dass auch hinsichtlich des Arbeitsvertrages dem Arbeitnehmer Verbrauchereigenschaft zukommt. Der Rechtsausschuss begründet seine Forderung nach einer Bereichsausnahme des Arbeitsrechts aus dem UKlaG zunächst mit der Problematik, dass aufgrund der in § 6 UKlaG-RE vorgesehenen Zuständigkeit der ordentlichen Gerichte diese sich mit der Unwirksamkeit von Arbeitsvertragsklauseln beschäftigen müssten, obwohl dies typischerweise den Arbeitsgerichten vorbehalten ist. Daran anschließend wird die Frage gestellt, wer diese Unterlassungsanprüche geltend machen könnte. Aus den vorangegangenen Ausführungen ergibt sich, dass damit Unterlassungsansprüche bezüglich missbräuchlicher Arbeitsvertragsklauseln gemeint sind. Dies, so der Rechtsausschuss, könnten aufgrund der Verbrauchereigenschaft der Arbeitnehmer auch Gewerkschaften geltend machen. Anders also als bei der Begründung zu § 473 wird die Verbrauchereigenschaft hier mit dem Arbeitsvertrag in Verbindung gebracht[201]. Wenn demgegenüber argumentiert wird, die Aussage des Rechtsausschusses schaffe keine Klarheit, weil § 15 UKlaG nicht speziell Arbeitsverträge, sondern das gesamte Arbeitsrecht ausnehme und somit auch Warenaustauschverträge zwischen den Arbeitsvertragsparteien[202], ist das nur ein hilfloser Versuch. Gleiches gilt für die Entgegnung, die Äußerung betreffe die Klagebefugnis der Gewerkschaften[203] oder den Verweis auf einen

199 BT-Drs.14/6857, S.54.
200 *Lingemann*, NZA 2002 S.181 (184); *Rieble/Klumpp*, ZIP 2002 S.2153 (2156).
201 So auch BAG v. 25.05.2005, AP Nr.1 zu § 310 BGB Bl.6 R; *Hümmerich/Holthausen*, NZA 2002 S.173 (177); *Thüsing*, BB 2002 S.2666 (2668); *Preis*, NZA Sonderbeilage zu Heft 16 S.19 (23); *Däubler*, NZA 2001 S.1329 (1333); *Lakies*, NZA-RR 2002 S.337 (343).
202 *Lingemann*, NZA 2002 S.181 (184);
203 *Hromadka*, NJW 2002 S.2523 (2524).

Rechtsirrtum eines Gesetzgebungsorgans[204]. Der konkrete Aussagegehalt der Stellungnahme lässt sich damit nicht verändern. Eingeräumt werden muss jedoch, dass die Äußerung des Rechtsausschusses erst nach der Einfügung des § 13 BGB erfolgte[205]. Die Aussagekraft der Äußerung ist daher, auch hinsichtlich ihres Standortes, eher als gering anzusehen. Trotzdem bekräftigt sie den bereits eindeutigen Wortlautbefund.

(3) Systematik

Aus systematischer Sicht fällt zunächst auf, dass die Verbraucherdefinition im ersten Abschnitt des allgemeinen Teils des BGB platziert ist. Die dort sich befindenden Begriffsdefinitionen sind deshalb ganz vor die Klammer gezogen worden, weil ihnen grundsätzlich für das gesamte BGB Geltung zukommen soll, es sei denn, dass Ausnahmebestimmungen getroffen worden sind. Da in den §§ 611 ff. keine Sonderregelung getroffen worden ist, liegt es nahe, den Arbeitnehmer auch bei Abschluss von Arbeitsverträgen als Verbraucher im Sinne des § 13 BGB anzusehen[206]. Insofern geht auch die Argumentation fehl, dass sich die Trennung von Arbeitnehmer und Verbraucher aus dem Umkehrschluss aus § 491 Abs.2 Nr.2 BGB ergebe[207]. Diese Norm ordnet nur die Unanwendbarkeit der Vorschriften über Verbraucherdarlehensverträge an, wenn ein Arbeitgeber und ein Arbeitnehmer einen Darlehensvertrag zu Zinsen abschließen, die unter den marktüblichen Sätzen liegen. Von Darlehensverträgen zu marktüblichen Sätzen, geschweige denn von Arbeitsverträgen ist dagegen keine Rede. § 491 Abs.2 Nr.2 BGB ist damit vielmehr zu entnehmen, dass der Verbraucherbegriff des BGB auch Arbeitnehmer erfasst[208]. Durch die Ausnahme der aufgrund ihres Entgeltcharakters zum Arbeitsrecht zu zählenden Arbeitgeberdarlehen[209] wird ferner deutlich, dass das Arbeitsrecht nicht lex specialis zu § 13 BGB ist. Ob dagegen einzelne Verbraucherschutzvorschriften vom Arbeitsrecht verdrängt werden, ist nicht eine Frage der Verbrauchereigenschaft des Arbeitnehmer im Sinne des § 13 BGB, sondern eine Frage der Anwendbarkeit der jeweiligen Verbraucherschutznorm[210]. Auch aus Art. 29 EGBGB und § 312 b BGB kann nicht hergeleitet werden, dass ein Verbraucher nur derjenige ist, der Verträge über die Lieferung von Waren oder die Erbringung von Dienstleistung abschließt. Wäre diese Einschränkung bereits in § 13 BGB hineinzulesen, so wäre die in Art. 29

204 *Annuß*, NJW 2002 S.2844 (2846).

205 So kritisch *Singer*, RdA 2003 S 194 (196).

206 *Hümmerich*, AnwBl 2002 S.671 (672); *Lindemann*, S.94.

207 So aber *Bauer/Kock*, DB 2002 S.42 (43); *Hromadka*, NJW 2002 S,2523 (2524).

208 Vgl. *Lakies*, NZA-RR 2002 S.337 (343); a.A. *Reichold*, ZTR 2002 S.202 (204), der § 491 Abs.2 Nr.2 BGB verallgemeinern will.

209 Vgl. MünchArbR-*Hanau*, § 71 Rn.1 f.

210 *Gotthardt*, Rn.15.

EGBGB und § 312 b BGB erfolgte Beschränkung auf einen solchen Vertragsinhalt überflüssig[211].

Die in Art. 29 EGBGB enthaltene Verbraucherdefinition, in der gegenüber § 13 BGB die Selbständigkeit der beruflichen Tätigkeit fehlt, wird zum Teil zum Anlass genommen, dem Gesetzgeber eine uneinheitliche Verwendung des Verbraucherbegriffs vorzuwerfen[212]. Diese Differenz lässt sich jedoch durch die zeitliche Reihenfolge der Gesetzgebung erklären. Art.29 EGBGB wurde bereits mit der IPR-Reform von 1986 in das EGBGB aufgenommen und ist damit noch älter als die Verbraucherdefinitionen des VerbrKrG und des AGBG. Heute wird nach einhelliger Auffassung die „Selbständigkeit" als ungeschriebenes Tatbestandsmerkmal des Art.29 EGBGB hinzugedacht[213]. Dem Gesetzgeber kann somit allenfalls vorgeworfen werden, dass er die Verbraucherdefinition des Art.29 EGBGB nicht spätestens mit der Einfügung des § 13 BGB angepasst hat.

Von *Natzel* wird gegen den Verbraucherstatus des Arbeitnehmers hinsichtlich seiner arbeitsvertraglichen Beziehung zum Arbeitgeber vorgebracht, dass der Arbeitnehmer durch die Einbindung in den Betrieb des Arbeitgebers zu dessen Erfüllungsgehilfen werde. Damit sei seine Tätigkeit der gewerblichen oder selbständig beruflichen Tätigkeit des Arbeitgebers im Sinne des § 14 BGB zuzuordnen, so dass eine gleichzeitige Verbraucherstellung nicht möglich erscheine[214]. Hieran werde auch deutlich, dass der Verbraucher nur der Gegenbegriff zum Unternehmer und nicht der Gegenbegriff zum Arbeitgeber sei[215]. *Natzels* „Erfüllungsgehilfenargumentation" hat jedoch einen entscheidenden Schwachpunkt. Wird der Arbeitnehmer nämlich im Rahmen des Betriebs des Arbeitgebers tätig, und dabei kommt es angesichts des Merkmals „bei Abschluss eines Rechtsgeschäfts" nur auf den Abschluss von Rechtsgeschäften als Tätigkeit an, so handelt der Arbeitnehmer als Stellvertreter im Sinne der §§ 164 ff. BGB, §§ 48 ff. HGB. Auf den Status des Stellvertreters kommt es für die Qualifikation des abgeschlossenen Vertrages als Verbrauchervertrag somit gar nicht an. Die Bezeichnung des Arbeitnehmers mit dem juristischen Begriffs „Erfüllungsgehilfe" ist aufgrund der Stellvertreterposition des Arbeitnehmers nicht sehr glücklich. Handelt es sich jedoch um Rechtsgeschäfte zwischen Arbeitnehmer und dem Arbeitgeber, also allen voran um den Arbeitsvertrag, so wird der Arbeitnehmer

---

211 *Gotthardt*, Rn.16.

212 *Rieble/Klumpp*, ZIP 2002 S.2153 (2156).

213 Vgl. MüKo-*Martiny*, Art.29 EGBGB Rn.8; Staudinger-*Magnus* (2002), Art.29 EGBGB Rn.35; *Lorenz*, RIW 1987 S.569 (576); Erman (11.Aufl.)-*Hohloch*, Art.29 EGBGB Rn.22.

214 NZA 2002 S.595 (596).

215 NZA 2002 S.595 (596); zu diesem Ergebnis kommen auch *Löwisch*, NZA 2001 S.465 (466); *Joussen*, NZA 2001 S.745 (749).

in eigenem Namen tätig und nicht im Namen des Arbeitgebers. Er steht damit nicht innerhalb des Betriebs, sondern diesem als eigenständige Person gegenüber[216]. Eine vergleichbare Konstellation findet sich auf verwaltungsrechtlicher Ebene bei der Frage wieder, ob eine hoheitliche Maßnahme „Außenwirkung“ und damit die Qualität eines Verwaltungsaktes hat. Wird dem Amtswalter von seinem Vorgesetzten eine bestimmte Vorgehensweise gegenüber einem Dritten vorgeschrieben, so handelt es sich nur um eine innerdienstliche Weisung ohne Außenwirkung, vergleichbar mit eventuellen, die Vollmacht im Innenverhältnis konkretisierenden Anweisungen des Arbeitgebers. Erst die vom Amtswalter im Namen der Behörde getätigte und die Anweisung befolgende Maßnahme gegenüber dem Dritten hat Außenwirkung und ist damit gegebenenfalls ein Verwaltungsakt; übertragen ins Zivilrecht also ein Verbrauchervertrag. Einer „Anordnung“ des Vorgesetzten gegenüber dem Amtswalter, deren Rechtsfolge unmittelbar die selbständige Rechtsperson des Amtwalters trifft, wird dagegen die für einen Verwaltungsakt vorausgesetzte Außenwirkung zugesprochen, da der Amtswalter insofern der Behörde wie ein Dritter gegenübersteht[217]. Damit vergleichbar sind Verträge, die zwischen Arbeitgeber und Arbeitnehmer abgeschlossen werden. Mithin wird deutlich, dass die Eingliederung einer Person in eine Organisation nicht bedeutet, dass diese nicht auch selbständig dieser Organisation gegenübertreten kann und es daher auch nicht durch die Eingliederung des Arbeitnehmers in den Betrieb des Arbeitgebers ausgeschlossen ist, dass der Arbeitnehmer hinsichtlich der arbeitsvertraglichen Beziehung gegenüber dem Arbeitgeber Verbraucherstatus hat.

Eine Trennung der Begriffspaare Arbeitnehmer – Arbeitgeber und Verbraucher – Unternehmer kann mithin nicht der gesetzlichen Systematik entnommen werden. Vielmehr ergibt sich bereits aus den beiden Legaldefinitionen in § 13 BGB und § 14 BGB, dass „Verbraucher“ auch der Gegenbegriff zum Arbeitgeber und anders herum „Unternehmer“ auch der Gegenbegriff zum Arbeitnehmer sein kann[218].

Als weiterer Kritikpunkt wird angeführt, dass es nach dem Wortlaut der §§ 13, 14 BGB nur Unternehmer und Verbraucher gebe. Jeder, der nicht unternehmerisch rechtsgeschäftlich tätig sei, sei Verbraucher. Dies ergäbe unsinnige Ergebnisse in der Form, dass beispielsweise familienrechtliche Verträge solche zwischen zwei Verbrauchern wären[219]. Dies mag zwar zunächst verwundern, jedoch wird selbst unter den Kritikern eingeräumt, dass Verbraucherschutzregelungen immer ein Rechtsgeschäft zwischen Verbraucher und Unternehmer voraussetzen

216 *Hümmerich*, AnwBl 2002 S.671 (673).
217 *Maurer*, § 9 Rn.28; *Erichsen*, § 12 Rn.40.
218 Vgl. *Lakies*, NZA-RR 2002 S.337 (343).
219 *Henssler*, RdA 2002 S.133 (134); *Singer*, RdA 2003 S.194 (195).

zen[220]. Verbraucherschutzregelungen greifen folglich bei Rechtsgeschäften unter Verbrauchern nicht ein, so dass der Verbrauchereigenschaft kaum Bedeutung zukommt. Allein bei § 288 BGB sorgt sie hinsichtlich des niedrigeren Zinssatzes von 5 Prozentpunkten über dem jeweiligen Basiszinssatz bei Rechtsgeschäften, an denen ein Verbraucher beteiligt ist, für ein sinnvolles Ergebnis[221]. Andererseits wird gleichzeitig argumentiert, dass sich aus den §§ 13, 14 BGB die Existenz einer dritten Kategorie neben Unternehmer und Verbraucher ergebe[222]. Gemeinnützige juristische Personen beziehungsweise karitative Vereine erfüllten bei Abschluss eines Vertrages weder die Verbraucherdefinition des § 13 BGB noch die Unternehmerdefinition des § 14 BGB. Wenn aber einerseits kritisiert wird, aus dem Wortlaut ergebe sich, dass es nur Unternehmer oder Verbraucher geben könne, und sich andererseits aber aus dem vermeintlich eindeutigen, zu engen Wortlaut eine dritte Kategorie erschließen lassen soll, so ist das in sich widersprüchlich. Ginge man aber einmal davon aus, dass sich aus dem Wortlaut eine dritte Kategorie ergäbe[223], so handelt es sich dabei um juristische Personen, die ein Rechtsgeschäft zu einem Zweck abschließen, der weder ihrer gewerblichen noch ihrer selbständigen beruflichen Tätigkeit zugerechnet werden kann. Der Arbeitnehmer als natürliche Person erfüllt jedoch nicht die Voraussetzungen dieser eventuellen dritten Kategorie. Somit ist dieser Argumentationsstrang nicht nur in sich widersprüchlich, sondern führt zu dem Ergebnis, das mit ihm gerade abgewendet werden sollte.

Damit ergeben sich auch aus der Systematik des Gesetzes keine Einwände gegen die Verbrauchereigenschaft des Arbeitnehmers hinsichtlich seines arbeitsvertraglichen Verhältnisses zum Arbeitgeber. Vielmehr bekräftigt sie den durch Wortlaut- und historische Betrachtung entstandenen Eindruck, dass der Arbeitnehmer auch bei Abschluss des Arbeitsvertrages Verbraucher im Sinne des § 13 BGB ist.

(4) Sinn und Zweck des § 13 BGB

Nach der Betrachtung des Wortlautes, der Entstehungsgeschichte des Verbraucherbegriffs und der Systematik soll nun abschließend der Sinn und Zweck des § 13 BGB bezüglich der Frage analysiert werden, ob der Arbeitnehmer vom Begriff des Verbrauchers erfasst wird.

Mit seiner Definition des Verbrauchers enthält § 13 BGB eine Voraussetzung für das Eingreifen der mit der Schuldrechtsreform in das BGB integrierten Verbraucherschutzvorschriften, denn diese finden nur Anwendung, soweit es

220 *Singer*, RdA 2003 S.194 (195).
221 *Hümmerich*, AnwBl 2002 S.671 (672 f.); *Gotthardt*, Rn.12.
222 *Henssler*, RdA 2002 S.133 (134).
223 Ablehnend dazu Schulze/Schulte-Nölke-*Pfeiffer*, S.133 (138 ff.).

sich um einen Verbrauchervertrag handelt. Bei der teleologischen Auslegung des Verbraucherbegriffs kommt daher dem Konzept des Verbraucherschutzes entscheidende Bedeutung zu.

Diesbezüglich gehen die Meinungen auseinander. Während einige die Erforderlichkeit des Verbraucherschutzes in der sozialen Rolle des Verbrauchers sehen, der sich gegenüber dem Unternehmer in einer strukturell bedingt unterlegenen Situation befinde[224], sehen andere das Konzept des Verbraucherschutzes in dem Ausgleich einer situations- oder gegenstandsbedingten Unterlegenheit des einen Vertragspartners[225]. Das Konzept des Ausgleichs einer strukturellen Ungleichgewichtslage entspricht dem weitverbreiteten arbeitsrechtlichen Verständnis von der strukturellen Unterlegenheit der Arbeitnehmer. Wie dort muss auch dem Postulat einer strukturellen Unterlegenheit des Verbrauchers entgegengehalten werden, dass diese Annahme zu generell ist und die Lebenswirklichkeit nicht erfasst. Da Verbraucher im Sinne eines Konsumenten jeder Mensch ist, sei er Vorstandsvorsitzender eines großen Konzerns oder ein arbeitsloser Hilfsarbeiter, kann eine generelle Unterlegenheit des Verbrauchers nicht überzeugen[226]. So bemerkt *Reuter* zutreffend, dass der ökonomisch Starke tendenziell mehr Verbraucher ist als der ökonomisch Schwache[227]. Ein Verbraucherschutzkonzept, das an der Person des vermeintlich schwachen Verbrauchers ansetzt, würde daher in vielen Fällen über das Ziel hinausschießen, sichert es doch dann nicht die fehlende Selbstbestimmung ab, sondern wird zur Fremdbestimmung kraft Gesetzes[228]. Einer grundsätzlichen Unterlegenheit des Verbrauchers steht auch entgegen, dass die Situation der Kunden durch Konkurrenzkämpfe der Unternehmen keineswegs immer die Position des Schwächeren ist[229]. Gegen das Konzept des Ausgleichs einer strukturellen Ungleichgewichtslage sprechen darüber hinaus aber auch die einzelnen Verbraucherschutzvorschriften selber, die bis zur Eingliederung in das BGB zum Teil gar nicht an den Verbraucher anknüpften, sondern einzig und allein auf bestimmte Situationen reagierten[230]. So stellte das HWiG auf eine Überrumpelungssituation ab, in der der Kunde das ihm angetragene Angebot nicht mit anderen vergleichen konnte und sich spontan zwischen Annahme oder Ausschlagung des Angebots entscheiden musste. Der Grund für

224 *Reich*, ZRP 1974 S.187 (189 f.); *Damm*, JZ 1978 S.173 (176); *Tonner*, JZ 1996 S.533 (534 f.); *Reifner*, S.407 ff.; *Hippel*, S.1 ff.; darauf auch abstellend: *Lindemann* S.97.

225 Vgl. Ernst/Zimmermann-*Pfeiffer*, S.481 (496); *Drexl*, S.9, 206 ff., 282 ff.; *Schwarz*, S.33 f., 56 ff., 180; Eckert/Delbrück-*Reuter*, S.99 (102 ff.); *Medicus*, FS Kitagawa, 1992 S.471 (484 ff.); *Dauner-Lieb*, S.150; *Schünemann*, FS Brandner, S.279 294 ff.

226 *Bydlinski*, S.737; vgl. *Medicus*, AT BGB, Rn.15a.

227 Eckert/Delbrück-*Reuter*, S.99 (102); ebenso *Bydlinski*, S.738.

228 *Drexl*, S.285.

229 *Bydlinski*, S.738.

230 Vgl. *Wolf*, Europ. Vertragsrechtsvereinheitlichung, S.85 (118 ff.); Eckert/Delbrück-Reuter, S.99 (102).

das VerbrKG lag in der komplexen Vertragsmaterie. Des weiteren lässt sich die Integration der Verbraucherschutzvorschriften in das BGB als Argument für das Konzept eines situativen Verbraucherschutzes anführen. Ein auf die strukturelle Unterlegenheit der Verbraucher abstellendes Verbraucherschutzrecht widerspräche dem dem BGB zugrunde liegenden Verständnis von der grundsätzlichen Gleichheit der am Rechtsverkehr teilnehmenden Personen, die ihre wirtschaftlichen Angelegenheiten frei und vernünftig regeln können[231]. Die Integration der Verbraucherschutzvorschriften würde somit einen Systembruch darstellen. Indem das situative Verbraucherschutzkonzept seinen Schutz aber nur in bestimmten Situationen oder bei bestimmten Vertragsgegenständen gewährt, also nur von situativen Ungleichgewichtslagen ausgeht, basiert es ebenso wie das BGB auf der Annahme, dass die rechtsgeschäftlich handelnden Personen grundsätzlich die Fähigkeit zur Selbstbestimmung haben[232]. Die Reaktion auf eine situative Unfähigkeit zur Selbstbestimmung ist dem BGB auch nicht fremd, wie sich beispielsweise aus § 138 Abs.2 BGB ergibt[233]. Die Konsequenz aus dem Anknüpfungspunkt einer situativen Ungleichgewichtslage ist, auch im Hinblick auf die verfassungsrechtliche Schutzpflicht des Staates zum Schutz vor Fremdbestimmung[234], dass die Verbraucherschutzvorschriften grundsätzlich allen am Rechtsverkehr teilnehmenden Personen zu Gute kommen müssen[235]. Als damit nicht kompatibel könnte man einwenden, dass die Anwendbarkeit der Verbraucherschutzvorschriften an die Voraussetzung des Verbrauchervertrages und damit an die Personen „Verbraucher" und „Unternehmer" im Sinne der §§ 13, 14 BGB geknüpft ist. Diese Anwendungsvoraussetzung lässt sich jedoch, wenn auch ihre Ausgestaltung verbesserungswürdig sein mag[236], mit dem Konzept des situativen Verbraucherschutzes beziehungsweise dem des BGB in Einklang bringen, womit gleichzeitig die Frage nach dem Sinn und Zweck des § 13 BGB beantwortet werden soll. Mit der Voraussetzung des Verbrauchervertrages sollen solche Personen, nämlich Unternehmer im Sinne des § 14 BGB, aus dem Schutzbereich ausgenommen werden, denen eine Selbstbestimmung in den von den einzelnen Verbraucherschutzvorschriften erfassten Situationen beziehungsweise Vertragsgegenständen, auch im Interesse eines reibungslosen Geschäftsverkehrs, zugetraut wird[237]. Zum anderen soll es den Unternehmern im Interesse ihrer in der Selbstbestimmungsfähigkeit eingeschränkten Vertragspartner zugemutet werden können, die von den Verbraucherschutzvorschriften gestellten An-

231 Vgl. *Hönn*, S.298 ;*Heinrich*, S.43 f.; *Medicus*, BGB AT, Rn.173 ff.

232 Eckert/Delbrück-*Reuter*, S.99 (104); *Dauner-Lieb*, S.52 f.

233 Vgl. Ernst/Zimmermann-*Pfeiffer*, S.481 (496); Eckert/Delbrück-*Reuter*, S.99 (104).

234 Vgl. hierzu Maunz/Dürig-*Di Fabio*, Art.2 Abs. 1 Rn.107.

235 Eckert/Delbrück-*Reuter*, S.99 (105); *Bydlinski*, S.741 f.; *Dauner-Lieb*, S.105 ff.

236 Vgl. Schulze/Schulte-Nölke-*Pfeiffer*, S.133 (141).

237 Schulze/Schulte-Nölke-*Pfeiffer*, S.133 (135 ff.).

forderungen an die Rechtsgeschäfte zu erfüllen[238]. Mit der Voraussetzung des Verbrauchervertrages werden somit an den Unternehmer strengere Anforderungen als an alle anderen Personen gestellt. Dieses Prinzip ist dem BGB, das neben der Existenz des HGB als Sonderprivatrecht für Kaufleute immer auch Sonderregelungen für außerhalb der Kaufmannseigenschaft unternehmerisch tätige Personen vorhielt, beispielsweise §§ 112, 585 ff., 663, 701 ff., 833 S.2 und 998 BGB, nicht fremd[239]. Somit bleibt festzuhalten, dass das Konzept des Verbraucherschutzes der mit Ausnahme der Unternehmer jeder Person zugute kommende Ausgleich von situations- und gegenstandsbedingten Ungleichgewichtslagen ist. Dem Verbraucherbegriff kommt damit keine eigenständige Bedeutung zu, so dass aus teleologischer Betrachtung auch der Arbeitnehmer vom Verbraucherbegriff des § 13 BGB erfasst wird[240].

cc) Zwischenergebnis

Somit ist festzustellen, dass der Arbeitnehmer hinsichtlich seines arbeitsvertraglichen Verhältnisses zum Arbeitgeber ein Verbraucher im Sinne des § 13 BGB und der Arbeitsvertrag zwischen Arbeitgeber und Arbeitnehmer innerhalb der gewerblichen oder selbständig beruflichen Tätigkeit des Arbeitgebers mithin die Verbrauchervertragsdefinition des § 310 Abs.3 BGB erfüllt[241].

b) Anwendbarkeit des § 310 Abs.3 Nr.2 BGB

Fraglich ist allerdings, ob der Anwendungsbereich des § 310 Abs.3 Nr.2 BGB auch arbeitsrechtliche Verträge erfasst oder ob dieser sich auf Verträge beschränkt, die die Lieferung von Waren oder die Erbringung von Dienstleistungen zum Gegenstand haben.

aa) Wortlaut

Nach dem Wortlaut ist § 310 Abs.3 BGB nicht auf bestimmte Vertragstypen beschränkt, so dass danach auch Arbeitsverträge von § 310 BGB erfasst werden[242].

bb) Entstehungsgeschichte

Entstehungsgeschichtlich könnte man gegen eine auch Arbeitsverträge umfassende Auslegung des Anwendungsbereichs des § 310 Abs.3 Nr.2 BGB einwen-

---

238 Ernst/Zimmermann-*Pfeiffer*, S.481 (497 f.); Eckert/Delbrück-*Reuter*, S.99 (105).

239 Ernst/Zimmermann-*Pfeiffer*, S.481 (498).

240 Ernst/Zimmermann-*Pfeiffer*, S.481 (496 f.); *Canaris*, AcP 200 (2000) S.273 (359 ff.); Eckert/Delbrück-*Reuter*, S.99 (105); vgl. auch BAG v. 25.05.2005, AP Nr.1 zu § 310 BGB Bl.6 R; im Ergebnis ebenso *Henningfeld*, der jedoch den Verbraucher entgegen § 13 BGB nach der jeweiligen Verbraucherschutznorm bestimmen will.

241 So jetzt auch BAG v. 31.08.2005, AP Nr.8 zu § 6 ArbZG Bl.6 R.

242 Vgl. *Singer*, RdA 2003 S.194 (197); Eckert/Delbrück-*Reuter*, S.99 (110).

den, dass § 310 Abs.3 Nr.2 BGB als ehemaliger § 24 a AGBG aufgrund der Richtlinie 93/13/EWG über missbräuchliche Klauseln in Verbraucherverträgen in das AGBG eingeführt worden ist. Diese Richtlinie bezog sich allein auf Verträge über die Lieferung von Waren und Erbringung von Dienstleistungen und erfasste somit Arbeitsverträge nicht. Das allein kann jedoch, wie bereits bezüglich § 13 BGB ausgeführt wurde, nicht zur Argumentation dafür herangezogen werden, dass eine europarechtskonforme Auslegung gegen einen über Warenlieferungs- und Dienstleistungserbringungsverträge hinaus auch Arbeitsverträge umfassenden Anwendungsbereich des § 310 Abs.3 Nr.2 BGB spreche. Mit Blick auf den von den Verbraucherschutzrichtlinien angestrebten Mindeststandard und die in Art.8 der Richtlinien enthaltene ausdrückliche Ermächtigung zu weitergreifenden Verbraucherschutzvorschriften verstößt ein weitergreifender Verbraucherschutz nicht gegen das europäische Sekundärrecht[243]. Außerdem spricht auch die mit dem Schuldrechtsreformgesetz durch § 310 Abs.4 BGB erfolgte Annäherung des Arbeitsrechts an das Zivilrecht für einen auch Arbeitsverträge umfassenden Anwendungsbereich. Der Gesetzgeber wollte damit das Schutzniveau der Vertragsinhaltskontrolle im Arbeitsrecht an dasjenige des Zivilrechts angleichen[244]. Wie auch immer diese Äußerung hinsichtlich ihrer Richtigkeit zu bewerten sein mag[245], so ergibt sich aus ihr, dass der Gesetzgeber im Grundsatz Arbeitsverträge und andere Schuldverhältnisse einer identischen Inhaltskontrolle unterwerfen wollte. Die Entstehungsgeschichte des § 310 Abs.3 Nr.2 BGB spricht somit für einen alle vertraglichen Schuldverhältnisse und damit auch arbeitsrechtliche Verträge umfassenden Anwendungsbereich.

cc) Systematik

In systematischer Hinsicht fällt zunächst auf, dass § 310 Abs.3 Nr.2 BGB im allgemeinen Teil des Schuldrechts steht. Anders als bei den anderen in das BGB integrierten Verbraucherschutzvorschriften ist aus dem systematischen Standort des § 310 Abs.3 Nr.2 BGB keine Begrenzung auf bestimmte Vertragstypen zu entnehmen. So sind die Verbraucherschutzvorschriften in den §§ 474 ff., und § 491 ff. BGB dagegen innerhalb der Regelungen eines bestimmten Vertragstyps im Besonderen Schuldrecht positioniert. § 312 BGB steht zwar wie § 310 Abs.3 Nr.2 BGB im allgemeinen Teil des Schuldrechts, jedoch befindet sich diese Norm im 2.Untertitel mit der Überschrift „Besondere Vertriebsformen". Ob sich daraus eine Beschränkung des § 312 BGB auf Verträge über die Lieferung von Waren und die Erbringung von Dienstleistungen ableiten lässt, sei dahingestellt, jedenfalls ist § 310 Abs.3 Nr.2 BGB dieser Überschrift nicht unterstellt[246]. Aus dem Standort im allgemeinen Teil des Schuldrechts ergibt sich somit, dass § 310

243 *Bülow/Artz*, NJW 2000 S.2049 (2050); vgl. auch *Thüsing*, BB 2002 S.2666 (2668).

244 BT-Drs.14/6857 S.54.

245 Vgl. dazu kritisch *Reuter*, FS 50 Jahre BAG, S.177 (178).

246 Eckert/Delbrück-*Reuter*, S.99 (110).

Abs.3 Nr.2 BGB auf alle Schuldverhältnisse Anwendung findet, sofern nicht speziellere, § 310 Abs.3 Nr.2 BGB verdrängende Regelungen existieren. Gegenüber § 310 Abs.3 Nr.2 BGB speziellere Regelungen sind sowohl im BGB für das Arbeitsrecht als auch in spezialgesetzlichen Regelungen außerhalb des BGB nicht ersichtlich, so dass der Anwendbarkeit des § 310 Abs.3 BGB aus dieser Warte nichts entgegensteht. Untermauert wird dieses Ergebnis auch durch die Existenz des § 491 Abs.2 Nr.2 BGB, der die zum Arbeitsrecht zählenden Arbeitgeberdarlehen aus dem sie eigentlich erfassenden Anwendungsbereich der §§ 491 ff. BGB ausschließt[247]. Mithin erscheint ein alle vertraglichen Schuldverhältnisse umfassender Anwendungsbereich auch aus systematischen Gründen vorzugswürdig.

dd) Sinn und Zweck

Wie bereits zur vorangegangenen Frage, ob der Arbeitnehmer Verbraucher im Sinne des § 13 BGB ist, herausgearbeitet wurde, ist das Konzept des Verbraucherschutzes der Ausgleich von situations- oder gegenstandsbedingten Ungleichgewichtslagen, in denen die Fähigkeit einer rechtsgeschäftlich agierenden Person zur Selbstbestimmung als Voraussetzung für die Vertragsfreiheit nicht gewährleistet ist. Auch § 310 Abs.3 Nr.2 BGB lässt sich in dieses Konzept einordnen[248]. Die Vorformulierung des Vertragstextes führt dazu, dass der Verbraucher den Inhalt der oft komplexen Vertragsbedingungen in all seinen Konsequenzen in der Regel nicht überschauen kann. Ist dies der Fall, so ist ein Einwirken auf die Vertragsbedingungen durch den Verbraucher faktisch nicht möglich, so dass der unter widerspruchsloser Hinnahme der vorformulierten Vertragsbedingungen geschlossene Vertrag nicht mehr auf der freien Selbstbestimmung des Verbrauchers beruht, sondern in dieser Situation vielmehr Fremdbestimmung durch den Unternehmer vorliegt[249]. Dass es sich ebenfalls um den Ausgleich einer situativen Unterlegenheit handelt, wird daran deutlich, dass der Unternehmer die Konsequenzen des § 310 Abs.3 Nr.2 BGB verhindern kann, indem er auf die einseitige Vorgabe des Vertragsinhalts verzichtet[250]. Die von § 310 Abs.3 Nr.2 BGB erfasste Situation des Individualvertrags ist trotz des bei Arbeitsverträgen überwiegend bestehenden faktischen Zwangs zur Verwendung genereller Regelungen auch bei arbeitsrechtlichen Verträgen denkbar, allen voran in dem Fall, dass der Arbeitgeber nur einen Arbeitnehmer beschäftigt. Aus teleologischer Sicht steht der prinzipiellen Anwendbarkeit des § 310 Abs.3 Nr.2 BGB mithin nichts entgegen.

---

247 Vgl. *Lakies*, NZA-RR 2002 S.337 (343).

248 Eckert/Delbrück-*Reuter*, S.99 (104 f.); vgl. *Bülow/Artz*, NJW 2000 S.2049 (2050).

249 Vgl. *Dauner-Lieb*, S.72; Ernst/Zimmermann-*Pfeiffer*, S.481 (496); vgl. auch *Wackerbarth*, AcP 200 (2000) S.45 (83).

250 Eckert/Delbrück-*Reuter*, S.99 (104); so auch *Dauner-Lieb*, S.72 ff.

ee) Zwischenergebnis
Der Verbrauchervertrag im Sinne des § 310 Abs.3 BGB ist somit nicht nur auf Verträge über Waren und Dienstleistungen beschränkt, sondern erfasst auch arbeitsrechtliche Verträge. Inwiefern § 310 Abs.3 Nr.2 BGB dann zu einer Inhaltskontrolle von Individualarbeitsverträgen führt, hängt davon ab, wie die Tatbestandsmerkmale des § 310 Abs.3 Nr.2 BGB auszulegen sind. Gerade in den Fällen, in denen der Arbeitgeber nur einen Arbeitnehmer einstellt, erscheint für die Inhaltskontrolle des Arbeitsvertrages, wenn der Arbeitnehmer keinen Einfluss im Sinne des § 310 Abs.3 Nr.2 BGB auf dessen Inhalt nehmen konnte, ein größeres Kontrollbedürfnis als in größeren Betrieben zu bestehen. Es fehlt in diesen Fällen nicht nur am Betriebsrat, der auch ohne Mitbestimmungsrecht einen gewissen Einfluss nehmen kann, sondern oft auch an der entsprechenden Rechtskenntnis des Arbeitgebers[251].

c) Konsequenzen der Anwendbarkeit des § 310 Abs.3 Nr.2 BGB für das Arbeitsrecht

Somit stellt sich die Frage, welche Konsequenzen mit der grundsätzlich möglichen Inhaltskontrolle von Einzelarbeitsverträgen gemäß § 310 Abs.3 Nr.2 BGB für das Arbeitsrecht einhergehen. Hat der Arbeitgeber die nur zur einmaligen Verwendung bestimmten Vertragsbedingungen vorformuliert, so finden die §§ 305c Abs.2, 306, 307 - 309 BGB Anwendung, sofern der Arbeitnehmer aufgrund der Vorformulierung auf den Inhalt der Vertragsbedingungen keinen Einfluss nehmen konnte. Zunächst ist damit festzustellen, dass mit § 310 Abs.3 Nr.2 BGB eine gesetzliche Grundlage für die Inhaltskontrolle von Einzelarbeitsverträgen besteht, so dass als Voraussetzung für eine Inhaltskontrolle nicht mehr das Merkmal „für eine Vielzahl von Verträgen" gefordert werden kann. Die diesbezügliche Diskussion hat sich somit erledigt.

aa) Erfordernis der fehlenden Einflussmöglichkeit aufgrund der Vorformulierung
Voraussetzung für die Inhaltskontrolle sind die Vorformulierung der Vertragsbedingungen und die darauf beruhende fehlende Einflussmöglichkeit des Verbrauchers auf diese Vertragsbedingungen.

(1) Vorformulierung
Das Merkmal „Vorformulierung" entspricht nach einhelliger Ansicht der Vorformulierung im Sinne des § 305 Abs.1 S.1 BGB[252]. Aufgrund dieses Merkmals bietet § 310 Abs.3 Nr.2 BGB keine Rechtsgrundlage für eine der ehemaligen

251 Vgl. *Hromadka*, FS Dieterich, S.251 (256); *Zöllner*, RdA 1989 S.152 (156).
252 Vgl. nur MüKo-*Basedow*, § 310 Rn.63; Staudinger-*Schlosser*, § 24a AGBG Rn.46; Ulmer/Brandner/Hensen-*Ulmer*, § 310 BGB Rn.83.

BAG-Rechtsprechung zu befristeten Arbeitsverträgen entsprechenden Kontrollpraxis, auch solche Vertragsbedingungen inhaltlich zu kontrollieren, die auf Wunsch des Arbeitnehmers in den Vertrag aufgenommen wurden[253].

(2) Fehlende Einflussmöglichkeit

Entscheidende Bedeutung für die Inhaltskontrolle von Einzelarbeitsverträgen kommt der von § 310 Abs.3 Nr.2 BGB vorausgesetzten fehlenden Einflussmöglichkeit zu. War vor Inkrafttreten des Schuldrechtsmodernisierungsgesetzes nach fast einhelliger Meinung in der Literatur für die Inhaltskontrolle von Einzelarbeitsverträgen Voraussetzung, dass der Vertrag vom Arbeitgeber vorformuliert worden ist, so kommt es jetzt für die Inhaltskontrolle von Einzelarbeitsverträgen zusätzlich darauf an, dass der Arbeitnehmer aufgrund der Vorformulierung keinen Einfluss auf den Inhalt der Vertragsbedingungen nehmen konnte.

Was sich hinter dieser Voraussetzung verbirgt, war und ist immer noch umstritten. Die überwiegende Ansicht setzt die Voraussetzung, dass der Verbraucher keinen Einfluss auf die Vertragsbedingungen nehmen konnte, mit den Anforderungen des § 305 Abs.1 S.3 BGB gleich. Es seien die dort entwickelten Maßstäbe heranzuziehen[254]. Im Einzelnen ausgehandelt im Sinne des § 305 Abs.1 S.3 BGB sind Vertragsbedingungen nur, wenn der Vertragspartner des den Vertragsinhalt zur Disposition stellenden Verwenders sich den vorformulierten Vertragstext in genauer Kenntnis seines Inhaltes zueigen gemacht beziehungsweise in seinen rechtsgeschäftlichen Gestaltungswillen aufgenommen hat[255]. Dagegen stellen andere an das Vorliegen einer Einflussmöglichkeit geringere Anforderungen. Sie sehen eine Einflussmöglichkeit bereits immer dann als gegeben an, wenn der Unternehmer seine ernsthafte Abänderungsbereitschaft hinsichtlich der AGB ausdrücklich oder konkludent signalisiert hat[256].

---

253 BAG v. 26.4.1985, AP Nr.91 Bl.4 R, v. 6.11.1996, AP Nr.188 Bl.1 R zu § 620 BGB Befristeter Arbeitsvertrag.

254 Wolf/Horn/Lindacher-*Horn*, § 24 a Rn.36 ff.; *Stoffels*, AGB-Recht, Rn.130; Palandt-*Heinrichs*, § 310 BGB Rn.17; *Imping*, WiB 1997 S.337 (340); *Heinrichs*, NJW 1996 S.2190 (2193); vgl. auch *v.Westphalen*, BB 1996 S.2101 (2102 f.); im Ergebnis auch *Wackerbarth*, AcP 200 (2000) S.45 (85 ff.), der auf die fehlende Einflussmöglichkeit und die Kausalität der Vorformulierung verzichtet, jedoch § 305 Abs.1 S.3 BGB analog heranziehen will.

255 Ulmer/Brandner/Hensen-*Ulmer*, § 305 BGB Rn.47 ff.

256 Ulmer/Brandner/Hensen-*Ulmer*, § 310 BGB Rn.85; *Wolf*, FS Brandner, S.299 (304 ff.); *Klaas*, FS Brandner, S.247 (254 f.); Staudinger-*Schlosser*, § 24 a AGBG Rn.48 andererseits jedoch Staudinger-*Schlosser*, § 1 AGBG Rn.32 !!!!; *Schlünder/Scholz*, ZfBR 1997 S.55 (59).

(a) Wortlaut des § 310 Abs.3 Nr.2 BGB

Der Wortlaut des § 310 Abs.3 Nr.2 BGB spricht eindeutig gegen eine Gleichsetzung der Einflussmöglichkeit mit den zu § 305 Abs.1 S.3 BGB entwickelten Maßstäben[257]. So soll eine Inhaltskontrolle bei einem vorformulierten Individualvertrag dann nicht möglich sein, wenn der Verbraucher aufgrund der Vorformulierung auf den Inhalt der vorformulierten Vertragsbedingungen keinen Einfluss nehmen konnte und nicht erst dann - wenn wie von § 305 Abs.1 S.3 BGB gefordert - die Vertragsbedingungen ausgehandelt sind. Die Möglichkeit zur Einflussnahme besteht aber bereits dann, wenn der Verbraucher theoretisch in der Lage ist, auf den Inhalt der Vertragsbestimmungen Einfluss zu nehmen. Das kann er unabhängig davon sein, ob er die Vertragsbestimmungen in seinen rechtsgeschäftlichen Gestaltungswillen aufnimmt oder die Vertragsbestimmungen mit dem Verwender erörtert.

(b) Entstehungsgeschichte

§ 310 Abs.3 Nr.2 BGB wurde aufgrund der Richtlinie 93/13/EWG gegen missbräuchliche Klauseln in die AGB-Regelungen mit aufgenommen. Art.3 Abs.1 der Richtlinie stellt auf nicht im Einzelnen ausgehandelte Vertragsklauseln ab. Was dabei unter „Aushandeln" zu verstehen ist, wird in Art.3 Abs.2 S.1 der Richtlinie definiert. Danach sind Vertragsklauseln immer dann nicht im einzelnen ausgehandelt, wenn sie im Voraus abgefasst wurden und der Verbraucher deshalb, insbesondere im Rahmen eines Formularvertrags, keinen Einfluss auf ihren Inhalt nehmen konnte. Danach stellt die Richtlinie 93/13/EWG an das „Aushandeln" weniger hohe Anforderungen als es die überwiegende Ansicht an das „Aushandeln" im Sinne des § 305 Abs.1 S.3 BGB macht. Eine richtlinienkonforme Auslegung ergibt somit, dass im Rahmen des § 310 Abs.3 Nr.2 BGB dem Wortlaut entsprechend eine Möglichkeit zur Einflussnahme ausreichend und die Gleichsetzung mit den zu § 305 Abs.1 S.3 BGB entwickelten Maßstäben daher abzulehnen ist[258]. Dagegen kann auch der Einwand, dass Art.3 Abs.2 S.1 der Richtlinie nur ein Regelbeispiel für ein fehlendes Aushandeln darstelle und der eigentliche Anknüpfungspunkt der Richtlinie das fehlende Aushandeln sei, selbst wenn es sich nur um ein Regelbeispiel handeln würde und nicht – wie es richtigerweise zu verstehen ist – um eine Definition des Aushandelns, nicht überzeugen[259]. Regelbeispiele haben den Sinn, die grundsätzliche Wertung der rechtslogisch ihnen vorausliegenden Generalklausel zu konkretisieren. Sie zei-

257 So auch einräumend Wolf/Horn/Lindacher-*Horn*, § 24 a Rn.36.

258 Ulmer/Brandner/Hensen-*Ulmer*, § 310 BGB Rn.85; *Klaas*, FS Brandner, S.247 (252 ff.); Staudinger-*Schlosser*, § 24 a AGBG Rn.48 andererseits jedoch Staudinger-*Schlosser*, § 1 AGBG Rn.32 !!!!; vgl. auch *Wolf*, FS Brandner, S.299 (304 ff.); *Schlünder/Scholz*, ZfBR 1997 S.55 (59).

259 So *Wackerbarth*, AcP 200 (2000) S.45 (86 f.), der allerdings das Merkmal „Einflussmöglichkeit" gänzlich ablehnt und § 305 Abs.1 S.3 BGB analog heranziehen will.

gen somit regelmäßige, typische Ausprägungen des in der Generalklausel statuierten Grundsatzes auf[260]. Nach Art.3 Abs.2 S.1 der Richtlinie ist eine Vertragsklausel dann nicht ausgehandelt, wenn die Vertragsklauseln im voraus abgefasst wurden und der Verbraucher deshalb keinen Einfluss auf ihren Inhalt nehmen konnte. Danach sind auch solche Vertragsklauseln als ausgehandelt zu betrachten, bei denen der Verbraucher die Möglichkeit zur Einflussnahme gehabt, diese Möglichkeit jedoch nicht wahrgenommen hat. Wenn es sich bei Art.3 Abs.2 S.1 der Richtlinie also um ein Regelbeispiel handeln sollte, so muss das „Aushandeln" im Sinne des Art.3 Abs.1 der Richtlinie über den Wortlaut hinaus auch die bloße Möglichkeit zur Einflussnahme erfassen. Insofern ist es für die Frage der Anforderungshöhe an die fehlende Einflussmöglichkeit im Sinne des § 310 Abs.3 Nr.2 BGB egal, ob es sich bei Art.3 Abs.2. S1 der Richtlinie um eine Definition oder ein Regelbeispiel für das Aushandeln handelt. Darüber hinaus kann auch nicht eingewendet werden, dass sich Art.3 Abs.2 S.1 der Richtlinie nur auf Formularverträge bezieht[261]. Aus der Formulierung „insbesondere" wird deutlich, dass die Richtlinie davon ausgeht, dass Verbraucher auch bei anderen als Formularverträgen aufgrund der Vorformulierung keine Einflussmöglichkeit haben[262]. Mit der europarechtlichen Herkunft des § 310 Abs.3 Nr.2 BGB lässt sich somit nicht gegen ein enges Verständnis des Merkmals „fehlende Einflussmöglichkeit" argumentieren.

(c) Systematik

Auch systematische Unterschiede zwischen § 305 Abs.1 S.3 BGB und § 310 Abs.3 Nr.2 BGB legen es nicht unbedingt nahe, die zu § 305 Abs.1 S.3 BGB entwickelten Maßstäbe auch auf die fehlende Einflussmöglichkeit des § 310 Abs.3 Nr.2 BGB zu übertragen. Das fehlende Aushandeln im Sinne des § 305 Abs.1 S.3 BGB ist als negatives Tatbestandsmerkmal ausgestaltet, das die Anwendbarkeit der §§ 305 ff. BGB verhindert, während die fehlende Einflussmöglichkeit als positives Tatbestandsmerkmal formuliert ist[263].

(d) Sinn und Zweck

Bei einer teleologischen Betrachtung des Merkmals „fehlende Einflussmöglichkeit" muss die Eigenschaft des § 310 Abs.3 Nr.2 BGB als Verbraucherschutzvorschrift in den Mittelpunkt gestellt werden. Das Verbraucherschutzkonzept ist auf den Ausgleich ganz bestimmter situations- oder gegenstandsbedingter Ungleichgewichtslagen gerichtet, in denen die von der Vertragsfreiheit vorausgesetzte Selbstbestimmungsfähigkeit des Verbrauchers nicht gewährleistet ist. Diese Situation wird von § 310 Abs.3 Nr.2 BGB in der Vorformulierung der

260 *Schünemann*, JZ 2005 S.271 (272).
261 So aber *Wackerbarth*, AcP 200 (2000) S.45 (86).
262 Vgl. Wolf/Horn/Lindacher-*Horn*, § 24a Rn.35.
263 Vgl. Ulmer/Brandner/Hensen-*Ulmer*, § 310 BGB Rn.84 f.

Vertragsbedingungen gesehen. Diesbezüglich erscheint eine Übertragung der zu § 305 Abs.1 S.3 BGB entwickelten Maßstäbe nicht passend. Die Fähigkeit zur Selbstbestimmung bei vorformulierten Vertragsbedingungen ist nicht erst dann gewährleistet, wenn es entsprechend den zu § 305 Abs.1 S.3 BGB entwickelten Maßstäben zu Verhandlungen über die einzelnen Vertragsbestimmungen gekommen ist. Ebenso wenig ist sie nur dann gewährleistet, wenn der Unternehmer ausdrücklich oder konkludent seine ernsthafte Änderungsbereitschaft signalisiert[264]. Die Selbstbestimmungsfähigkeit des Verbrauchers ist vielmehr immer dann nicht beeinträchtigt, wenn die mit der Vorformulierung der Vertragsbestimmungen in der Regel verbundene Gefahr nicht besteht, nämlich die Komplexität und die damit verbundene Undurchschaubarkeit des Regelwerks[265]. Diese Gefahr beziehungsweise das Fehlen dieser Gefahr wird mit der Tatbestandsvoraussetzung „fehlende Einflussmöglichkeit aufgrund der Vorformulierung" erfasst. Versteht der Verbraucher aufgrund der Komplexität des Regelungswerkes dessen Inhalt nicht, so kann er keine sinnvollen Gegenvorschläge machen und hat somit keine Möglichkeit, Einfluss auf den Inhalt der vorformulierten Vertragsbestimmungen zu nehmen. Anders herum kann der Verbraucher sinnvolle Gegenvorschläge machen und hat damit die Möglichkeit der Einflussnahme, wenn das Vertragswerk leicht verständlich ist. Die Komplexität des Klauselwerkes ist somit das Kriterium, anhand dessen die fehlende Einflussmöglichkeit festzustellen ist. Als Maßstab für die Komplexität der vorformulierten Vertragsbedingungen muss dabei im Sinne der Rechtssicherheit ein objektiver Maßstab herangezogen werden, also die Fähigkeit eines Durchschnittsbürgers, das Vertragswerk zu verstehen. Bei diesem Verständnis der „fehlenden Einflussmöglichkeit" kann auch nicht mehr eingewendet werden, dass ein Unterschied zwischen Aushandeln und Einflussmöglichkeit praktisch schwer festzustellen sei[266]. Damit ist eine Inhaltskontrolle gemäß § 310 Abs.3 Nr.2 BGB immer dann ausgeschlossen, wenn es sich um leicht verständliche Vertragsbedingungen handelt und zwar auch dann, wenn der Verbraucher keine Bemühungen unternommen hat, auf die Vertragsbedingungen Einfluss zu nehmen. Gegen dieses Verständnis der „fehlenden Einflussmöglichkeit" kann auch nicht eingewendet werden, es liege kein sachlicher Grund für eine Einschränkung des Anwendungsbereichs des § 310 Abs.3 Nr.2 BGB vor beziehungsweise diese liege nicht im Sinn der Schutzabsicht der Richtlinie[267]. Diesem Einwand liegt offensichtlich ein nicht zutreffendes Verbraucherschutzkonzept zugrunde. Dass es im Gegensatz zu § 310 Abs.3 Nr.2 BGB bei § 305 Abs.1 S.3 BGB auf ein tatsächli-

264 Vgl. *Wackerbarth*, AcP 200 (2000) S.45 (82 f.), der jedoch nicht die beeinträchtigte Entscheidungsfreiheit, sondern das Fehlen einer Entscheidung als Rechtfertigungsgrund der Inhaltskontrolle nach § 310 Abs.3 Nr.2 BGB (und nach §§ 305 ff. BGB) ansieht.

265 Vgl. wiederum *Wackerbarth*, AcP 200 (2000) S.45 (81).

266 So Wolf/Horn/Lindacher-*Horn*, § 24a Rn.36.

267 Wolf/Horn/Lindacher-*Horn*, § 24a Rn.36.

ches Verhandeln ankommt und der Komplexität der Vertragsbestimmungen dagegen keine Bedeutung zukommt, erklärt sich durch den den §§ 305 ff. BGB zugrunde liegenden anderen Schutzzweck. Die §§ 305 ff. BGB sollen nicht (nur) eine situations- oder gegenstandsbedingte Störung der Selbstbestimmungsfähigkeit, sondern die Funktionsunfähigkeit des Konditionenwettbewerbs ausgleichen. Deswegen unterfallen gemäß § 305 Abs.1 BGB auch solche Klauseln einer Inhaltskontrolle, die weniger komplex sind und somit dem Verbraucher die Möglichkeit der Einflussnahme bieten, er sie jedoch aufgrund einer Kosten-Nutzen-Analyse oder aufgrund von Gleichgültigkeit ohne Widerspruch hinnimmt. Wenn es jedoch zu einem Verhandeln der Vertragspartner über die einzelnen Klauseln kommt und der Vertragspartner des Verwenders die Vertragsbedingungen in seinen rechtsgeschäftlichen Gestaltungswillen aufgenommen hat, sind die Voraussetzungen für einen funktionierenden Wettbewerb gegeben, so dass eine Inhaltskontrolle nicht mehr erforderlich ist. Insofern geht die Inhaltskontrolle der §§ 305 ff. BGB weiter als diejenige gemäß § 310 Abs.3 Nr.2 BGB.

Auch für das Arbeitsrecht ist dieser Unterschied passend. Anders als bei AAB sind für einen einzigen Vertrag vorformulierte Vertragsbedingungen nur dann zu kontrollieren, wenn der Vertrag so komplex ist, dass von einem durchschnittlichen Arbeitnehmer nicht erwartet werden kann, dass er den Inhalt in all seinen Konsequenzen vollständig erfasst. Handelt es sich hingegen um Klauseln, deren Inhalt und deren Rechtsfolgen leicht nachvollziehbar sind, dann besteht keine situative Unterlegenheit aufgrund der Vorformulierung, der Arbeitnehmer hat eine Einflussmöglichkeit im Sinne des § 310 Abs.3 Nr.2 BGB. Bei AAB hingegen kommt es auf die Komplexität der Vertragsbedingungen nicht an. Der Grund für die Inhaltskontrolle besteht in der aufgrund des faktischen Zwangs des Arbeitgebers zu generellen Regelungen nicht gegebenen Möglichkeit der Arbeitnehmer, auf den Inhalt der Arbeitsbedingungen einzuwirken, und dem daher nicht stattfindenden regulierenden Wettbewerb hinsichtlich der AAB.

(e) Ergebnis

Zusammengefasst ergibt sich für die Inhaltskontrolle von Einzelarbeitsverträgen gemäß § 310 Abs.3 Nr.2 BGB folgende Situation: Nur ein für den Durchschnittsarbeitnehmer aufgrund der Vorformulierung undurchschaubares Vertragswerk kann inhaltlich gemäß § 310 Abs.3 Nr.2 BGB kontrolliert werden.

bb) Beweislast

Die Beweislast für das Fehlen einer Einflussmöglichkeit obliegt nach der allgemeinen Beweislastregel, dass jeder die für ihn günstigen Voraussetzungen zu beweisen hat, dem Arbeitnehmer als Verbraucher[268]. Dies ergibt sich aus der Systematik des § 310 Abs.3 Nr.2 BGB, nach der die fehlende Einflussmöglichkeit neben der Vorformulierung ein positives Tatbestandsmerkmal darstellt und nicht wie bei § 305 Abs.1 S.3 BGB das Aushandeln und bei § 310 Abs.3 Nr.1 BGB der Einbeziehungsvorschlag ein Ausnahmetatbestandsmerkmal ist. Das widerspricht auch nicht der RL 93/13/EWG, da Art.3 Abs.2 S.3 der Richtlinie dem Unternehmer die Beweislast nur bei Formularverträgen auferlegt[269]. Insbesondere halten sich die Schwierigkeiten der Beweisführung dabei in Grenzen, da sich die Vorformulierung sowie die Komplexität der Vertragsklauseln als Indizien für die fehlende Einflussmöglichkeit durch die Vorlage des Vertrages nachweisen lassen können.

cc) Nicht von § 310 Abs.3 Nr.2 BGB erfasste Arbeitsverträge

Für Arbeitsverträge, die nicht von § 310 Abs.3 Nr.2 BGB erfasst werden, ist damit eine Angemessenheitskontrolle ausgeschlossen. Diese Arbeitsverträge werden in Zukunft nur noch anhand der §§ 134, 138 BGB überprüft werden können[270]. Ein Rückgriff auf eine Angemessenheitskontrolle anhand § 242 BGB ist in der Zukunft ausgeschlossen[271]. Mit der Existenz des § 138 Abs.2 BGB als einziger vom BGB-Gesetzgeber ursprünglich vorgesehener Eingriff in die Vertragsfreiheit, der ausdrücklich an eine Ungleichgewichtslage zwischen den Vertragsparteien anknüpft, wird deutlich, dass das BGB von einer grundsätzlichen Fähigkeit aller am Privatrechtsverkehr teilnehmenden Personen ausgeht, ihre Interessen selbstständig durchzusetzen. § 138 Abs.2 BGB knüpft dabei an ganz bestimmte Ungleichgewichtslagen an. Mit den an eine situations- oder gegenstandsbedingte Ungleichgewichtslage anknüpfenden Verbraucherschutzvorschriften, Ungleichgewichtslagen, die zur Zeit der BGB-Gesetzgebung nicht vorhergesehen werden konnten, ist das System des BGB beibehalten worden[272]. Würden Individualverträge und damit auch Einzelarbeitsverträge immer dann einer Inhaltskontrolle unterzogen werden können, wenn es unabhängig von einer fehlenden Einflussnahmemöglichkeit oder unabhängig von der Vorformulierung

---

268 Ulmer/Brandner/Hensen-*Ulmer*, § 310 BGB Rn.84, 89; Staudinger-*Schlosser*, § 24a AGBG Rn.49; MüKo-*Basedow*, § 310 Rn.66; *Heinrichs*, NJW 1996 S.2190 (2193); *Imping*, WiB 1997 S.337 (340); *Schwerdtfeger*, DStR 1997 S.499 (501).

269 Staudinger-*Schlosser*, § 24a AGBG Rn.49; MüKo-*Basedow*, § 310 Rn.66; Wolf/Horn/Lindacher-*Wolf*, Art.3 RiLi Rn.30; Wolf/Horn/Lindacher-*Horn*, § 24a Rn. 37; Palandt-*Heinrichs*, § 310 Rn.17; a.A. *v.Westphalen*, BB 1996 S.2101 (2103).

270 So jetzt auch BAG v. 25.05.2005, AP Nr.1 zu § 310 BGB Bl.7 f.; *Thüsing*, RdA 2005 S.257 (261 ff.); *Bayreuther*, NZA 2005 S.1337 (1338); *Annuß*, BB 2006 S.1333 (1335).

271 So aber *Zeller-Müller*, S.91; der die Wertungen des AGB-Rechts in die Kontrolle von Individualvereinbarungen anhand der §§ 138, 242, 315 BGB mit einfließen lassen will; ebenso *Hromadka*, NJW 2002 S.2523 (2525).

272 Siehe dazu bereits oben

an einem Aushandeln der Vertragsbedingungen fehlt[273], so würde dies einen Verstoß gegen das Prinzip des BGB darstellen, einen Eingriff in die Vertragsfreiheit nur in ganz bestimmten Situationen zuzulassen. Entsprechendes gilt für die im Arbeitsrecht fälschlicherweise weit verbreitet angenommene strukturelle Unterlegenheit der Arbeitnehmer gegenüber dem Arbeitgeber[274] als Anknüpfungspunkt für eine Inhaltskontrolle von Einzelarbeitsverträgen.

Dieser Systematik des BGB stehen auch keine verfassungsrechtlichen Bedenken entgegen. Das BVerfG hat im viel besprochenen Bürgenfall das Prinzip des BGB beziehungsweise das Prinzip des situativen Verbraucherschutzes bestätigt[275]. Auch das BVerfG vertritt die Auffassung, dass aus Gründen der Rechtssicherheit nicht bei jeder Störung des Verhandlungsgleichgewichts ein Vertrag in Frage gestellt oder korrigiert werden dürfe. Nur wenn es sich um typisierbare Fallgestaltungen handele, die eine strukturelle Unterlegenheit des einen Vertragsteils erkennen lassen, und die Folgen des Vertrags für den unterlegenen Vertragsteil ungewöhnlich belastend sind, dürfe korrigierend eingegriffen werden[276]. Das BVerfG sieht einen Eingriff in die Vertragsfreiheit nur bei typischen Fallgestaltungen als zulässig an und hält sich mit seinem Urteil ganz im Rahmen des § 138 Abs.2 BGB, der im Bürgenfall nur mangels Gegenseitigkeit des Vertrages nicht anwendbar gewesen ist. Ein strukturelles Ungleichgewicht hat das BVerfG mit seinem insofern missverständlich formulierten Urteil damit nicht als Eingriffsgrund anerkannt[277].

d) Zwischenergebnis

Damit bleibt festzuhalten, dass eine Inhaltskontrolle von Einzelarbeitsverträgen nur dann einen zulässigen Eingriff in die Vertragsfreiheit darstellt, wenn entweder die Voraussetzungen des § 138 BGB oder die Voraussetzungen des § 310 Abs.3 Nr.2 BGB erfüllt sind. Mit § 310 Abs.3 Nr.2 BGB steht im Gegensatz zur alten Rechtslage eine Rechtsgrundlage zur Verfügung, die solche Fälle erfasst, in denen eine Inhaltskontrolle und damit ein Eingriff in die Vertragsfreiheit gerechtfertigt ist. Insofern ist die Anwendbarkeit des § 310 Abs.3 Nr.2 BGB im Sinne von mehr Rechtssicherheit zu begrüßen. Es ist aber zu befürchten, dass sich die alte Diskussion über die Zulässigkeit einer Inhaltskontrolle von arbeitsrechtlichen Verträgen auf die Frage verlagert, ob in den nicht von § 310 Abs.3

---

273 So z.B. Wolf/Horn/Lindacher-*Wolf*, Art.3 RiLi Rn.24 ff.; *Wackerbarth*, AcP 200 (2000) S.45 (87 f.).

274 Dazu bereits unter 2.Kapitel C. II.

275 BVerfG, NJW 1994 S.36 ff.

276 BVerfG, NJW 1994 S.36 (38).

277 So auch Eckert/Delbrück-*Reuter*, S.99 (104).

Nr.2 BGB erfassten Einzelarbeitsverträgen eine Inhaltskontrolle zulässig ist oder nicht.

B. Die kollektivrechtlichen Gestaltungsmöglichkeiten von Allgemeinen Arbeitsbedingungen: Tarifverträge und Betriebsvereinbarungen

Als weitere Möglichkeit, AAB zu gestalten, kommen Tarifverträge und Betriebsvereinbarungen in Betracht.

I. Situation vor Inkrafttreten des Schuldrechtsreformgesetzes

Zunächst soll die Rechtslage vor Inkrafttreten des Schuldrechtsreformgesetzes dargestellt werden.

1. Tarifverträge

Hinsichtlich einer Kontrolle von Tarifverträgen war die Rechtslage vor der Schuldrechtsreform eindeutig. Eine über eine Rechtskontrolle hinausgehende Inhaltskontrolle, sei es deklariert als Angemessenheits- oder Billigkeitskontrolle, ist sowohl nach Rechtsprechung als auch nach der überwiegenden Ansicht in der Literatur abgelehnt worden. Zur Begründung wurde auf die durch die gleiche Verhandlungsstärke der Tarifparteien zurückzuführende Richtigkeitsgewähr verwiesen, die einen Eingriff mittels einer Inhaltskontrolle in die durch Art.9 Abs.3 GG gewährleistete Tarifautonomie nicht rechtfertige[278].

2. Betriebsvereinbarungen

Die Rechtslage bezüglich einer Kontrolle von Betriebsvereinbarungen stellte sich dagegen nicht als so einheitlich dar.

---

278 BAG v. 31.3.1966, AP Nr.54 Bl.2 R f.; v. 23.2.1967, Nr.57 Bl.2; v. 16.11.1967, Nr.63 Bl.2 f.; v. 4.9.1985, Nr.123 Bl.3 zu § 611 BGB Gratifikation; v. 30.9.1971, AP Nr.36 zu § 620 BGB Befristeter Arbeitsvertrag Bl.2 f.; v.10.6.1980, Nr.64 zu Art.9 GG Arbeitskampf Bl.4; BAG v. 17.12.1980, AP Nr.153 zu §§ 22, 23 BAT 1975 Bl.4; MünchArbR-*Löwisch/Rieble*, § 253 Rn.4; *Preis*, S.210, 271; *v. Hoyningen-Huene*, S.168; *Hildebrandt*, S.120 ff.; Wiedemann-*Wiedemann*, § 1 Rn.216 ff.; eine Inhaltskontrolle hingegen nicht gänzlich ausschließend: *Zöllner/Loritz*, S.434.

a) Die Rechtsprechung des BAG

Das BAG unterzog seit seiner Leitentscheidung vom 30.1.1970[279] Betriebsvereinbarungen einer allgemeinen Billigkeitskontrolle. Gestützt wurde diese Billigkeitskontrolle zum einen auf eine angebliche Übermacht des Arbeitgebers gegenüber dem Betriebsrat, weil dessen Unabhängigkeit trotz des bestehenden Kündigungsschutzes nicht gewährleistet sei und dem Betriebsrat im Gegensatz zu den Gewerkschaften der Arbeitskampf als Mittel zur Durchsetzung der Arbeitnehmerinteressen nicht zur Verfügung stehe[280]. Zum anderen wollte das BAG, einem Teil der Literatur[281] folgend, die Billigkeitskontrolle auf einen angeblich in § 315 BGB zum Ausdruck kommenden allgemeinen Rechtsgedanken stützen, der auch im Betriebsverfassungsgesetz gelte, wie sich aus den §§ 75 Abs.1, 76 Abs.5 S.3 BetrVG ergäbe[282]. In weiteren Urteilen leitete das BAG die Billigkeitskontrolle dementsprechend nur aus § 75 BetrVG ab[283]. Aufgrund der mangelnden eindeutigen dogmatischen Verortung der Billigkeitskontrolle von Betriebsvereinbarungen durch das BAG war die Durchführung der Kontrolle entsprechend undogmatisch. So wurde als Maßstab nicht ein einer Billigkeitskontrolle entsprechender konkret-individueller Maßstab angewendet, sondern der Maßstab von Treu und Glauben unter besonderer Berücksichtigung des Vertrauensschutzgedankens hinsichtlich der Auswirkungen auf alle betroffenen Arbeitnehmergruppen des Betriebes. Dabei bezog man sich auf die sich aus § 2 Abs.1 BetrVG ergebende Verpflichtung der Betriebsparteien, die Belegschaftsinteressen einerseits und die Betriebsinteressen andererseits zum Wohle des Betriebs zu einem billigen Ausgleich zu bringen[284]. Allerdings klingt in einigen Entscheidungen auch ein individueller Maßstab an. So heißt es: „Die gerichtliche Billigkeitskontrolle kann sich jedoch nur auf den Inhalt der getroffenen Regelungen selbst beziehen; es kann nur darum gehen, ob die von den Betriebsparteien vereinbarte Regelung in sich der Billigkeit entspricht oder ob einzelne Arbeitnehmer oder Gruppen von ihnen in unbilliger Weise benachteiligt

279 AP Nr.142 zu § 242 BGB Ruhegehalt.

280 BAG v. 30.1.1970 AP Nr.142 zu § 242 BGB Ruhegehalt Bl.7; so auch: BAG v. 13.9.1974, AP Nr.84 zu § 611 BGB Gratifikation Bl.3; BAG v. 9.12.1981 AP Nr.14 zu § 112 BetrVG Bl.2R; BAG v. 26.7.1988, AP Nr.45 zu § 112 BetrVG Bl.3 f.

281 *Richardi*, Anm. zu BAG AP Nr.142 zu § 242 BGB Ruhegehalt Bl.12R.

282 BAG v. 8.12.1981 AP Nr.1 zu § 1 BetrAVG Ablösung Bl.4.

283 BAG v.11.3.1976 AP Nr.11 zu § 242 BGB Ruhegehalt-Unverfallbarkeit Bl.2; BAG v. 9.12.1981 AP Nr.14 zu § 112 BetrVG Bl.2 f.; BAG v. 25.4.1991, AP Nr.138 zu § 611 BGB Gratifikation Bl.4 R; BAG v. 20.2.2001 AP Nr.107 zu § 87 BetrVG 1972 Lohngestaltung Bl.3 R f.

284 BAG v. 30.1.1970 AP Nr.142 zu § 242 BGB Ruhegehalt Bl.7; BAG v. 11.6.1975 AP Nr.1 zu § 77 BetrVG Auslegung Bl.3.

werden“[285]. Zum Teil differenzierte das BAG auch ausdrücklich zwischen einer abstrakten und einer konkreten Billigkeitskontrolle, mit entsprechendem abstrakten oder individuellen Prüfungsmaßstab[286]. In der Sache ging die vom BAG praktizierte Billigkeitskontrolle aber selten über eine Rechtskontrolle hinaus[287].

b) Der Meinungsstand in der Literatur und die Reaktion des BAG

Die Literatur stand dieser Rechtsprechung wegen gravierender dogmatischer Bedenken gegen die Billigkeitskontrolle und wegen der durch die uneinheitlichen Kontrollmaßstäbe hervorgerufenen Rechtsunsicherheit überwiegend kritisch gegenüber und verlangte eine Beschränkung der gerichtlichen Kontrolle von Betriebsvereinbarungen auf eine Rechtskontrolle[288], insbesondere eine Kontrolle, ob sich die Betriebsparteien in den vom BetrVG abgesteckten Grenzen der Betriebsautonomie gehalten haben[289].

Unter diesem Eindruck verzichtete auch das BAG seit den Urteilen vom 22.5.1990 und 23.10.1990 zum Teil auf die Billigkeitskontrolle und beschränkte sich ausdrücklich auf eine Rechtskontrolle, indem es beispielsweise den Grundsatz der Verhältnismäßigkeit und des Vertrauensschutzes[290] oder den Gleichbehandlungsgrundsatz[291] prüfte, wobei letzterer zum Teil als Unterfall des in § 75 BetrVG enthaltenen Gebots zur Behandlung der Arbeitnehmer nach Recht und

---

285 BAG v 17.2.1981 AP Nr.11 Bl.4R; v. 9.12.1981 AP Nr.14 Bl.2R; v.14.2.1984 AP Nr.21 Bl.2R zu § 112 BetrVG 1972; BAG v. 25.4.1991, AP Nr.138 zu § 611 BGB Gratifikation.

286 BAG v. 8.12.1981 AP Nr.1 zu § 1 BetrAVG Ablösung Bl.4; BAG v. 8.12.1981 AP Nr.1 zu § 1 BetrAVG Unterstützungskassen Bl.3 f.

287 GK-BetrVG-*Kreutz*, § 77 Rn.305; *Fittig/Kaiser/Heither/Engels*, § 77 Rn.198; *Reuter*, SAE 1983 S.201 (202).

288 *Fitting* (20.Aufl.), § 77 Rn.198; GK-BetrVG-*Kreutz*, § 77 Rn.301; *ders.*, ZfA 1975 S.65 ff.; MünchArbR-*Matthes*, § 328 Rn.86; *v. Hoyningen-Huene*, S.8, 166 ff; *Konzen*, Anm. zu BAG AP Nr.21 zu § 112 BetrVG 1972 Bl.5 R ff.; *Hanau*, Anm. zu AP Nr.6 zu § 77 BetrVG 1972 Bl.8 R f.; ; *Schliemann*, FS Hanau S.577 (602 f.); *Blomeyer*, DB 1984 S.926 ff.; *Jobs*, AuR 1986 S.147 f.; *Hromadka*, SAE 1984 S.330 ff.; a.A. dagegen DKK (7.Aufl.)-*Berg*, § 77 Rn.84; *Weber/Ehrich/Hörchens*, F Rn.95; *Däubler*, ArbR I, Rn.804; *Travlos-Tzanetatos*, S.72 ff.

289 *Kreutz*, ZfA 1975 S.65 (84).

290 BAG GS v. 16.9.1986 AP Nr.17 zu § 77 BetrVG 1972 Bl.11 R; BAG v. 17.3.1987 AP Nr.9 Bl.4; v. 23.10.1990, Nr.13 Bl.2 ff.; v. 16.7.1996, Nr.21 Bl.3 R; v. 23.10.2001, Nr.33 Bl.6 f. zu § 1 BetrAVG Ablösung; ; BAG v. 22.5.1990 AP Nr.3 zu § 1 BetrAVG Betriebsvereinbarung; BAG v. 5.10.2000, AP Nr.141 Bl.4 R zu § 112 BetrVG 1972.

291 BAG v. 28.10.1992, AP Nr.66 Bl.3; v. 20.4.1994, AP Nr.77 Bl.3 R; v. 14.8.2001, AP Nr.142 Bl.2 R f. zu § 112 BetrVG 1972.

Billigkeit gesehen wurde[292]. Darüber hinaus wurde im Rahmen der Überprüfung, ob Betriebsvereinbarungen § 75 BetrVG genügen, beispielsweise auch die Missachtung vorgegebener gesetzlicher Wertungen überprüft, so beispielsweise die des § 112 a Abs.1 S.2 BetrVG[293] oder die des § 112 BetrVG[294]. Bis zuletzt fiel das BAG jedoch vereinzelt immer wieder in eine Billigkeitskontrolle oder zumindest in die Terminologie der Billigkeitskontrolle zurück[295].

3. Kirchliche Arbeitsvertragsregelungen

Im Ergebnis entsprechend führte das BAG auch bezüglich der kirchlichen Arbeitsvertragsregelungen, die im Rahmen des sogenannten „Dritten Weges" als Ersatz für das Tarifvertragssystem Tarifverträge ersetzen[296], eine Billigkeitskontrolle dieser Regelungswerke durch. Nachdem das BAG diese lange Zeit mit dem Charakter der Regelungswerke als allgemeine Arbeitsbedingungen begründet hatte[297], änderte es seine Auffassung und sah die Rechtfertigung der Billigkeitskontrolle in § 317 Abs.1 BGB[298]. Auch in seinen Entscheidungen vom 06.11.1996 und 28.01.1998, in denen das BAG eine Billigkeitskontrolle zwar ablehnte, nahm es von ihr nicht endgültig Abstand, da diesen Entscheidungen kirchliche Arbeitsvertragsregelungen zugrunde lagen, die allein den BAT wiedergaben[299]. In der Literatur sah sich diese Rechtsprechung zum Teil ebenfalls Kritik ausgesetzt, die der der Billigkeitskontrolle von Betriebsvereinbarungen entgegengebrachten entsprach[300].

---

292 BAG v.16.3.1994, AP Nr.75 Bl.3; v. 11.2.1998, Nr.121 Bl.2; v. 5.10.2000, Nr.141 Bl.5 R zu § 112 BetrVG 1972; BAG v. 14.8.2001, AP Nr.85 zu § 77 BetrVG 1972 Bl.6 R.

293 BAG v. 20.4.1994, Nr.77 Bl.2 ff. zu § 112 BetrVG 1972.

294 BAG v.16.3.1994, AP Nr.75 Bl.2 f.; v. 30.3.1994, Nr.76 Bl.2 f.; v.14.8.2001, Nr.142 Bl.2 zu § 112 BetrVG 1972.

295 BAG v. 25.4.1991, AP Nr.138 zu § 611 BGB Gratifikation; BAG v.16.7.1996, AP Nr.21 zu § 1 BetrAVG Ablösung Bl.3 R f.; BAG v. 20.2.2001, AP Nr.107 zu § 87 BetrVG 1972 Lohngestaltung Bl.3 R f.

296 *Richardi*, ArbR in der Kirche (4.Aufl.), § 15 Rn.12.

297 BAG v. 04.02.1976, AP Nr.40 zu § 242 BGB Gleichbehandlung.

298 Die Arbeitsrechtlichen Kommissionen seien „Dritte" im Sinne des § 317 Abs.1 BGB, BAG v. 17.04.1996, AP Nr.24 zu § 611 BGB Kirchendienst Bl.3.

299 BAG v. 06.11.1996, AP Nr.1 zu § 10a AVR Caritasverband; BAG v. 28.01.1998, AP Nr.11 zu § 12 AVR Caritasverband.

300 Vgl. *Richardi*, ArbR in der Kirche (3.Aufl.), § 15 Rn.36 ff.; *Thüsing*, Anm. zu BAG v. 17.04.1996, AP Nr.24 zu § 611 BGB Kirchendienst Bl. 5 ff.; *Schliemann*, FS Hanau, S.577 (602 ff.); a.A. u.a. *Keßler*, S.318.

II. Rechtslage nach Inkrafttreten des Schuldrechtsreformgesetzes

Gemäß § 310 Abs.4 S.1 BGB hat der Gesetzgeber die Bereichsausnahme der AGB-Kontrolle nur teilweise aufgehoben. Tarifverträge, Betriebs- und Dienstvereinbarungen sind weiterhin von der AGB-Kontrolle ausgenommen.

1. Tarifverträge

Dieser Ausschluss der Tarifverträge aus dem Anwendungsbereich der §§ 305 ff. BGB bringt keine Änderungen zur bisherigen Rechtslage mit sich. Der Gesetzgeber begründete die weiterhin bestehende Ausnahme mit der Feststellung, dass „in diesen gewissermaßen ‚normsetzenden' Bereich nicht eingegriffen werden kann und darf, da andernfalls das System der Tarifautonomie konterkariert würde"[301]. Damit bestätigte er nur noch einmal die bisherige einhellige richtige Auffassung. Tarifverträge werden also weiterhin allein einer Rechtskontrolle unterworfen sein[302]. § 310 Abs.4 S.1 BGB kann auch nicht über eine reine Bestätigung der bisher schon unstreitigen Rechtslage hinaus verstanden werden. Abgesehen davon erfüllen tarifvertragliche Regelungen wohl nie die Voraussetzungen des § 305 Abs.1 BGB[303].

2. Betriebsvereinbarungen

Mit dem im Zuge der Schuldrechtsreform geschaffenen § 310 Abs.4 S.1 BGB ist die Diskussion um die Reichweite der Kontrolle von Betriebsvereinbarungen wieder angestoßen worden.

§ 310 Abs.4 S.1 BGB stellt klar, dass eine Angemessenheitskontrolle anhand des Maßstabes von Treu und Glauben bei Betriebsvereinbarungen nicht erfolgen soll. Insofern wird mit § 310 Abs.4 S.1 BGB die Kritik der Literatur an der trotz verbaler Billigkeitskontrolle diesen Maßstab zum Teil anwendenden Rechtsprechungspraxis und die vom BAG darauf erfolgte Reaktion vom Gesetzgeber bestätigt[304]. Die Regelung des § 310 Abs.4 S.1 BGB ist mit Blick auf den die Kontrolle von individualrechtlich geregelten AAB rechtfertigenden Grund sachge-

---

301 BT-Drs.14/6857 S.54.

302 *Gotthardt*, Rn.336; *Thüsing*, BB 2002 S.2666 (2669); *Hromadka*, NJW 2002 S.2523 (2525).

303 *Joost*, FS Ulmer, S.1199 (1205).

304 Vgl. *Reuter*, FS 50 Jahre BAG, S.177 (S.193); *Fitting* (23.Aufl.), § 77 Rn.233; *Annuß*, BB 2002 S.458 (459); ErfK-*Preis*, §§ 305 – 310 BGB Rn.12; *Gotthardt*, Rn.337; *Stoffels*, AGB-Recht, Rn.178; a.A. dagegen weiterhin *Singer*, RdA 2003 S.194 (197); *Schlodder*, S.202 f..

recht. Dieser den Eingriff in die Vertragsfreiheit rechtfertigende Grund ist die faktisch fehlende Einflussmöglichkeit der Arbeitnehmer auf den Inhalt der Arbeitsbedingungen. Die Beteiligung der Arbeitnehmer an der inhaltlichen Ausgestaltung von AAB wird beim Regelungsinstrument Betriebsvereinbarung jedoch durch die Beteiligung des Betriebsrats erreicht. Die im übrigen richtigerweise gegen einen Eingriff in die vom BetrVG den Betriebsparteien eingeräumte Betriebsautonomie durch eine Billigkeitskontrolle im Sinne einer Angemessenheitskontrolle angeführten Argumente sollen an dieser Stelle nicht noch einmal wiederholt werden[305]. Es bleibt nur festzustellen, dass ein solcher Eingriff in die den Betriebsparteien vom BetrVG eingeräumte, freilich im Gegensatz zur Tarifautonomie weit begrenztere Betriebsautonomie durch eine Angemessenheitskontrolle der Betriebsvereinbarungen im Sinne der §§ 305 ff. BGB, nicht zu rechtfertigen ist[306]. Der Sinn und Zweck des § 310 Abs.4 S.1 BGB bezüglich der Betriebsvereinbarungen ist somit in der Sicherstellung der den Betriebsparteien vom BetrVG eingeräumten Betriebsautonomie zu sehen. Damit ist aber eine Kontrolle von Betriebsvereinbarungen dahingehend, ob die Betriebsparteien mit der zu kontrollierenden Betriebsvereinbarung gegen Verfassungs- oder zwingendes Gesetzesrecht verstoßen und so die Grenzen der ihnen eingeräumten Betriebsautonomie überschritten haben, nicht durch § 310 Abs.4 S.1 BGB ausgeschlossen[307]. Die Kontrolle von Betriebsvereinbarungen ist somit durch § 310 Abs.4 S.1 BGB insbesondere auf die Einhaltung der zum Schutz der einzelnen Arbeitnehmer in § 75 BetrVG niedergeschriebenen „Grundsätze für die Behandlung der Betriebsangehörigen" durch Arbeitgeber und Betriebsrat beschränkt, die als Einfallstor für grundrechtliche Wertentscheidungen in die Betriebsverfassung[308] dienen[309]. Damit ist eine Vergleichbarkeit mit der Kontrolle von Vereinssatzungen[310] nicht von der Hand zu weisen[311].

Während der überwiegende Teil der Literatur mit § 310 Abs.4 S.1 BGB den endgültigen Abschied einer über eine Rechtskontrolle hinausgehenden Kontrolle von Betriebsvereinbarungen begrüßt, scheinen einige Vertreter in der aktuellen Literatur allerdings der Ansicht zu sein, dass der Ausschluss der Angemessenheitskontrolle im Sinne der §§ 305 ff. BGB gemäß § 310 Abs.4 S.1 BGB eine

---

305 Vgl. dazu bereits unter 3.Kapitel B. I. 2. b).

306 Vgl. dazu auch *v.Hoyningen-Huene*, S.165 f.; *Jobs*, AuR 1986 S.147 (148).

307 Vgl. *Reuter*, FS 50 Jahre BAG, S.177 (S.193); *Fitting* (23.Aufl.), § 77 Rn.233; *Annuß*, BB 2002 S.458 (459); ErfK-*Preis*, §§ 305 – 310 BGB Rn.12; *Gotthardt*, Rn.337; *Stoffels*, AGB-Recht, Rn.178; a.A. dagegen weiterhin *Singer*, RdA 2003 S.194 (197); *Schlodder*, S.202 f..

308 Vgl. *Fitting* (23:Aufl.), § 75 Rn.1; *Reichold*, Anm. zu BAG v. 15.11.2000 AP Nr.84 zu § 77 BetrVG Bl.5.

309 So schon *Reuter*, ZfA 1993 S.221 (237 f.).

310 Vgl. dazu *van Look*, in: Festgabe für Hellner, WM 1994 Sonderheft S.46 (49 ff.).

311 Diesen Vergleich ziehend: *Reuter*, ZfA 1995 S.1 (59).

echte Billigkeitskontrolle nicht umfasse und sich daraus deren weitere Zulässigkeit ergebe[312]. Dieser Ansicht muss jedoch widersprochen werden, da § 310 Abs.4 S.1 BGB vielmehr auch den Ausschluss einer echten Billigkeitskontrollen von Betriebsvereinbarungen umfasst. Die Gegenmeinung stützt ihre These unter anderem auf die Begründung der Bundesregierung zum Gesetzentwurf, nach der Betriebs- und Dienstvereinbarungen wegen der Tarifautonomie nicht inhaltlich kontrolliert werden dürften[313]. Aus dieser völlig fehlgehenden Begründung kann aber weder entnommen werden, dass der Gesetzgeber mit § 310 Abs.4 S.1 BGB eine echte Billigkeitskontrolle von Betriebsvereinbarungen nicht ausschließen, noch dass er eine solche ausschließen wollte. Betrachtet man jedoch den Regelungsgehalt des § 310 Abs.4 S.1 BGB hinsichtlich der Dienst- und Betriebsvereinbarungen, so fällt auf, dass dieser gegen Null tendiert, sofern man § 310 Abs.4 S.1 BGB eng begrenzt auf die Angemessenheitskontrolle gemäß den §§ 305 ff. BGB versteht. Versucht man, Betriebsvereinbarungen unter die von § 305 Abs.1 BGB aufgestellten Voraussetzungen für die Anwendbarkeit der §§ 305 ff. BGB zu subsumieren, so ist dieser Versuch zum Scheitern verurteilt. In den seltensten Fällen wird der Arbeitgeber Betriebsvereinbarungsklauseln für eine Vielzahl von Betriebsvereinbarungen vorformuliert haben. Selbst wenn der Arbeitgeber aber ein Vertragsmuster benutzt und damit die Vertragsklauseln für eine Vielzahl von Verträgen vorformuliert sind, so darf der Arbeitgeber die vorformulierte Betriebsvereinbarung aufgrund des sich aus §§ 2 Abs.1, 74 Abs.1 S.2 BetrVG ergebenden Gebots zur vertrauensvollen Zusammenarbeit nicht ohne ein Aushandeln mit dem Betriebsrat einseitig durchzusetzen versuchen. Zudem wird der Betriebsrat in seiner Funktion als Interessenvertretung der Arbeitnehmerschaft in der Regel über Verhandlungen versuchen, inhaltlich auf die Betriebsvereinbarung Einfluss zu nehmen. Die Voraussetzungen des § 305 Abs.1 BGB werden daher praktisch nie erfüllt sein, so dass es zu einer Angemessenheitskontrolle anhand der §§ 307 ff. BGB praktisch nicht kommen wird. Da zu Gunsten des Gesetzgebers nicht davon ausgegangen werden kann, dass dieser eine inhaltsleere Norm schaffen wollte, spricht dieser Befund dafür, von § 310 Abs.4 S.1 BGB auch den Ausschluss von Billigkeitskontrollen von Betriebsvereinbarungen als erfasst anzusehen. Abgerundet wird dieses Ergebnis von einer Betrachtung des bereits oben herausgearbeiteten Sinn und Zwecks des § 310 Abs.4 S.1 BGB. Wird von § 310 Abs.4 S.1 BGB die Betriebsautonomie von einer Eingriffsmöglichkeit mittels Angemessenheitskontrolle bewahrt, so muss § 310 Abs.4 S.1 BGB konsequenterweise auch vor einem Eingriff durch eine gerichtliche Billigkeitskontrolle, die aufgrund ihrer nicht nur kassatorischen, sondern auch gestaltenden Wirkung stärker in die Betriebsautonomie ein-

312 *Däubler*, NZA 2001 S.1329 (1334); DKK (10.Aufl.)-*Berg*, § 77 Rn.84; *Schnitker/Grau*, BB 2002 S.2120 (2121); wohl auch *Thüsing*, BB 2002 S.2666 (2669).

313 So, *Däubler*, NZA 2001 S.1329 (1334); vgl. auch BT-Drs.14/6857 S.54.

greift[314], geschützt werden. Mit § 310 Abs.4 S.1 BGB ist somit zu den in der Literatur bereits vorgebrachten Argumenten gegen eine echte Billigkeitskontrolle[315] ein weiteres hinzugekommen.

Mithin ist festzuhalten, dass einer „Billigkeitskontrolle" von Betriebsvereinbarungen, egal ob ein abstrakt-genereller oder konkret-individueller Maßstab angewendet wird, durch § 310 Abs.4 S.1 BGB endgültig eine Absage erteilt worden ist. Das BAG wird spätestens jetzt die Billigkeitskontrolle nicht mehr aus der „Mottenkiste" holen können. Die mit der bisherigen noch zum Teil in Anspruch genommenen Billigkeitskontrolle verbundene Rechtsunsicherheit ist damit beseitigt. Die seit dem Inkrafttreten des Schuldrechtsreformgesetzes bisher ergangenen Entscheidungen stellen, allerdings ohne auf die neue Gesetzeslage einzugehen, auch nicht mehr auf eine Billigkeitskontrolle ab[316]. In einer Entscheidung vom 01.02.2006 ist das BAG leider noch davor zurückgeschreckt, der sich aus § 310 Abs.4 S.1 BGB ergebenden gesetzgeberischen Weisung Folge zu leisten und hat die von ihm immerhin aufgeworfene Frage, ob bei der Kontrolle anhand von § 75 BetrVG die für die Angemessenheitskontrolle von Individualvereinbarungen geltenden Grundsätze übertragbar sind, offen gelassen[317].

3. Kirchliche Arbeitsvertragsregelungen

Anders als die vorstehend betrachteten Tarifverträge und Betriebsvereinbarungen werden kirchliche Arbeitsvertragsregelungen nicht vom Wortlaut des § 310 Abs.4 S.1 BGB erfasst. Im Hinblick auf die auch bei den kirchlichen Arbeitsvertragsregelungen erfolgenden Mitarbeiterbeteiligungen[318] erscheint fraglich, ob ihre inhaltliche Kontrolle anhand der §§ 305 ff. BGB analog § 310 Abs.4 S.1 BGB auszuschließen ist[319].

Das BAG vertritt diesbezüglich eine ablehnende Auffassung und begründet diese mit dem die kirchlichen Arbeitsvertragsregelungen nicht erfassenden Wortlaut des § 310 Abs.4 S.1 BGB sowie die Äußerung des Gesetzgebers in der Beschlussempfehlung vom 25.09.2001, nach der das kirchliche Arbeitsrecht eine

314 Vgl. *Kreutz*, ZfA 1975 S.65 (66); dies bestreitend *Däubler*, NZA 2001 S.1329 (1334).

315 Vgl. statt aller *v.Hoyningen-Huene*, S.162 f.

316 BAG v. 10.09.2002, AP Nr.37 zu § 1 BetrAVG Ablösung; BAG v. 12.11.2002, AP Nr.159 zu § 112 BetrVG 1972.

317 BAG v. 01.02.2006, NZA 2006 S.563 (565).

318 Die jedoch in ihrer Ausgestaltung aufgrund vieler landeskirchlicher Besonderheiten und insbesondere der Unterschiede zwischen evangelischer und katholischer Kirche kein einheitliches Bild ergeben.

319 *Richardi*, ArbR in der Kirche (4.Aufl.), § 15 Rn.41 ff.;*Schaub*, § 186 Rn.180a; *Zeller-Müller*, S.96 ;für einen generellen Ausschluss der Inhaltskontrolle über § 310 Abs.4 S.2 1.HS: *Thüsing*, Kirchl. ArbeitsR, S.137 f.

Besonderheit des Arbeitsrechts im Sinne des § 310 Abs.4 S.2 1.HS BGB darstelle[320]. Außerdem seien kirchliche Arbeitsvertragsregelungen keine Tarifverträge bzw. kämen nicht nach deren Maßgabe zustande. Zudem entfalteten kirchliche Arbeitsvertragsregelungen anders als tarifvertragliche Regelungen und solche in Betriebsvereinbarungen keine normative Wirkung[321]. Den Standpunkt der Revision, dass verfassungsrechtlich garantierte Selbstbestimmungsrecht gebiete einen Ausschluss der Inhaltskontrolle, weist das BAG dabei mit der Begründung zurück, dass dieses durch die Besonderheitenklausel des § 310 Abs.4 S.2 1.HS BGB Berücksichtigung finden könne. Insofern müsse der sogenannte „Dritte Weg“ als Ausfluss der kirchlichen Dienstgemeinschaft[322] als Besonderheit gewertet werden. Er gewähre nämlich ebenso wie das Tarifvertragssystem die Richtigkeit der Regelungen. Ebenso wie die Tarifvertragsparteien als gleichgewichtige Partner garantierten die Arbeitsrechtlichen Kommissionen durch deren paritätische Besetzung und die Weisungsunabhängigkeit ihrer Mitglieder, dass keine der beiden Seiten das Übergewicht erreichen könne[323].

Im Ergebnis muss dem BAG aufgrund der eindeutigen Gesetzeslage zugestimmt werden. Seine Begründung in der vorerst letzten Entscheidung am 17.11.2005 vermag jedoch nur teilweise zu überzeugen. Dies gilt insbesondere für die nicht weiterführende Feststellung, dass kirchliche Arbeitsvertragsregelungen keine Tarifverträge sind. Auch sofern auf die gegenüber tarifvertraglichen Regelungen und Betriebsvereinbarungen fehlende normative Geltung der kirchlichen Arbeitsvertragsregelungen abgestellt wird, trägt die Argumentation nicht. Die normative Geltung ist nämlich nicht der Grund für den Ausschluss der Inhaltskontrolle[324]. Vielmehr liegt der Grund in der Tarif- bzw. Betriebsautonomie und der damit einhergehenden Richtigkeitsgewähr der Regelwerke. Entnehmen lässt sich dies der Tatsache, dass über § 310 Abs.4 S.3 i.V.m. § 307 Abs.3 BGB auch nicht normativ geltende Tarifverträge der Inhaltskontrolle entzogen werden[325].

Die Befürworter einer analogen Anwendung verkennen - insofern ist dem BAG zuzustimmen - die diesbezüglich zu fordernden Voraussetzungen. Zu fragen ist nach diesen nämlich über das Vorliegen einer Regelungslücke hinaus nach dessen Planwidrigkeit. Vor dem Hintergrund der vom Gesetzgeber im Gesetz-

---

320 BAG v. 26.01.2005, AP Nr.1 zu AVR Diakonisches Werk Anlage 18 Bl.7; BAG v. 08.06.2005 - 4 AZR 427/04, n.v.; BAG v. 17.11.2005 - 6 AZR 160/05, n.v.

321 So weitergehend BAG v. 17.11.2005, 6 AZR 160/05, n.v.

322 Das Tarifvertragssystem findet im kirchlichen Arbeitsrecht keine Anwendung, da der in ihm enthaltene Arbeitskampf als Druckmittel nicht mit dem gemeinsamen Beitrag zur Erfüllung des Sendeauftrages vereinbar ist (vgl. Vgl. *Thüsing*, Kirchl. ArbeitsR, S.115 f.). Vgl. zur kirchlichen Dienstgemeinschaft auch 3.Kapitel C. IV. 2. a).

323 BAG v. 17.11.2005 - 6 AZR 160/05, n.v.; vgl. auch *Thüsing*. Kirlch. ArbeitsR, S.137 f.

324 So aber *Annuß*, BB 2002 S.458 (460 Fn.29).

325 *Richardi*, ArbR in der Kirche (4.Aufl.), § 15 Rn.43.

gebungsverfahren ausdrücklich genannten kirchlichen Arbeitsverhältnissen kann von einer Planwidrigkeit nicht ernsthaft ausgegangen werden. *Thüsing* räumt dies auch ein, wenn er darauf hinweist, dass der Gesetzgeber die Erwähnung kirchlicher Arbeitsvertragsregelungen im BGB habe vermeiden wollen[326]. Der sich im Wortlaut widerspiegelnde Wille des Gesetzgebers verhindert mithin eine analoge Anwendung.

In der Sache ist die Kritik *Thüsings* und *Richardis* an der Inhaltskontrolle kirchlicher Arbeitsvertragsregelungen zu teilen. Im Hinblick auf die Zielsetzung der §§ 305 ff. BGB ist der vom BAG begangene - in der Begründung leider nicht nur auf den Gesetzesgehorsam begrenzte[327] - dem gesetzgeberischen Willen folgende Weg über die „Arbeitsrechtlichen Besonderheiten" abzulehnen. Die grundsätzliche Anwendbarkeit der §§ 305 ff. BGB auf kirchliche Arbeitsvertragsregelungen fügt sich nicht in das Konzept der AAB-Kontrolle ein.

C. Zusammenfassende Beurteilung des Anwendungsbereichs der §§ 305 ff. BGB im Arbeitsrecht

Mit der Streichung der Bereichsausnahme für das Arbeitsrecht hat der problematische Komplex der Kontrolle von Arbeitsbedingungen für die Frage der Kontrollfähigkeit von Arbeitsbedingungen eine gesetzliche Klärung erfahren. Die bisher bereits anerkannte Inhaltskontrolle von vertraglichen Einheitsarbeitsbedingungen ist bestätigt worden und hat eine gesetzliche Grundlage bekommen. Die Regelungen des § 310 Abs.3 Nr.2 BGB sowie des § 310 Abs.4 S.1 BGB führen in den äußerst umstrittenen Bereichen der Kontrolle von Einzelarbeitsverträgen sowie der Kontrolle von Betriebsvereinbarungen zu sachgerechten Ergebnissen, indem sie die Kontrolle von Betriebsvereinbarungen auf eine Rechtskontrolle und die Kontrolle von Einzelarbeitsverträgen auf die Fälle einer durch die Vorformulierung der Arbeitsvertragsbedingungen verursachte Unterlegenheit der Arbeitnehmer beschränken. Nicht überzeugend ist dagegen, dass § 310 Abs.4 S.1 BGB nicht auch kirchliche Arbeitsvertragsregelungen von der Inhaltskontrolle ausnimmt. Bei betrieblichen Übungen deutet sich bereits bei der Anwendbarkeit der §§ 305 ff. BGB an, dass die Vorschriften der §§ 305 ff. BGB

326 *Thüsing*, Kirchl. ArbeitsR, S.137; widersprüchlich dazu seine Ausführungen in ZTR 2005 S.507 (513), wonach der Gesetzgeber die Schaffung einer klarstellenden Kirchenklausel übersehen habe.

327 Immerhin hat das BAG, nachdem es in den Entscheidungen vom 26.01.2005 und 08.06.2005 die Frage nach einer Beschränkung der Überprüfung kirchlicher Arbeitsvertragsregelungen auf eine Rechtskontrolle oder die Durchführung einer Billigkeitskontrolle noch offen gelassen hat, von der Billigkeitskontrolle in der Entscheidung am 17.11.2005 Abstand genommen; BAG v. 17.11.2005 - 6 AZR 160/05, n.v.

nicht ausnahmslos kompatibel mit den im Arbeitsrecht vorzufindenden Besonderheiten sind. Insgesamt ist mittels des gesetzlich festgesteckten Anwendungsbereich der §§ 305 ff. BGB mehr Rechtssicherheit bei der Frage der Kontrollfähigkeit von Arbeitsbedingungen entstanden. Insofern ist das Anliegen des Gesetzgebers erfolgreich umgesetzt worden. Das Schutzniveau im Arbeitsrecht ist allerdings nicht, wie laut Gesetzesbegründung angestrebt, durch den Anwendungsbereich erhöht, sondern vielmehr auf das erforderliche Maß begrenzt worden. Die gesetzliche Regelung des Anwendungsbereichs einer Inhaltskontrolle im Arbeitsrecht an sich ist damit als positiv zu bewerten. Zu klären wird allerdings die Frage sein, wie die in den §§ 305 ff. BGB einzeln ausgestalteten Regelungen aus arbeitsrechtlicher Sicht zu bewerten sind.

4. Kapitel: Auswirkungen der Anwendung der §§ 305 ff. BGB im Arbeitsrecht

A. Einbeziehung der AAB in den Arbeitsvertrag (§§ 305 c Abs.1, 310 Abs.4 S.2 2.HS BGB)

Ist damit geklärt, welche der Regelungsmechanismen des Arbeitsverhältnisses die Voraussetzungen des § 305 Abs.1 BGB erfüllen, soll nunmehr kurz auf die Voraussetzungen eingegangen werden, die an die Einbeziehung der AAB in den Arbeitsvertrag gestellt werden. Dem Arbeitgeber ist diesbezüglich mit § 310 Abs.4 S.2 2.HS BGB eine Erleichterung gewährt worden. Die Absätze 2 und 3 des § 305 BGB sind nach § 310 Abs.4 S.2 2.HS BGB ausdrücklich auf Arbeitsverträge nicht anwendbar. Begründet wurde diese Regel vom Gesetzgeber mit dem Hinweis auf das existierende Nachweisgesetz[328]. Dieses unterscheidet sich von § 305 Abs.2 BGB dadurch, dass es einen bereits zustande gekommenen Vertrag voraussetzt und keine Wirksamkeitsvoraussetzung ist. Sein Sinn und Zweck erschöpft sich vor allem darin, dem Arbeitnehmer die Einsicht in seine arbeitsvertraglichen Arbeitsbedingungen zu ermöglichen[329]. Die gesetzgeberische Begründung vermag insoweit in der Tat nicht zu überzeugen[330]. Allerdings ist die Regelung in der Sache durchaus überzeugend. Mit der Unanwendbarkeit des § 305 Abs.2 BGB auf Arbeitsverträge hat sich die Einbeziehung der AAB im Vergleich zur Rechtslage vor dem 01.01.2002 nicht geändert, so dass auch konkludente Vereinbarungen von AAB und insbesondere die Einbeziehung von AAB durch betriebliche Übungen weiterhin möglich bleiben. Im Übrigen hat diese Anwendungsausnahme Bedeutung für auf Tarifverträge Bezug nehmende Klauseln in Arbeitsverträgen[331]. Das BAG vertrat mit Unterstützung des überwiegenden arbeitsrechtlichen Schrifttums[332] bisher die zur Wertung des § 305 Abs.2 BGB konträre Auffassung, der Arbeitnehmer müsse in Eigenverantwortung die für sein Arbeitsverhältnis geltenden Vertragsbedingungen ermitteln[333]. Gemäß § 305 Abs.2 BGB erschiene es demgegenüber fragwürdig, ob die Rechtsprechung noch aufrecht erhalten werden könnte und Regelungen eines in

---

328 BT-Drs.14/6857 S.54.

329 Vgl. ErfK-*Preis*, Einf. NachwG Rn.1 ff.

330 *Annuß*, BB 2002 S.458 (460); *Richardi*, NZA 2002 S.1057 (1058 f.); *Thüsing*, BB 2002 S.2666 (2670); *Ebeling*, S.161.

331 *Thüsing*, BB 2002 S.2666 (2670).

332 *Gamillscheg*, S.733; *Schaub*, § 208 Rn.14; vgl. *Oetker*, Anm. zu BAG v. 19.1.1999, AP Nr.9 zu § 1 TVG Bezugnahme auf Tarifverträge.

333 BAG v. 5.11.1963, AP Nr.1 zu § 1 TVG Bezugnahme auf Tarifverträge Bl.2 f.; BAG v. 11.8.1988, AP Nr.5 zu § 625 BGB Bl.4.

Form einer (dynamischen) Bezugnahmeklausel in den Arbeitsvertrag integrierten Tarifvertrags noch Bestandteil des Arbeitsvertrags würden[334]. Eine negative Beantwortung dieser Fragestellung wäre im Hinblick auf die Aufgabe solcher Bezugnahmeklauseln nicht mit der arbeitsvertraglichen Situation vereinbar, da ihr maßgeblicher Zweck darin besteht, gleiche vertragliche Grundlagen für die Arbeitnehmer eines Betriebs beziehungsweise jedenfalls für bestimmte Gruppen von Arbeitnehmern zu schaffen und somit zur Gleichbehandlung der Arbeitnehmer beizutragen[335]. Insofern hat der Gesetzgeber mit der Unanwendbarkeitserklärung des § 305 Abs.2 BGB in § 310 Abs.4 S.2 2.HS BGB (ob bewusst oder, wie angesichts seiner Begründung eher zu vermuten, unbewusst) die unterschiedliche Vertragssituation zwischen AGB und AAB berücksichtigt[336].

Sofern sich eine Klausel als eine überraschende Klausel gemäß § 305 c Abs.1 BGB darstellt, wird sie allerdings dennoch nicht in den Arbeitsvertrag einbezogen. Überraschend ist eine Klausel nur, wenn zwischen ihrem Inhalt und den Erwartungen des Arbeitnehmers eine deutliche Diskrepanz besteht und wenn mit ihr ein Überrumpelungseffekt einhergeht[337]. Das BAG hat bereits vor Inkrafttreten des Schuldrechtsmodernisierungsgesetzes § 305 c Abs.1 BGB entsprechend angewendet[338]. Als überraschend hat das BAG beispielsweise eine Ausschlussfrist angesehen, die in einer Betriebsordnung geregelt war und durch die Klauseln „Die Betriebsordnung ist vollinhaltlich Bestandteil dieses Vertrages" in den Arbeitsvertrag integriert worden war[339]. Auch in der Literatur herrschte über das Verbot überraschender Klauseln Einigkeit. Während die Literatur eine analoge Anwendung des § 3 AGBG favorisierte[340], war die Rechtsprechung der Ansicht, dass das Verbot überraschender Klauseln ein allgemein anerkannter Rechtsgedanke sei, der in § 3 AGBG seinen Niederschlag gefunden

---

334 Vgl. Wolf/Horn/Lindacher-*Wolf*, § 2 Rn.31 ff.; *Preis*, S.394 ff.; *Oetker*, FS Wiedemann, S.382 (388 ff.); das BAG vertrat .

335 *Oetker*, FS Wiedemann S.383; *Preis*, S.391.

336 Aus der Begründung des Gesetzgebers, der auf die Regelungen des NachwG verweist, und dem Faktum der Unanwendbarkeit des § 305 Abs.2 BGB geht deutlich hervor, dass mit der Streichung der Bereichsausnahme keine Änderung bei den Anforderungen der Einbeziehung von Tarifverträgen einhergehen und insoweit die herrschende Auffassung beibehalten werden sollte. Die Unanwendbarkeit des § 305 Abs.2 BGB kann daher nicht für eine Verschärfung der Anforderungen herangezogen werden. So aber *Lindemann*, S.118 f.

337 MüKo-*Basedow*, § 305 c Rn.10.

338 BAG v. 29.11.1995, AP Nr.1 zu § 3 AGBG; BAG v. 13.12.2000, AP Nr.2 zu § 241 BGB Bl.2 R; BAG v. 27.04.2000 – 8 AZR 301/99 n.v.; BAG v. 17.6.1997, AP Nr.2 zu § 74b HGB Bl.2; LAG Frankfurt v. 12.3.1997, LAGE Nr.6 zu § 1 BetrAVG Hinterbliebenenversorgung.

339 BAG v. 29.11.1995, AP Nr.1 zu § 3 AGBG.

340 Vgl. nur Ulmer/Brandner/Hensen (9.Aufl.)-*Ulmer*, § 23 Rn.4a; Wolf/Horn/Lindacher-*Horn*, § 23 Rn.40; *Preis*, S.260.

habe[341]. Mit § 305 c Abs.1 BGB sind mithin keine Änderungen zur vorherigen Rechtslage verbunden.
An dem zuvor genannten Beispiel der Ausschlussfristen dargestellt bedeutet dies, dass Ausschlussfristen enthaltene Klauseln grundsätzlich weiterhin Bestandteil des Arbeitsvertrages werden. Diese sind in der arbeitsvertraglichen Praxis nämlich so weit verbreitet, dass sich Arbeitnehmer grundsätzlich nicht darauf berufen können, dass sie mit einer Ausschlussfrist nicht hätten zu rechnen brauchen[342]. Wie bereits vom BAG in dem oben genannten Fall angenommen, kann sich jedoch der überraschende Charakter einer Klausel dessen ungeachtet aus dem äußeren Erscheinungsbild des Vertrages ergeben[343].

B. Individualabreden im Sinne des § 305 b BGB und die Auslegungsregel des § 305 c Abs.2 BGB

Ebenfalls keine Änderung hat § 305 b BGB mit sich gebracht[344]. Der Vorrang der Individualabrede galt als allgemeiner Rechtsgrundsatz auch im Arbeitsrecht vor Inkrafttreten des Schuldrechtsreformgesetzes[345].

Gemäß § 305 c Abs.2 BGB gehen Zweifel bei der Auslegung Allgemeiner Geschäftsbedingungen zu Lasten des Verwenders. Auch diese Auslegungsregel hat das BAG bisher angewandt, wenn auch zunächst nicht immer klar benannt[346]. In jüngeren Entscheidungen zu Vertragsstrafen, Arbeitgeberdarlehen und dynamischen Bezugnahmeklauseln stellte dasBAG auf die Unklarheitenregel allerdings bereits expressis verbis ab[347]. Damit bringt auch § 305 c Abs.2 BGB im Prinzip

---

341 Vgl. BAG v. 13.12.2000, EzA Nr.8 zu § 611 BGB Inhaltskontrolle Bl.4; offen lassend BAG v. 29.11.1995, AP Nr.1 zu § 3 AGBG.

342 So auch BAG v. 18.09.2005, AP Nr.7 zu § 307 BGB Bl.4; BAG v. 25.05.2005, AP Nr.1 zu § 310 BGB Bl.3; ErfK-*Preis*, §§ 305-310 BGB Rn.32; *Gotthardt*, Rn.256.

343 Vgl. BAG v. 31.08.2005, AP Nr.8 zu § 6 ArbZG Bl.3 R; LAG Schleswig-Holstein v. 2.2.2005, NZA-RR 2005 S.351; MüKo-*Basedow*, § 305 c Rn.17; ErfK-*Preis*, §§ 305-310 BGB Rn.32; *Däubler/Dorndorf*, § 305 c Rn.12; *Gotthardt*, Rn.256; *Nägle/Chwalisz*, MDR 2002 S.1341 (1343).

344 So auch *Gotthardt*, Rn.252 ff.; *Lingemann*, NZA 2002 S.181 (185 f.); *Hromandka*, NJW 2002 S.2523 (2525).

345 BAG v. 30.11.1994, AP Nr.16 zu § 4 TVG Bl.2 R; RAG v. 21.1.1933, ARS 18, 371 (372); *Preis*, S.289 ff., 407 f.; *Zöllner*, RdA 1989 S.152 (157); *Reinecke*, NZA 2000 Beil.3 S.23 (27).

346 BAG v. 25.5.1973, AP Nr.160 zu § 242 Ruhegehalt Bl.4; *Preis*, S.263; BAG v. 24.6.1986, AP Nr.12 zu § 6 BetrAVG Bl.3.

347 BAG v. 16.10.1991, AP Nr.1 zu § 19 BErzGG Bl.2 R.; BAG v. 18.08.1998, NZA 1999 S.659 (661).

keine Neuerungen im Arbeitsrecht mit sich[348]. Die Stringenz, mit der das BAG nunmehr § 305 c Abs.2 BGB anwendet, führt allerdings dazu, dass es bezüglich der Auslegung von auf Tarifverträge Bezug nehmenden Klauseln davon abweicht, diese im Zweifel als Gleichstellungsabrede zu verstehen und bei Wegfall der arbeitgeberseitigen Tarifgebundenheit damit zu einer statischen Bezugnahmeklausel zu kommen[349]. Dabei missachtet das BAG jedoch die Tatsache, dass die Auslegungsregel des § 305 c Abs.2 BGB erst dann zur Anwendung gelangt, wenn nach vorgenommener Auslegung mehrere Deutungsmöglichkeiten verbleiben[350]. In Anbetracht des oben bereits dargestellten Gleichbehandlungsinteresses liegt eine Mehrdeutigkeit gerade nicht vor.

C.§ 310 Abs.4 S.2 1.HS BGB – Angemessene Berücksichtigung der im Arbeitsrecht geltenden Besonderheiten

Für die in den Anwendungsbereich fallenden Arbeitsbedingungen sind grundsätzlich die Regelungen der §§ 305 a – 309 BGB anwendbar. Grundsätzlich nur deshalb, weil gemäß § 310 Abs.4 S.2 1.HS BGB die im Arbeitsrecht geltenden Besonderheiten bei der Anwendung der §§ 305 ff. BGB auf Arbeitsverträge angemessen zu berücksichtigen sind.

I. Bedeutung des § 310 Abs.4 S.2 1.HS BGB

Zunächst sollen, um die § 310 Abs.4 S.2 1.HS BGB zukommende Bedeutung vor der Auslegung seiner Tatbestandsmerkmale etwas abschätzen zu können, seine möglichen Auswirkungen auf die §§ 305 ff. BGB aufgezeigt werden.
Blickt man zunächst auf die Inhaltskontrolle im engeren Sinne, also die §§ 307-309 BGB, so zeigt sich, dass § 310 Abs.4 S.2 1.HS BGB eigentlich nur bei § 309 BGB eine entscheidende Änderung herbeiführen kann, indem er den Klauselverboten ohne Wertungsmöglichkeit eine solche in Form der angemessenen Berücksichtigung der Besonderheiten des Arbeitsrechts hinzufügt. Bei den §§ 307, 308 BGB lassen sich die Besonderheiten des Arbeitsrechts dagegen bereits durch die vorgesehenen Wertungsmöglichkeiten berücksichtigen.

---

348 Vgl. nur BAG v. 09.11.2005, AP Nr.4 zu § 305c BGB Bl.2 R ff.; BAG v. 17.01.2006 – Az.:9 AZR 41/05, n.v.; *Däubler/Dorndorf*, § 305 c Rn.24 ff. In seiner Entscheidung v. 14.12.2005 (NZA 2006 S.607 ff.) hat das BAG daher konsequenterweise, zu Recht allerdings nur für § 305 c Abs.2 BGB, Art.229 § 5 S.2 EGBGB missachtet.

349 BAG v. 14.12.2005 NZA 2006 S.607 (609 ff.).

350 Vgl. nur Palandt-*Heinrichs*, § 305 c Rn.18.

Auf der Rechtsfolgenseite der Inhaltskontrolle ließe sich mit Hilfe des § 310 Abs.4 S.2 1.HS BGB das Verbot der geltungserhaltenden Reduktion überwinden.

II. Bisheriges Meinungsspektrum in Rechtsprechung und Literatur

Was sich hinter der in § 310 Abs.4 S.2 1.HS BGB enthaltenen, von *Reuter* als „Angstklausel" bezeichneten Formulierung[351] verbirgt, ist Gegenstand einer noch nicht abgeschlossenen Diskussion.

1. Die Besonderheiten des Arbeitsrechts in der bisher ergangenen Rechtsprechung

In der Rechtsprechung sind bereits zahlreiche Entscheidungen ergangen, die überwiegend die Frage der Zulässigkeit von Vertragsstrafenklauseln nach § 309 Nr.6 BGB betreffen. Weitgehende Einigkeit besteht in diesen Entscheidungen bei der Frage, ob Besonderheiten des Arbeitsrechts nur rechtliche oder auch tatsächliche Umstände sein können. Mit Ausnahme des *ArbG Duisburg*, dass über normative Vorgaben hinaus wie beim Handelsverkehr in § 310 Abs.1 S.2 BGB die Gewohnheiten und Gebräuche berücksichtigt wissen will[352], wird in allen anderen Entscheidungen ein engerer, nur rechtliche Umstände akzeptierender Standpunkt vertreten[353]. Dabei nimmt das *LAG Baden-Württemberg* eine weitere Einengung vor, indem es Normen, die auch in anderen Rechtsgebieten als dem Arbeitsrecht eingreifen, nicht als im Arbeitsrecht geltende Besonderheiten anerkennt[354]. Weiterhin besteht in der Rechtsprechung Einigkeit, dass das bisherige Richterrecht zur Inhaltskontrolle von Arbeitsverträgen keine Besonderheit des Arbeitsrechts sein könne. Im Ergebnis wird aber konkludent festgestellt, dass das Richterrecht zumindest zum Arbeitsrecht im Sinne des § 310 Abs.4 S.2 1.HS BGB gezählt werden kann[355]. Uneins sind die Gerichte bezüglich bisheri-

351 *Reuter*, FS 50 Jahre BAG, S.177.

352 ArbG Duisburg, Urt. v. 14.8.2002, NZA 2002 S.1038 (1039).

353 LAG Hamm, Urt. v. 24.1.2003, NZA 2003 S.499 (501); ArbG Bochum, Urt. v. 8.7.2002, NZA 2002 S.978 (979); LAG Baden-Württemberg v. 10.4.2003 – Az.: 11 Sa 17/03, DB 2003 S.2551 f. (Entscheidungsgründe nicht vollständig abgedruckt); LAG Schleswig-Holstein v. 24.09.2003, NZA-RR 2004 S.73 (76); LAG Frankfurt v. 25.4.2003, Az.: 17 Sa 1723/02 n.v.; LAG Frankfurt v. 7.5.2003 – Az.:2 Sa 53/03, n.v.

354 LAG Baden-Württemberg v. 10.4.2003 – Az.: 11 Sa 17/03, DB 2003 S.2551 f. (Entscheidungsgründe nicht vollständig abgedruckt).

355 LAG Hamm, Urt. v. 24.1.2003, NZA 2003 S.499 (501); ArbG Bochum, Urt. v. 8.7.2002, NZA 2002 S.978 (980); LAG Baden-Württemberg v. 10.4.2003 – Az.: 11 Sa 17/03, DB 2003 S.2551 f. (Entscheidungsgründe nicht vollständig abgedruckt).

ger Üblichkeiten im Arbeitsrecht. Während das ArbG Duisburg sie für arbeitsrechtliche Besonderheiten hält[356], sind das LAG Hamm und das ArbG Bochum anderer Meinung[357]. Das *ArbG Bochum* und das *LAG Schleswig-Holstein* sind desweiteren als einzige auf den überaus wichtigen Vergleichsmaßstab eingegangen, nach dem die Besonderheiten zu ermitteln sind. Dabei meint das *ArbG Bochum*, dass das Arbeitsrecht anderen Rechtsgebieten gegenübergestellt werden müsse[358]. Dem gegenüber soll nach Ansicht des *LAG Schleswig-Holstein* nur nach Eigentümlichkeiten innerhalb des Arbeitsrechts gesucht werden und nicht das gesamte Arbeitsrecht dem übrigen Zivilrecht gegenübergestellt werden[359]. Zur Frage, welcher Maßstab bei der angemessenen Berücksichtigung der Besonderheiten anzulegen ist, wird, sofern angesprochen, einheitlich darauf hingewiesen, dass nur gewichtige Besonderheiten zu einer Modifizierung der Inhaltskontrolle nach §§ 305 ff. BGB führen können[360]. Das *LAG Düsseldorf* konkretisiert den Maßstab als einen generellen Prüfungsmaßstab, der durch Berücksichtigung der konkreten individuellen Umstände zu ergänzen ist[361].

Das BAG hat sich in seiner Entscheidung vom 04.03.2004 erstmals zu den im Arbeitsrecht geltenden Besonderheiten im Sinne des § 310 Abs.4 S.2 1.HS BGB geäußert[362]. Es meint in Übereinstimmung mit dem *ArbG Bochum*, dass Besonderheiten im Sinne des § 310 Abs.4 S.2 1.HS BGB Besonderheiten des Rechtsgebietes Arbeitsrecht im Ganzen und nicht nur Besonderheiten bestimmter Arbeitsverhältnisse wie zum Beispiel kirchlicher Arbeitsverhältnisse seien. Dabei müsse es sich nicht um Besonderheiten handeln, die nur im Arbeitsrecht gelten. Es reiche aus, wenn sich die Abweichungen von typischen Regelungslagen insbesondere im Arbeitsverhältnis auswirken. Offen gelassen hat das BAG die Frage, ob die Besonderheiten nur rechtlicher oder auch tatsächlicher Natur sein können. Zum Maßstab für die Ermittlung der Besonderheiten äußert sich das BAG nur für die rechtlichen Besonderheiten. Es meint, dass es sich um solche sich auf dem Gebiet des Arbeitsrechts besonders auswirkende Regelungen handeln müsse, die von den Grundsätzen des Bürgerlichen Rechts und Prozessrechts abweichen.

---

356 ArbG Duisburg, v.14.8.2002, NZA 2002 S.1038 (1039).

357 LAG Hamm, Urt. v. 24.1.2003, NZA 2003 S.499 (501); ArbG Bochum, Urt. v. 8.7.2002, NZA 2002 S.978 (979); *Reichenbach*, NZA 2003 S.311.

358 ArbG Bochum, Urt. v. 8.7.2002, NZA 2002 S.978 (979).

359 LAG Schleswig-Holstein, Urt. v. 24.09.2003, NZA-RR 2004 S.73 (76).

360 LAG Hamm v. 24.1.2003, NZA 2003 S.499 (501); ArbG Bochum v. 8.7.2002, NZA 2002 S.978 (980); LAG v. 25.4.2003, Az.:17 Sa 1723/02 n.v.; LAG Frankfurt v. 7.5.2003 – Az.:2 Sa 53/03, n.v.

361 LAG Düsseldorf v. 8.1.2003, AP Nr.2 zu § 309 BGB Bl.4.

362 BAG v. 4.3.2004, AP Nr.3 zu § 309 BGB.

2. Der Meinungsstand in der Literatur

Unklarer und uneinheitlicher stellt sich das Meinungsspektrum in der Literatur da.

Einige Vertreter vereint die Bemühung, über § 310 Abs.4 S.2 1.HS BGB im Arbeitsrecht alles beim Alten lassen zu wollen. So meint *Lingemann*, die Besonderheiten des Arbeitsrechts seien diejenigen, die die Bereichsausnahme begründet hätten. Daher solle wie bisher nur am Maßstab des § 307 BGB kontrolliert werden[363]. Ähnlich sieht dies auch *Hromadka*, der mit der Berücksichtigung der arbeitsrechtlichen Besonderheiten in weitem Umfang die bisherige Rechtsprechung fortgeführt wissen will[364]. *Berkowsky* sieht keine Anhaltspunkte dafür, dass die richterliche Inhaltskontrolle aufgrund dieser Vorschrift zum Nachteil der Arbeitgeberseite ein- und tiefgehender erfolgen wird als bisher. Er bezeichnet § 310 Abs.4 S.2 1.HS BGB daher als „keine aufregende Neuerung"[365]. Alles beim Alten lassen will auch *Lindemann*, die die Besonderheiten ganz einfach an der Rechtsfolge bestimmen möchte: Immer wenn die Anwendung der §§ 305 ff. BGB im Arbeitsrecht zu anderen Rechtsfolgen als vor der Schuldrechtsreform führten, läge eine Besonderheit des Arbeitsrechts vor[366].

Im krassen Gegensatz dazu vertritt *Graf von Westphalen* die Ansicht, es könne keine Besonderheiten des Arbeitsrechts geben, die sich gegen das zwingende Recht der §§ 307 ff. BGB durchsetzen könnten. Gäbe es solche Besonderheiten, so wären es Missbräuche, die dann den „Deckmantel" der arbeitsrechtlichen Besonderheiten hätten. Dies liefe aber diametral der Wertung des Gesetzgebers zuwider, in § 310 Abs.4 BGB die richterliche Inhaltskontrolle und – mehr noch – die gesamte Anwendung der Bestimmungen der §§ 305 ff. BGB im Arbeitsrecht sichergestellt zu wissen[367]. *Ulmer* begrenzt diese Auffassung auf § 309 BGB und begründet dies damit, dass es nicht einsichtig sei, warum der Katalog der Verbote ohne Wertungsmöglichkeit in § 309 BGB durch die arbeitsrechtlichen Besonderheiten aufgeweicht werden solle[368].

Beide Extrempositionen missachten den Willen des Gesetzgebers. Während erstere Vertreter verleugnen, dass der Gesetzgeber das Arbeitsrecht in das BGB integrieren und Arbeitsverträge grundsätzlich den anderen privatrechtlichen und den §§ 305 ff. BGB unterfallenden Verträgen gleichstellen wollte, überbewertet

363 *Lingemann*, NZA 2002 S.181 (183).
364 *Hromadka*, NJW 2002 S.2523 (2528,2530).
365 *Berkowsy*, AuA 2002 S.11 (15).
366 *Lindemann*, S.142 f.
367 Henssler/v. Westphalen-*v. Westphalen*, § 310 Rn.7.
368 Ulmer/Brandner/Hensen-*Ulmer*, § 310 BGB Rn.148.

v. Westphalen die Integrationsabsicht. Im einen Fall würde der Anwendungsvorbehalt als Ausnahmeregelung zum Grundsatz erhoben, im anderen Fall vollkommen sinnentleert[369].

Andere dagegen erkennen, dass der Gesetzgeber mit § 310 Abs.4 S.2 1.HS BGB zwar eine Anwendung der §§ 305 ff. BGB eins zu eins im Arbeitsrecht vermeiden, mit der Streichung der Bereichsausnahme aber auch eine Änderung herbeiführen wollte und haben somit ein engeres Verständnis von den im Arbeitsrecht geltenden Besonderheiten. Dabei halten sich jedoch viele bedeckt, wie arbeitsrechtliche Besonderheiten zu bestimmen sind und was sie konkret für arbeitsrechtliche Besonderheiten halten[370]. *Gotthardt* stellt nur fest, dass darunter die dem Arbeitsverhältnis als Rechtsverhältnis innewohnenden Besonderheiten zu verstehen seien[371]. *Richardi* geht zumindest auf die Reichweite des § 310 Abs.4 S.2 1.HS BGB ein und meint, dass für eine Begrenzung der Inhaltskontrolle im Arbeitsrecht nur auf § 307 BGB, so wie *Lingemann* es fordert, keine Anhaltspunkte zu erkennen seien[372]. *Annuß* hingegen überlegt, ohne eine abstrakte Definition der Besonderheiten des Arbeitsrechts zu versuchen, konkrete Umstände, die im Arbeitsrecht als Besonderheiten gelten könnten. Er will bei der Suche der arbeitsrechtlichen Besonderheiten den Blick zum einen auch auf die die bisherige Herausnahme des Arbeitsrechts aus der AGB-Kontrolle tragenden Gründe lenken. Daneben schlägt er eine vorsichtige Orientierung an der Praxis der bislang schon der AGB-Kontrolle unterworfenen Handelsvertreterverträge und Dienstverträge mit arbeitnehmerähnlichen Personen vor[373]. Zudem hebt er aber auch die Möglichkeit der Arbeitnehmer hervor, die Vertragsbedingungen vor Vertragsabschluss rechtlich überprüfen zu lassen[374]. *Klevemann* meint, dass die Besonderheiten des Arbeitsrechts vor dem Hintergrund der fremdbestimmten, weisungsgebundenen Arbeitspflicht schwer zu Lasten des Arbeitnehmers gehen könnten[375]. Dabei verkennt er allerdings, dass das Arbeitsrecht nicht nur ein Schutzrecht für die Arbeitnehmer, sondern auch Ordnungsrecht ist[376].

Einige Vertreter versuchen, auch abstrakte Kriterien herauszuarbeiten, mit denen sich die im Arbeitsrecht geltenden Besonderheiten ermitteln lassen. Dabei ist ein

---

369 Vgl. BAG v. 4.3.2004, AP Nr.3 zu § 309 Bl.6; BAG v. 27.07.2005, AP Nr.6 zu § 307 BGB Bl.7; *Reichenbach*, NZA 2003 S.309 (311).

370 *Däubler*, NZA 2001 S.1329 (1335); *Reinecke*, DB 2002 S.583 (584 f.); *Hümmerich*, AnwBl 2002 S.671 (679 f.).

371 *Gotthardt*, Rn.236.

372 NZA 2002 S.1057 (1061).

373 *Annuß*, BB 2002 S.458 (461); so auch *Däubler*, NZA 2001 S.1329 (1335).

374 *Annuß*, BB 2002 S.458 (461)

375 *Klevemann*, AiB 2002 S.579 (581); i.E. auch Henssler/v.Westphalen- *v. Westphalen*, § 310 Rn.7.

376 Vgl. *Hromadka*, NJW 2002 S.2523 (2528).

Punkt, an dem zwei klare und unterschiedliche Ansichten zu erkennen sind, die Frage, ob unter die im Arbeitsrecht geltenden Besonderheiten nur rechtliche[377], oder auch tatsächliche Umstände[378] fallen. Während *Thüsing* die arbeitsrechtlichen Besonderheiten als ausschließlich rechtliche Besonderheiten weiter eingrenzt, indem er nur Normen darunter versteht, die ausschließlich auf Arbeitsverträge Anwendung finden, sieht *Singer* dies genau gegenteilig und erweitert damit sein ohnehin weiteres, auch tatsächliche Umstände erfassendes Verständnis von den im Arbeitsrecht geltenden Besonderheiten. Vielfach wird das Richterrecht als eine Besonderheit des Arbeitsrecht angeführt. Insofern wird von einem in § 310 Abs.4 S.2 1.HS BGB zum Ausdruck gekommenen Kontinuitätsgebot gesprochen[379]. Andere dagegen lehnen das Richterrecht als eine Besonderheit ab, da § 23 AGBG als das bisherige Argument der arbeitsrechtlichen Rechtsprechung im Zusammenhang mit der Inhaltskontrolle weggefallen sei[380]. Hinsichtlich des Vergleichsmaßstabs, mit dem die Besonderheiten zu ermitteln sind, äußern sich *Birnbaum* und *Hümmerich/Holthausen* dahingehend, dass nur Besonderheiten innerhalb des Rechtsgebietes Arbeitsrecht in § 310 Abs.4 S.2 1.HS BGB gemeint sind und nicht die Besonderheiten des Rechtsgebietes Arbeitsrecht im Vergleich zum übrigen Zivilrecht[381]. *Dorndorf* wiederum meint, dass die Besonderheiten kumulativ entweder durch den Vergleich zum allgemeinen Privatrecht oder innerhalb des Arbeitsrechts ermittelt werden könnten[382].

Lindemann versucht sich in einer Bestimmung des Tatbestandsmerkmals „angemessen berücksichtigen" und kommt zu dem Ergebnis, dass dieses nur für das Richterrecht von Bedeutung sei, da gesetzliche Besonderheiten als lex specialis ohnehin den §§ 305 ff. BGB vorgingen. Bei existierendem Richterrecht müsse man die mit der jeweiligen Norm der §§ 305 ff. BGB geregelte Interessenlage im Zivilrecht mit der im Arbeitsrecht bestehenden Interessenlage vergleichen[383].

---

377 *Preis*, NZA 2003, Sonderbeilage zu Heft 16, S.19 (26); *Thüsing*, NZA 2002 S.591 (592); *Lindemann*, S.143.

378 *Birnbaum*, NZA 2003 S.944 (948); *Leder/Morgenroth*, NZA 2002 S.952 (956); *Singer*, RdA 2003 S.194 (199); *Zeller-Müller*, S.111; *Schlodder*, S.219.

379 *Leder/Morgenroth*, NZA 2002 S.952 (954); *Gotthardt*, ZIP 2002 S.283; *Annuß*, BB 2002 S.463; *Bartz*, AuA 2002 S.64; zurückhaltender: *Lindemann*, S.143 ff., die zwar das Richterrecht als Besonderheit anerkennt, jedoch das Tatbestandsmerkmal der „angemessenen Berücksichtigung" nicht missachtet; ebenso Ulmer/Brander/Hensen-*Fuchs*, § 307 BGB Rn.448.

380 *Reichenbach*, NZA 2003 S.311; *Thüsing*, NZA 2002 S.593.

381 *Birnbaum*, NZA 2003 S.944 (948); *Hümmerich/Holthausen*, NZA 2002 S.173 (178); a.A. *Thüsing*, NZA 2002 S.591 (592); *Preis*, NZA 2003, Sonderbeilage zu Heft 16, S.19 (26); *Annuß*, BB 2002 S.458 (461).

382 In *Däubler/Dorndorf*, § 310 Rn.70 ff.

383 *Lindemann*, S.149 ff.

Zusammenfassend ist somit festzustellen, dass hinsichtlich der notwendigen Auslegung des § 310 Abs.4 S.2 1.HS BGB bislang große Unsicherheit besteht und damit einhergehend Rechtsunsicherheit, die durch die Streichung der Bereichsausnahme im Arbeitsrecht bei der Frage der Inhaltskontrolle von Arbeitsverträgen doch gerade beseitigt werden sollte.

III. Auslegung des § 310 Abs.4 S.2 1.HS BGB

Im Folgenden sollen die Besonderheitenklausel des § 310 Abs.4 S.2 1.HS BGB konkretisiert und damit ein eigener Vorschlag gemacht werden, mit dem § 310 Abs.4 S.2 1.HS BGB zu einer klaren und in der Praxis handhabbaren Norm werden kann und damit die bisher bestehende Rechtsunsicherheit nicht in § 310 Abs.4 S.2 1.HS BGB eine gesetzliche Normierung erfahren hat. Dafür soll in einem ersten Schritt zunächst geklärt werden, wie die im Arbeitsrecht geltenden Besonderheiten bestimmt werden können. In einem zweiten Schritt ist dann der Frage nachzugehen, wann diese im Arbeitsrecht geltenden Besonderheiten angemessen berücksichtigt sind.

1. Die im Arbeitsrecht geltenden Besonderheiten

Das Tatbestandsmerkmal „die im Arbeitsrecht geltenden Besonderheiten" setzt sich aus zwei Bestandteilen zusammen, deren Inhalt getrennt voneinander zu bestimmen ist. Zunächst stellt sich die Frage, was alles von dem Merkmal „Arbeitsrecht" im Sinne des § 310 Abs.4 S.2 1.HS BGB erfasst wird. Erst anschließend kann untersucht werden, was die „Besonderheiten" des zuvor Bestimmten „Arbeitsrechts" ausmacht.

a) Arbeitsrecht

Bereits die Konkretisierung des Begriffs des Arbeitsrechts bereitet Schwierigkeiten.

aa) Wortlaut

Der Begriff „Arbeitsrecht" ist mehrdeutig. Er lässt sich in drei Varianten deuten. Zum einen könnte man ihn rein formell verstehen. Mangels eines kodifizierten Arbeitsgesetzbuches scheidet diese Möglichkeit aber von vornherein aus[384]. Die beiden weiteren Möglichkeiten hingegen sind ernsthaft in Betracht zu ziehen. Zum einen könnte man das Arbeitsrecht materiell verstehen als das für die Rechtsverhältnisse und rechtlichen Beziehungen zwischen Arbeitgebern und

384 Vgl. *Thüsing*, NZA 2002 S.591 (592).

Arbeitnehmern anzuwendende Recht[385]. Ob diesbezüglich noch Einschränkungen zu machen sind, mag zunächst dahinstehen. Jedenfalls beschränkt sich ein solches Verständnis auf Besonderheiten, die in den die Rechtsbeziehung zwischen Arbeitgeber und Arbeitnehmer regelnden Rechtsquellen zu finden sind. Zum anderen könnte man unter Arbeitsrecht auch das Rechtsgebiet Arbeitsrecht an sich verstehen und damit nicht nur die rechtlichen Besonderheiten, sondern auch die im Arbeitsleben herrschenden tatsächlichen Umstände als von § 310 Abs.4 S.2 1.HS BGB erfasst ansehen.

Für das erstere Verständnis, also eine Begrenzung auf die sich auf das Arbeitsverhältnis beziehenden Rechtsnormen, wird die verwendete Formulierung „...die im Arbeitsrecht *geltenden* Besonderheiten..." angeführt. Gelten könnten nur rechtliche, nicht aber tatsächliche Momente[386]. Diese Aussage ist allerdings in Frage zu stellen. Schaut man auf die Bedeutungsvarianten des Verbs „gelten", so kann dies zum einen die Bedeutung von „gültig sein" haben[387]. Gültig ist etwas, wenn es rechtlich, gesetzlich oder ähnlich anerkannt und entsprechend wirksam ist[388]. Dies deutet mehr auf ein nur die rechtlichen Momente erfassendes Verständnis des Arbeitsrechts hin. „Gelten" kann aber die Bedeutung von „Einfluss oder Beachtung bzw. Bedeutung haben" gleichgesetzt werden[389]. „Einfluss haben" können auch tatsächliche Umstände. Insofern lässt die Verwendung des Verbs „gelten" auch ein weites Verständnis des „Arbeitsrechts" im Sinne des Rechtsgebietes Arbeitsrecht zu. Dass auch der Gesetzgeber das Verb „gelten" nicht nur mit Rechtsnormen in Verbindung bringt, lässt sich aus seiner Verwendung dieses Verbs entnehmen. Sicher wird es beispielsweise in den §§ 620 Abs.3, 622 Abs.4 S.2 BGB nur in Bezug auf Rechtsnormen verwendet. Aber ein Blick in § 310 Abs.1 S.2 2.HS BGB, nach dem auf die im Handelsverkehr geltenden Gewohnheiten und Gebräuche angemessen Rücksicht zu nehmen ist, zeigt, dass auch der Gesetzgeber davon ausgeht, dass tatsächliche Umstände - wie in diesem Beispiel Gewohnheiten und Gebräuche - gelten können[390]. Der Wortlaut des § 310 Abs.4 S.2 1.HS BGB lässt folglich beide Auslegungsmöglichkeiten zu und begrenzt den Begriff des Arbeitsrechts keineswegs auf rechtliche Momente[391].

---

385 Vgl. die sich ähnelnden Definitionen der arbeitsrechtlichen Literatur: Schliemann-*Schliemann*, § 611 Rn.13; MünchArbR-*Richardi*, § 1 Rn1; *Brox/Rüthers/Henssler*, Rn.2; *Schaub*, § 1 Rn.1; *Hromadka/Maschmann*, § 2 Rn.1; *Zöllner/Loritz*, S.37 f.

386 *Thüsing*, NZA 2002 S.591 (592); *Lindemann*, S.143.

387 *Grimm*, Deutsches Wörterbuch, S.3066; Duden, Bd.4 S.1444.

388 Brockhaus, Deutsches Wörterbuch, 3.Band S.333; *Duden*, Bd.4 S.1615.

389 Brockhaus, Deutsches Wörterbuch, 3.Band S.129.

390 Insofern sich widersprechend: *Thüsing*, NZA 2002 S.951 (952).

391 Im Ergebnis übereinstimmend: *Birnbaum*, NZA 2003 S.944 (946); A.A.: LAG Hamm, Urt. v. 24.1.2003, NZA 2003 S.499 (501); ArbG Bochum, Urt. v. 8.7.2002, NZA 2002 S.978 (979); *Thüsing*, NZA 2002 S.591 (592); *Reichenbach*, NZA 2003 S.309 (312).

bb) Entstehungsgeschichte

Aus der Entstehungsgeschichte des § 310 Abs.4 S.2 1.HS BGB ergibt sich ebenso kein eindeutiges Ergebnis für die eine oder die andere Verständnismöglichkeit.

So hat die Bundesregierung in ihrer Gegenäußerung zur Stellungnahme des Bundesrates mit Blick auf § 310 Abs.4 S.2 1.HS BGB ausgeführt, dass die „besonderen Bedürfnisse eines Arbeitsverhältnisses" zu berücksichtigen seien[392]. Bedürfnisse sind tatsächliche Umstände, das Arbeitsverhältnis ebenso ein tatsächliches Verhältnis. Dieser Gegenäußerung scheint auf den ersten Blick ein weites Verständnis des Arbeitsrechts im Sinne des § 310 Abs.4 S.2 1.HS BGB zu Grunde zu liegen[393]. Andererseits ist zu beachten, dass der Gesetzgeber den Bedürfnissen des Arbeitsverhältnisses bereits mit denen das Arbeitsrecht konstituierenden Normen Rechnung getragen hat. Deshalb kann man seine Äußerung, dass durch „angemessene Berücksichtigung der im Arbeitsrecht geltenden Besonderheiten" den „besonderen Bedürfnissen eines Arbeitsverhältnisses" Rechnung getragen werden solle, auch so verstehen, dass dies mittelbar über das Tatbestandsmerkmal „Arbeitsrecht" geschehen soll und nicht unmittelbar durch § 310 Abs.4 S.2 1.HS BGB. Aus der Äußerung der Bundesregierung lässt sich daher nicht zwangsläufig auf ein weites Verständnis des Tatbestandsmerkmals „Arbeitsrecht" schließen[394].

In der nachfolgenden Beschlussempfehlung des Rechtsausschusses des Deutschen Bundestages heißt es: „Der Ausschuss verbindet mit der vorgesehenen Formulierung die Erwartung, dass den Besonderheiten spezifischer Bereiche des Arbeitsrechts wie z.B. des kirchlichen Arbeitsrechts angemessen Rechnung getragen werden kann"[395]. Der Rechtsausschuss spricht von spezifischen Bereichen des Arbeitsrechts und nicht von spezifischen Rechtsnormen des Arbeitsrechts. Die Verwendung des Wortes „Bereiche" legt es nahe, dass mit „Arbeitsrecht" nicht nur dessen Rechtsquellen gemeint sind, sondern das Rechtsgebiet „Arbeitsrecht" und damit auch dessen tatsächliche Gegebenheiten umfasst werden soll. Andererseits führt der Rechtsausschuss das kirchliche Arbeitsrecht als Beispiel an. Dessen Unterschiede zum restlichen Arbeitsrecht sind jedoch durch das der Kirche verfassungsrechtlich durch Art.140 GG i.V.m. Art.137 III WRV gewährleistete Selbstbestimmungsrecht geprägt, so dass es sich bei dem Beispiel des kirchlichen Arbeitsrechts um eine rechtliche Gegebenheit handelt. Die insofern offene Beschlussempfehlung des Rechtsausschusses des Deutschen Bundestages kann somit zur Klärung der Frage, wie der Begriff des „Arbeitsrechts"

392 BT-Drs.14/6857 S.54.

393 *Leder/Morgenroth*, NZA 2002 S.952 (956).

394 Vgl. auch *Joost*, ZIP 2004 S.1981 (1986).

395 BT-Drs.14/7052 S.189.

zu verstehen ist, nicht beitragen[396]. Jedoch geht die Argumentation des LAG Hamm zu weit, wenn es die Äußerungen der Bundesregierung für nicht mit dem Wortlaut des § 310 Abs.4 S.2 1.HS BGB kompatibel hält[397].

Da die im Laufe des Gesetzgebungsverfahrens vom Gesetzgeber getätigten Äußerungen nicht helfen, wird zum Teil der Blick auf die vorherige Bereichsausnahme des § 23 AGBG gelenkt. Diese wurde für das Arbeitsrecht damit begründet, dass aufgrund des dichten Netzes von zwingenden Vorschriften und durch das besondere System der kollektivrechtlichen Vereinbarungen eine AGB-Kontrolle auf dem Gebiet des Arbeitsrechts nicht erforderlich sei[398]. Hieraus wird geschlussfolgert, dass der Gesetzgeber mit § 310 Abs.4 S.2 1.HS BGB diesem dichten Netz an zwingenden Vorschriften Rechnung tragen wollte und nicht auch den tatsächlichen Gegebenheiten[399]. Dabei wird jedoch übersehen, dass der damaligen Ausnahme des Arbeitsrechts vom Anwendungsbereich des AGBG und der heutigen Einbeziehung in Form des § 310 Abs.4 BGB völlig konträre Vorstellungen des Gesetzgebers zu Grunde liegen. Bei der Schaffung des AGBG verneinte man ein Schutzbedürfnis der Arbeitnehmer aufgrund der zwingenden arbeitsrechtlichen Vorschriften, während der Gesetzgeber des Schuldrechtsreformgesetzes meint, dass das Schutzniveau des Arbeitsrechts unzureichend sei und an das des BGB angeglichen werden müsse. Bei der Begründung der Bereichsausnahme musste der Gesetzgeber zwangsläufig auf die zwingenden Vorschriften abstellen, weil nur diese den Schutz der Arbeitnehmer gewährleisteten. Bei § 310 Abs.4 S.2 1.HS BGB dagegen ist dies nicht notwendigerweise der Fall. Nicht im bestehenden Schutz im Arbeitsrecht liegt seine Begründung - dieser wird vielmehr als unzureichend angesehen - sondern in Unterschiedlichkeiten, wegen derer die §§ 305 ff. BGB nicht ausnahmslos Anwendung finden sollen. Insofern hat der Gesetzgeber, auch wenn er die Bereichsausnahme für das Arbeitsrecht im Gegensatz zu den Gebieten des Erb-, Familien- und Gesellschaftsrechts aufgehoben hat, sich an die Begründung für die Bereichsausnahme des Erb-, Familien- und Gesellschaftsrechts angepasst. Dort heißt es: „Die genannten Gebiete haben ferner so viele Eigenarten, dass die auf schuldrechtliche Austauschverträge zugeschnittenen Bestimmungen des Entwurfs sich zu einer Anwendung hier nicht eignen." Eigenarten können auch tatsächlicher Natur sein.

Blickt man in der Geschichte des Arbeitsrechts etwas weiter zurück, so fällt eine dem § 310 Abs.4 S.2 1.HS BGB ähnelnde Norm in dem von der 1970 von der Bundesregierung eingesetzten Arbeitsgesetzbuchkommission erarbeiteten und

396 Im Ergebnis ebenso *Thüsing*, NZA 2002 S.591 (592).
397 LAG Hamm, Urt. v. 24.1.2003, NZA 2003 S.499 (501).
398 BT-Drs.7/3919, S.41.
399 Vgl. *Thüsing*, NZA 2002 S.591 (593).

im September 1977 veröffentlichten Entwurf eines Arbeitsgesetzbuches auf[400]. Nach § 128 Abs.1 S.2 dieses Entwurfes sollte es im Arbeitsrecht nur zu einer eingeschränkten Anwendung von BGB-Vorschriften kommen. Diese sollten dann keine Anwendung finden, wenn sich „aus der Eigenart des Arbeitsverhältnisses etwas anderes ergibt". Mit „Eigenarten des Arbeitsverhältnisses" erfasste § 128 Abs.1 S.2 auch tatsächliche Gegebenheiten, die das Arbeitsverhältnis von anderen Vertragsverhältnissen unterscheidet. Aufgrund der Ähnlichkeit der Formulierungen liegt es nahe, dass sich die Bundesregierung bei der Gegenäußerung zur Stellungnahme des Bundesrates an § 128 Abs.1 S.2 BGB orientierte. Ob sie dabei jedoch auch den grundlegend anderen Ansatz bedacht hat, mag bezweifelt werden und führt dazu, dass man § 128 Abs.1 S.2 BGB bei der Auslegung des Merkmals „Arbeitsrecht" nicht allzuviel Bedeutung zumessen sollte. Während mit § 310 Abs.4 BGB das Arbeitsrecht zusammen mit den Vorschriften des AGBG wieder ein Stück in das BGB integriert worden ist, sollte damals ein eigenständiges Arbeitsgesetzbuch geschaffen werden[401].

Insgesamt muss daher festgestellt werden, dass eine historische Auslegung keine Ergebnisse für die Frage eines weiten oder ein engen Verständnisses des „Arbeitsrechts" erbringen kann.

cc) Systematik

Bei systematischer Auslegung des § 310 Abs.4 S.2 1.HS BGB und damit auch bei der Frage, wie das „Arbeitsrecht" im Sinne des § 310 Abs.4 S.2 1.HS BGB zu verstehen ist, fällt der Blick zuerst auf § 310 Abs.4 S.1 BGB. Demnach finden die §§ 305 ff. BGB bei Verträge auf dem Gebiet des Erb-, Familien- und Gesellschaftsrechts keine Anwendung. Die Formulierung „Gebiete" lässt hier bereits ein umfassendes, auch die tatsächlichen Eigenarten umfassendes Verständnis vermuten. Bestätigt wird dies durch die bereits oben erwähnte Begründung zu § 11 des Entwurfes des AGB-Gesetzes. Der gemeinsame Standort in § 310 Abs.4 BGB legt es nahe, insbesondere vor dem Hintergrund des bereits oben aufgezeigten konträren Ansatzes des Gesetzgebers, die erwähnten Rechtsgebiete gleichermaßen weit, auch tatsächliche Eigenarten umfassend, zu verstehen.

Im Übrigen ist bei einer systematischen Betrachtung des § 310 Abs.4 S.2 1.HS BGB das Augenmerk auf § 310 Abs.1 S.2 2.HS BGB zu richten. Dieser ordnet an, dass auf die im Handelsverkehr geltenden Gewohnheiten und Gebräuche an-

---

400 Abgedruckt in: Thilo Ramm, Entwürfe zu einem Deutschen Arbeitsvertragsgesetz, S.403 ff.

401 Vgl. Regierungserklärung des Bundeskanzlers Brandt vom 28.10.1969, teilweise abgedruckt in RdA 1969 S.353 f.; Staudinger-*Richardi* ((2005), Vorb. § 611 ff. BGB Rn.115 ff.

gemessen Rücksicht zu nehmen ist. Gewohnheiten und Gebräuche sind, soweit sie sich nicht rechtlich verfestigt haben, gerade tatsächliche Gegebenheiten. Daher liegt der Schluss nahe, dass auch im Arbeitsrecht dessen tatsächliche Eigenarten über § 310 Abs.4 S.2 1.HS BGB zu berücksichtigen sind, so dass das „Arbeitsrecht" über die bloßen rechtlichen Gesichtpunkte hinaus umfassend als das gesamte, auch die tatsächlichen Eigenarten erfassende Rechtsgebiet zu verstehen ist[402]. Demgegenüber kann die Argumentation, dass der Gesetzgeber eine weit engere Formulierung in § 310 Abs.4 S.2 1.HS BGB als in § 310 Abs.1 S.2 2.HS BGB gewählt habe und dies auf die Beschränkung auf rechtliche Besonderheiten hindeute[403], nicht überzeugen. Sie basiert auf der unzutreffenden Feststellung, dass der Wortlaut nur ein Verständnis des „Arbeitsrechts" als rechtliche Besonderheiten zulasse. Da es der Wortlaut aber auch zulässt, das „Arbeitsrecht" als das gesamte Rechtsgebiet Arbeitsrecht inklusive seiner tatsächlichen Eigenarten zu verstehen, kann von einem engeren Wortlaut gegenüber § 310 Abs.1 S.2 2.HS BGB keine Rede sein.

Außerdem weist § 310 Abs.1 BGB gegenüber § 310 Abs.4 BGB einen entscheidenden Unterschied auf. Während im Arbeitsrecht die §§ 308, 309 BGB grundsätzlich anwendbar sind, sind bei der Kontrolle von gegenüber einem Unternehmer verwendeten AGB die §§ 308, 309 BGB unanwendbar. Ein auch die tatsächlichen Eigenarten des Arbeitsrechts erfassendes Verständnis des „Arbeitsrechts" führt dazu, dass bei § 309 BGB über § 310 Abs.4 S.2 1.HS BGB eine Wertungsmöglichkeit geschaffen wird. Dieser Systembruch wird, insbesondere, weil der Gesetzgeber § 309 BGB im Gegensatz zum Handelsverkehr als im Arbeitsrecht grundsätzlich anwendbar ausgestaltet hat, zum Anlass genommen, das „Arbeitsrecht" eng auf rechtliche Umstände zu begrenzen[404]. Man könne ihn im weiteren Sinne als einen „lex specialis-Vorbehalt" verstehen[405]. Die Beschränkung der Bedeutung des § 310 Abs.4 S.2 1.HS BGB auf die damit wohl gemeinte Behebung von Normwidersprüchen zwischen den §§ 305 ff. BGB und arbeitsrechtlichen Rechtsnormen erscheint allerdings wenig überzeugend, ist diese doch ein allgemeines Auslegungsziel[406], so dass § 310 Abs.4 S.2 1.HS BGB in dieser Form überflüssig und vor allem systemfremd ist. Lässt sich das grundsätzliche Ziel einer sich widerspruchslos in die Rechtsordnung eingliedernden neuen Rechtsnorm nicht erreichen, so schafft der Gesetzgeber spezielle Konkurrenzregeln, beispielsweise § 310 Abs.1 S.2 2.HS BGB, und belässt es nicht bei der Normierung einer allgemein geltenden Auslegungsregel. Da aber nicht an-

402 ArbG Duisburg v. 14.8.2002, NZA 2002 S.1038 (1039).

403 LAG Hamm, Urt. v. 24.1.2003, NZA 2003 S.499 (501); *Thüsing*, NZA 2002 S.591 (592).

404 Vgl. *Thüsing*, NZA 2002 S.591 (593).

405 *Thüsing*, NZA 2002 S.591 (593); vgl. auch *Hönn*, ZfA 2003 S.325 (332 f.).

406 Vgl. nur *Bydlinski*, S.463 f.

zunehmen ist, dass der Gesetzgeber mit § 310 Abs.4 S.2 1.HS BGB seine eigene Unfähigkeit dokumentieren wollte, ist aus der Existenz der Norm darauf zu schließen, dass auch tatsächliche Eigenarten des Rechtsgebietes Arbeitsrechts von § 310 Abs.4 S.2 1.HS BGB erfasst werden. Damit wird über die Normierung eines allgemein gültigen Auslegungsgrundsatzes mit § 310 Abs.4 S.2 1.HS BGB dem Klauselverbot des § 309 BGB eine Wertungsmöglichkeit zugeschrieben.

Bestätigt wird dieses Ergebnis durch einen zweiten Blick auf § 310 Abs.1 S.2 2.HS BGB. Diesem kommt aufgrund der Wertungsmöglichkeit des § 307 BGB, in die auch die Gegenstände, Zwecke und Eigenarten von besonderen Vertragstypen und Vertragsarten einbezogen werden können[407], die Funktion eines Indizes für die Angemessenheit einer Klausel im Sinne des § 307 BGB zu[408]. § 310 Abs.1 S.2 2.HS BGB stellt somit gewissermaßen eine konkretisierte überschlagsmäßige Angemessenheitsprüfung im Sinne des § 307 BGB dar. Mit dieser Indizfunktion verbunden ist eine Umkehr der Darlegungs- und Beweislast[409]. § 310 Abs.4 S.2 1.HS BGB ordnet die angemessene Berücksichtigung der Besonderheiten des Arbeitsrechts für den gesamten Abschnitt der §§ 305 ff. BGB an und erfasst damit auch die §§ 307, 308 BGB mit ihren bereits vorhandenen Wertungsmöglichkeiten. Verstünde man § 310 Abs.4 S.2 1.HS BGB nur so, dass seine Bedeutung sich darin erschöpft, in den keine Wertungsmöglichkeit enthaltenden §§ 306, 309 BGB eine Wertungsmöglichkeit für rechtliche Besonderheiten zu schaffen, so hätte er für die §§ 307, 308 BGB, einen wesentlichen Teil der AGB-Kontrollvorschriften, keine Bedeutung[410]. Dies lässt sich nicht mit der Bezugnahme auf den gesamten Abschnitt der §§ 305 ff. BGB vereinbaren. Es liegt daher mit Blick auf die ähnliche Norm des § 310 Abs.1 S.2 2.HS BGB nahe, dass § 310 Abs.4 S.2 1.HS BGB auch eine beweislaständernde Indizfunktion innerhalb der Wertungsmöglichkeiten der §§ 307, 308 BGB für eine Zulässigkeit der jeweiligen Klausel zukommt. § 310 Abs.4 S.2 1.HS BGB ist damit als eine widerlegbare Konkretisierung einer summarisch vollzogenen Wertung innerhalb der §§ 307, 308 BGB zu verstehen. Da in die Wertungen der §§ 307, 308 BGB auch tatsächliche Umstände mit einbezogen werden können, lässt dies auf ein auch tatsächliche Eigenarten umfassendes Verständnis des „Arbeitsrechts" schließen. Eine differenzierte Auslegung des § 310 Abs.4 S.2 1.HS BGB, je nach dem, welche der §§ 305 ff. BGB modifiziert werden müssen[411], kann als Reaktion darauf nicht überzeugen. Ein vorzugswürdiges einheit-

---

407 Vgl. BGH v. 08.01.1986, NJW 1986 S.2102 (2103); BGH v. 29.10.1980, NJW 1981 S.280 (281); Wolf/Horn/Lindacher-*Wolf*, § 9 Rn.52.

408 MüKo-*Basedow*, § 310 Rn.7; Staudinger-*Schlosser*, § 24 AGBG Rn.12.

409 MüKo-*Basedow*, § 310 Rn.10; Staudinger-*Schlosser*, § 24 AGBG Rn.13.

410 Vgl. auch *Joost*, FS Ulmer S.1199 (1203).

411 So *Hönn*, ZfA 2003 S.325 (332 f.).

liches Verständnis des „Arbeitsrechts" bedeutet für die §§ 306, 309 BGB damit, dass § 310 Abs.4 S.2 1.HS BGB eine auch tatsächliche Eigenarten des Rechtsgebietes Arbeitsrechts einbeziehende Wertungsmöglichkeit für diese Normen schafft. Aufgrund dieser systematisch sehr fragwürdigen Auswirkungen[412] des § 310 Abs.4 S.2 1.HS BGB hätte der Gesetzgeber bezüglich § 309 BGB wohl besser daran getan, wie für den Handelsverkehr die unmittelbare Anwendbarkeit auszuschließen und seine Wertungen nur mittelbar in § 307 BGB zu berücksichtigen[413]. Der Wortlaut lässt ein solches Verständnis des § 310 Abs.4 S.2 1.HS BGB allerdings nicht zu[414]. Hinzu kommt der im Gesetzgebungsverfahren ausdrücklich geäußerte, bereits zitierte Wille des Gesetzgebers, der sich auch systematisch wiederspiegelt. § 310 Abs.4 S.2 1.HS BGB ist eine Sondervorschrift, die sich, am Ende des Abschnitts stehend, auf den gesamten Abschnitt bezieht[415]. Zusammenfassend ist damit festzustellen, dass die systematische Auslegung ein weites, auch tatsächliche Eigenarten umfassendes Verständnis des „Arbeitsrechts" vorzugswürdig erscheinen lässt.

dd) Sinn und Zweck

Legt eine systematische Betrachtung des § 310 Abs.4 S.2 1.HS BGB ein weites, auch tatsächliche Gegebenheiten erfassendes Verständnis des „Arbeitsrechts" nahe, so ist abschließend die Frage aufzuwerfen, ob dies auch dem Sinn und Zweck der Norm entspricht. Aus den wie bereits oben festgestellt wenig hilfreichen Begründungen in den Gesetzesmaterialien lässt sich zumindest das vom Gesetzgeber mit § 310 Abs.4 S.2 1.HS BGB verfolgte tendenzielle Anliegen entnehmen. Die §§ 305 ff. BGB sollen in den Fällen, in denen bei uneingeschränkter Anwendbarkeit im Arbeitsrecht unpassende Ergebnisse erzielt würden, modifiziert werden können[416]. Wann der Gesetzgeber allerdings die §§ 305 ff. BGB als nicht passend empfindet, hat er, sonst bestünde das gegenwärtige Auslegungsproblem auch nicht, verschwiegen. Zu vermuten ist, dass er sich darüber selbst nicht im Klaren gewesen ist. Hinsichtlich des mit der Aufhebung der Bereichsausnahme für das Arbeitsrecht grundsätzlich verfolgten Ziels des Gesetzgebers, das Schutzniveau des Arbeitsrechts an das des übrigen Zivilrechts

---

412 Abgesehen davon sind sowohl § 310 Abs.1 S.2 2.HS als auch § 310 Abs.4 S.2 1.HS BGB an ihrem jetzigen Standort im allgemeinen Teil des Schuldrechts systematisch völlig fehlplatziert.

413 Aus diesem Grund will *Lieb*, FS Ulmer S.1231 (1240) § 310 IV 2 1.HS BGB so verstanden wissen.

414 Anderer Ansicht sind das ArbG Bielefeld v.2.12.2002, AuR 2003 S.124 und *Klevemann*, AiB 2002 S.579 (581), die meinen, dass sich der Wille des Gesetzgebers, eine Wertungsmöglichkeit für § 309 BGB zu schaffen, nicht im Gesetzestext niedergeschlagen habe.

415 *Söllner*, ZfA 2003 S.145 (157); *Joost*, FS Ulmer S. 1199 (1202 f.).

416 *Richardi*, NZA 2002 S.1057 (1061).

anzugleichen[417] und damit die bislang geringeren Anforderungen an die Zulässigkeit von Allgemeinen Vertragsbedingungen im Arbeitsrecht zu verschärfen[418], stellt § 310 Abs.4 S.2 1.HS BGB eine Ausnahmeregelung dar, so dass die allgemein gültige Auslegungsregel, dass Ausnahmeregelungen eng auszulegen sind[419], Beachtung finden muss. Diese wurde in der Rechtsprechung dafür herangezogen, für ein enges, nur rechtliche Gegebenheiten erfassendes Verständnis der „Arbeitsrecht" im Sinne des § 310 Abs.4 S.2 1.HS BGB zu plädieren[420]. Allerdings darf eine Ausnahmevorschrift nicht so eng ausgelegt werden, dass sie ihres Sinnes beraubt wird[421]. Ursächlich für die mögliche Inkompatibilität der §§ 305 ff. mit dem Arbeitsrecht können nur im Vergleich zu den von §§ 305 ff. BGB bisher allein erfassten Austauschverträgen anders gelagerte Interessen der Arbeitsvertragsparteien sein. Aufgrund des in weiten Teilen nicht oder nicht vollständig normierten Arbeitsrechts sowie der bestehenden Dynamik der Arbeitswelt sind die im Arbeitsrecht möglichen Interessenlagen gesetzlich nicht vollständig festgeschrieben[422]. Damit könnten diese tatsächlichen Interessenlagen bei einer Begrenzung auf rechtliche Besonderheiten unter Umständen nicht berücksichtigt werden. Daher ist ein weiteres, auch tatsächliche Gegebenheiten erfassendes Verständnis des Arbeitsrechts vorzugwürdig.

ee) Zwischenergebnis

Die Auslegung ergibt mithin, dass das Merkmal „Arbeitsrecht" neben den rechtlichen Gegebenheiten auch die tatsächlicher Gegebenheiten des Rechtsgebiets Arbeitsrecht umfasst.

b) Besonderheiten

Nachdem nun herausgearbeitet worden ist, dass das „Arbeitsrecht" im Sinne des § 310 Abs.4 S.2 1.HS BGB sowohl die rechtlichen als auch die tatsächlichen Gegebenheiten erfasst, die das Rechtsgebiet Arbeitsrecht ausmachen, stellt sich anschließend die Frage, welche dieser Gegebenheiten die Besonderheiten des Arbeitsrechts sind.

417 BT-Drs.14/6857 S.54.

418 *Reichenbach*, NZA 2003 S.309 (311).

419 BAG AP Nr.1 zu § 5 RechtsstellungsG Bl.2 R; BAG AP Nr.127 zu § 611 BGB Gratifikation Bl.3 R.

420 LAG Hamm, Urt. v. 24.1.2003, NZA 2003 S.499 (501); ArbG Bochum, Urt. v. 8.7.2002, NZA 2002 S.978 (980).

421 Ganz extrem diesbezüglich *v. Westphalen*, der meint, es könne keine Besonderheiten des Arbeitsrechts geben, die sich gegen das zwingende Recht der §§ 307 ff. BGB durchsetzen könnten; Henssler/v.Westphalen-*v. Westphalen*, § 310 Rn.7.

422 MünchArbR-*Richardi*, § 9 Rn.43; *Söllner*, RdA 1985 S.328 (329).

Laut Duden ist eine Besonderheit „ein besonderes Merkmal“[423]. Ein Merkmal definiert Duden als eine charakteristische, unterscheidende Eigenschaft, an der man eine bestimmte Person, Gruppe oder Sache oder auch einen Zustand erkennen kann[424]. In dieser Definition wird eines deutlich, was zur Bestimmung einer Besonderheit zwingend erforderlich ist. Es muss, bevor Überlegungen angestellt werden können, welche Eigenschaften die Anforderungen einer Besonderheit erfüllen, immer eine Bezugsgröße festgelegt werden, von der aus man die Besonderheiten unterscheiden kann. Ist die Bestimmung des Bezugspunktes geschehen, können die Besonderheiten konkretisiert werden. Dabei stellt sich dann die Frage, anhand welches Maßstabs die Besonderheiten zu ermitteln sind, also welche Anforderungen an eine Eigenschaft zu stellen ist, damit sie als Besonderheit im Sinne des § 310 Abs.4 S.2 1.HS BGB gelten kann.

aa) Bezugspunkt

Als Bezugspunkt zur Herausarbeitung der Besonderheiten kommt sowohl ein enges als auch ein weites Verständnis in Frage. Zum einen ist es möglich, die Besonderheiten einschränkend als solche innerhalb des Arbeitsrechts zu verstehen. Zum anderen ist es aber auch möglich, den Bezugspunkt auf das gesamte Privatrecht auszudehnen und diesem dann das Arbeitsrecht gegenüber zu stellen.

(1) Wortlaut

Betrachtet man den Wortlaut des § 310 Abs.4 S.2 1.HS BGB, so fällt auf, dass die im Arbeitsrecht geltenden Besonderheiten berücksichtigt werden sollen. Legt man eine besondere Betonung auf die Präposition „im“, so liegt es nahe, nur Besonderheiten innerhalb des Arbeitsrechts zu suchen, den Bezugspunkt für die Besonderheiten also auf das Arbeitsrecht zu begrenzen[425]. Möglich wäre andererseits hinsichtlich des Bezugspunktes auch eine neutralere Formulierung gewesen, wie beispielsweise: „Die Besonderheiten des Arbeitsrechts sind angemessen zu berücksichtigen“. Dass im Gesetzestext eine gewisse Wertungen zulassende Formulierung gewählt worden ist, könnte im Hinblick auf diese neutralere Formulierungsmöglichkeit als Indiz dafür gewertet werden, dass das Arbeitsrecht als Bezugspunkt für die Besonderheit im Sinne des § 310 Abs.4 S.2 1.HS BGB zu verstehen ist. Allerdings lässt es der Wortlaut auch zu, das allgemeine Privatrecht als Bezugspunkt heranzuziehen[426]. Aus dem Wortlaut lassen sich somit für die Bestimmung des Bezugspunktes keine weiterführenden Erkenntnisse gewinnen[427].

---

423 Duden, Bd.2 S.556.

424 Duden, Bd.6 S.2569.

425 *Birnbaum*, NZA 2003 S.944 (948).

426 So *Hümmerich*, AnwBl. 2002 S.679 f.; vgl. auch *Joost*, ZIP 2004 S.1981 (1983).

427 So auch BAG v. 4.3.2004, AP Nr.3 zu § 309 BGB Bl.6.

(2) Entstehungsgeschichte

Betrachtet man die Entstehungsgeschichte des § 310 Abs.4 S.2 1.HS BGB, so ist zunächst die Gegenäußerung der Bundesregierung zur Stellungnahme des Bundesrates heranzuziehen. Darin begründet sie § 310 Abs.4 S.2 1.HS BGB damit, dass die Klauselverbote ohne Wertungsmöglichkeiten nicht zwingend uneingeschränkt zur Anwendung kommen sollen, sondern vielmehr die besonderen Bedürfnisse eines Arbeitsverhältnisses berücksichtigt werden können sollen[428]. Auch hier ist ein Bezugspunkt für die besonderen Bedürfnisse nicht festgelegt. Es könnten die das Arbeitsverhältnis von anderen zivilrechtlichen Schuldverhältnissen unterscheidenden Bedürfnisse gemeint sein[429], es könnten aber auch Bedürfnisse eines speziellen Arbeitsverhältnisses sein. Für die Bestimmung eines Bezugspunktes, mit Hilfe dessen die Besonderheiten ermittelt werden können, lässt sich aus dieser Äußerung somit nichts entnehmen. Aussagekräftiger ist dagegen die nachfolgende Beschlussempfehlung des Rechtsausschusses des Deutschen Bundestages. Dort heißt es: „Der Ausschuss verbindet mit der vorgesehenen Formulierung die Erwartung, dass den Besonderheiten spezifischer Bereiche des Arbeitsrechts wie z.B. des kirchlichen Arbeitsrechts angemessen Rechnung getragen werden kann“[430]. Das kirchliche Arbeitsrecht zeichnet sich dadurch aus, dass der Kirche verfassungsrechtlich gemäß Art.140 GG i.V.m. Art.137 ABS.3 WRV gewährleistet wird, ihre Angelegenheiten selbständig, also nach ihrem bekenntnismäßigen Verständnis, innerhalb der Schranken des für alle geltenden Gesetzes zu regeln. In der Konsequenz der kirchlichen Selbstbestimmungsrechts bildet das kirchliche Arbeitsrecht eine spezielle Sparte innerhalb des Arbeitsrechts. Ob man dieser Äußerung des Rechtsausschusses jedoch das Gewicht beimessen kann, dass er die Besonderheiten auf solche innerhalb des Arbeitsrechts beschränkt ansah, erscheint allerdings fraglich[431]. Ebenso gut könnte man die Äußerung des Rechtsausschusses als die Benennung eines Beispiels für die Besonderheiten verstehen[432]. Bedingung dafür, dass die Äußerung des Rechtsausschusses als Beispiel verstanden werden kann, ist allerdings, dass das kirchliche Arbeitsrecht als spezieller Bereich innerhalb des Arbeitsrechts gleichzeitig ein Besonderheit gegenüber dem allgemeinen Privatrecht sein kann oder aber dass die Besonderheiten eventuell kumulativ mittels beider Bezugpunkte bestimmt werden können[433]. Jedenfalls die erstere Alternative liegt vor. Im Privatrecht findet sich keine derartige Ausprägung des kirchlichen Selbstbestimmungsrechts wie im Arbeitsrecht. Inwiefern darüber hinaus beide Bezugs-

428 BT-Drs.14/6857 S.54.

429 So BAG v. 4.3.2004, AP Nr.3 zu § 309 BGB Bl.6 f.

430 BT-Drs.14/7052 S.189.

431 So aber LAG Schleswig-Holstein v. 24.09.2003, NZA-RR 2004 S.73 (76); *Hümmerich*, NZA 2003 S.753 f.; *Birnbaum*, NZA 2003 S.944 (947).

432 Vgl. auch BAG v. 4.3.2004, AP Nr.3 zu § 309 BGB Bl.6 R.

433 *Däubler/Dorndorf*, § 310 BGB Rn.70 ff.

punkte kumulativ zur Bestimmung der Besonderheiten herangezogen werden können, wird die weitere Auslegung ergeben.

(3) Systematik

Fraglich ist, ob sich aus systematischen Gesichtspunkten etwas hinsichtlich des Bezugspunktes der „Besonderheiten" herleiten lässt. Eine dem § 310 Abs.4 S.2 1.HS BGB entsprechende oder zumindest vergleichbare Norm, also eine, die auf die in einem Rechtsgebiet geltenden Besonderheiten hinweist, ist nicht vorhanden[434]. § 310 Abs.1 S.2 2.HS BGB als annähernd ähnliche Norm, die vermutlich einen gewissen Vorbildcharakter hatte, verweist auf die Gewohnheiten und Gebräuche im Handelsverkehr. Hier hat der Gesetzgeber die Besonderheiten, die er berücksichtigt wissen will, beim Namen benannt und damit zwangsläufig klargestellt, dass der Bezugspunkt der übrige Rechtsverkehr ist. Entgegen den bisher herausgearbeiteten Indizien deutet dieser Befund darauf hin, dass der Bezugspunkt der Besonderheit im Sinne des § 310 Abs.4 S.2 1.HS BGB auch das übrige Zivilrecht ist. Untermauert wird dieser Befund außerdem durch die Systematik der §§ 305 ff. BGB. Innerhalb der §§ 307, 308 BGB sorgen unbestimmte Rechtsbegriffe dafür, dass den jeweiligen Eigenarten der verschiedenen Vertragsarten Rechnung getragen werden kann. Durch diese Wertungsmöglichkeiten können nicht nur die Besonderheiten innerhalb des Arbeitsrechts berücksichtigt werden, sondern vielmehr auch die Besonderheiten des Arbeitsrechts gegenüber dem sonstigen Zivilrecht. Wie bereits oben hergeleitet, kann § 310 Abs.4 S.2 1.HS BGB, mag dies auch insgesamt systematisch fragwürdig sein, nur so verstanden werden, dass mit ihm auch bei den §§ 306, 309 BGB eine Wertungsmöglichkeit geschaffen werden soll. Da die Wertungsmöglichkeiten in den §§ 307, 308 BGB alle Eigenarten des Arbeitsrechts erfassen, also sowohl solche, die das Arbeitsrecht vom sonstigen Zivilrecht unterscheidet, als auch solche, die nur innerhalb des Arbeitsrechts Besonderheiten darstellen, ist es nur konsequent, auch die über § 310 Abs.4 S.2 1.HS BGB für die §§ 306, 309 BGB eröffnete Wertungsmöglichkeit in dem weiteren Sinne zu verstehen, dass der Bezugspunkt für die Definition der Besonderheiten nicht das Arbeitsrecht, sondern das gesamte Privatrecht ist. Eine systematische Betrachtung des § 310 Abs.4 S.2 1.HS BGB spricht somit für das gesamte Privatrecht als Bezugspunkt zur Bestimmung der Besonderheiten des Arbeitsrechts.

(4) Sinn und Zweck

§ 310 Abs.4 S.2 1.HS BGB soll laut Begründung des Gesetzgebers die Möglichkeit gewährleisten, die §§ 305 ff. BGB für die Fälle zu modifizieren, in denen diese keine für das Arbeitsrecht sachgerechten Ergebnisse hervorbringen. Der Grund dafür ist, dass die AGB-Vorschriften nicht für Arbeitsverträge kon-

434 Vgl. auch BAG v. 4.3.2004, AP Nr.3 zu § 309 BGB Bl.6; *Thüsing*, NZA 2002 S.591.

zipiert sind und durch die Streichung der Bereichsausnahme unverändert auch im Arbeitsrecht Anwendung finden. Der Zweck des § 310 Abs.4 S.2 1.HS BGB beruht somit darin, für mögliche Kompatibilitätsprobleme bei der Anwendung des §§ 305 ff. BGB auf das Arbeitsrecht eine Lösungsmöglichkeit zu schaffen. Kompatibilitätsprobleme können aber nur dort entstehen, wo Unterschiede zwischen den arbeitsrechtlichen Verträgen und den Verträgen existieren, auf die die §§ 305 ff. BGB ursprünglich zugeschnitten waren. Eine teleologische Auslegung legt somit das allgemeine Privatrecht als Bezugspunkt zur Ermittlung der Besonderheiten nahe. Zweifelhaft erscheint demgegenüber, ob neben dem allgemeinen Privatrecht kumulativ auch das Arbeitsrecht als Bezugspunkt herangezogen werden kann, die §§ 305 ff. BGB also auch aufgrund Besonderheiten von Besonderheiten innerhalb des Arbeitsrechts modifiziert werden können sollen, die nicht gleichzeitig auch Besonderheiten gegenüber dem allgemeinen Privatrecht darstellen. Zu denken ist dabei zum Beispiel an die in der Literatur zum Teil als Besonderheit genannten befristeten Arbeitsverhältnisse, da befristete Dauerschuldverhältnisse auch im allgemeinen Privatrecht zu finden sind. Der Gesetzgeber wollte die AGB-Vorschriften grundsätzlich auf das gesamte Arbeitsrecht erstrecken. Ausgenommen hat er nur die in § 310 Abs.4 S.1 BGB genannten Tarifverträge, Dienst- und Betriebsvereinbarungen. Über die Besonderheitenklausel weitere Differenzierungen hinsichtlich der AGB-Kontrolle innerhalb des Arbeitsrechts vorzunehmen und Modifizierungen dort zuzulassen, wo keine Unterschiede zum allgemeinen Privatrecht bestehen, läuft diesem Grundanliegen des Gesetzgebers zuwider. Es ist daher aus teleologischen Gesichtspunkten davon auszugehen, dass § 310 Abs.4 S.2 1.HS. BGB nur dort Modifizierungen der §§ 305 ff. BGB zulassen soll, wo Unterschiede zwischen dem den AGB-Vorschriften bisher unterworfenen allgemeinen Privatrecht und dem Arbeitsrecht zu unsachgemäßen Ergebnissen der AGB-Kontrolle führen.

(5) Zwischenergebnis

Die Auslegung ergibt somit, dass zur Ermittlung der Besonderheiten das allgemeine Privatrecht als Bezugspunkt heranzuziehen ist.

bb) Voraussetzungen für eine Besonderheit

Mit dem Wissen um den Bezugspunkt kann nun in einem zweiten Schritt herausgearbeitet werden, ob und wenn ja welche Anforderungen an die Eigenschaften zu stellen sind, damit sie als Besonderheiten im Sinne des § 310 Abs.4 S.2 1.HS BGB verstanden werden kann. Zum einen ließe sich denken, keine weiteren Anforderungen an die unterscheidenden Eigenschaften zu stellen und alle das Arbeitsrecht vom übrigen Zivilrecht unterscheidenden Eigenschaften als Besonderheit zu erfassen. Zum anderen könnte eine engere Auslegung des Merkmals „Besonderheit“ zu bevorzugen sein, indem man gewisse einengende

Voraussetzungen an die unterscheidenden Eigenschaften stellt. Es wird zu erörtern sein, welche einengenden Voraussetzungen dies sind.

(1) Wortlaut

Die Betrachtung des Wortlautes spricht für ein eingrenzendes Verständnis, nach dem nicht jede das Arbeitsrecht vom allgemeinen Privatrecht unterscheidende Eigenschaft die Rechtsfolge des § 310 Abs.4 S.2 1.HS BGB auslösen kann. Wie bereits erwähnt definiert *Duden* eine Besonderheit nämlich als „ein besonderes Merkmal". Das Adjektiv „besonderes" definiert *Duden* als außergewöhnlich, über das Übliche hinausgehend[435]. Eine Besonderheit ist somit nicht jede unterscheidende Eigenschaft, sondern eine außergewöhnliche Eigenschaft. Ein Festhalten an dem Adjektiv „außergewöhnlich" erscheint jedoch bereits aus praktischen Gründen nicht erstrebenswert, da der Begriff außergewöhnlich ebenso auslegungsbedürftig ist wie das Adjektiv „besonders". Festzuhalten ist aber, dass beide Adjektive eine einschränkende Tendenz haben.

(2) Entstehungsgeschichte

Der Gesetzgeber hat sich mit Äußerungen zu der Frage der Besonderheiten des Arbeitsrechts zurückgehalten. Während in der Gegenäußerung der Bundesregierung die Besonderheiten wenigstens noch umschrieben werden, nennt der Rechtsausschuss des Bundestages nur ein Beispiel, das er als Besonderheit ansieht: Das kirchliche Arbeitsrecht. Aus diesem einen Beispiel kann allerdings nicht mehr für die Konkretisierung der Besonderheiten des Arbeitsrechts gezogen werden, als dass dieses Beispiel unter eine Definition der Besonderheiten subsummiert werden können muss. Die Umschreibung der Bundesregierung bleibt jedoch ähnlich vage wie der Gesetzeswortlaut. Immerhin meint die Bundesregierung allerdings, dass nicht die Bedürfnisse, sondern nur die besonderen Bedürfnisse des Arbeitsverhältnisses zu berücksichtigen sind. Hier taucht also ebenso wie in der Definition des Dudens das einschränkende Adjektiv „besonders" auf.

Auch ein Blick zurück auf § 128 Abs.1 des Entwurfs eines Arbeitsgesetzbuches hilft nicht weiter. Die dort verwendete Formulierung „Eigenart des Arbeitsverhältnisses" ist ebenso klärungsbedürftig und eignet sich ohnehin aufgrund des konträren systematischen Ansatzes - eigenständiges Arbeitsgesetzbuch im Gegensatz zur Integration in das BGB - nicht für eine Übertragung auf § 310 Abs.4 S.2 1.HS BGB. Aufgrund dieses konträren Ansatzes könnte man allenfalls eine Bestätigung für die Einengung der Eigenarten des Arbeitsrechts durch die im Gegensatz zu § 128 des Entwurfes verwendete Formulierung „Besonderheit" herleiten.

---

435 *Duden*, Bd.2 S.556.

Alles in allem bestätigt eine entstehungsgeschichtliche Betrachtung also die bereits aus der Wortlautauslegung gewonnenen Erkenntnisse.

(3) Systematik

Systematisch ist die Integration des Arbeitsrechts in das Zivilrecht in den Mittelpunkt des Interesses zu rücken. Grundsätzlich sind damit Arbeitsverträge mit den anderen vom Regelungsbereich der §§ 305 ff. BGB erfassten Vertragsverhältnissen gleichgestellt. Vor diesem Hintergrund kann nicht jede das Arbeitsrecht vom allgemeinen Privatrecht unterscheidende Eigenschaft eine Besonderheit darstellen. Die Integration des Arbeitsrechts wäre ansonsten nur in formeller Hinsicht erfolgt. Somit kann allein der Leistungsgegenstand, nämlich die Erbringung einer Arbeitsleistung, keine Besonderheit des Arbeitsrechts sein.

(4) Sinn und Zweck

Wie bereits herausgearbeitet, besteht der Sinn und Zweck des § 310 Abs.4 S.2 1.HS BGB darin, für eine Kompatibilität der §§ 305 ff. BGB mit dem Arbeitsrecht zu sorgen. Mit anderen Worten soll die Besonderheitenklausel die §§ 305 ff. BGB dort modifizieren, wo sie zu unsachgemäßen Ergebnissen führen. Vor diesem Hintergrund könnte man die Definition aufstellen, dass Besonderheiten solche vom übrigen Zivilrecht abweichende Eigenarten arbeitsrechtlicher Verträge sind, aufgrund derer die §§ 305 ff. BGB keine sachgerechten Ergebnisse hervorbringen. Man kann jedoch die Besonderheiten nicht nach der vermeintlichen „Sachgerechtigkeit" der Ergebnisse konkretisieren. Abgesehen von der dogmatischen Fragwürdigkeit würde die vom Gesetzgeber angestrebte Stärkung der Rechtssicherheit verfehlt.

Eine Antwort auf die Frage, welche abstrakten Voraussetzungen an die unterscheidenden Eigenarten zu stellen sind, bekommt man daher nur dann, wenn man dort ansetzt, wo die möglichen Konfliktpunkte liegen. Diese werden sich dort finden, wo die bereits am Anfang dieser Arbeit herausgearbeiteten Unterschiede zwischen den Arbeitsverträgen und den bisher bereits der AGB-Kontrolle unterworfenen Verträgen liegen. Die der AGB-Kontrolle bisher unterworfenen Verträge sind im Gegensatz zum Arbeitsrecht bloße auf den Austausch von Leistung und Gegenleistung gerichtete Verträge. Soweit also über diesen bloßen Austauschcharakter arbeitsrechtliche Verträge weitere Elemente aufweisen und damit zusätzliche Interessenlagen in dem Vertragsverhältnis bestehen, besteht die Möglichkeit, dass die Anwendung der §§ 305 ff. BGB zu nicht interessengerechten Ergebnissen führt.

Die teleologische Auslegung ergibt somit, dass die Besonderheit im Sinne des § 310 Abs.4 S.2 1.HS BGB eine die das Arbeitsrecht vom allgemeinen Privatrecht unterscheidende Eigenart ist, die auf einem über den bloßen Austausch von Leistungen hinausgehenden Charakter der arbeitsrechtlichen Verträge basiert. Bestätigt wird dieses Ergebnis durch die sich aus Wortlaut, Entstehungsgeschichte und Systematik ergebende Tendenz zur engen Auslegung der Besonderheiten.

(5) Zwischenergebnis: Definition der im Arbeitsrecht geltenden Besonderheiten

Die im Arbeitsrecht geltenden Besonderheiten sind somit die im Arbeitsrecht geltenden Eigenarten rechtlicher oder tatsächlicher Art, die auf einem über den bloßen Austausch von Leistungen hinausgehenden Charakter arbeitsrechtlicher Verträge basieren.

2. Konkretisierung der Formulierung „angemessen zu berücksichtigen"

Liegt nach der soeben herausgearbeiteten Definition eine Besonderheit vor, stellt sich anschließend die Frage, wann eine Besonderheit bei der Anwendung der §§ 305 ff. BGB, wie vom Gesetz gefordert, „angemessen berücksichtigt" ist.

Eine Analyse des Wortsinns liefert keine Anhaltspunkte. Das Adjektiv „angemessen" meint soviel wie richtig bemessen[436] oder „den gegebenen Umständen entsprechend"[437]. „Berücksichtigen" definiert Duden als „bei seinen Überlegungen beachten, nicht übergehen, einbeziehen"[438]. Die Antwort auf die Frage, wann eine Besonderheit im richtigen Maße bei der Anwendung der §§ 305 ff. BGB beachtet worden ist, ist ebenso wertungsoffen wie die Frage nach der Angemessenheit der Berücksichtigung. Nur soviel ist festzustellen: Mit der Wahl der Formulierung „angemessen berücksichtigen" hat sich der Gesetzgeber gegen die Ausgestaltung der Besonderheiten als Anwendungsvorbehalt ausgesprochen[439]. So aber scheint es *Berkowsky* zu meinen, wenn er sagt, dass § 310 Abs.4 S.2 1.HS BGB die Anwendbarkeit immer dann ausschließe, wenn die Inhaltskontrolle nach dem neuen Recht zu einem der bisherigen Rechtsprechung - als Besonderheit des Arbeitsrechts - konträren Ergebnis kommt[440].

Betrachtet man die sonstige Verwendung der „Angemessenheit" im BGB, so fällt auf, dass sie bisher immer nur dann verwendet wurde, wenn entweder auf

436 *Duden*, Bd.1 S.213.
437 *Duden*, Das Bedeutungswörterbuch, S.89.
438 *Duden*, Bd.2 S.540.
439 Vgl. auch *Thüsing/Leder*, BB 2005 S.938 (943).
440 *Berkowsky*, AuA 2002 S.11 (15); ebenso *Lindemann*, S.149 f., die einen Anwendungsvorbehalt nur für Gesetze, nicht aber für das von ihr als weitere Besonderheit angesehene Richterrecht annimmt.

Tatbestandsseite eine Wertungsmöglichkeit geschaffen werden, beispielsweise die Angemessenheit einer Frist oder die unangemessene Benachteiligung in § 307 BGB, oder sich die aus einer Norm ergebende Rechtspflicht flexibel gestalten werden sollte, beispielsweise die sich aus § 312 e Abs.1 Nr.1 BGB ergebende Pflicht des Unternehmers beim elektronischen Geschäftsverkehr, dem Kunden angemessene technische Mittel zur Verfügung zu stellen, mit deren Hilfe der Kunde Eingabefehler vor Abgabe seiner Bestellung erkennen und berichtigen kann. In § 310 Abs.4 S.2 BGB bezieht sich die Angemessenheit auf das Verb „berücksichtigen". Wie bereits festgestellt, ist das Verb „berücksichtigen" selbst Wertungen zugänglich, das Ergebnis der Berücksichtigung der Besonderheiten ist auch ohne den Wertungsspielraum der „Angemessenheit" keinesfalls festgelegt. Das Adverb „angemessen" ist mithin überflüssig. Dass der Gesetzgeber es dennoch in § 310 Abs.4 S.2 BGB verwendet hat, ist ein weiteres Indiz dafür, dass die Ausdehnung des Anwendungsbereichs der §§ 305 ff. BGB auf das Arbeitsrecht nicht gründlich überprüft wurde. Es spiegelt die Unsicherheit über die Stärke des „Aufpralls" der losgetretenen „Lawine" AGB-Kontrolle auf das Arbeitsrecht wider, weshalb man den „Puffer" zusätzlich verstärkte.

Damit bleibt allein der Sinn und Zweck der Besonderheitenklausel, um die „angemessene Berücksichtigung" zu bestimmen. § 310 Abs.4 S.2 1.HS BGB soll die Kompatibilität der §§ 305 ff. BGB mit den anfangs herausgearbeiteten im Arbeitsrecht grundlegend anders gelagerten Interessenlagen herstellen. Immer dann, wenn die Anwendung der §§ 305 ff. BGB zu Ergebnissen führt, die mit den Besonderheiten des Arbeitsrechts nicht kompatibel, das heißt nicht interessengerecht sind, soll eine Modifizierung des Ergebnisses herbeigeführt werden. Es ist mithin eine Interessenabwägung vorzunehmen. Anders als von *Lindemann* vertreten[441] sind dabei jedoch nicht die in den §§ 305 ff. BGB geregelten Interessenlagen mit den arbeitsrechtlichen Interessenlagen zu vergleichen und je nach Ergebnis eine Anwendbarkeit zu der §§ 305 ff. BGB zu bejahen oder zu verneinen. Vielmehr ist das unter Anwendung der §§ 305 ff. BGB erzielte Ergebnis der arbeitsvertraglichen Inhaltskontrolle danach zu überprüfen, ob es mit den Besonderheiten des Arbeitsrechts zu vereinbaren ist. Insofern sind die die Besonderheiten ausmachenden Interessenlagen mit dem gefundenen Er-

441 *Lindemann*, S.151; nicht überzeugen kann auch die von ihr vorgeschlagene Differenzierung zwischen gesetzlichen Besonderheiten und richterrechtlichen Besonderheiten im Rahmen der angemessenen Berücksichtigung. Abgesehen von der nicht überzeugenden Bestimmung der „Besonderheiten des Arbeitsrechts" verkennt sie nämlich, dass Gesetzesrecht als Besonderheit allenfalls dispositives Gesetzesrecht sein kann. Bei Abweichungen von zwingendem Gesetzesrecht stellt sich die Frage einer AAB-Kontrolle anhand der §§ 305 ff. BGB gar nicht. Bei dispositivem Gesetzesrecht hingegen ist eine Abweichung durch die Vertragsparteien gerade möglich, so dass hier nicht von vornherein die gesetzliche Regelung den Vorrang genießt.

gebnis abzuwägen. Dabei ist ein genereller Prüfungsmaßstab anzuwenden. Konkret-individuelle Umstände können, wie bereits dem Wortlaut „Besonderheiten des Arbeitsrechts“ anstatt „Besonderheiten des Arbeitsverhältnisses“ zu entnehmen ist, nicht berücksichtigt werden[442].

IV. Benennung der arbeitsrechtlichen Besonderheiten

Im folgenden sollen unter Anwendung der so eben herausgearbeiteten Definition einige Besonderheiten des Arbeitsrechts aufgezeigt werden.

1. Verbandsbezug

Wie bereits einleitend dargestellt, geht das Arbeitsverhältnis in Betrieben mit mehr als einem Arbeitnehmer insofern über ein reines Austauschverhältnis zwischen Arbeitgeber und Arbeitnehmer hinaus, als die Arbeitsleistung im Verbund mit anderen Arbeitnehmern erbracht wird.

Dies führt zum einen nach einhelliger Ansicht zu einem Interesse an relativer Gerechtigkeit zwischen den Arbeitnehmern untereinander und zwischen dem einzelnen Arbeitnehmer und der Belegschaft. Anerkennung hat dieses Interesse in erster Linie im allgemein anerkannten arbeitsrechtlichen Gleichbehandlungsgrundsatz, ebenso aber auch im KSchG und im BetrVG gefunden. So kann die soziale Rechtfertigung der betriebsbedingten Kündigung nur mit diesem Gedanken erklärt werden. Auch bei der Mitbestimmung gemäß § 87 Abs.1 Nr.10 BetrVG soll relative Gerechtigkeit erreicht werden. Insofern lässt sich von einem allgemeinen arbeitsrechtlichen Rechtsgrundsatz sprechen, der besagt, dass bei der Arbeit im Verbund relative Gerechtigkeit angestrebt werden muss[443].

Darüber hinaus sorgt die Arbeit im Verbund in tatsächlicher Hinsicht für ein gesteigertes Organisationsbedürfnis. Dieses Bedürfnis spiegelt sich rechtlich darin wider, dass die Rechtsordnung dem Arbeitgeber die unverzichtbare einheitliche Organisations- und Leitungsmacht zuweist[444]. Insbesondere wird dies in dem weitreichenden, in § 106 GewO ausdrücklich normierten Direktionsrecht des Arbeitgebers deutlich. Über das normale Leistungsbestimmungsrecht gemäß § 315 BGB hinaus erstreckt sich das Direktionsrecht gemäß § 106 S.2 GewO auch auf die Ordnung und das Verhalten der Arbeitnehmer im Betrieb. *Söllner* hat dies treffend zum Ausdruck gebracht, indem er das Arbeitsverhältnis als rechtliche Ausdrucksform kooperativer, vom Arbeitgeber geleiteter Arbeitsteilung ge-

---

442 A.A. LAG Düsseldorf v. 8.1.2003, AP Nr.2 zu § 309 BGB Bl.4.

443 Vgl. *Reuter*, FS 50 Jahre BAG, S.177 (184 f.).

444 *Kreutz*, S.182.

kennzeichnet bezeichnet hat[445]. Das Ergebnis der Anwendung der §§ 305 ff. BGB auf Arbeitsverhältnisse ist somit daraufhin zu überprüfen, ob sie mit den sich aus der Erbringung der Arbeitsleistung im Verbund mit anderen Arbeitnehmern ergebenden besonderen Bedürfnissen des Arbeitsverhältnisses vereinbar sind.

2. Arbeitsverhältnisse in Tendenzbetrieben

In Tendenzbetrieben geht das Arbeitsverhältnis auf Grund des Einflusses der Grundrechte über einen bloßen Leistungsaustauschcharakter hinaus.

a) Kirchliche Arbeitsverhältnisse

So steht bei kirchlichen Arbeitsverhältnissen anders als bei den von den §§ 305 ff. BGB ansonsten erfassten Verträgen, das Arbeitsverhältnis unter dem Leitbild der Dienstgemeinschaft[446]. Mit der Dienstgemeinschaft ist der Auftrag Jesu Christi gemeint, ihm im Dienst der Versöhnung zu folgen, und zwar nicht beschränkt auf die dienende Nachfolge des einzelnen, sondern auch hinsichtlich eines Zusammenstehens vieler in einer „Gemeinschaft des Dienstes“[447]. Dieses in den Kirchenverfassungen festgeschriebene das kirchliche Arbeitsverhältnis charakterisierende Leitbild der Dienstgemeinschaft findet seine rechtliche Anerkennung in dem den Kirchen durch Art.140 GG i.V.m. Art.137 Abs.3 WRV verfassungsrechtlich gewährleisteten Recht, ihre Angelegenheiten selbständig innerhalb der Schranken des für alle geltenden Gesetzes zu regeln[448]. Dabei definiert das Bundesverfassungsgericht diesen Schrankenvorbehalt folgendermaßen: „Trifft das Gesetz die Kirche nicht wie Jedermann, sondern in ihrer Besonderheit als Kirche härter, ihr Selbstverständnis, insbesondere ihren geistig-religiösen Auftrag beschränkend, also anders als normale Adressaten, dann bildet es insoweit keine Schranke“[449].“ Daraus folgt, dass Arbeitsgesetze im Lichte der Wertentscheidung der verfassungsrechtlichen Garantie des kirchlichen Selbstbestimmungsrechts auszulegen sind[450]. Der Kirche ist somit auch die Befugnis eingeräumt, den spezifisch religiösen Charakter ihres Dienstes auch beim Einsatz der zivilrechtlichen Gestaltungsformen herzustellen und zu bewahren[451]. So findet sich in Art.1 der für den Gesamtbereich der katholischen Kirche in der

---

445 *Söllner*, S.61.

446 *Reuter*, HK 1994 S.194 (195).

447 *Richardi*, Arbeitsrecht in der Kirche, § 4 Rn.9.

448 BVerfG v. 4.6.1985, AP Nr.24 zu Art.140 GG Bl.4 f.

449 BVerfG 42, 312 (334).

450 BAG v. 25.4.1978, AP Nr.2 zu Art.140 GG; *Richardi*, Arbeitsrecht in der Kirche, § 5 Rn.5; vgl. v.Mangoldt/Klein-*v.Campenhausen*, Art.137 WRV Rn.101 ff.

451 *Richardi*, Arbeitsrecht in der Kirche, § 4 Rn.8.

Bundesrepublik Deutschland geltenden „Grundordnung des kirchlichen Dienstes im Rahmen kirchlicher Arbeitsverhältnisse" eine Legaldefinition der Dienstgemeinschaft: „Alle in einer Einrichtung der katholischen Kirche Tätigen tragen durch ihre Arbeit ohne Rücksicht auf die arbeitsrechtliche Stellung gemeinsam dazu bei, dass die Einrichtung ihren Teil am Sendungsauftrag der Kirche erfüllen kann". In der Verfassung der Nordelbischen Evangelisch-Lutherischen Kirche beispielsweise heißt es in Art.19: „Das der Kirche anvertraute Amt gliedert sich in verschiedene Dienste. Die in diese Dienste haupt-, neben- und ehrenamtlich Berufenen tragen die Verantwortung dafür, dass jeweils in ihren Aufgabenbereichen der Auftrag der Kirche wahrgenommen wird. Damit dienen sie der Einheit der Kirche". Soweit Eigenarten ihren Ursprung in diesem dem kirchlichen Arbeitsverhältnis zugrunde liegenden Leitbild der Dienstgemeinschaft haben, gehören sie zu den Besonderheiten im Sinne des § 310 Abs.4 S.2 1.HS BGB. Dazu zählt beispielsweise, dass ein kirchlicher Arbeitgeber erwarten kann, dass seine Mitarbeiter das kirchliche Selbstverständnis der Einrichtung anerkennt und es sich in seinem dienstlichen Handeln zu eigen macht[452]. Ebenso darf er seinen Arbeitnehmern die Beachtung jedenfalls der tragenden Grundsätze der kirchlichen Glaubens- und Sittenlehre auferlegen und verlangen, dass sie nicht gegen die fundamentalen Verpflichtungen verstoßen, die sich aus der Zugehörigkeit zur Kirche ergeben und die jedem Kirchenglied obliegen[453].

b) Arbeitsverhältnisse im Pressebereich

Auch Arbeitsverhältnisse im Pressebereich weisen einen über die bloße Austauschbeziehung von Arbeitsleistung und Entgelt hinausgehenden Charakter auf. Das vom Arbeitgeber hergestellte Presseerzeugnis als Teil der gesamten Institution Presse ist in einer gesunden Demokratie nicht hinwegzudenken. Die Presse wird daher auch als die sog. vierte Gewalt im Staat bezeichnet[454]. Durch den Arbeitsvertrag wird dem Arbeitnehmer ein Teil der Medienmacht übertragen, die der Arbeitgeber durch das von ihm herausgegebene Pressemedium innehat[455]. Die Folge ist, dass beide Arbeitsvertragsparteien vom Schutzbereich der Pressefreiheit aus Art.5 Abs.1 S.2 1.Fall GG erfasst werden. Daneben ist auch die Bedeutung der Meinungsfreiheit für die einzelnen in der Presse Beteiligten zu beachten. Zwar wirkt die Pressefreiheit als Abwehrrecht gegenüber dem Staat nicht unmittelbar zwischen dem Arbeitgeber und dem Arbeitnehmer. Die rechtlichen Regelungen, denen das Arbeitsverhältnis unterworfen ist, begrenzen allerdings die Pressefreiheit als allgemeine Gesetze im Sinne des Art.5 Abs.2 GG. Nach der sogenannten Wechselwirkungstheorie sind die allgemeinen Gesetze

452 BVerfGE 53, 366 (404).
453 BVerfG v. 4.6. 1985, AP Nr.24 zu Art.140 GG Bl.4.
454 MünchArbR-*Rüthers*, § 201 Rn.2.
455 MünchArbR-*Rüthers*, § 201 Rn.3.

jedoch ihrerseits wieder im Lichte der Bedeutung des Art.5 Abs.1 GG auszulegen[456]. Mithin sind die das zwischen Arbeitgeber und Arbeitnehmer bestehende Arbeitsverhältnis regelnden Normen im Hinblick auf die Pressefreiheit verfassungskonform auszulegen[457]. Das Pressearbeitsverhältnis zeichnet sich daher gegenüber anderen Arbeitsverhältnissen dadurch aus, dass das Direktionsrecht des Arbeitgebers für den Inhalt des Presserzeugnisses weitegehend eingeschränkt ist und sich vor allem auf die Verwirklichung der vom Arbeitgeber durch Redaktionsrichtlinien vorgegebenen Tendenz beschränkt[458]. In der Konsequenz sind die tendenztragenden Arbeitnehmer zur Identifizierung mit der vom Arbeitgeber vorgegebenen Tendenz verpflichtet[459]. Dies wirkt sich mittels der sog. Tendenztreuepflicht auch auf den privaten Bereich des Arbeitnehmers aus[460]. Bei der Anwendung der §§ 305 ff. BGB ist dieser aus der Bedeutung der Pressefreiheit herrührenden über den Austausch von Leistung und Gegenleistung hinausgehenden Charakter der Pressearbeitsverhältnisse über § 310 Abs.4 S.2 1.HS BGB zu berücksichtigen, sofern die Anwendung der §§ 305 ff. BGB in die Pressefreiheit einer Vertragspartei ungerechtfertigt eingreifen würde.

3. Arbeitsverhältnisse des Öffentlichen Dienstes

Im Öffentlichen Dienst tätig sind Personen, die im Dienst einer juristischen Person des öffentlichen Rechts stehen, also im Dienst einer Gebietskörperschaft, Anstalt, Stiftung oder Körperschaft des öffentlichen Rechts beschäftigt sind[461].Das Arbeitsverhältnis im Öffentlichen Dienst weist zum einen eine besonders starke Ausprägung des Gleichbehandlungsinteresses auf. Hervorgerufen wird dies durch die Eigenart des Öffentlichen Dienstes, dass seine Angehörigen aufgrund zweier unterschiedlicher „Anstellungsverhältnisse“ beschäftigt werden: Zum einen in einem öffentlich-rechtlichen Dienstverhältnis, zum anderen in einem privatrechtlichen Arbeitsverhältnis. Das durch die parallele Beschäftigung von Arbeitnehmer- und Beamtenschaft ausgelöste – obwohl rechtlich nicht vergleichbar – tatsächliche Gleichbehandlungsinteresse wird oftmals noch dadurch gesteigert, dass Arbeitnehmer und Beamte die gleiche Arbeitsleistung erbringen. Dies führt trotz der unterschiedlichen „Anstellungsverhältnisse“ zu einem Gleichbehandlungsinteresse, welches bis zu einem gewissen Grad eine Übertragung beamtenrechtlicher Regelungen in das privatrechtliche Arbeitsverhältnis

456 BVerfGE 7, 198 (209); 34, 384 (401); *Dreier*, Art.5 Rn.158 ff.
457 *Dreier*, Art.5 Rn.303 ff.
458 MünchArbR-*Rüthers*, § 194 Rn.5, 31; vgl. BVerfG v. 6.11.1979, AP Nr.14 zu § 118 BetrVG 1972 Bl.1 R ff.
459 *Reuter*, FS Kissel, S. 941 (949 f.).
460 *Reuter*, FS Kissel, S. 941 (950).
461 MünchArbR-*Freitag*, § 187 Rn.1; *Schliemann*, ZTR 1990 S.135.

zur Folge hat[462]. Zum anderen weist das Arbeitsverhältnis des öffentlichen Dienstes weitere Aspekte auf, die es von privatrechtlichen Vertragsverhältnissen unterscheiden: Vertragspartner ist der dem Haushaltsrecht unterliegende Dienstherr. Die Arbeitserbringung wird vornehmlich im öffentlichen Interesse erbracht[463]. Zudem werden oftmals mit der Arbeitsleistung hoheitliche Aufgaben erbracht. Zu denken ist dabei unter anderem an die nicht verbeamteten Lehrer an den staatlichen Schulen. Folge dieser Besonderheit des Arbeitsverhältnisses des Öffentlichen Dienstes ist beispielsweise, dass das öffentliche Dienstverhältnis maßgeblich von einem besonderen Treueverhältnis zwischen den Vertragspartners gekennzeichnet wird[464]. Zum Ausdruck kommt dies in § 8 Abs.1 BAT beziehungsweise § 41 TvöD – BT V, nach dem sich der Arbeitnehmer des öffentlichen Dienstes so zu verhalten hat, wie es von Angehörigen des öffentlichen Dienstes erwartet wird und sich daher durch sein gesamtes Verhalten zur freiheitlich demokratischen Grundordnung im Sinne des Grundgesetzes bekennen.

4. Richterrecht

Das vielfach als **die** Besonderheit des Arbeitsrechts hervorgehobene Richterrecht[465] ist nach der herausgearbeiteten Definition keine Besonderheit[466]. Zwar nimmt das Richterrecht im Arbeitsrecht gegenüber anderen Rechtsgebieten eine bedeutendere Stellung ein, wie sich auch aus den viel zitierten Aussagen *Gamillschegs* „Der Richter ist der eigentliche Herr des Arbeitsrechts“[467] und „Das Richterrecht bleibt unser Schicksal“[468] entnehmen lässt. Der Grund für diese hervorzuhebende Stellung des Richterrechts im Arbeitsrecht liegt aber nicht in einer dem Arbeitsverhältnis anhaftenden Eigenart, die auf den über den bloßen Austauschcharakter hinausgehenden Charakter zurückzuführen ist, sondern in den Eigenarten der arbeitsrechtlichen Gesetzgebung. Zum Teil fehlen im Arbeitsrecht gesetzliche Grundlagen gänzlich, so beispielsweise im Arbeits-

462 Vgl. *Battis*, § 4 Rn.10; *Sachs*, Art.33 Rn.46; MünchArbR-*Freitag*, § 187 Rn.2; *Otto*, S.40 ff, 99; Zum Teil wird dieses Gleichbehandlungsbedürfnis zum Anlass genommen, eine Reform des öffentlichen Dienstrechts zu fordern, vgl. entsprechende Ausführungen des damaligen Innenministers des Landes Nordrhein-Westfalen Dr. Fritz Behrens: *Behrens/Münch*, ZRP 2003 S.329 ff.

463 *Müller*, Rn.15.

464 Vgl. *Müller*, Rn.581 ff.; *Schwidden*, ZfSH/SGB S.24 (27).

465 So beispielsweise *Leder/Morgenroth*, NZA 2002 S.952 (954); *Thüsing*, NZA 2002 S.591 (592 f.); *Lindemann*, S.143 ff.

466 Im Ergebnis ebenso: BAG v. 27.07.2005, AP Nr.6 zu § 307 BGB Bl.7; LAG Frankfurt v. 25.04.2003 - Az: 17 Sa 1723/02, n.v.; LAG Baden-Württemberg v. 10.4.2003 – Az.: 11 Sa 17/03, DB 2003 S.2551 f. (Entscheidungsgründe nicht vollständig abgedruckt); LAG Hamm, Urt. v. 24.01.2003, NZA 2003 S.499 (502).

467 *Gamillscheg*, AcP 164 S.385 (388).

468 *Gamillscheg*, AcP 164 S.385 (445).

kampfrecht, oder das Regelungswerk ist lückenhaft[469]. Auch für die hier zu untersuchende Inhaltskontrolle von Arbeitsbedingungen fehlte bisher aufgrund der Bereichsausnahme in § 23 AGBG eine gesetzliche Regelung. Darüber hinaus sind durch die Dynamik des Arbeitslebens in den arbeitsrechtlichen Normen viele Generalklauseln oder auslegungsbedürftige Merkmale anzutreffen beziehungsweise veraltete, dem aktuellen Erkenntnisstand der Wissenschaft nicht mehr entsprechende Vorschriften[470]. Diese Situation des Arbeitsrechts führt zwangsläufig dazu, dass den Gerichten eine über die bloße Rechtsanwendung hinausgehende Bedeutung im Arbeitsrecht zukommt. Verstärkend kommt die große Anzahl vergleichbarer Rechtstreitigkeiten vor den Arbeitsgerichten hinzu. Zu nennen ist beispielsweise das Stichwort „Rückzahlungsklauseln bei Gratifikationen" oder „Verhaltensbedingte Kündigung". Um diese vielen Vorgänge abarbeiten zu können, benötigt die Rechtsprechung einfache, leicht zu handhabende detaillierte Regelungen[471]. Letzterer Mechanismus findet sich überall dort, wo Generalklauseln oder auslegungsbedürftige Tatbestandsmerkmale anzutreffen sind[472]. Allen voran ist diesbezüglich die Rechtsprechung zu § 242 BGB zu nennen.

Bestätigt wird dieses Subsumtionsergebnis durch dogmatische Überlegungen, vor deren Hintergrund das Richterrecht keine Besonderheit des Arbeitsrechts sein kann. Mittels der Berücksichtigung durch § 310 Abs.4 S.1 2.HS BGB würde dem Richterrecht eine Gesetzesverbindlichkeit zukommen, die nach allgemeiner Auffassung erst bei zu Gewohnheitsrecht erstarkter Rechtsprechung anerkannt ist[473]. Für Gewohnheitsrecht ist aber eine längere tatsächliche Übung Voraussetzung, die eine dauernde und ständige, gleichmäßige und allgemeine ist und von den Beteiligten als verbindliche Rechtsnorm anerkannt wird[474]. Angesichts der umstrittenen Rechtsprechung des BAG zur Inhaltskontrolle von Arbeitsbedingungen kann in diesem Bereich allerdings nicht von Gewohnheitsrecht gesprochen werden. Hinsichtlich der bisherigen Rechtsprechung des BAG wäre dies zwar hinsichtlich des Gewaltenteilungsprinzips des Art. 20 Abs.2 GG unproblematisch, da der Gesetzgeber sich des bestehenden Richterrechts annehmen könnte. Allerdings könnte bei einem solchen Verständnis das BAG mit seiner Rechtsprechung in Zukunft den Anwendungsbereich der §§ 305 ff. BGB

469 MünchArbR-*Richardi*, § 9 Rn.43; *Söllner*, RdA 1985 S.328 (329).

470 MünchArbR-*Richardi*, § 9 Rn.43; *Söllner*, RdA 1985 S.328 (329).

471 *Larenz*, Methodenlehre, S.435; MünchArbR-*Richardi*, § 9 Rn.44.

472 Vgl. *Zippelius*, S.79 ff.; *Ohly*, AcP 201 (2001), S.1 (39 f.).

473 Vgl. BAG v. 10.6.1980, AP Nr.64 zu Art.9 GG Arbeitskampf Bl.7 R f.; *Wolff/Bachof/Stober*, § 25 Rn.23; *Stern*, StR II S.586; Sachs-*Degenhart*, Art.70 Rn.21; *Larenz*, Methodenlehre, S.432 ff.; MünchArbR-*Richardi*, § 9 Rn.44; *Söllner*, RdA 1985 S.328 (332).

474 BVerfGE 34, 293 (303 f.); BVerwGE 8, 317 (321 f.); *Stern*, StR II S.580; BAG v. 10.6.1980, AP Nr.64 zu Art.9 GG Arbeitskampf Bl.7 R f.

beziehungsweise die Intensität der Inhaltskontrolle im Arbeitsrecht verändern. Zwar wird der Rechtsprechung vom Gesetzgeber durch die zunehmende Verwendung von Generalklauseln dazu „ermächtigt“, diese Normen mit konkretem Inhalt zu füllen. § 310 Abs.4 S.2 1.HS BGB ist damit aber keineswegs vergleichbar. Bei § 310 Abs.4 S.2 1.HS BGB handelt es sich nicht nur um die Konkretisierung dieser Norm durch die Rechtsprechung. Vielmehr würde dem Richterrecht zu anderen arbeitsrechtlichen Fragen über § 310 Abs.4 S.2 1.HS BGB zu einer Verbindlichkeit verholfen, ohne dass die bereits oben genannten Kriterien, die das Richterrecht zum Gewohnheitsrecht erstarken lassen, erfüllt wären. Beschränkt sich diese Verbindlichkeit auch nur auf den Bereich der §§ 305 ff. BGB, mit dem Gewaltenteilungsprinzip des Art. 20 Abs.2 GG ist sie nicht zu vereinbaren[475].

Mithin ist als Ergebnis festzuhalten, dass das Richterrecht für sich genommen keine „Besonderheit des Arbeitsrechts“ darstellt. Sofern dem arbeitsrechtlichen Richterrecht allerdings Aspekte zu Grunde liegen, die als „Besonderheiten des Arbeitsrechts“ zu werten sind, ist es freilich nicht ausgeschlossen, die richterrechtlichen Grundsätze über § 310 Abs.4 S.2 1.HS BGB in die Inhaltskontrolle mit einfließen zu lassen.

V. Anwendbarkeit des § 310 Abs.4 S.2 1.HS BGB auch bei Einzelarbeitsverträgen?

Gemäß § 310 Abs.3 Nr.2 BGB finden auf Verbraucherverträge, also auch auf Arbeitsverträge, die §§ 305c Abs.2, 306, 307 –309 BGB Anwendung, wenn es sich um Einzelarbeitsverträge handelt und der Verbraucher aufgrund der Vorformulierung keinen Einfluss auf die Vertragsbedingungen nehmen konnte. § 310 Abs.4 BGB wird nicht genannt. Deshalb stellt sich die Frage, ob bei den von § 310 Abs.3 Nr.2 BGB erfassten Arbeitsverträgen ebenso gemäß § 310 Abs.4 S.2 1.HS BGB die Besonderheiten des Arbeitsrechts angemessen berücksichtigt werden können beziehungsweise müssen. Eine Antwort auf diese Fragestellung bietet die systematische Auslegung. § 310 Abs.3 Nr.2 BGB hat allgemein Sonderregelungen für die AGB-Kontrolle bei Verbraucherverträgen zum Regelungsgegenstand. § 310 Abs.4 S.2 1.HS BGB dagegen ist eine Sonderre-

475 Vgl. auch *Reuter*, FS 50 Jahre BAG, S.177 (S.186); Dies stellt keinen Widerspruch zu der auch Richterrecht erfassenden Auslegung des § 307 Abs.2 Nr.1 BGB dar. Diese Norm ist vom Gesetzgeber anders als beispielsweise das durch § 310 Abs.4 S.2 1.HS BGB modifizierbare Klauselverbot ohne Wertungsmöglichkeiten als Regelbeispiel für die Generalklausel des § 307 Abs.1 S.1 BGB wertungsoffen konzipiert, sodass selbstverständlich auch die dem Richterrecht zu Grunde liegenden Aspekte in diese Wertungen einbezogen werden kann, vgl. *Thüsing/Leder*, BB 2005 S.938 (939).

gelung allein für Arbeitsverträge. Sie stellt mithin gegenüber § 310 Abs.3 Nr.2 BGB, der nur eine bestimmte Situation, die wie bereits erörtert auch im Arbeitsrecht vorkommen kann, zum Anknüpfungspunkt hat, die spezieller Vorschrift dar. Aus diesem Grund ist es systematisch korrekt, wenn § 310 Abs.3 Nr.2 BGB nicht auf § 310 Abs.4 S.2 1.HS BGB verweist. Bestätigung findet dieses Ergebnis durch eine teleologische Auslegung. § 310 Abs.4 S.2 1.HS BGB soll dort Korrekturmöglichkeiten schaffen, wo die Anwendung der §§ 305 ff. BGB auf Arbeitsverträge wegen der Eingliederung in den Betriebsverband zu nicht sachgerechten Ergebnissen führt. Da auch der Arbeitnehmer mit einem Einzelarbeitsvertrag in den Betriebsverband mit eingebunden ist, erstreckt sich der Anwendungsbereich des § 310 Abs.4 S.2 1.HS BGB auch auf Einzelarbeitsverträge. Mithin sind die arbeitsrechtlichen Besonderheiten im Sinne des § 310 Abs.4 S.2 1.HS BGB auch bei der AAB-Kontrolle in den Fällen des § 310 Abs.3 Nr.2 BGB zu berücksichtigen.

D. Inhaltskontrolle

Im folgenden Abschnitt sollen auf Grundlage der vorstehenden Ergebnisse die Auswirkungen der Inhaltskontrolle auf die Gestaltung von Arbeitsverträgen dargestellt werden. Einführend sei zunächst kurz der systematische Aufbau der Kontrollnormen der §§ 307 ff. BGB dargestellt. Grundnorm der Inhaltskontrolle ist § 307 BGB. In dessen dritten Absatz ist eine Einschränkung der Inhaltskontrolle vorgesehen, sofern durch die AGB bzw. AAB Rechtsvorschriften bloß wiederholend wiedergegeben werden. Hier ist für die Überprüfung von AAB vor allem interessant, wie die Gleichstellung von Tarifverträgen, Betriebs- und Dienstvereinbarungen mit Rechtsvorschriften im Sinne des § 307 Abs.3 S.1 BGB gemäß § 310 Abs.4 S.3 BGB zu verstehen ist. Ist die Inhaltskontrolle danach nicht beschränkt, können die AGB bzw. AAB auf eine unangemessene Benachteiligung des Vertragspartners anhand der §§ 307 ff. BGB überprüft werden. Grundnorm und Auffangtatbestand ist dabei § 307 Abs.1 S.1 BGB. Eine spezielle Ausprägung hat diese Grundnorm des Verbots der unangemessenen Benachteiligung in den Klauselverboten der §§ 308, 309 BGB erfahren. § 307 Abs.1 S.1 BGB wird zudem durch das in § 307 Abs.1 S.2 BGB normierte Transparenzgebot und die in § 307 Abs.2 BGB enthaltenen Regelbeispiele konkretisiert. Der nachfolgende Aufbau dieses Abschnitts richtet sich nach der vorstehend aufgezeigten Prüfungsreihenfolge.

I. Schranken der Inhaltskontrolle

1. § 307 Abs.3 BGB

Gemäß § 307 Abs.3 S.1 BGB gelten die §§ 307 Abs.1 und 2, 308, 309 BGB nur für Bestimmungen in Allgemeinen Geschäftsbedingungen, durch die von Rechtsvorschriften abweichende oder diese ergänzende Regelungen vereinbart werden. Der Grundgedanke des § 307 Abs.3 S.1 BGB kommt in dieser Formulierung allerdings nicht deutlich zum Ausdruck. Mit § 307 Abs.3 S.1 BGB soll verhindert werden, dass es mittels der Inhaltskontrolle zu einer Modifizierung von Gesetzen oder zu einer Kontrolle von Preisen oder Leistungsangeboten kommt[476]. Die Inhaltskontrolle soll mithin in den Fällen ausgeschlossen werden, in denen rechtliche Maßstäbe fehlen oder in denen solche nicht aus der objektiven Rechtsordnung entwickelt werden können beziehungsweise dürfen[477].

Zum einen fehlen rechtliche Maßstäbe in den Fällen, in denen eine Vertragsklausel Rechtsvorschriften bloß wiederholt oder auf diese verweist. Eine Überprüfung einer solchen Klausel wäre eine unzulässige mittelbare Überprüfung der gesetzlichen Interessenbewertung durch den Richter und außerdem durch die Heranziehung dieser Rechtsvorschrift als Maßstab zirkelschlüssig[478]. Dieser Zirkelschluss kommt in der von § 306 Abs.2 BGB angeordneten Rechtsfolge zum Ausdruck, nach der die gesetzlichen Vorschriften bei der Unwirksamkeit der Vertragsklausel zur Anwendung kommen. Dabei kommen neben gesetzlichen Vorschriften[479] auch alle ungeschriebenen Rechtsgrundsätze, das Richterrecht und der Regelungsgehalt des jeweiligen Vertrags als Rechtsvorschrift im Sinne des § 307 Abs.3 S.1 BGB in Betracht[480]. Von einer nicht kontrollfähigen gesetzlichen Interessenbewertung kann allerdings nur dann gesprochen werden, wenn die wiedergegebene Rechtsvorschrift auch für das jeweilige Rechtsverhältnis

---

476 BegrRegE BT-Drs.7/3919 S.22.

477 Staudinger-*Coester*, § 8 AGBG Rn.2; MüKo-*Basedow*, § 307 Rn.1.

478 Staudinger-*Coester*, § 8 AGBG Rn.2; Ulmer/Brandner/Hensen-*Fuchs*, § 307 BGB Rn.17.

479 Das BAG hat eine Inhaltskontrolle gemäß § 307 Abs.3 BGB bereits wegen einer im Rahmen des § 13 S.2 BBiG (nach Inkrafttreten des Berufsbildungsreformgesetzes am 01.04.2005 jetzt § 20 S.2 BBiG) liegenden vereinbarten Probezeit ausgeschlossen (v. 16.12.2004, AP Nr.13 zu § 15 BBiG Bl.2). Diesbezüglich könnte man jedoch die Frage aufwerfen, ob § 20 S.2 BBiG eine Rechtsvorschrift im Sinne des § 307 Abs.3 BGB ist. Mit der Formulierung „mindestens ein Monat und höchstens vier Monate" könnte nämlich ein Spielraum eröffnet sein, innerhalb dessen zusätzliche Wertungsmöglichkeiten bestehen.

480 BGH v. 10.12.1992, NJW 1993 S.721 (722); BGH v. 15.07.1997, NJW 1997 S.2752 f.; Staudinger-*Coester*, § 8 AGBG Rn.33; Ulmer/Brandnder/Hensen-*Fuchs*, § 307 BGB Rn.26.

gilt, sie also für das jeweilige Rechtsverhältnis vom Gesetzgeber konzipiert worden ist. Dies zeigt sich auch darin, dass es andernfalls nicht zu der zirkelschlüssigen Rechtsfolge des § 306 Abs.2 BGB kommt. Vor diesem Hintergrund sieht die einhellige Auffassung nur deklaratorische Bezugnahmeklauseln als gemäß § 307 Abs.3 S.1 BGB von der Inhaltskontrolle ausgenommen an[481]. Für das Arbeitsrecht können diesbezüglich keine Ausnahmen zum Tragen kommen[482]. Nichts anderes galt hier auch vor dem Inkrafttreten des Schuldrechtsmodernisierungsgesetzes[483].

Zum anderen fehlen rechtliche Maßstäbe dort, wo rein tatsächliche oder wirtschaftliche Daten Gegenstand der Vertragsklausel sind. Hier verbieten sich rechtliche Maßstäbe auch aufgrund des Prinzips der freien Marktwirtschaft, nach dem sich das Verhältnis von Leistung und Gegenleistung grundsätzlich nach dem Gesetz von Angebot und Nachfrage richtet[484]. Nach wohl herrschender Ansicht sind die kontrollfreien leistungsbeschreibenden Bestimmungen in AGB abzugrenzen von den diese Klauseln mittelbar beeinflussenden Nebenabreden, die der Inhaltskontrolle voll unterworfen sind[485]. Im einzelnen kann die Abgrenzung Probleme bereiten.
Für das Arbeitsrecht bedeutet dies, dass sowohl der Umfang als auch der Gegenstand der Arbeitsleistung und das hierfür vereinbarte Arbeitsentgelt nicht der Inhaltskontrolle gemäß den §§ 307 ff. BGB unterfallen[486]. Die Lage der Arbeitszeit, Überstundenregelungen, Versetzungsklauseln sowie die Art und Weise der Entgeltzahlung unterliegen dagegen der Inhaltskontrolle[487]. Änderungen zur bisherigen Rechtslage sind damit nicht verbunden. Es war bereits vor Inkrafttreten des Schuldrechtsmodernisierungsgesetzes anerkannt, dass die Hauptleistungen regelnde Vertragsbestimmungen nur gemäß § 138 BGB kontrolliert werden können[488]. Auch das Transparenzgebot war im Arbeitsrecht im Zusammenhang

481 Vgl. nur Wolf/Horn/Lindacher-*Wolf*, § 8 Rn.22 ff.

482 So auch *Däubler/Dorndorf*, § 307 Rn.253; vgl. auch *Gotthardt*, Rn.264 ff.

483 Vgl. *Preis*, S.294.

484 Wolf/Horn/Lindacher-*Wolf*, § 8 Rn.1; Staudinger-*Coester*, § 8 AGBG Rn.2; MüKo-*Basedow*, § 307 Rn.1.

485 BGH v. 24.11.1988, NJW 1989 S.222 (223); BGH v. 19.11.1991, NJW 1992 S.688 (689); BGH v. 30.11.1993, NJW 1994 S.318; Ulmer/Brandner/Hensen (9.Aufl.)-*Brandner*, § 8 Rn.9 ff.; Wolf/Horn/Lindacher-*Wolf*, § 8 Rn.10 ff.

486 So jetzt auch BAG v. 31.08.2005, AP Nr.8 zu § 6 ArbZG Bl.6 f.; BAG v. 01.02.2006, NZA 2006 S.682 (684); BAG v. 01.03.2006, NZA 2006 S.688 (689); eine Ausnahmeregelung sieht nur § 6 Abs.5 ArbZG für Nachtarbeit vor.

487 Vgl. *Däubler/Dorndorf*, § 307 Rn.269 f.; *Gotthardt*, Rn.271; *Schlodder*, S.216.

488 Vgl. BAG v. 11.1.1973, AP Nr. 30 zu § 138 BGB Bl.2 R, LAG Bremen v. 27.9.1974, AP Nr.33 zu § 138 BGB Bl.2 f.; BAG v. 21.6.2000, AP Nr.60 zu § 612 BGB Bl.2 R; *Preis*, S.296 f.

mit den Hauptleistungspflichten anerkannt, wenn es auch nur selten im Rahmen allgemeiner Billigkeitserwägungen ausdrücklich benannt wurde[489].

2. § 310 Abs.4 S.3 i.V.m. § 307 Abs.3 S.1 BGB

Mit § 310 Abs.4 S.3 BGB hat der Gesetzgeber Tarifverträge, Betriebs- und Dienstvereinbarungen Rechtsvorschriften im Sinne des § 307 Abs.3 BGB gleichgestellt. Vor dem Hintergrund der vorangegangenen Darstellung der herrschenden Auffassung zu § 307 Abs.3 S.1 BGB stellt sich insbesondere die Frage, wie weitgehend eine Inhaltskontrolle bei auf Kollektivvereinbarungen Bezug nehmenden Klauseln ausgeschlossen ist. Von wenigen Vertretern der Literatur wird zudem die These aufgestellt, mittels § 310 Abs.4 S.3 BGB sei die Schranke der Inhaltskontrolle für die Hauptleistung des Arbeitsverhältnisses aufgehoben[490].

a) Konstitutive Bezugnahmeklauseln auf Grund § 310 Abs.4 S.3 BGB?

Die bisherige allgemeine Auffassung übertragen auf die den Rechtsvorschriften im Sinne des § 307 Abs.3 S. 1 BGB durch § 310 Abs.4 S.3 BGB gleichgestellten Kollektivvereinbarungen würde bedeuten, dass nur auf das Rechtsverhältnis unmittelbar Anwendung findende Kollektivverträge erfasst würden. Eine Inhaltskontrolle entfiele nur dann, wenn die auf Kollektivverträge Bezug nehmenden Klauseln deklaratorischer Natur sind[491]. Ob die bisherige allgemeine Auffassung jedoch beibehalten werden kann, erscheint äußerst fraglich.

Dem Wortlaut des § 310 Abs.4 S.3 BGB ist eine Differenzierung nach dem Geltungsgrund des jeweiligen Kollektivvertrages jedenfalls nicht zu entnehmen. Er stünde daher einem auch konstitutive Bezugnahmeklauseln erfassenden Verständnis nicht entgegen[492].

Im Einklang mit dem offenen Wortlaut steht die Gegenäußerung des Bundesregierung zur Stellungnahme des Bundesrates zum Gesetzentwurf. Sie lässt eine Begrenzung auf normativ geltende Kollektivverträge eindeutig als zu eng erscheinen und legt eine Ausdehnung auf konstitutive Bezugnahmeklauseln nahe. Dort heißt es nämlich, dass „auch Einzelarbeitsverträge, die Bezug auf einen Ta-

489 BAG v.21.12.1972, AP Nr.1 zu § 305 BGB Billigkeitskontrolle Bl.3 R; BAG v. 22.12.1970, AP Nr.2 zu § 305 BGB Billigkeitskontrolle Bl.3 R; BAG v. 14.06.1995, AP Nr.176 zu § 611 BGB Gratifikation Bl.2; *Preis*, S.422; *Schlodder*, S.208.

490 Diese Fragestellung schließt sich an die Auslegung des § 307 Abs.2 Nr.1 BGB an, so dass sie dort unter 4.Kapitel D. V. 3. behandelt wird.

491 So *Bartz*, AuA 2002 S.62 (65); Vgl. *Annuß*, BB 2002 S.458 (460).

492 Vgl. *Bayreuther*, RdA 2003 S.81 (90); *Witt*, NZA 2004 S.135 (137).

rifvertrag nehmen, ohne dass eine beiderseitige Tarifbindung besteht oder die mit Kollektivverträgen übereinstimmen und lediglich deren gesamten Inhalt wiedergeben, ebenfalls nicht der Inhaltskontrolle unterliegen"[493]. Der Gesetzgeber hat also bei § 310 Abs.4 S.3 BGB gerade die Bezugnahme auf nicht normativ geltende Kollektivverträge im Auge gehabt.

Auch in systematischer Hinsicht erscheint es vorzugswürdig, konstitutive Bezugnahmeklauseln neben deklaratorischen Bezugnahmeklauseln von der Regelung des § 310 Abs.4 S.3 i.V.m. § 307 Abs.3 S.1 BGB als erfasst anzusehen. Setzte man die für Rechtsvorschriften im Sinne des § 307 Abs.3 BGB bislang geltenden Grundsätze nämlich konsequent um, so dürften nur solche tarifvertraglichen Regelungen von § 310 Abs.4 S.3 BGB erfasst werden, die dispositiven Charakter haben[494]. Dann aber liefe der Anwendungsbereich des § 310 Abs.4 S.3 BGB angesichts der grundsätzlich zwingenden Natur der kollektivvertraglichen Regelungen gemäß § 4 TVG bzw. § 77 Abs.4 S.1 BetrVG weitgehend leer[495]. Sofern ausnahmsweise kein zwingender Charakter der kollektivvertraglichen Regelung besteht, hätte die Gleichstellung des § 310 Abs.4 S.3 BGB zumindest bezüglich der Tarifverträge eine reine Klarstellungsfunktion, da deren Regelungen im normativen Teil des Vertrags anerkanntermaßen Rechtsnormcharakter haben[496] und damit von dem Begriff der Rechtsvorschriften im Sinne des § 307 Abs.3 S.1 BGB erfasst würden[497]. Insbesondere aber vor dem Hintergrund der Unterschiede der in § 307 Abs.3 S.1 BGB und § 310 Abs.4 S.3 BGB erfassten Regelungen erscheint ein auch konstitutive Bezugnahmeklauseln erfassendes Verständnis naheliegend. Anders als bei den Rechtsvorschriften des § 307 Abs.3 S.1 BGB, bei denen eine Bezugnahme auf Grund ihrer generellen Geltung nur dann konstitutiv sein kann, wenn die Rechtsvorschrift sachfremd verwendet wird, ist eine konstitutive Bezugnahme auf einen Tarifvertrag bei nicht tarifgebundenen Arbeitsverhältnissen innerhalb des tariflichen Geltungsbereichs eine alltägliche Erscheinung.

Ebenso spricht die teleologische Betrachtung dafür, auch konstitutive Bezugnahmeklauseln von § 310 Abs.4 S.3 BGB als erfasst anzusehen. § 310 Abs.4 S.3 BGB ist als Fortsetzung des hinter § 310 Abs.4 S.1 BGB stehenden Gedankens zu verstehen, dass in die verfassungsrechtlich gewährleistete Tarifautonomie be-

---

493 BT-Drs.14/6857 S.54.

494 Staudinger-*Coester*, § 8 AGBG Rn.9.

495 Vgl. auch Ulmer/Brandner/Hensen-*Fuchs*, § 307 BGB Rn.432.

496 Vgl. Wiedemann-*Wiedemann*, § 1 Rn.9; Däubler-*Reim*, TVG, § 1 Rn.34; MünchArbR-*Löwisch/Rieble*, § 253 Rn.20; zum Meinungsspektrum bezüglich der Rechtsnatur von Betriebsvereinbarungen vgl. GK-BetrVG-*Kreutz*, § 77 Rn.222 ff.; *Fitting* (23.Aufl.), § 77 Rn.13; *Hanau*, RdA 1989 S.207 ff.

497 *Lakies*, NZA-RR 2002 S.337 (344); *Joost*, FS Ulmer, S.1199 (1206).

ziehungsweise in die gesetzlich eingeräumte Betriebsautonomie nicht mittels der Inhaltskontrolle gemäß den §§ 307 ff. BGB eingegriffen werden darf[498]. Über die Kontrolle der in der Praxis auf Grund fehlender beidseitiger Tarifgebundenheit weit verbreiteten konstitutiven Bezugnahmeklauseln käme es trotz des § 310 Abs.4 S.1 BGB zu einer mittelbaren Inhaltskontrolle der in Bezug genommenen Kollektivverträge, so dass die in § 310 Abs.4 S.1 BGB getroffene gesetzliche Entscheidung unterlaufen werden würde[499]. Aus diesem Grund will *Oetker* konstitutive Bezugnahmeklauseln bereits von § 310 Abs.4 S.1 BGB erfasst wissen[500]. Dabei würdigt er jedoch den eindeutigen Wortlaut des § 310 Abs.4 S.1 BGB nicht genügend, der sich allein auf Kollektivverträge bezieht. Der Ausschluss der Inhaltskontrolle von auf diese Bezug nehmenden und diesen damit erst zur Geltung verhelfenden individualvertraglichen Klauseln wird gerade nicht von § 310 Abs.4 S.1 BGB sondern von § 310 Abs.4 S.3 BGB erfasst[501]. Es bleibt somit als Zwischenergebnis festzuhalten, dass § 310 Abs.4 S.3 i.V.m. § 307 Abs.3 S.1 BGB auch konstitutive Verweisungen auf Kollektivverträge von der Inhaltskontrolle ausnimmt[502].

b) Einschränkung auf Kollektivverträge, deren Geltungsbereich das bezugnehmende Arbeitsverhältnis erfasst

Es stellt sich allerdings die Frage, ob sämtliche konstitutiven Bezugnahmeklauseln von der Inhaltskontrolle ausgeschlossen sein sollen oder ob Einschränkungen vorzunehmen sind. § 310 Abs.4 S.3 BGB enthält keine weiteren Voraussetzungen, die für einen in Bezug genommenen Kollektivvertrag vorliegen müssen. Damit wäre die Bezugnahme auf irgendeinen Kollektivvertrag bereits ausreichend, um die Inhaltskontrolle einer solchen Vertragsklausel auszuschließen, im Extremfall beispielsweise eine Bezugnahmeklausel auf einen weder in räumlicher, fachlicher, persönlicher noch in zeitlicher Hinsicht für das Arbeitsverhält-

---

498 Vgl. BT-Drs.14/6857 S.54; die Gefahr des mittelbaren Eingriffs in die Tarifautonomie überwiegt auch die von *Bayreuther*, RdA 2003 S.81 (91), erhobenen Bedenken im Hinblick auf die negative Koalitionsfreiheit der Arbeitnehmer. Zu relativieren sind diese Bedenken – so auch *Bayreuther* – aber bereits mit Blick auf die Bindung an den Tarifvertrag aufgrund eines privatrechtlich geschlossenen Vertrages und damit basierend auf dem Willen des Arbeitnehmers.

499 *Joost*, FS Ulmer, S.1199 (1209); insoweit überzeugt auch die Argumentation von *Annuß*, BB 2006 S.1333 f. nicht, der – aufgrund des abstrakt-generellen Maßstabs der Inhaltskontrolle in nicht überzeugender Weise - auf die fehlende Richtigkeitsgewähr eines Tarifvertrags für das **konkrete** Arbeitsverhältnis hinweist.

500 FS Wiedemann, S.383 (399 f.), so auch jetzt BAG v. 26.04.2006, DB 2006 S.1565.

501 *Diehn*, NZA 2004 S.129 (130).

502 So auch ohne weitere Begründung BAG v. 23.09.2004, AP Nr.1 zu § 27 BMT-G II Bl.4.

nis Anwendung findenden Tarifvertrag[503]. Im Hinblick auf den hinter § 310 Abs.4 S.3 BGB stehenden Gedanken, eine mittelbare Inhaltskontrolle der von der Kollektivpartnern vereinbarten Regelungen zu verhindern, sind an die in Bezug genommenen Kollektivverträge restriktivere Anforderungen zu stellen. Von einer solchen den Kollektivpartnern zuzurechnenden Vereinbarung kann nämlich nur dann die Rede sein, wenn die Kollektivpartner die Regelungen gerade für den Bereich getroffen haben, in den das in Bezug genommene Arbeitsverhältnis fällt. Insofern ist eine Parallele zu der von § 307 Abs.3 S.1 BGB vor der Inhaltskontrolle geschützten Interessenbewertung des Gesetzgebers zu ziehen[504]. Dies bedeutet für Tarifverträge, dass allein die fehlende beidseitige Tarifbindung deren unmittelbare Geltung für das Arbeitsverhältnis verhindert. Es ist somit für einen im Sinne von § 310 Abs.4 S.3 BGB in Bezug genommenen Tarifvertrag einschränkend zu fordern, dass dessen Geltungsbereich das jeweilige Arbeitsverhältnis sowohl in räumlicher, fachlicher, persönlicher als auch in zeitlicher Hinsicht erfasst[505]. Auch der Gesetzgeber scheint von dieser Einschränkung ausgegangen zu sein, wenn er ausführt, dass von § 310 Abs.4 S.3 BGB (nur) solche (konstitutiven) Bezugnahmeklauseln erfasst werden sollen, bei denen es an der beidseitigen Tarifbindung des in Bezug genommenen Tarifvertrages mangelt[506].

Singer dagegen meint, dass das Arbeitsverhältnis allein in den fachlichen Geltungsbereich fallen müsse, um die Inhaltskontrolle gemäß § 310 Abs.4 S.3 BGB auszuschließen[507]. Ähnliche Überlegungen stellen *Lambrich* und *Thüsing* an.[508]. Sie verweisen auf die Entscheidung des Gesetzgebers in § 22 Abs.2 TzBfG sowie auf die Rechtsprechung des BAG[509], in der es die Bezugnahme auf einen fachlich nicht einschlägigen Tarifvertrag als angemessen bewertete. Abgesehen davon, dass der Gesetzgeber zum Beispiel in § 622 Abs.4 S.2 BGB oder § 4

503 In der Regel werden diese Klauseln bereits gemäß § 305 c Abs.1 BGB nicht Vertragsbestandteil: *Thüsing/Lambrich*, NZA 2002 S.1361 (1365); *Preis*, FS Wiedemann, S.425 (433 f.); *Gotthardt*, Rn.232; *Däubler/Dorndorf*, § 305 c Rn.22; *Henningfeld*, S.59.

504 Vgl. *Gotthardt*, ZIP 2002 S.277 (281); *Thüsing/Lambrich*, NZA 2002 S.1361 (1363); *Henningfeld*, S.60, der jedoch zu Unrecht den üblichen Tarifvertrag (gemeint ist damit wohl der einschlägige Tarifvertrag) als Maßstab für die Angemessenheitsüberprüfung heranziehen will, vgl. dazu unter 4.Kapitel D. V. 3.

505 *Reuter*, FS 50 Jahre BAG, S.177 (195); *Witt*, NZA 2004 S.135 (137 ff.); *Diehn*, NZA 2004 S.129 (131); *Gotthardt*, ZIP 2002 S.277 (281); *Bayreuther*, RdA 2003 S.81 (91); *Henssler*, RdA 2002 S.129 (136); *Ebeling*, S.191 f.; *Däubler*, NZA 2001 S.1329 (1335); *Zeller-Müller*, S.102 f.

506 BT-Drs.14/6857 S.54.

507 *Singer*, RdA 2003 S.194 (198).

508 NZA 2002 S.1361 (1363), auch wenn sie im Ergebnis mit dem hier vertretenden übereinstimmen.

509 BAG v. 6.11.1996, AP Nr.1 zu § 10a AVRCaritasverband Bl.3.

Abs.4 S.2 EFZG eine zulässige Verweisung auf einschlägige Tarifverträge beschränkt hat, so dass § 22 Abs.2 TzBfG nicht die Bedeutung einer gesetzlichen Grundentscheidung zukommt, wird dabei verkannt, dass § 310 Abs.4 S.3 BGB nicht die Inhaltskontrolle einer vermutlich angemessenen Vertragsklausel verhindern will, sondern vielmehr eine mittelbare Tarifzensur. Ein Eingriff in die Tarifautonomie liegt jedoch nur vor, sofern die Interessenbewertung der Tarifparteien missachtet wird. Eine Interessenbewertung liegt aber ausschließlich für Arbeitsverhältnisse in dem von den Tarifparteien genau zu definierenden Geltungsbereich vor. Daher droht eine mittelbare Tarifzensur bereits dann nicht mehr, wenn das Arbeitsverhältnis auch nur aus einem der vier Geltungsbereiche fällt[510]. Auch vor der Schuldrechtsreform wurde bereits ein gerichtliches Kontrollbedürfnis bei Globalverweisungen auf fachlich oder räumlich nicht einschlägige Tarifverträge ohne Bedenken bezüglich einer mittelbaren Tarifzensur bejaht[511].

Für Betriebsvereinbarungen schrumpft der Anwendungsbereich des § 310 Abs.4 S.3 BGB durch diese notwendige Einschränkung damit auf Null. Denn anders als bei Tarifverträgen gilt die Betriebsvereinbarung gemäß § 77 Abs.4 S.1 BetrVG innerhalb des Betriebs für alle Arbeitsverhältnisse mit Arbeitnehmern im Sinne des § 5 Abs.1 BetrVG und damit für alle Arbeitnehmer in ihrem Geltungsbereich unabdingbar und zwingend. Durch die Erstreckung der Zuständigkeit von Gesamt- und Konzernbetriebsrat auch auf betriebsratslose Betriebe beziehungsweise gesamtbetriebsratslose Konzernunternehmen gemäß §§ 50 Abs.1 S.1 2.HS, 58 Abs.1 S.2.HS BetrVG besteht auch der bis zur Betriebsverfassungsreform 2000 noch denkbare Anwendungsbereich in Form von Bezugnahmeklauseln auf im Unternehmen oder im Konzern geltende, hingegen im konkreten Betrieb oder Unternehmen aufgrund Betriebsrats- und/oder Gesamtbetriebsratslosigkeit nicht geltende Gesamt- oder Konzernbetriebsvereinbarungen nicht.

c) Wann liegt eine Identität im Sinne des § 310 Abs.4 S.3 BGB vor?

Gemäß § 310 Abs.4 S.3 i.V.m. 307 Abs.3 S.1 BGB gelten die §§ 307 Abs.1 und 2, 308, 309 BGB nur für Bestimmungen in AAB, durch die von Kollektivverträgen im Sinne des § 310 Abs.4 S.3 BGB abweichende oder diese ergänzende Regelungen vereinbart werden. Umgekehrt bedeutet dies, dass jede Vertragsklausel, die mit einem Kollektivvertrag identisch ist, nicht gemäß §§ 307 ff. BGB inhaltlich kontrolliert werden darf. Nimmt man den Wortlaut ernst, so sind nur solche Bezugnahmeklauseln von der Inhaltskontrolle ausgenommen, in de-

510 Vgl. ErfK-*Preis*, §§ 305-310 BGB Rn.17; *Löwisch/Rieble*, § 3 Rn.264, 266 ;*Witt*, NZA 2004 S.135 (137).

511 Vgl. *Löwisch/Rieble*, § 3 Rn.115; *Stein*, Rn.241; vgl. auch *Preis*, S.318.

nen der gesamte Kollektivvertrag abgedruckt ist oder die auf einen Kollektivvertrag verweisen[512]. Sofern *Witt* meint, dass dadurch, dass § 307 Abs.3 S.1 BGB sich auf einzelne Bestimmungen und nicht auf die AAB als Ganzes bezieht, bereits die Identität einzelner Vertragsklauseln mit tarifvertraglichen Klauseln zur Kontrollfreiheit führe[513], konzentriert er sein Augenmerk zu sehr auf § 307 Abs.3 S.1 BGB und vernachlässigt § 310 Abs.4 S.3 BGB. Dort werden die Kollektivverträge als Ganzes den Rechtsvorschriften im Sinne des § 307 Abs.3 BGB gleichgestellt, nicht einzelne in den Kollektivverträgen getroffene Regelungen. Nach dem Wortlaut des § 310 Abs.4 S.3 i.V.m. § 307 Abs.3 S.1 BGB sind somit solche Bezugnahmeklauseln nicht von der Inhaltskontrolle ausgenommen, die nur einzelne Regelungen oder einzelne Regelungskomplexe eines Kollektivvertrages wiederholen oder auf diese verweisen. Entsprechendes ist aus den Gesetzesmaterialien zu entnehmen. Dort wird zu § 310 Abs.4 S.3 BGB ausgeführt, dass Einzelarbeitsverträge, die Bezug auf einen Tarifvertrag nehmen, ohne dass eine beiderseitige Tarifbindung besteht, oder die mit Kollektivvereinbarungen übereinstimmen und lediglich deren gesamten Inhalt wiedergeben, nicht der Inhaltskontrolle unterliegen[514]. Der damit sich klar aus § 310 Abs.4 S.3 BGB ergebende Ausschluss der Inhaltskontrolle von Globalverweisungen stimmt auch mit der bisherigen überwiegenden Auffassung zur alten Rechtslage überein[515]. Gleiches gilt für die sich aus § 310 Abs.4 S.3 BGB ergebende Zulässigkeit einer Inhaltskontrolle von Einzelverweisungen[516].

Hinsichtlich der Bezugnahme auf ganze Teile von Tarifverträgen waren die Meinungen zur alten Rechtslage geteilt. Während zum Teil Verweisungen auf in sich geschlossene Teilkomplexe als von der Inhaltskontrolle ausgenommen bzw. nicht kontrollbedürftig angesehen wurden[517], sahen andere Stimmen in der Lite-

---

512 Vgl. *Thüsing/Lambrich*, NZA 2002 S.1361 (1363); *Diehn*, NZA 2004 S.129 (130).

513 NZA 2004 S.135 (137 f.).

514 BT-Drs.14/6857 S.54.

515 Vgl. zu alten Rechtslage: BAG v. 6.11.1996, AP Nr.1 zu § 10a AVRCaritasverband Bl.3; BAG v.6.2.1985, AP Nr.1 zu § 1 TVG Tarifverträge: Süßwarenindustrie Bl.4; BAG v. 14.12.1982, AP Nr.1 zu § 1 BetrAVG Besitzstand Bl.4 R; ErfK (2.Aufl.)-*Dieterich*, Art.2 GG Rn.35; ErfK (2.Aufl.)-*Preis*, § 611 BGB Rn.287.

516 Vgl. zur alten Rechtslage: BAG v. 6.11.1996, AP Nr.1 zu § 10a AVR Caritasverband Bl.3; *Däubler*, NZA 2001 S.1329 (1335); ErfK (2.Aufl.)-*Dieterich*, Art.2 GG Rn.35; *Preis*, S.398 f.; *Reinecke*, NZA 2000 Beil.3 S.23 (29); zur neuen Rechtslage: ErfK-*Preis*, §§ 305-310 BGB Rn.19; *Gotthardt*, Rn.267; *Thüsing/Lambrich*, NZA 2002 S.1361 (1363); *Zeller-Müller*, S.103 f..

517 BAG v. 6.11.1996, AP Nr.1 zu § 10a AVRCaritasverband Bl.3 (Der Entscheidung lag eine Globalverweisung zugrunde. Für Teilverweisungen stellt sie also ein obiter dictum auf); *Preis*, S.398; vgl. auch *Schaub* (9.Aufl.), § 208 Rn.12 ff.; Wiedemann-*Oetker*, § 3 Rn.258.

ratur auch bei diesen Verweisungsklauseln ein Kontrollbedürfnis[518]. Entscheidend für den Ausschluss einer Inhaltskontrolle war in der Diskussion vor der Schuldrechtsreform die Frage, inwieweit die dem Tarifvertrag innewohnende Richtigkeitsgewähr sich auch auf die in Bezug genommene Regelung beziehungsweise den in Bezug genommenen Teil des Tarifvertrages erstreckt. Diese Frage wird größtenteils in ungenauer Weise ohne Änderung im Rahmen des § 310 Abs.4 S.3 BGB fortgesetzt[519]. Dabei hat sich die Frage im Rahmen des § 310 Abs.4 S.3 BGB etwas verlagert. Im Hinblick auf den Sinn und Zweck des § 310 Abs.4 S.3 BGB ist nunmehr richtigerweise danach zu fragen, ob die Inhaltskontrolle einer auf einen Teil eines Tarifvertrages Bezug nehmenden Klausel eine mittelbare Kontrolle des von den Kollektivpartnern abgeschlossenen Vertrages darstellen würde[520]. Aus diesem Grund kann auch die Verweisung auf die BGH-Rechtsprechung zur Einbeziehung von Teil B der VOB in Werkverträgen nicht überzeugen[521]. Eine unzulässige mittelbare Kontrolle liegt immer dann vor, wenn es zur Kontrolle der von den Kollektivpartnern vorgenommenen Interessenbewertung kommt. Von einer solchen kann allerdings bei der Kontrolle eines Teils des Tarifvertrages nur dann die Rede sein, wenn die Kollktivvertragspartner den in Bezug genommenen Teil des Kollektivvertrages auch ohne den restlichen Teil des Kollektivvertrages abgeschlossen hätten, der in Bezug genommene Tarifvertrag also einen in Sich abgeschlossene Regelungskomplex darstellt[522]. Unter dieser Voraussetzung ist somit über den Wortlaut hinaus auch die Inbezugnahme eines Regelungskomplexes von der Inhaltskontrolle gemäß § 310 Abs.4 S.3 i.V.m. § 307 Abs.3 S.1 BGB befreit[523]. Diesem Ergebnis steht auch nicht der die Auslegung begrenzende Wortsinn entgegen. § 310 Abs.4 S.3 BGB stellt Kollektivverträge gerade nicht den Rechtsvorschriften im Sinne des §

518 *Däubler*, NZA 2001 S.1329 (1335 f.); *Gamillscheg*, S.739; *Kempen/Zachert* (3.Aufl.), § 3 Rn.84 ff.; *Löwisch/Rieble*, § 3 Rn.115; *Rieble*, Arbeitsmarkt und Wettbewerb, S.1729; *Hanau/Kania*, FS Schaub, S.239 (245); *Preis*, S.398; *Fenski*, AuR 1989 S.168 (172).

519 *Diehn*, NZA 2004 S.129 (130 f.); *Gotthardt*, ZIP 2002 S.281 f.; *Henssler*, RdA 2002 S.129 (136); *Joost*, FS Ulmer, S.1199 (1209); *Däubler*, NZA 2001 S.1329 (1335 f.); *Bayreuther*, RdA 2003 S.81 (91); *Thüsing/Lambrich*, NZA 2002 S.1361 (1363); *Preis*, FS Wiedemann S.425 (441); *Lindemann*, AuR 2002 S.81 (86); Kempen/Zachert (4.Aufl.)-*Stein*, § 3 TVG Rn.213; *Löwisch/Rieble* (2.Aufl.), § 3 Rn.264; ErfK-*Preis*, §§ 305 – 310 BGB Rn.19 ff.; Ulmer/Brandner/Hensen-*Fuchs*, § 307 BGB Rn.435; *Schlodder* S.210 f.; *Zeller-Müller*, S.104 f.

520 *Witt*, NZA 2004 S.135 (138).

521 So aber *Diehn*, NZA 2004 S.129 (131); *Henssler*, RdA 2002 S.129 (136); *Thüsing/Lambrich*, NZA 2002 S.1361 (1363); *Gotthardt*, ZIP 2002 S.281 f.

522 *Witt*, NZA 2004 S.135 (138); zu dem gleichen Ergebnis kommen auch diejenigen, die an die Angemessenheit anknüpfen: vgl. nur *Diehn*, NZA 2004 S.129 (131).

523 Im Ergebnis übereinstimmend: LAG Berlin v. 10.10. 2003, LAGE Nr.5 zu § 309 BGB 2002; *Diehn*, NZA 2004 S.129 (130 f.); *Preis*, FS Wiedemann, S.425 (444 ff.); *Lindemann*, S.138 f.; *Ebeling*, S.190.

307 Abs.3 BGB – wie vielfach angeführt[524] und wie nach der Begründung zu § 310 BGB gemutmaßt werden könnte[525] - nur „als Ganzes“ gleich. Es ist lediglich die Rede von Tarifverträgen und Betriebs- und Dienstvereinbarungen, so dass durchaus auch nur Teile eines Tarifvertrages unter die Norm subsumiert werden können. Bestätigung findet die sich aus dem Telos ergebende Erfassung von abgeschlossenen Regelungskomplexen eine Kollektivvertrages auch im Vergleich zu zahlreichen gesetzlichen Vorschriften, etwa § 622 Abs.4 S.2 BGB oder § 13 Abs.1 S.2 BUrlG, die eine Teilverweisung ermöglichen[526].

Zusammengefasst ist also eine Inhaltskontrolle von Bezugnahmeklauseln gemäß § 310 Abs.4 S.3 BGB immer dann ausgeschlossen, wenn der gesamte Tarifvertrag oder ein in sich geschlossener Regelungskomplex in Bezug genommen wird.

d) Bezugnahme auf eine von tarifdispositivem Gesetzesrecht abweichende tarifliche Regelung

Lambrich und *Thüsing* sehen eine Einschränkung des Ausschlusses der Inhaltskontrolle gemäß § 310 Abs.4 S.3 BGB dann als notwendig an, wenn mit der Bezugnahmeklausel auch auf eine Klausel des Tarifvertrages verwiesen wird, die auf tarifdispositivem Gesetzesrecht beruht. Dann nämlich drohe für nichttarifgebundene Arbeitnehmer mittels der Bezugnahmeklausel eine Umgehung des individualrechtlich zwingenden Gesetzesrechts [527].

Dem kann sowohl in der Begründung als auch im Ergebnis nicht zugestimmt werden. Eine tarifdispositive Vorschrift hat individualrechtlich zwingenden Charakter für die Arbeitsvertragsparteien[528]. Eine von der tarifdispositiven Vorschrift abweichende arbeitsvertragliche Vereinbarung in Form einer Bezugnahmeklausel ist insoweit bereits deswegen unwirksam, so dass es zu einer Inhaltskontrolle dieser Regelung gemäß den §§ 307 ff. BGB gar nicht kommen kann. Durch die damit im Rahmen nicht tarifgebundener Arbeitsverträge geltende tarifdispositive Vorschrift wird die von den Tarifparteien getroffene Vereinbarung allerdings so verändert, dass man die Bezugnahmeklausel insgesamt beziehungsweise hinsichtlich des eigenständigen Regelungskomplexes, in dem sich die vom tarifdispositiven Gesetzesrecht abweichende und damit unwirksame Regelung befindet, nicht mehr als die Interessenbewertung der Tarifvertragsparteien bezeichnen kann. Während an die Stelle der negativen Abweichung

524 Vgl. *Gotthardt*, Rn.241; *Schlodder*, S.210 f.; *Henningfeld*, S.61.
525 BT-Drs.14/6857 S.54.
526 ErfK-*Preis*, §§ 305 – 310 BGB Rn.21.
527 Vgl. NZA 2002 S.1361 (1364).
528 Wiedemann-*Wiedemann*, Einl. Rn.387.

vom tarifdispositiven Gesetzesrecht die günstigere gesetzliche Vorschrift tritt, gelten die unter Umständen zum Ausgleich getroffenen, für die Arbeitnehmer günstigen Regelungen weiter. Das auf der Interessenbewertung der Tarifvertragsparteien getroffene Regelungsgefüge wird damit gestört. Aus diesem Grund könnte man meinen, dass es bei einer Inhaltskontrolle einer solchen konstitutiven Bezugnahmeklausel nicht zu einer unzulässigen mittelbaren Kontrolle des gesamten Tarifvertrages beziehungsweise des betroffenen Regelungskomplexes des Tarifvertrages kommt und somit im Hinblick auf den Sinn und Zweck des § 310 Abs.4 S.3 BGB dessen Anwendungsbereich für diese Fälle teleologisch reduzieren. Allerdings ist zu bedenken, dass durch die die unwirksame Regelung ersetzende zwingende Vorschrift der in Bezug genommene Regelungskomplex für den Arbeitnehmer günstiger wird. Käme ein Gericht trotzdem bei der Inhaltskontrolle gemäß den §§ 307 ff. BGB zu dem Ergebnis, dass die Bezugnahmeklausel unangemessen ist, so würde mittelbar auch die noch ungünstigere tarifvertragliche Regelung als unangemessen bewertet, so dass auch in diesen Fällen eine mittelbare Tarifzensur zu befürchten ist. Damit bleibt festzuhalten, dass eine Inhaltskontrolle von Bezugnahmeklauseln, die unter anderem auf eine vom tarifdispositivem Gesetzesrecht abweichende Regelung verweisen, auch gemäß § 310 Abs.4 S.3 BGB ausgeschlossen ist.

II. Kontrollmaßstab der Inhaltskontrolle

§ 307 Abs.1 S.1 BGB als Grundnorm der Inhaltskontrolle bestimmt deren Maßstab[529]. Unangemessen ist danach eine Bestimmung in AGB bzw. AAB, die den Vertragspartner des Verwenders entgegen den Geboten von Treu und Glauben unangemessen benachteiligt. Dieser stellt nach herrschender Ansicht einen überindividuell-generalisierenden, typisierenden, von den konkreten Umständen des Einzelfalles absehenden Maßstab dar[530]. Es ist auf die typischen Interessenlagen der beteiligten Kreise abzustellen und zu fragen, ob die AGB und AAB für diesen Personenkreis im Allgemeinen eine billige und gerechte Regelung bei der in Rede stehenden Geschäftsart darstellen[531]. Dabei ist auf den durchschnittlichen Arbeitnehmer abstrahiert von den persönlichen Umständen des Einzelfalls abzustellen. Im Unterschied zur Kontrolle von AGB umfassen die zu berücksichtigenden Interessen jedoch nicht nur die der unmittelbaren Vertragspartner, sondern – wie bereits zu Beginn dieser Arbeit dargelegt – auch die Interessen des

529 Wolf/Horn/Lindacher-*Wolf*, § 9 Rn.1.

530 BGH v. 8.10.1986, NJW 1987 S.487 (489); BGH v. 07.07.1992, NJW 1992 S.2626; Ulmer/Brandner/Hensen-*Fuchs*, § 307 BGB Rn.110; Staudinger-*Coester*, § 9 AGBGB Rn.80.

531 Ulmer/Brandner/Hensen-*Fuchs*, § 307 BGB Rn.111.

Betriebsverbandes[532]. Eingegrenzt wird dieser grundsätzlich abstrakte Maßstab durch die Bildung von Fallgruppen, die ihrerseits wiederum generalisierend betrachtet werden können[533]. So ist zum Beispiel die Differenzierung zwischen Arbeitsverträgen leitender Angestellter und anderer Arbeitnehmer denkbar[534].

Über § 310 Abs.3 Nr.3 BGB hat dieser abstrakt-generalisierende Prüfungsmaßstab für Verbraucher- und damit auch für nahezu alle Arbeitsverträge[535] eine Ausweitung auf konkret-individuelle Umstände derart erfahren, dass auch die den Vertragsschluss begleitenden Umstände zu berücksichtigen sind. In den Erwägungsgründen zu der dieser Regelung zu Grunde liegenden Verbraucherrichtlinie werden als berücksichtigungsfähige Begleitumstände unter anderem als Beispiele genannt, welches Kräfteverhältnis zwischen den Verhandlungspositionen der Parteien bestand und ob auf den Verbraucher in irgendeiner Weise eingewirkt wurde, seine Zustimmung zu der Klausel zu geben[536]. Berücksichtigungsfähig sind demnach unter anderem die persönlichen Eigenschaften der individuellen Vertragspartner, insbesondere ihre Verhandlungsstärke und die auch in § 310 Abs.3 Nr.2 BGB vorausgesetzte Einflussnahmemöglichkeit, sowie Besonderheiten der konkreten Vertragsabschlusssituation[537]. Diese Erweiterung des Prüfungsmaßstabs erlaubt es, die bisher überwiegend als Rechtfertigung für eine Vertragskontrolle im Arbeitsrecht herangezogene Unterlegenheit des Arbeitnehmers, sofern sie vorliegen sollte, zu berücksichtigen. Auf der anderen Seite sind aber auch die besonderen Fähigkeiten der Arbeitnehmer zu berücksichtigen, so dass mit § 310 Abs.3 Nr.3 BGB nicht ausschließlich eine Verschärfung der Kontrolle einhergeht[538]. Letztendlich müssen die konkret-individuellen Umstände stets mit den ebenfalls zu berücksichtigenden Interessen des Betriebsverbandes abgewogen werden. Dabei werden in der Regel die Letzteren den Ausschlag geben.

In zeitlicher Hinsicht ist in Bezug auf die vorzunehmende Interessenabwägung auf die Interessen und Umstände zum Zeitpunkt des Vertragsschlusses abzustellen[539]. Gleiches gilt in rechtlicher Hinsicht, wenn es zu einer Veränderung

532 *Reuter*, FS 50 Jahre BAG, S.177 (187).
533 Vgl. Ulmer/Brandner/Hensen-*Fuchs*, § 307 BGB Rn.111; *Däubler/Dorndorf*, § 307 Rn.76 ff.
534 *Däubler/Dorndorf*, § 307 Rn.78.
535 Vgl. oben 3.Kapitel A. V. 2. a) aa).
536 Erwägungsgrund 16 Richtlinie 93/13/EWG, Abl. L 95 21.04.1993, S.29.
537 Ulmer/Brandner/Hensen-*Fuchs*, § 307 BGB Rn.406 ff..
538 Vgl. Ulmer/Brandner/Hensen-*Fuchs*, § 307 BGB Rn.410.
539 BGH v. 10.7.1990, NJW 1990 S.2383; Ulmer/Brandner/Hensen-*Fuchs*, § 307 BGB Rn.117; Staudinger-*Coester*, § 9 AGBG Rn.55; Palandt-*Heinrichs*, § 307 Rn.3.

der Rechtsgrundlage gekommen ist[540]. Das hier zum Ausdruck kommende Rückwirkungsverbot gilt jedoch nicht für die Problematik der Anwendung der §§ 305 ff. BGB auf vor dem 01.01.2002 geschlossene Arbeitsverträge, wie aus der Übergangsregelung des Art.229 § 5 S.2 EGBGB zu entnehmen ist.

III. Klauseln ohne Wertungsmöglichkeit

Bei der Inhaltskontrolle anhand der Klauselverbote ohne Wertungsmöglichkeiten gemäß § 309 BGB können die Nummern 1, 8 b), 9 und 11 im Arbeitsrecht außer Betracht bleiben. Während der Anwendungsbereich der § 309 Nr.1, Nr.8 b) und Nr.9 BGB sich bereits vom Wortlaut her nicht auf Arbeitsverträge erstreckt, ist die Relevanz des § 309 Nr.11 BGB – Haftung für Abschlussvertreter – rein praktisch nicht von Bedeutung für Arbeitsverträge.

1. § 309 Nr.2 BGB - Leistungsverweigerungsrechte

Gemäß § 309 Nr.2 BGB ist der Ausschluss oder die Einschränkung von Zurückbehaltungsrechten unwirksam. Grundsätzlich steht auch dem Arbeitnehmer ein Zurückbehaltungsrecht hinsichtlich seiner Arbeitsleistung trotz deren Fixschuldcharakters zu[541]. Zumindest ein genereller Ausschluss seines Zurückbehaltungsrechtes wegen rückständigen Arbeitslohns ist somit gemäß § 309 Nr.2 BGB nicht mehr möglich[542]. Gleiches gilt beispielsweise für die üblichen Klauseln, nach denen das Zurückbehaltungsrecht des Arbeitnehmers an ihm vom Arbeitgeber zum Besitz überlassenen Sachen wie beispielsweise Dienstwagen[543] ausgeschlossen wird. Fraglich erscheint, ob arbeitsrechtliche Besonderheiten Ausnahmen von der Anwendung des § 309 Nr.2 BGB zulassen. *Annuß* beispielsweise bejaht dies für den Fall, dass bei weiterer Besitzüberlassung eine Gefahr für Betriebsgeheimnisse besteht[544]. Diese Gefahr ist allerdings keine arbeitsrechtliche Besonderheit. Sie beruht nämlich nicht auf einem das Arbeitsverhältnis vom übrigen Privatrecht unterscheidenden Charakter des Arbeitsverhältnisses, der über den Austausch von Leistung und Gegenleitung hinausgeht. Diese Gefahr beruht allein auf der Tatsache, dass Vertragspartner bei der Vertragsabwicklung gelegentlich Wissen über Sachverhalte erwerben, die der ande-

540 Ulmer/Brandner/Hensen-*Fuchs*, § 307 Rn.117; *Däubler/Dorndorf*, § 307 Rn.69; *Medicus*, NJW 1995 S.2577 (2580); Palandt-*Heinrichs*, § 307 Rn.3.

541 Hierzu und insbesondere zur Frage der Rechtsgrundlage siehe MünchArbR-*Blomeyer*, § 49 Rn.50 ff.

542 ErfK-*Preis*, §§ 305 - 310 BGB Rn.98; *Gotthardt*, Rn.274; Dauner-Lieb/Konzen/Schmidt-*Henssler*, S.615 (643).

543 MünchVHdB-*Kopp*, IV 26.

544 BB 2002 S.458 (463).

re Vertragspartner Dritten gegenüber geheim halten möchte. Typisches Beispiel dafür ist der Beratungsvertrag mit einem Rechtsanwalt, in dessen Zuge dem Rechtsanwalt zur Einsichtnahme Dokumente überlassen werden.

Zweifelhaft könnten vor dem Hintergrund des § 309 Nr.2 BGB auch jene Klauseln in Arbeitsverträgen sein, nach denen das Zurückbehaltungsrecht des Arbeitnehmers an seiner Arbeitleistung derart eingeschränkt wird, dass es nicht zur Unzeit ausgeübt werden darf. Aufgrund betrieblicher Interessen, beispielsweise wenn der Arbeitgeber aus wirtschaftlichen Gründen ganz besonders auf die Mitarbeit des Arbeitnehmers angewiesen ist, besteht sicher ein berechtigtes Interesse des Arbeitgebers an einer solchen Einschränkung[545]. Auf die Besonderheiten des Arbeitsrechts muss jedoch trotz fehlender Wertungsmöglichkeit nicht zurückgegriffen werden, da § 309 Nr.2 BGB nur den Standard des dispositiven Rechts sichern soll. Besteht also bereits gar kein Zurückbehaltungsrecht, so kann die Frage nach der Wirksamkeit der Klausel dahinstehen[546]. Dass der Arbeitnehmer sein Zurückbehaltungsrecht nicht zur Unzeit ausüben darf, folgt bereits aus dem Grundsatz von Treu und Glauben[547]. § 309 Nr.2 BGB fügt sich daher unproblematisch in das Arbeitsrecht ein.

2. § 309 Nr.3 BGB - Aufrechnungsverbot

Gemäß § 309 Nr.3 BGB ist eine Klausel unwirksam, in der dem Arbeitnehmer die Befugnis genommen wird, mit einer unbestrittenen oder rechtskräftig festgestellten Forderung aufzurechnen. Ein Ausschluss der Aufrechnung ist im Arbeitsrecht an sich nur bei angestellten Vertretern, die zum Inkasso berechtigt sind, hinsichtlich des Abführungsanspruchs des Arbeitgebers praktisch in Erscheinung getreten[548]. Eine eine Abweichung von § 309 Nr.3 BGB rechtfertigende Besonderheit des Arbeitsrechts ist nicht ersichtlich, so dass § 310 Abs.4 S.2 1.HS BGB auch im Rahmen des § 309 Nr.3 BGB keinerlei Bedeutung zukommt. Insgesamt ist somit festzustellen, dass mit § 309 Nr.3 BGB kein großer Wandel im Arbeitsrecht einhergeht.

3. § 309 Nr.4 BGB – Mahnung und Fristsetzung

Gemäß § 309 Nr.4 BGB sind Klauseln, durch die der Arbeitgeber von der gesetzlichen Obliegenheit freigestellt wird, den anderen Vertragsteil zu mahnen

---

545 Vgl. BAG v. 25.10.1984, AP Nr.3 zu § 273 BGB Bl.3 f.

546 ErfK-*Preis*, §§ 305 – 310 BGB Rn.98; *Gotthardt*, Rn.274; MüKo-*Basedow*, § 309 Nr.2 Rn.9; *Zeller-Müller*, S.166.

547 Vgl. BAG v. 25.10.1984, AP Nr.3 zu § 273 BGB Bl.3 f.; MünchArbR-*Blomeyer*, § 49 Rn.56.

548 Vgl. *Schaub*, FormularSam, § 2 Rn.195.

oder ihm eine Frist für die Leistung oder Nacherfüllung zu setzen, unwirksam. Die Norm findet zwar auch auf das Arbeitsrecht Anwendung. Große Bedeutung wird ihr jedoch nicht zukommen. Dies liegt an dem Fixschuldcharakter der Arbeitsleistung, aufgrund dessen meist Unmöglichkeit vorliegen wird[549]. Sollte ausnahmsweise der Arbeitnehmer der Verwender sein, so hat auch dann § 309 Nr.4 BGB wegen des auch ohne Mahnung eintretenden Verzugs gemäß § 286 Abs.2 und 3 BGB keine Bedeutung.

4. § 309 Nr.5 und Nr.6 BGB – Pauschalierung von Schadensersatzansprüchen und Vertragsstrafe

Gemäß § 309 Nr.5 BGB sind Vereinbarungen eines pauschalierten Anspruchs des Verwenders auf Schadensersatz oder Ersatz einer Wertminderung dann unwirksam, wenn entweder die Pauschale den in den geregelten Fällen nach dem gewöhnlichen Lauf der Dinge zu erwartenden Schaden beziehungsweise die gewöhnlich eintretende Wertminderung übersteigt oder dem anderen Vertragsteil nicht ausdrücklich der Nachweis gestattet wird, ein Schaden oder eine Wertminderung sei überhaupt nicht entstanden oder wesentlich niedriger als die Pauschale. Gemäß § 309 Nr.6 BGB ist eine Bestimmung unwirksam, durch die dem Verwender für den Fall der Nichtabnahme oder verspäteten Abnahme der Leistung, des Zahlungsverzugs oder für den Fall, dass der andere Vertragsteil sich vom Vertrag löst, die Zahlung einer Vertragsstrafe versprochen wird.

a) Situation vor der Schuldrechtsreform

Sowohl Schadenspauschalierungen als auch Vertragsstrafenregelungen waren vor Inkrafttreten des Schuldrechtsmodernisierungsgesetzes in der Arbeitsvertragsgestaltung übliche Vertragsklauseln[550]. Vertragsstrafen waren insbesondere für den Fall des Vertragsbruchs, also für Fälle des Nichtantritts des Arbeitsplatzes bzw. die einseitige unberechtigte Lösung vom Vertrag[551] sowie für Fälle schwerer, zur außerordentlichen Kündigung berechtigender Pflichtverstöße[552] üblich. Zum anderen sind Vertragsstrafen zur Sicherung von Wettbewerbsverboten[553] oder Geheimhaltungspflichten[554] gängige Arbeitsbedingungen.

549 ErfK-*Preis*, § 615 Rn.4 ff.; *Brox/Rüthers/Henssler*, Rn.244.

550 *Schaub*, § 59 Rn.1; MünchArbR-*Blomeyer*, §57 Rn.54 ff.

551 LAG Berlin v.6.12.1966, AP Nr.4 zu § 339 BGB; LAG Berlin v.19.5.1980, AP Nr.8 zu § 339 BGB; BAG v.18.9.1991, AP Nr.14 zu § 339 BGB; MünchFormularHdB-*Kallmann*, IV 23; vgl. *Söllner*, AuR 1981 S.97 (100).

552 Vgl. BAG v. 23.5.1984, AP Nr.9 zu § 339 BGB.

553 BAG v. 21.5.1971, AP Nr.5 zu § 339 BGB; v. 25.9.1980, AP Nr.7 zu § 339 BGB; BAG v. 30.4.1971, AP Nr.2 zu § 340 BGB; MünchFormularHdB-*Kallmann*, IV 21.

554 LAG Berlin v. 28.10.1985, EwiR 1986 S.249.

Schadensersatzpauschalierungen in vorformulierten Arbeitsverträgen wurden wie andere Vertragsbedingungen einer Billigkeitskontrolle unterzogen. Das BAG hielt eine Schadensersatzpauschalierung wohl dann für wirksam, wenn sie in der Höhe in etwa dem zu erwartenden Schaden entsprach[555]. Auch Vertragsstrafen wurden in AAB einer Billigkeits-/Inhaltskontrolle unterzogen. Danach musste der Arbeitgeber ein berechtigtes wirtschaftliches Interesse an der Sicherung der sanktionierten Pflicht haben, was dann angenommen wurde, wenn die Pflichtverletzung typischerweise einen erheblichen Schaden verursacht und typischerweise Darlegungs- und Beweisschwierigkeiten mit sich bringt[556]. Eine Unangemessenheit aufgrund der Vertragsstrafenhöhe wurde vorrangig nicht im Rahmen der Billigkeits-/Inhaltskontrolle, sondern gemäß § 343 BGB geprüft[557].

In der Literatur stimmte man mit der Praxis überwiegend überein und hielt sowohl Schadenspauschalierung[558] als auch Vertragsstrafenabreden[559] in Formulararbeitsverträgen (vorbehaltlich einer Billigkeits-/ Inhaltskontrolle) für zulässig.

b) Abgrenzung zwischen Schadenspauschalierungen und Vertragsstrafen

Schwierigkeiten bereitet die Abgrenzung zwischen Schadenspauschalierungen und Vertragsstrafen. Bei der Abgrenzung ist der mit der Vertragsbestimmung verfolgte Zweck von maßgeblicher Bedeutung. Besteht dieser vorwiegend in der

555 Vgl. BAG v.14.12.1966, AP Nr.26 zu § 138 BGB Bl.3 f.

556 BAG v. 23.05.1984, AP Nr.9 zu § 339 BGB Bl.3; BAG v. 27.5.1992, EzA Nr.8 zu § 339 BGB Bl.5.

557 BAG v. 26.9.1963, AP Nr.1 zu § 74 a HGB Bl.4 R; BAG v. 5.2.1986, AP Nr.12 zu § 339 BGB Bl.7; LAG Baden-Württemberg v. 14.5.1963, AP Nr.2 zu § 339 BGB Bl.2; LAG Düsseldorf v. 15.11.1972, DB 1973 S.85 (86); LAG Berlin v. 19.5.1980, AP Nr.8 zu § 339 BGB Bl.3.

558 MünchArbR-*Blomeyer*, § 57 Rn.68; *Heinze*, NZA 1994 S.244 (248); *Bengelsdorf*, BB 1989 S.2390 (2392); *Beuthien*, BB 1973 S.92 (93); zum Teil wollte man die Wertungen des § 11 Abs.5 AGBG heranziehen: Erman (10.Aufl.)-*Hanau*, § 611 Rn.331; RGRK-*Corts*, § 628 Rn.53; *Stoffels*, AR-Blattei SD 230 Rn.218 ff.

559 BAG v. 18.9.1991, AP Nr.14 zu § 339 BGB Bl. 5R f.; BAG v. 5.2.1986, AP Nr.12 zu § 339 BGB; v. 23.5.1984, AP Nr.9 zu § 339 BGB Bl.2R; LAG Berlin v. 19.5.1980, AP Nr.8 zu § 339; MünchArbR-*Blomeyer*, § 57 Rn.57; Erman (10.Aufl.)-*Hanau*, § 611 Rn.323 ff.; *Heinze*, NZA 1994 S.244 (249 ff.); Wolf/Horn/Lindacher-*Horn*, § 23 Rn.46; *Stoffels*, Vertragsbruch, S.205 ff., 222 ff.; *Koller*, SAE 1985 S.155 (156 ff.); *Söllner*, AuR 1981 S.97 (102); Stein/Jonas-*Brehm*, § 888 Rn.42; *Brox*, Anm. zu BAG v. 23.05.1984, AP Nr.9 zu § 339 BGB Bl.5R ff.; gegen Vertragsstrafen in Formulararbeitsverträgen: *Fenn*, FS Söllner S.333 (361); generell gegen Vertragsstrafenabreden im Arbeitsrecht sind: *Däubler*, Arbeitsrecht, Rn.547 f., *v.Koppenfels*, NZA 2002 S. 598 (600 ff.); *Langheid*, DB 1980 S.1219 f.; *Krauß*, AuR 1975 S.152.

Druckausübung auf den Arbeitnehmer, um diesen zur gehörigen Vertragserfüllung zu veranlassen, handelt es sich um eine Vertragsstrafe. Eine Schadenspauschalierung liegt dagegen vor, wenn die Vertragsbestimmung die Durchsetzung eines Schadensersatzanspruchs erleichtern soll[560]. Da dieser Zweck auch den Vertragsstrafen zukommt[561], ist bei der Abgrenzung daher das Augenmerk insbesondere darauf zu richten, ob die Vertragsparteien für die Fälligkeit der vereinbarten Summe das Bestehen eines Schadensersatzanspruchs voraussetzen oder ob es ihnen vor allem auf die Druckausübung ankommt[562]. In den Fällen des Vertragsbruchs wird im Zweifel eine Vertragsstrafe gewollt sein, da mangels der Voraussetzung eines typischerweise entstehenden Schadens beim Vertragsbruch eine Schadenspauschalierung bereits nach alter Rechtslage unzulässig war[563].

c) Umfang der Anwendungsbereiche der Klauselverbote nach dem Wortlaut

Die Bedeutung, die der Abgrenzung zukommt, wird bereits bei dem Vergleich der Voraussetzungen beider Klauselverbote und damit des Umfanges ihrer Reichweite im Arbeitsrecht deutlich.

aa) § 309 Nr.5 BGB

§ 309 Nr.5 BGB erfasst von seinem Anwendungsbereich zunächst generell alle Schadenspauschalierungen, ohne nach dem schadensbegründenden Ereignis zu differenzieren. Unwirksam sind dann jedoch nur diejenigen Pauschalierungen, die eine der beiden in § 309 Nr.5 BGB genannten Voraussetzungen erfüllen.

bb) § 309 Nr.6 BGB

Die Bestimmung des Anwendungsbereichs des § 309 Nr.6 BGB gestaltet sich demgegenüber schwieriger. Gemäß § 309 Nr.6 BGB sind Vertragsstrafen nur in folgenden Fällen unwirksam: im Fall der Nichtabnahme oder verspäteten Abnahme der Leistung, im Fall des Zahlungsverzugs oder im Fall, dass der andere

560 BAG v. 16.05.1984, 7 AZR 162/81 n.v.; *Schaub*, § 59 Rn.1; ErfK-*Müller-Glöge*, §§ 339-345 BGB, Rn.5; *Gotthardt*, Rn.280.

561 BGH v. 27.11.1974, NJW 1975 S.163 (164); BGH v. 18.11.1982, NJW 1983 S.385 (387); LAG v. 19.5.1980, AP Nr.8 zu § 339 BGB Bl.1 R; *Beisenkötter*, S.69 ff.; Staudinger-*Rieble* (2004), Vorbem. zu §§ 339 ff. BGB Rn.12.; MüKo-*Gottwald*, Vor § 339 Rn.6; Palandt-*Grüneberg*, Vorb. v. § 339 Rn.1; *Popp*, NZA 1988 S.455 (456 f.); *Söllner*, AuR 1981 S.97 (98).

562 BGH v. 6.11.1967, NJW 1968 S.149 (150); BGH v. 25.11.1982, NJW 1983 S.1542; OLG Nürnberg v. 27.1.1976, MDR 1976 S.664; Ulmer/Brandner/Hensen-*Hensen*, § 309 Nr.5 BGB Rn.8.

563 Vgl. *Bengelsdorf*, BB 1989 S.2390 (2392); *Däubler/Dorndorf*, § 309 Nr.5 Rn.5; vgl. auch MüKo-*Gottwald*, Vor § 339 Rn.31.

Vertragsteil sich vom Vertrag löst. Da es schwer vorstellbar ist, dass ein Arbeitnehmer seinen Arbeitslohn nicht oder verspätet annimmt und der Variante des Zahlungsverzuges mangels einer vertraglichen Zahlungsverpflichtung der Arbeitnehmer keine Bedeutung zukommt, könnte nur die letzte Variante des § 309 Nr.6 BGB im Arbeitsrecht Bedeutung haben. Nach überwiegender Meinung zu § 11 Nr.6 AGBG wurde unter „sich vom Vertrag lösen“ jedes Verhalten verstanden, durch das der Vertragspartner des Verwenders - egal ob recht- oder unrechtmäßig - zum Ausdruck bringt, dass er sich an den Vertrag nicht mehr gebunden fühlt[564]. Welche Fälle der bisher im Arbeitsrecht gängigen Vertragsstrafenregelungen werden damit von § 309 Nr.6 BGB erfasst? In erster Linie zeigt der Arbeitnehmer, dass er sich nicht mehr an den Arbeitsvertrag gebunden fühlt, wenn er seine Arbeitsleistung nicht mehr erbringt oder gar nicht erst aufnimmt. Von § 309 Nr.6 BGB erfasst werden somit unzweifelhaft die Fälle des Vertragsbruchs[565], also die, in denen der Arbeitnehmer das Vertragsverhältnis rechtswidrig vorzeitig beendet oder rechtswidrig das Arbeitsverhältnis nicht antritt[566]. Fälle, in denen eine Vertragsstrafe wegen rechtmäßiger Einstellung der Arbeitsleistung vorgesehen sind, sind und waren dagegen bereits aufgrund der unzulässigen Erschwerung der Wahrnehmung von Rechten, insbesondere des Rechts zur Kündigung, unwirksam[567], so dass es hier nicht auf § 309 Nr. 6 BGB ankommt[568]. Zu überlegen ist weiterhin, ob die Fälle einer Vertragsstrafe für eine zur außerordentlichen Kündigung berechtigende Vertragsverletzung von § 309 Nr.6 BGB erfasst werden. Aufgrund der Wortlautformulierung „sich ... löst“ muss die Abstandnahme vom Vertrag allerdings vom Arbeitnehmer ausgehen. In diesen Fällen der Vertragsstrafe spricht aber der Arbeitgeber die Kündigung aus. Das Verhalten des Arbeitnehmers ist hingegen nicht auf die Beendigung der Vertragsbeziehung gerichtet. Er wird vielmehr eine Weiterbeschäftigung in der Hoffnung anstreben, dass sein Verhalten unentdeckt bleibe[569]. Eine Vertragsstrafe für den Fall einer außerordentlichen Kündigung aufgrund einer Vertragsverletzung des Arbeitnehmers wird mithin vom Vertragsstrafenverbot des § 309 Nr.6 BGB nicht erfasst[570]. Gleiches gilt für die gängigen Vertragsstrafen zur Si-

564 BGH v. 12.5.1998, NJW-RR 1998 S.1508; Wolf/Horn/Lindacher-*Wolf*, § 11 Nr.6 Rn.18; Ulmer/Brandner/Hensen-*Hensen*, § 309 Nr.6 BGB Rn.11; auf unrechtmäßige Vertragsbeendigung beschränkend Staudinger-*Coester-Waltjen*, § 11 Nr.6 AGBG Rn.14.

565 So schon *Preis*, S.472.

566 Vgl. BAG v.18.9.1991, AP Nr.14 zu § 339 BGB Bl. 1R.

567 LAG Berlin v.19.5.1980, AP Nr.8 zu § 339 BGB Bl.2R; vgl. BAG v. 11.3.1971, AP Nr.9 zu § 622 BGB.

568 *Richardi* sieht auch die berechtigte Kündigung von § 309 Nr.6 BGB erfasst, NZA 2002 S.1057 (1063).

569 Vgl. BAG v.18.9.1991, AP Nr.14 zu § 339 BGB Bl.1R.

570 BAG v. 21.04.2005, AP Nr.3 zu § 307 BGB Bl.3; *Leder/Morgenroth*, NZA 2002 S.952 (953); *v.Koppenfels,*, NZA 2002 S.598 (601); a.A. *Preis*, S.472; *Singer*, RdA 2003 S.194 (202).

cherung von Wettbewerbsverboten sowie zur Sicherung von Geheimhaltungspflichten. Auch durch diese sanktionierten Verstöße nimmt der Arbeitnehmer nicht vom Vertrag als Ganzes Abstand, sondern nur von einer speziellen vertraglichen Nebenpflicht. Dies jedoch wird aufgrund des Wortlautes, nach dem sich der Arbeitnehmer vom „Vertrag" (als ganzem) lösen muss, nicht von § 309 Nr.6 BGB erfasst[571]. Der Wortlaut des § 309 Nr.6 BGB erfasst somit nur Vertragsstrafen, mit denen Vertragsbrüche der Arbeitnehmer sanktioniert werden sollen[572]. Diese vorformulierten Vertragsstrafenabreden sind dann allerdings immer unwirksam.

d) Auswirkung der Unterschiede auf die Anwendbarkeit der Klauselverbote des § 309 Nr.5 und Nr.6 BGB

aa) Voraussetzungen für wirksame Schadenspauschalierungen gemäß § 309 Nr.5 BGB

Im Hinblick auf § 309 Nr.5 a) BGB sind keine Abweichungen zur bisherigen Rechtslage eingetreten. Allerdings setzt die Wirksamkeit von Schadenspauschalierungen gemäß § 309 Nr.5 b) BGB jetzt voraus, dass dem Arbeitnehmer ausdrücklich der Nachweis gestattet wird, dass der Schaden gar nicht oder wesentlich geringer als die Pauschale entstanden ist.

Der Unwirksamkeit einer Schadenspauschalierung gemäß § 309 Nr.5 BGB stehen keine Besonderheiten des Arbeitsrechts entgegen. Anders als Vertragsstrafen stehen Schadenspauschalierungen nicht in Beziehung zum Verbandscharakter des Arbeitsverhältnisses und dienen allein dazu, Darlegungs- und Beweisschwierigkeiten zu verhindern.

bb) Zulässigkeit von Vertragsstrafen gemäß § 309 Nr.6 BGB

(1) Unanwendbarkeit des § 309 Nr.6 BGB nach Rechtsprechung und Literatur

Dieser aufgezeigte Umfang des Vertragsstrafenverbotes wird für Formulararbeitsverträge in der Rechtsprechung und Literatur zum Teil befürwortet[573].

---

571 Vgl. auch BAG v. 18.08.2005, AP Nr.1 zu § 336 BGB Bl.3; *Leder/Morgenroth*, NZA 2002 S.952 (953); so wohl auch *v.Koppenfels*, NZA 2002 S.598 (601); a.A. *Singer*, RdA 2003 S.194 (202); wohl auch *Bauer/Diller*, NJW 2002 S.1609 (1614), die jedoch aufgrund der Ausrichtung des § 309 Nr.6 BGB am Erscheinungsbild des zahlungspflichtigen Kunden Vertragsstrafen für die Nicht- oder Schlechterfüllung von Unterlassungspflichten nicht erfasst sehen; .

572 Dieses Verbot befürwortete *Fenn*, FS Söllner S.333 (360) bereits nach alter Rechtlage.

573 LAG Hamm v.24.1.2003, NZA 2003 S.499; LAG Frankfurt v. 25.4.2003 – Az: 17 Sa 1723/02, n.v.; LAG Frankfurt v. 7.5.2003 – Az.: 2 Sa 53/03, n.v.; LAG Baden-Württemberg v. 10.4.2003 – Az.: 11 Sa 17/03, DB 2003 S.2551 f. (Entscheidungsgründe

v.Koppenfels will sogar den Anwendungsbereich des § 309 Nr.6 BGB über den Wortlaut hinaus ausdehnen und jegliche Vertragsstrafen im Arbeitsrecht analog § 309 Nr.6 BGB für unwirksam erklärt wissen[574]. Unabhängig von den inhaltlichen Erwägungen, mit denen *v.Koppenfels* die analoge Anwendung des § 309 Nr.6 BGB auf alle arbeitsvertraglichen Vertragsstrafen in AAB begründet, ist diese Analogie mangels der dafür notwendigen Voraussetzungen abzulehnen. Es fehlt die gesetzliche Regelungslücke, da die Inhaltskontrolle der nicht von den Klauselverboten der §§ 308, 309 BGB erfassten Vertragsbedingungen über § 307 BGB erfolgen soll.

Die sich herauskristallisierende herrschende Meinung befürwortet allerdings die Nichtanwendbarkeit des § 309 Nr.6 BGB im Arbeitsrecht. Dieses Ergebnis wird dabei zum Teil ohne, zum Teil mit Hilfe der im Arbeitsrecht geltenden Besonderheiten im Sinne des § 310 Abs.4 S.2 1.HS BGB begründet.

Zum einen wird auf die Ausrichtung des § 309 Nr.6 BGB am Erscheinungsbild des zahlungspflichtigen Kunden verwiesen, die sich beispielsweise aus der Fallvariante der „Nichtabnahme der Leistung" ergebe. Auch die Variante der „Lösung vom Vertrag" habe diese Fälle im Auge, wie sich aus der Begründung des Gesetzgebers entnehmen lasse[575]. Danach sollen mit dieser Variante Klauseln verhindert werden, nach denen der Kunde gegen Zahlung einer „Abstandssumme" oder dergleichen aus dem Vertrag entlassen wird. Dies liefe im Ergebnis auf dasselbe hinaus wie das Versprechen einer Vertragsstrafe für die Nichtabnahme der Leistung[576]. Dieser Einwand kann jedoch nicht überzeugen. Von der auf einen Falltyp beschränkten Begründung des Gesetzgebers kann nicht auf eine Beschränkung der vom Wortlaut her viel umfassenderen abstrakt-generellen Norm geschlossen werden. Deshalb ist die Variante des Zahlungsverzuges auch ohne weiteres auf Fälle angewendet worden, in denen der Verwender Zahlungsschuldner war[577]. Vor allem aber steht die Streichung der Bereichsausnahme für das Arbeitsrecht einem solchen Verständnis entgegen, mit der der Gesetzgeber die von diesem angeblichen Erscheinungsbild des zahlungspflichti-

---

nicht vollständig abgedruckt); ArbG Bochum v.8.7.2002, NZA 2002 S.978; ArbG Bielefeld v. 2.12.2002, AuR 2003 S.124; *Däubler*, NZA 2001 S.1329 (1336) und *Reinecke*, DB 2002 S.583 (586) halten sich an den Wortlaut; wohl auch *Hümmerich*, NZA 2003 S.753 (762).

574 *v.Koppenfels*, NZA 2002 S.598 (601 f.).

575 ArbG Duisburg v.14.8.2002, NZA S.1038 (1039); *Leder/Morgenroth*, NZA 2002 S.952 (954); *Gotthardt*, ZIP 2002 S.277 (283); *Henssler*, RdA 2002 S.129 (138); *Bauer/Diller*, NJW 2002 S.1609 (1614); *Lingemann*, NZA 2002 S.181 (191); *Reichold*, ZTR 2002 S.202 (207); *Zeller-Müller*, S.177 f.

576 BT-Drs.7/3919 S.30.

577 LAG Hamm v. 24.1.2003, NZA 2003 S.499 (500); *Reichenbach*, NZA 2003 S.309 (310); MüKo-*Basedow*, § 309 Nr.6 Rn.13; Palandt-*Heinrichs*, § 309 Rn.35.

gen Kunden abweichenden Arbeitsverhältnisse zunächst uneingeschränkt den §§ 305 ff. BGB und damit auch dem inhaltlich unverändert gebliebenen § 309 Nr.6 BGB unterworfen hat[578].

Zum anderen wird gegen die Anwendbarkeit des § 309 Nr.6 BGB auf ein bestehendes Bedürfnis des Arbeitgebers nach Vertragsstrafen verwiesen. Dem Arbeitgeber fehle anders als den Arbeitnehmern ein wirksamer Schutz gegen Vertragsbrüche und sonstige Vertragsverletzungen des Arbeitnehmers. Er könne zwar auf Erfüllung klagen, eine Vollstreckung bezüglich der Verurteilung zur Arbeitsleistung sei aber gemäß §§ 62 Abs.2 ArbGG, 888 Abs.3 ZPO ausgeschlossen[579]. Zudem habe der Arbeitgeber erhebliche Beweisschwierigkeiten beim Nachweis entstandener Schäden[580]. Zunächst ist anzumerken, dass die Argumentation mit der fehlenden Möglichkeit zur Durchsetzung des Primäranspruchs fehl geht. Zwar lässt sich aus der Begründung des Gesetzgebers zu § 11 Nr.6 AGBG entnehmen, dass er ein anerkennenswertes Interesse für eine formularmäßige Vereinbarung von Vertragsstrafen dann als gegeben ansieht, wenn diese notwendig sind, um den Vertragspartner zu vertragsgemäßem Verhalten anzuhalten. Eine solche Notwendigkeit verneint der Gesetzgeber aber dann, wenn dem Verwender durch das vertragswidrige Verhalten Schadensersatzansprüche gegen den Vertragspartner entstehen[581]. Der Gesetzgeber sieht also ein anerkennenswertes Interesse nicht bereits dann als gegeben an, wenn der Verwender zwar keine Möglichkeit hat, seinen Primäranspruch durchzusetzen, ihm aber Sekundäransprüche zustehen. Deshalb kann dahingestellt bleiben, ob - wie es *Reichenbach* befürwortet[582] – anhand der „Vertretbarkeit der Handlung" im Sinne der §§ 887, 888 ZPO zwischen einfachen und höheren Diensten unter-

578 LAG Frankfurt v.7.5.2003 – Az.:2 Sa 53/03, n.v.; LAG Frankfurt v. 25.4.2003 – Az.:17 Sa 1723/02, n.v.; LAG Baden-Württemberg v. 10.4.2003 – Az.: 11 Sa 17/03, DB 2003 S.2551 f. (Entscheidungsgründe nicht vollständig abgedruckt); *Thüsing/Leder*, BB 2004 S.42 (45); *Reichenbach*, NZA 2003 S.309 (311); im Ergebnis ebenso: *Joost*, ZIP 2004 S.1981 (1982).

579 ArbG Duisburg v. 14.8.2002, NZA 2002 S.1038 (1039); *Leder/Morgenroth*, NZA 2002 S.952 (955); *Reichold*, ZTR 2002 S.202 (207); *Singer*, RdA 2003 S.194 (202); *Annuß*, BB 2002 S.459 (463); *Lingemann*, NZA 2002 S.181 (191); *Conein-Eikelmann*, DB 2003 S.2546 (2547 f.); *Zeller-Müller*, S.178 ff.; auf Arbeitsverträge über die Leistung höherer Art begrenzend: *Reichenbach*, NZA 2003 S.309 (312).

580 ArbG Duisburg v.14.8.2002, NZA 2002 S.1038 (1039); *Leder/Morgenroth*, NZA 2002 S.952 (955); *Preis*, Sonderbeilage zu NZA 2003 Heft 16, S.19 (32); *Gotthardt*, ZIP 2002 S.277 (283); *Lingemann*, NZA 2002 S.181 (191); *Hennsler*, RdA 2002 S.129 (138); *Conein-Eikelmann*, DB 2003 S.2546 (2547 f.); vgl. auch *Schlodder*, S.227, die die „Besonderheiten des Arbeitsrechts" dann nicht für ausschlaggebend und § 309 Nr.6 BGB für anwendbar hält, wenn die Vertragsstrafe auch den Fall der arbeitnehmerseitigen rechtmäßigen Lösung vom Vertrag erfasst.

581 BT-Drs.7/3919 S.30.

582 NZA 2003 S.309 (312).

schieden werden muss. Sofern dem Arbeitgeber durch das vertragswidrige Verhalten des Arbeitnehmers ein Schaden entsteht, hat er auch einen Schadensersatzanspruch gegen den Arbeitnehmer gemäß § 280 BGB beziehungsweise die Möglichkeit über § 61 Abs.2 ArbGG eine Entschädigung zu bekommen und damit kein anerkennenswertes Interesse für eine formularmäßige Vereinbarung von Vertragsstrafen[583]. Die Tatsache, dass der Arbeitgeber bei der Geltendmachung des Schadens oftmals in Beweisschwierigkeiten geraten wird, ändert an dieser Beurteilung nichts. Schwierigkeiten beim Nachweis eines Schadens gibt es nicht nur im Arbeitsrecht[584]. Der Gesetzgeber hat diese Beweisschwierigkeiten auch bei der Begründung des § 11 Nr.6 AGBG bedacht, indem er die in den Grenzen des § 9 Nr.5 AGBG bestehende Möglichkeit der Durchsetzungserleichterung anspricht[585]. Die Möglichkeit der Schadenspauschalisierung steht auch dem Arbeitgeber in den Grenzen des § 309 Nr.5 BGB zur Verfügung. Sofern dagegen mangelnde Praktikabilität aufgrund fehlender Vorhersehbarkeit der Schadenshöhe eingewendet wird[586], muss dem entgegengehalten werden, dass § 309 Nr.6 BGB auch eine Umgehung des § 309 Nr.5 BGB verhindern soll[587]. Nichts anderes aber stellt dieser Einwand dar. Im Übrigen kommen auch dem Arbeitgeber die Beweiserleichterungen der §§ 252 BGB, 287 ZPO zu Gute[588]. Eine Nichtanwendung des § 309 Nr.6 BGB im Arbeitsrecht entgegen dem Wortlaut kann folglich mit dieser Argumentation nicht gerechtfertigt werden.

Daneben wird der Anwendung des § 309 Nr.6 BGB im Arbeitsrecht das fehlende Schutzbedürfnis der Arbeitnehmer entgegengehalten. Anders als der Arbeitgeber seien jene gegen Vertragsbrüche des Arbeitgebers durch den Kündigungsschutz und § 615 BGB geschützt[589]. Außerdem seien die Arbeitnehmer regelmäßig nur dann dem Risiko einer Vertragsstrafe ausgesetzt, wenn sie eine bessere Verdienstmöglichkeit in Aussicht hätte[590]. Abgesehen davon stellten die von der „Lösung des Vertrags" erfassten Fälle erhebliche Pflichtverletzungen der Arbeitnehmer dar, so dass nicht von einer Missbräuchlichkeit der Vertrags-

583 Vgl. *Schuster*, AiB 2002 S. 274 (278).

584 Ebenso LAG Hamm v.24.1.2003, NZA 2003 S.499 (501); LAG Frankfurt v. 7.5.2003 – Az.:2 Sa 53/03, n.v.; LAG Baden-Württemberg v. 10.4.2003 – Az.: 11 Sa 17/03, DB 2003 S.2551 f. (Entscheidungsgründe nicht vollständig abgedruckt); ArbG Bochum v. 8.7.2002, NZA 2002 S.978 (980); *Reichenbach*, NZA 2003 S.309 (312); *Singer*, RdA 2003 S.194 (202); *Klevemann*, AiB 2002 S.579 (581).

585 BT-Drs.7/3919 S.30.

586 *Leder/Morgenroth*, NZA 2002 S.952 (955).

587 BT-Drs.7/3919 S.30.

588 LAG Hamm v.24.1.2003, NZA 2003 S.499 (502); LAG Frankfurt v.25.4.2003 – Az.:17 Sa 1723/02, n.v.; LAG Frankfurt v. 7.5.2003 – Az.:2 Sa 53/03, n.v.

589 *Leder/Morgenroth*, NZA 2002 S.952 (955).

590 *Singer*, RdA 2003 S.194 (202); *Henssler*, RdA 2002 S.129 (138).

strafe die Rede sein könne[591]. Auch das Argument der fehlenden Schutzbedürftigkeit ist nicht überzeugend. Zugegebenermaßen besteht bei dem von § 309 Nr.6 BGB erfassten Fall des Vertragsbruchs nicht die Gefahr bloßer geringer Voraussetzungen für den Verfall der Vertragsstrafe. Übersehen wird bei diesem Einwand jedoch, dass die „Lösung vom Vertrag" immer keine geringfügige Vertragsverletzung darstellt und trotzdem als eine Fallvariante des Vertragsstrafenverbotes vom Gesetzgeber vorgesehen ist. Außerdem soll § 309 Nr.6 BGB auch vor der durch die einseitige Ausgestaltung der Vertragsstrafenklausel sowie durch deren Schadensunabhängigkeit hervorgerufenen Gefahr von überhöhten Vertragsstrafen schützen. Diese Gefahr besteht auch bei der „Lösung vom Vertrag", insbesondere, weil in vielen Fällen die Entstehung eines Schadens eher zweifelhaft ist[592]. Vor dieser Gefahr schützen den Arbeitnehmer weder der Kündigungsschutz noch § 615 BGB. Der einzige Schutz in Form des § 343 BGB ist vom Gesetzgeber aufgrund des Prozess- und Prozesskostenrisikos gerade als unzureichend bewertet worden. Dass meist bessere Verdienstmöglichkeiten der Grund für die „Lösung vom Vertrag" sind, kann ebenfalls nicht gegen die Schutzbedürftigkeit des Arbeitnehmers angeführt werden, da die §§ 305 ff. BGB unabhängig von der finanziellen Situation der Vertragspartner unabhängig gelten.

Im Übrigen kann auch dem Verweis von *Henssler* nicht gefolgt werden, dass sich die Notwendigkeit der Vertragsstrafenklauseln aus den §§ 12 Abs.2 Nr.2 BBiG, 75 c HGB ergebe[593]. Aus diesen Normen wird, ebenso wie aus § 339 BGB, nur ersichtlich, dass Vertragsstrafen auch im Arbeitsrecht generell zulässig sind. § 309 Nr.6 BGB verbietet Vertragsstrafen nur in Formulararbeitsverträgen und auch insoweit nur begrenzt auf die vier Fallgruppen[594]. § 309 Nr.6 BGB steht aus diesem Grund ebenfalls nicht im Widerspruch zu den §§ 12 Abs.2 Nr.2 BBiG, 75 c HGB[595].

Mithin können die von der herrschenden Meinung angeführten Argumente für die Ablehnung der Anwendbarkeit des § 309 Nr.6 BGB im Arbeitsrecht nicht überzeugen.

---

591 So *Leder/Morgenroth*, NZA 2002 S.952 (954); *Annuß*, BB 2002 S.459 (463).

592 LAG Düsseldorf v. 8.1.2003, AP Nr.2 zu § 309 BGB Bl.3 f.; ArbG Bochum v.8.7.2002,NZA 2002 S.978 (980); *Singer*, RdA 2003 S.194 (202); vgl. *Reichenbach*, NZA 2003 S.309 (312); a.A. BAG v. 23.5.1984, AP Nr.9 zu § 339 BGB Bl.3.

593 RdA 2002 S.129 (138), ebenso *Zeller-Müller*, S.180.

594 BGH v. 28.9.1978, NJW 1979 S.105 (106); LAG Hamm v. 24.1.2003, NZA 2003 S.499(501); LAG Frankfurt v. 25.4.2003 – Az.:17 Sa 1723/02, n.v.; ArbG Bochum v. 8.7.2002, NZA 2002 S.978 (980).

595 Vgl. auch LAG Frankfurt v. 7.5.2003 – Az.:2 Sa 53/03, n.v.; ArbG Bochum v. 8.7.2002, NZA S.978 (980).

(2) Unanwendbarkeit des § 309 Nr.6 BGB aufgrund entgegenstehender arbeitsrechtlicher Besonderheiten

Zu fragen ist allerdings danach, ob im Arbeitsrecht geltende Besonderheiten im Sinne des § 310 Abs.4 S.2 1.HS BGB der Anwendbarkeit des § 309 Nr.6 BGB entgegenstehen. Dies ist mit dem sich aus der Erbringung der Arbeitsleistung im Verband mit anderen Arbeitnehmern ergebenden Organisationsbedürfnis des Arbeitgebers der Fall. Anders als in den ursprünglich von § 309 Nr.6 BGB erfassten Verträgen hat der Arbeitgeber ein besonderes Interesse daran, die Erbringung der Arbeitsleistung zu sichern. Ist der arbeitsteilige Prozess bereits durch andere Faktoren wie Krankheit der Arbeitnehmer, Urlaub, Freistellungen wegen Betriebsratsarbeit und ähnliche Befreiungen von der Arbeitsleistung gestört und diese Störung vom Arbeitgeber als Herr der Organisation aufzufangen, müssen weitere vermeidbare Störungen des Arbeitsprozesses tunlichst vermieden werden. Die Vertragsstrafe für den Fall des Vertragsbruches ist dafür eine geeignete Maßnahme. Die effektive Vermeidung von Störungen des Arbeitsprozesses stellt mithin ein berechtigtes Interesse des Arbeitgebers an Vertragsstrafenvereinbarungen mit seinen Arbeitnehmern dar[596]. Die Effektivität dieser Maßnahme und nicht zuletzt auch das im Betriebsverband bestehende Gleichbehandlungsinteresse der Arbeitnehmer gebieten es dem Arbeitgeber dabei, mit jedem seiner Arbeitnehmer eine Vertragsstrafe zu vereinbaren[597], so dass auch ein Bedürfnis nach der formularmäßigen Vertragsstrafenabrede besteht. Demgegenüber lässt sich auch nicht einwenden, dass das Interesse eines Produktionsbetriebs an der Leistung seiner Zulieferer dem Arbeitgeberinteresse an einem effektiven Arbeitsprozesses gleichstehe[598]. Solche Störungen der Betriebsorganisation wirken nämlich von außen auf den Betrieb ein. An ihrem Ausbleiben besteht zwar auch unzweifelhaft ein großes Interesse, vorrangige Voraussetzung für die Funktionsfähigkeit des Betriebsverbandes ist allerdings, interne Störungen des Betriebsablaufes zu verhindern. Gerade diesem Organisationsbedürfnis als einem dem Arbeitsvertrag innewohnenden Charakteristikum soll § 310 Abs.4 S.2 1.HS BGB Rechnung tragen. Mithin findet das Vertragsstrafenverbot aufgrund des § 310 Abs.4 S.2 1.HS BGB im Arbeitsrecht trotz der grundsätzlichen Anwendbarkeit keine Anwendung.

(3) Zulässigkeit von Vertragsstrafen gemäß § 307 BGB

Steht somit fest, dass § 309 Nr.6 BGB für Vertragsstrafenregelungen in Arbeitsverträgen für den Fall des Vertragsbruches aufgrund der Besonderheitenklausel keine Anwendung findet, stellt sich die anschließende Frage, ob diese Vertrags-

---

596 *Reuter*, FS 50 Jahre BAG, S.177 (191); vgl. auch *Singer*, RdA 2003 S.194 (202); *Henningfeld*, S.120 f.; dieses Bedürfnis sehend aber nicht als Besonderheit akzeptierend: *Joost*, FS Ulmer, S.1199 (1204).

597 *Leder/Morgenroth*, NZA 2002 S.952 (955).

598 *Joost*, FS Ulmer, S.1199 (1204).

strafenregelungen unter Umständen dennoch einer Inhaltskontrolle gemäß § 307 BGB nicht standhalten bzw. wie die anderen nicht vom Wortlaut des § 309 Nr.6 BGB erfassten Vertragsstrafenregelungen anhand des Maßstabs des § 307 BGB zu beurteilen sind.

(a) Unangemessene Benachteiligung aufgrund der Vertragsstrafenvoraussetzungen

Gemäß § 307 Abs.1 S.1 BGB ist eine Vertragsstrafenklausel dann unzulässig, wenn sie den Arbeitnehmer entgegen den Geboten von Treu und Glauben unangemessen benachteiligt. Gemäß § 307 Abs.2 Nr.1 BGB liegt eine unangemessene Benachteiligung im Zweifel immer dann vor, wenn die Vertragsklausel mit den wesentlichen Grundgedanken der gesetzlichen Regelung, von der abgewichen wird, nicht zu vereinbaren ist.

Hieran könnte die eine Vertragsstrafe im Arbeitsrecht grundsätzlich ablehnende Meinung ihre Argumentation festmachen, nach der sich ein allgemeines Vertragsstrafenverbot im Arbeitsrecht aus der fehlenden Vollstreckbarkeit des Primäranspruchs des Arbeitgebers gemäß § 888 Abs.3 ZPO ergebe[599]. Richtigerweise muss dies jedoch abgelehnt werden. § 888 Abs.3 ZPO beinhaltet kein allgemeines Vertragsstrafenverbot im Arbeitsrecht, sondern will allein die Festsetzung von Zwangsgeld verhindern[600]. Ganz im Gegenteil ist den §§ 339 ff. BGB, 5 BBiG, 75 c HGB zu entnehmen, dass der Gesetzgeber Vertragsstrafen auch im Arbeitsrecht grundsätzlich für zulässig erachtet[601]. Von einer generellen Unvereinbarkeit von Vertragsstrafen mit gesetzlichen Wertungen kann folglich keine Rede sein.

Einschränkungen hinsichtlich der Zulässigkeit lassen sich aber dennoch aus § 307 Abs.2 Nr.1 BGB entnehmen. So benachteiligt eine Vertragsstrafenklausel im Zweifel dann den Arbeitnehmer unangemessen, wenn sie nicht an dem aus 339 BGB zu entnehmenden Verschuldenserfordernis festhält[602]. Verschärfend kommt noch die Haftungsprivilegierung der Arbeitnehmer, die nach der Schuldrechtsreform an § 276 Abs.1 S.1 BGB festgemacht werden kann[603], hinzu, die

599 *Langheid*, DB 1980 S.1219 f.; *Krauß*, AuR 1975 S.152; a.A. BAG v. 23.5.1984, AP Nr.9 zu § 339 BGB Bl.2 f.; Stein/Jonas-*Brehm*, § 888 Rn.42; *Koller*, SAE 1985 S.155 (156 f.); *Söllner*, AuR 1981 S.97 (102); *Reichenbach*, NZA 2003 S.310.

600 Staudinger-*Rieble* (2004), § 339 BGB Rn.70; *Reichenbach*, NZA 2003 S.310.

601 *Reichenbach*, NZA2003 S.309.

602 *Reichenbach*, NZA 2003 S.309 (313).

603 Vgl. BT-Drs.14/6857 S.48; *Däubler*, NZA 2001 S.1329 (1331); Palandt-*Heinrichs*, § 276 Rn.40.

nicht durch Vertragsstrafen unterlaufen werden darf[604]. Eine verschuldensunabhängige Vertragsstrafe ist daher noch eher als im übrigen Zivilrecht[605] als unangemessen zu beurteilen. Außerdem darf die gesetzgeberische Wertung nicht unterlaufen werden, nach der Gewährleistungsregelungen im Dienstvertragsrecht nicht vorgesehen sind[606]. Eine Klausel, nach der dem Arbeitgeber ein Anspruch auf Vertragsstrafe aufgrund der nicht in gehöriger Weise erbrachten Arbeitsleistung zustehen soll[607] ist damit, abgesehen von Problemen im Hinblick auf die Transparenzkontrolle im Sinne des § 307 Abs.1 S.2 BGB[608], als eine unangemessene Benachteiligung zu beurteilen und damit gemäß § 307 Abs.1 S.1 BGB unwirksam[609]. Eine Vertragsstrafenklausel, mit der die Verletzung von konkret benannten Nebenpflichten sanktioniert werden soll, ist daher auch nur unter erhöhten Voraussetzungen als angemessen zu beurteilen[610]. So besteht hinsichtlich Wettbewerbsverboten und Geheimhaltungspflichten angesichts der Sensibilität des Verpflichtungsgegenstandes ein gesteigertes Interesse des Arbeitgebers an der Einhaltung der Verpflichtung. Auch soweit die Vertragsstrafe sich auf die Verletzung einer Nebenpflicht bezieht, deren Einhaltung für den ordnungsgemäßen Betriebsablauf eine wesentliche Voraussetzung ist, wird man angesichts des dann bestehenden gesteigerten Interesses des Arbeitgebers an der Einhaltung der Nebenpflicht aufgrund des Organisationsbedürfnisses eines arbeitsteiligen Prozesses von der Zulässigkeit einer solchen Vertragsstrafe ausgehen können. Zu denken ist beispielsweise an eine Vertragsstrafe für den Fall der verschuldeten nicht rechtzeitig mitgeteilten Verhinderung zur Erbringung der Arbeitsleistung[611]. Anders zu beurteilen ist dies sicher von dem von *Söllner* berichteten Fall einer zwischen einem Barbesitzer und einer Tänzerin vereinbarten Vertragsstrafe von 1000,-DM für den Fall einer Gewichtszunahme von über einem Kilogramm[612]. Ein berechtigtes Interesse des Arbeitsgebers liegt insbesondere auch dann nicht vor, wenn mit der Vertragsstrafe nicht mit der Arbeitsleistung zu-

604 So bereits zur alten Rechtslage: *v.Koppenfels*, NZA 2002 S.598 (599); MüKo-*Gottwald*, Vor § 339 Rn.22; Staudinger-*Rieble* (2001), § 339 BGB Rn.74; *Söllner*, AuR 1981 S.97 (104).

605 Vgl. Staudinger-*Coester-Waltjen*, § 11 Nr.6 AGBG Rn.25; Wolf/Horn/Lindacher-*Wolf*, § 11 Nr.6 Rn.26.

606 So bereits zur alten Rechtslage: *v.Koppenfels*, NZA 2002 S.598 (599); *Söllner*, AuR 1981 S.97 (104).

607 So beispielsweise in dem dem Urteil des LAG Frankfurt vom 25.4.2003 – Az: 17 Sa 1723/02 zugrunde liegenden Arbeitsvertrag vereinbart, die aber nicht Streitgegenstand gewesen ist; als zulässig empfehlend MünchFormularHdB-*Kallmann*, IV 23 Anm.2.

608 Dazu unter 4.Kapitel D. III. 5. d) bb) (3) (c).

609 So bereits zur alten Rechtslage: *Preis*, S.478; *Söllner*, AuR 1981 S.97 (104); *Schwerdtner*, FS Hilger/Stumpf, S.631 (643 f.)

610 Vgl. Ulmer/Brandner/Hensen-*Fuchs*, § 307 BGB Rn.235.

611 Staudinger-*Rieble* (2004), § 339 BGB Rn.85;; *Lohr*, MDR 2000 S.433.

612 *Söllner*, AuR 1981 S.97 (101).

sammenhängende Ansprüche des Arbeitgebers gegen den Arbeitnehmer begründet werden sollen[613].

Außerdem muss die Vertragsstrafe das Verbot der Kumulierung von Schadensersatz und Vertragsstrafe gemäß §§ 340 Abs.2, 341 Abs.2 BGB beachten, nach dem die Vertragsstrafe auf einen etwa zusätzlich geltend gemachten Schadensersatz anzurechnen ist[614]. Damit ist zumindest die formularmäßige Abbedingung der Anrechenbarkeit der Vertragsstrafe auf einen Schadensersatzanspruch, sei der Schaden pauschaliert oder nicht, gemäß § 307 Abs.1 S.1 BGB unwirksam.

Ergibt sich die Unangemessenheit nicht bereits nach der Zweifelsregelung des § 307 Abs.1 S.2 BGB, so ist gemäß § 307 Abs.1 S.1 BGB danach zu fragen, ob die Vertragsstrafenklausel den Arbeitnehmer entgegen den Geboten von Treu und Glauben unangemessen benachteiligt. Abzuwägen sind die durch die Vertragsstrafe beeinträchtigten Interessen des Arbeitnehmers mit den Interessen des Arbeitgebers an der Vertragsstrafe[615]. Setzt der Arbeitgeber die Vertragsstrafe zu ihrem eigentlichen Sinn und Zweck ein, also in erster Linie als Druckmittel für den Arbeitnehmer, um diesen zur Erfüllung seiner vertraglichen Pflichten anzuhalten, aber auch, um sich im Verletzungsfall die Möglichkeit einer erleichterten Schadloshaltung ohne Einzelnachweis zu eröffnen[616], so handelt es sich in der Regel um berechtigte Interessen des Arbeitgebers[617]. Die Beweisprobleme im Rahmen von Schadensersatzansprüchen und die auch dadurch gesteigerte Machtlosigkeit gegenüber der Nichteinhaltung vertraglicher Pflichten seitens des Arbeitnehmers sind insbesondere bei den gängigen Vertragsstrafen für den Fall einer arbeitgeberseitigen außerordentlichen Kündigung wegen einer Pflichtverletzung des Arbeitnehmers sowie für die Verletzung von Geheimhaltungspflichten und Wettbewerbsverboten der Grund für deren Verwendung[618]. Angesichts der bereits oben aufgestellten Grundsätze für die Zulässigkeit von Vertragsstrafen, nach denen ein Verschulden unter Berücksichtigung der Haftungsprivilegierung der Arbeitnehmer zu fordern ist und ein Verbot der Kumulierung von Schadensersatz und Vertragsstrafe besteht, ist eine Missachtung des Schutzbedürfnisses der Arbeitnehmer nicht zu befürchten. Auch die Argumentation, dass die Schadenspauschalierung ein milderes Mittel darstelle und deshalb

613 Vgl. BAG v. 4.3.2004, AP Nr.3 zu § 309 BGB Bl.8 R; *Joost*, ZIP 2004 S.1981 (1984).

614 *Reichenbach*, NZA 2003 S.309 (313); *Preis*, S.477.

615 Vgl. Ulmer/Brandner/Hensen-*Fuchs*, § 307 BGB Rn.120 ff.

616 BGH v. 18.11.1982, NJW 1983 S.385 (387); BGH v. 27.11.1974, NJW 1975 S.163 (164); Staudinger-*Rieble* (2004), Vorbem zu §§ 339 ff. BGB Rn.12.

617 BAG v.4.3.2004, AP Nr.3 zu § 309 BGB Bl.8 f.; *Preis*, S.477; *Leder/Morgenroth*, NZA 2002 S.952 (956); *Hümmerich*, NZA 2003 S.753 (762).

618 Vgl. *Preis*, S.477 f.; *Schwerdtner*, FS Hilger/Stumpf, S.631 (645); *Leder/Morgenroth*, NZA 2002 S.952 (956); *Hümmerich*, NZA 2003 S.753 (762)..

bei der bestehenden Möglichkeit der Schadenspauschalierung die Verwendung einer Vertragsstrafe unzulässig ist[619], kann aus diesem Grund nicht überzeugen. Im Übrigen lässt sich bezüglich der Sicherung eines Wettbewerbsverbotes auch aus der gesetzlichen Wertung des § 75 c HGB ein berechtigtes Interesse des Arbeitgebers an der Absicherung eines Wettbewerbsverbotes mittels einer Vertragsstrafe entnehmen. Zudem schützt § 75 c HGB den Arbeitnehmer vor einer unangemessenen Benachteiligung, weil der Arbeitgeber, sofern er dem Arbeitnehmer keine Karenzentschädigung zahlt, gemäß § 75 c Abs.2 HGB seinen Anspruch auf Einhaltung des Wettbewerbsverbotes verliert und nur die Zahlung der Vertragsstrafe verlangen kann[620]. Im Falle der Vertragsstrafe für die arbeitgeberseitige außerordentliche Kündigung wird gegen die Zulässigkeit angeführt, dass der Arbeitnehmer durch die Kündigung bereits genug belastet ist und eine zusätzliche Vertragsstrafe ihn daher unangemessen benachteilige[621]. Der außerordentlichen Kündigung kommt allerdings kein Strafcharakter zu. Sie ist das jedem Rechtsverhältnis innewohnende Recht, sich im Hinblick auf die Zukunft aus wichtigem Grunde vom Vertrag lösen zu können[622]. Mögliche Schadensersatzansprüche kann der Arbeitgeber, was im übrigen auch vom Gesetzgeber gemäß § 628 Abs.2 BGB vorgesehen ist, ohne weiteres geltend machen. Eine Erleichterung dieser Geltendmachung in Form der Vertragstrafe kann, auch mit Blick auf die erforderliche Schwere der Pflichtverletzung sowie die für den Arbeitgeber außerordentlich wichtige und als Besonderheit des Arbeitsrechts anzuerkennende Präventivfunktion der Vertragsstrafe, um Störungen des Betriebsablaufes zu vermeiden, nicht als eine gegen die Gebote von Treu und Glauben verstoßende unangemessene Benachteiligung gewertet werden[623].

(b) Unangemessenheit der Vertragsstrafenhöhe gemäß § 307 Abs.1 S.1 BGB

Die Unangemessenheit der Vertragsstrafenklausel gemäß § 307 Abs.1 S.1 BGB kann sich jedoch aus der Höhe der Vertragsstrafe ergeben. Die vor dem Inkrafttreten des Schuldrechtsreformgesetzes mögliche einzellfallbezogene Prüfung der bereits verwirkten Vertragsstrafe gemäß § 343 Abs.1 BGB ist bei solchen in AAB nicht mehr möglich[624]. Vielmehr ist jetzt bei der Prüfung der angemesse-

619 Palandt-*Heinrichs*, § 309 Rn.37; Wolf/Horn/Lindacher-*Wolf*, § 11 Nr.6 Rn.24.

620 *Preis*, S.478.

621 *Schuster*, AiB 2002 S.278; ebenso BAG v. 21.04.2005, AP Nr.3 zu § 307 BGB Bl.4 f., das zwar zu Recht ein über die Beendigung des Arbeitsverhältnisses hinausgehendes schutzwürdiges Interesse verlangt, für dieses aber nicht allein das Präventionsinteresse anerkennt, sondern etwa – dann auch in der Vertragsstrafenklausel ausdrücklich zu nennende - Eigentums- oder Vermögensverletzungen des Arbeitgebers fordert.

622 ErfK-*Müller-Glöge*, § 626 BGB Rn.1 f.

623 Vgl. auch *Bauer/Krieger*, SAE 2006 S.11 (13 f.).

624 Vgl. BAG v. 4.3.2004, AP Nr.3 zu § 309 BGB Bl.8 R f.; LAG Baden-Württemberg v. 10.4.2003 – Az.: 11 Sa 17/03, DB 2003 S.2551 f. (Entscheidungsgründe nicht vollstän-

nen Höhe der Vertragsstrafe gemäß § 307 Abs.1 S.1 BGB ein generalisierender Maßstab und eine typisierende Betrachtungsweise zum Zeitpunkt des Vertragsschlusses zugrunde zu legen[625]. Über § 310 Abs.3 BGB könnten zwar auch individuelle Umstände mit einfließen, allerdings nur solche, die den Vertragsschluss begleiten. Deren Relevanz in Bezug auf die Vertragsstrafenhöhe ist allerdings kaum denkbar.

Als generalisierende Maßstäbe können im Rahmen des § 307 BGB die bereits zur alten Rechtslage entwickelten Maßstäbe herangezogen werden[626]. So kann vor allem auf ein Brutto-Monatsgehalt als Obergrenze einer Vertragsstrafe abgestellt werden. Dies erscheint insbesondere deswegen angemessen, weil sich im Brutto-Monatsgehalt auch die Leistungsfähigkeit des Arbeitnehmers wiederspiegelt[627]. Diese Obergrenze wurde nach alter Rechtslage für den Fall des Vertragsbruchs in der Regel weiter durch den Maßstab der Dauer der einzuhaltenden Kündigungsfrist eingeschränkt[628]. Als weiterer Maßstab kann der typischerweise bei Verwirklichung des vertragsstrafenauslösenden Ereignisses zu erwartende Schaden dienen. Liegt dieser weit unter der vereinbarten Vertragsstrafe, spricht dies für die Unangemessenheit der Vertragsstrafenhöhe. Das Fehlen eines Schadens bei verwirkter Vertragsstrafe im konkreten Einzelfall ist aufgrund des generalisierenden Maßstabs im Rahmen des § 307 BGB hingegen nicht berücksichtigungsfähig. Dies ist angesichts der präventiven Zielsetzung der Vertragsstrafe auch konsequent. In diesem Fall kann jedoch gemäß § 343 Abs.1 BGB eine Anpassung der Vertragsstrafenhöhe vorgenommen werden kann.

Für den Fall einer unangemessen hohen Vertragsstrafe ist unter der Prämisse, dass das Verbot der geltungserhaltenden Reduktion auch im Arbeitsrecht gilt[629], die Vertragsstrafe insgesamt unwirksam. Die Anpassung der Vertragsstrafenhöhe gemäß § 343 BGB ist dann nicht mehr möglich[630].

---

dig abgedruckt); *Bayreuther*, NZA 2004 S.954 f.; *Leder/Morgenroth*, NZA 2002 S.952 (956); *Reichenbach*, NZA 2003 S.309 (313); *Thüsing/Leder*, BB 2004 S.42 (45).

625 BAG v. 4.3.2004, AP Nr.3 zu § 309 BGB Bl.8 R f.; Wolf/Horn/Lindacher-*Wolf*, § 9 Rn.51.

626 Vgl. BAG v. 4.3.2004, AP Nr.3 zu § 309 Bl.9.

627 Vgl. BAG v. 4.3.2004, AP Nr.3 zu § 309 Bl.9.

628 LAG Köln v. 26.9.1989, LAGE Nr.4 zu § 339 BGB; LAG Sachsen v. 25.11.1997, LAGE Nr.12 zu § 339 BGB; LAG Berlin v. 12.10.1981, DB 1982 S.1627.

629 Dazu unter 4.Kapitel D. VI.

630 BAG v. 4.3.2004, AP Nr.3 zu § 309 BGB Bl.10; LAG Baden-Württemberg v. 10.4.2003 – Az.: 11 Sa 17/03, DB 2003 S.2551 f. (Entscheidungsgründe nicht vollständig abgedruckt); *Leder/Morgenroth*, NZA 2002 S.952 (956); *Reichenbach*, NZA 2003 S.309 (313); *Thüsing/Leder*, BB 2004 S.42 (45); *Joost*, ZIP 2004 S.1981 (1985).

(c) Unangemessenheit der Vertragsstrafe gemäß § 307 Abs.1 S.2 BGB

Gemäß § 307 Abs.1 S.2 BGB kann sich eine unangemessene Benachteiligung durch die Vertragsstrafenklausel daraus ergeben, dass diese nicht klar und verständlich ist. Ziel des Transparenzgebotes ist die Schaffung von Rechtsklarheit für den Vertragspartner des Verwenders[631]. Der Arbeitnehmer muss somit aus der Vertragsstrafenklausel entnehmen können, welche Vertragsverletzungen mit welcher Art von Vertragsstrafe sanktioniert wird. Die Konsequenz daraus ist, dass der Sachverhalt, an den die Vertragsstrafe anknüpft, ebenso wie die Vertragsstrafe selbst genau präzisiert sein muss[632].

Fraglich erscheint, ob eine Vertragsstrafenklausel, die an den „Vertragsbruch" anknüpft, danach noch zulässig ist. So wird dieser Tatbestand bei Vertragsstrafenklauseln in AGB wegen der Generalklauselartigkeit als zu unbestimmt und damit für unwirksam gehalten[633]. Das BAG hat dagegen eine Unbestimmtheit bislang nicht beanstandet, sondern den Begriff „Vertragsbruch" durch Auslegung dahingehend konkretisiert, dass von ihm die Fälle erfasst werden, in denen der Arbeitnehmer das Vertragsverhältnis rechtswidrig vorzeitig beendet oder rechtswidrig das Arbeitsverhältnis nicht antritt [634]. Allerdings hilft dies über den Umstand nicht hinweg, dass sich der Begriff des „Vertragsbruchs" noch nicht entsprechend verfestigt hat. Er wird in der Praxis weiterhin auch dazu herangezogen, andere Vertragsverletzungen mit diesem Begriff zu umschreiben. Sofern eine Konkretisierung sich nicht aus der Vertragsstrafenklausel und ihrem Gesamtzusammenhang eindeutig entnehmen lässt, hält eine Vertragsstrafenklausel für den Fall des „Vertragsbruchs" aufgrund der weiterhin bestehenden Unbestimmtheit des Begriffs den Anforderungen des § 307 Abs.1 S.2 BGB nicht stand[635]. Als Beispiel dafür, dass dem Begriff „Vertragsbruch" der Charakter einer Generalklausel für (schwerwiegende) Vertragsverletzungen beigemessen wird, sei die einem Urteil des LAG Frankfurt vom 25. April 2003 zugrunde liegende Vertragsstrafenklausel angeführt. Dort heißt es unter anderem:

> *„Als Vertragsbruch gilt insbesondere:*
> *1. Die Kündigung der Arbeitsverhältnisses vor Aufnahme der vereinbarten Tätigkeit.*

---

631 Vgl. Wolf/Horn/Lindacher-*Wolf*, § 9 Rn.143.

632 BAG v. 21.04.2005, AP Nr.3 zu § 307 BGB Bl.4; BAG v. 18.08.2005, AP Nr.1 zu § 336 BGB Bl.3 R f.: „gravierender Vertragsverstoß"; *Gotthardt*, ZIP 2002 S.277 (283); *Leder/Morgenroth*, NZA 2002 S.952 (957); ErfK-*Müller-Glöge*, §§ 339-345 BGB Rn.13, 15; vgl. auch BAG v. 27.4.2000 – 8 AZR 301/99 n.v.

633 OLG Düsseldorf v.18.10.1991, DB 1992 S.86; Wolf/Horn/Lindacher-*Wolf*, § 11 Nr.6 Rn.25.

634 BAG v.18.9.1991, AP Nr.14 zu § 339 BGB.

635 So wohl auch *Lingemann*, NZA 2002 S.181 (192).

2. Die Nichtaufnahme der vereinbarten Tätigkeit.
[...]
6. Eigenmächtiger Urlaubsantritt.
7. Die nicht fristgemäße Ablegung der Ortskenntnisprüfung für Kassel.
8. Die Verletzung der Informationspflicht gemäß § 18 des Vertrages

Vor diesem Hintergrund muss die Vertragsstrafe für den Fall des „Vertragsbruchs" in Zukunft als unangemessen im Sinne des § 307 Abs.1 S.2 BGB bewertet werden. Will der Arbeitgeber also den Vertragsbruch im Sinne der Definition des BAG mit einer Vertragsstrafe sanktionieren, so muss er angesichts des § 307 Abs.1 S.2 BGB diese Definition als Voraussetzung für die Vertragsstrafe in den Vertrag mit aufnehmen.Entsprechendes gilt für Vertragsstrafenklauseln für die nicht in gehöriger Weise erfolgte Erbringung der Arbeitsleistung oder bei „gravierenden Vertragsverstößen"[636].
In seiner Entscheidung vom 21.04.2005 hat das BAG allerdings übertriebene Anforderungen an die Transparenz gestellt, indem es eine Vertragsstrafe für „schuldhaft vertragswidriges Verhalten des Arbeitnehmers, das den Arbeitgeber zur fristlosen Kündigung des Arbeitsverhältnisses veranlasst" für zu unbestimmt erklärt hat, weil der Arbeitnehmer nicht erkennen könne, welche seiner Pflichten mit der Strafe abgesichert werden sollen. Im Hinblick darauf, dass jeder Arbeitnehmer sich eigentlich im Groben darüber klar sein sollte, welche Verhaltensweisen den Arbeitgeber zum Griff nach dessen schärfstem Schwert berechtigt und angesichts der Vielfalt möglicher kündigungsrelevanter Sachverhalte, ist eine dem Transparenzgebot – dessen Anforderungen nicht überzustrapazieren sind[637] – nicht genügende Unbestimmtheit nicht zu erkennen. Dies gilt insbesondere auch vor dem bereits benannten anerkannten präventiven Ziel der Vertragsstrafe, Störungen des Betriebsablaufes zu vermeiden[638].

cc) Zusammenfassung der Auswirkungen der §§ 307 ff. BGB auf Schadenspauschalierungen und Vertragsstrafenklauseln

Zusammenfassend ist mithin festzustellen, dass sich sowohl für Schadenspauschalierungen als auch für Vertragsstrafenregelungen in Bezug auf ihre Zulässigkeitsvoraussetzungen mit den §§ 307 ff. BGB keine „revolutionären" Änderungen für die Arbeitsvertragsgestaltung ergeben haben. Schadenspauschalierungen müssen auch im Arbeitsrecht in Zukunft den Hinweis des § 309 Nr.5 b) BGB enthalten. Bei den Vertragsstrafen haben sich Änderungen zum einen bei dem anzuwendenden Kontrollmaßstab und vor allem hinsichtlich verschärfter

636 Vgl. BAG v. 18.08.2005, AP Nr.1 zu § 336 BGB Bl.4.
637 BGH v. 3.6.1998, NJW 1998 S.3114 (3116); vgl. BGH v. 17.12.1998, NJW 1999 S.942 (944); BGH v. 10.7.1990, NJW 1990 S.2383 (2384); Palandt-*Heinrichs*, § 307 Rn.18.
638 Vgl. auch *Bauer/Krieger*, SAE 2006 S.11 (12 ff.).

Bestimmtheitsanforderungen an die die Vertragsstrafe auslösenden Voraussetzungen ergeben.

5. § 309 Nr.7 BGB – Haftungsausschluss

a) § 309 Nr.7 a) BGB – Verletzung von Leben, Körper, Gesundheit

Gemäß § 309 Nr.7 a) BGB sind Klauseln unwirksam, in denen der Arbeitgeber seine Haftung für Schäden aus Verletzung des Lebens, des Körpers oder der Gesundheit, die auf einer fahrlässigen Pflichtverletzung oder einer vorsätzlichen oder fahrlässigen Pflichtverletzung eines gesetzlichen Vertreters oder Erfüllungsgehilfen beruhen, ausschließt oder begrenzt.

Aufgrund des § 104 SGB VII hat auch dieses Klauselverbot im Arbeitsrecht keine große Bedeutung. Gemäß § 104 SGB VII haftet der Unternehmer in Fällen, in denen der Arbeitgeber eine OHG, KG oder, nach der neueren Rechtsprechung nun auch möglich[639], eine GbR ist, die Gesellschafter[640], nämlich nur bei vorsätzlicher Herbeiführung des Versicherungsfalls oder bei der Herbeiführung eines Versicherungsfalls auf einem nach § 8 Abs.2 Nr.1 bis 4 SGB VII versicherten Weg. Für eine fahrlässige Pflichtverletzung ist die Haftung somit bereits gemäß § 104 SGB VII ausgeschlossen. Der Ausschluss der Haftung für Vorsatz im Voraus ist bereits wegen § 276 Abs.3 BGB nicht möglich. Daher kann § 309 Nr.7 a) BGB nur einen nachträglichen Haftungsausschluss für eine vorsätzliche Pflichtverletzung erfassen[641]. Ein solcher Haftungsausschluss wird aber praktisch nie die Voraussetzungen des § 305 Abs.1 BGB und ebenso unwahrscheinlich die des § 310 Abs.3 Nr.2 BGB erfüllen.

Auch dem Fall des Haftungsausschlusses für einen Versicherungsfall auf einem nach § 8 Abs.2 SGB VII versicherten Weg kommt wohl keine große Bedeutung zu. Der wohl naheliegendste Anwendungsfall, in dem ein Haftungsausschluss vereinbart werden könnte, ist ein vom Arbeitgeber organisierter Werksverkehr. Dieser jedoch fällt nicht unter § 8 Abs.2 SGB VII und ist somit vom Haftungsprivileg des § 104 SGB VII erfasst[642].

b) § 309 Nr.7 b) BGB – Grobes Verschulden

Nach § 309 Nr.7 b) BGB sind solche Klauseln unwirksam, in denen der Arbeitgeber die Haftung für sonstige Schäden ausschließt, die auf grob fahrlässiger

639 BGH v. 29.1.2001, NJW 2001 S.1056 (1058).

640 ErfK-*Rolfs*, § 104 SGB VII Rn.19.

641 Vgl. Wolf/Horn/Lindacher-*Wolf*, § 11 Nr.7 Rn.14.

642 ErfK-*Rolfs*, § 104 SGB VII Rn.22.

Pflichtverletzung seinerseits oder vorsätzlicher oder fahrlässiger Pflichtverletzung seiner gesetzlichen Vertreter oder Erfüllungsgehilfen beruhen. Regelungen zu Haftungsfragen sind in der Praxis jedoch eher selten anzutreffen[643]. Darüber hinaus sind mit diesem Klauselverbot keine Neuerungen im Arbeitsrecht verbunden. Nach der Rechtsprechung des BAG waren Haftungsfreizeichnungen des Arbeitgebers für grobe und vorsätzliche Pflichtverletzungen in vertraglichen Einheitsregelungen auch bisher schon bei Schäden an den berechtigterweise auf dem Betriebshof parkenden Fahrzeugen seiner Arbeitnehmer durch betriebseigene Fahrzeuge unzulässig[644]. In der Entscheidung des 8. Senats des BAG vom 28.9.1989 wurde sogar der Haftungsausschluss für leichte Fahrlässigkeit in einem gleichgelagerten Fall für unzulässig erklärt[645]. Ob dieses Urteil weiter Bestand haben wird oder Haftungsfreizeichnungen für leichte Fahrlässigkeit nun doch zulässig sind, ist eine Frage des § 307 BGB[646].

c) Unwirksamkeit von Ausschlussfristen gemäß § 309 Nr.7 BGB

Ein Anwendungsbereich auch im Arbeitsrecht würde auf § 309 Nr.7 BGB allerdings dann zukommen, wenn, wie in der Literatur diskutiert, Ausschlussfristen am Maßstab des § 309 Nr.7 BGB zu messen sind[647]. Im Schrifttum und in der Rechtsprechung zu § 11 Nr.7 AGBG herrschte über diese Frage Uneinigkeit[648]. Betroffen von dieser Frage sind Ausschlussfristen für Schadensersatzansprüche gegen den Arbeitgeber wegen vorsätzlicher Körperverletzungen sowie vorsätzlich oder grob fahrlässig herbeigeführte Sachschäden.

Bereits die Betrachtung des Wortlautes zeigt jedoch, dass richtigerweise Ausschlussfristen nicht als von § 309 Nr.7 BGB erfasst anzusehen sind. § 309 Nr.7 bezieht sich auf den Ausschluss oder die Begrenzung der Haftung für Schäden. Er bezieht sich damit nur auf inhaltliche Einschränkungen der Schadensersatzansprüche, nicht dagegen auf Einschränkungen im Rahmen ihrer Geltendmachung[649]. Im Übrigen können selbst im allgemeinen Zivilrecht Interessen des

643 MünchArbR-*Blomeyer*, § 96 Rn.41.

644 BAG v. 5.3.1959, AP Nr.26 zu § 611 BGB Fürsorgepflicht.

645 AP Nr.5 zu § 611 BGB Parkplatz.

646 Vgl. *Preis*, S.459 f.

647 *Preis/Roloff*, RdA 2005 S.144 (146 ff.).

648 Für die Unwirksamkeit: Wolf/Horn/Lindacher-*Wolf*, § 11 Nr.7 Rn.23; MüKo-*Basedow*, § 11 Nr.7 AGBG Rn.16; Gegen die Unwirksamkeit: KG Berlin v.10.01.1990, NJW-RR 1990 S.544 (554); LG Berlin v. 13.7.1988, ZIP 1988 S.1311 (1327 f.); LG Hannover v. 16.06.1987, NJW-RR 1988 S.505; Staudinger-*Coester-Waltjen*, § 11 Nr.7 AGBG Rn.20; Ulmer/Brandner/Hensen (9.Aufl.)-*Hensen*, § 11 Nr.7 Rn.21; *Stoffels*, AGB-Recht, Rn. 975; Löwe/v. Westphalen/Trinkner-*v. Westphalen*, § 11 Nr. 7 AGBG Rn. 29.

649 Vgl. jetzt auch BAG v. 28.09.2005, AP Nr.7 zu § 307 BGB Bl.4; BAG v. 25.5.2005, AP Nr.1 zu § 310 BGB Bl.3 R; bereits auch LG Berlin v. 13.07.1988, ZIP 1988 S.1311

Verwenders an Ausschlussfristen bestehen, die in dem Klauselverbot ohne Wertungsmöglichkeiten keine Berücksichtigung finden könnten[650]. Selbst wenn § 309 Nr.7 BGB von seinem Anwendungsbereich her grundsätzlich auch Ausschlussfristen erfassen würde, stünden der Anwendbarkeit des § 309 Nr.7 BGB auf Ausschlussfristen in Arbeitsverträgen indes gemäß § 310 Abs.4 S.2 1.HS BGB Besonderheiten des Arbeitsrechts entgegen. Die Ausschlussfristen dienen nämlich nicht allein dem Interesse des Arbeitgebers, sondern auch den Interessen der Belegschaft im Sinne des gesteigerten Organisationsbedürfnisses des Arbeitsverbundes. Dieses erfordert, dass der Arbeitgeber das liquide Betriebsvermögen für betriebliche Zwecke einsetzen kann und es nicht übermäßig lange wegen offener und ungewisser Forderungen nicht zur Verfügung steht. Da diese gebundenen Mittel ansonsten nicht nur mittelbar, sondern auch unmittelbar der übrigen Belegschaft zu Gute kommen können, berühren Ausschlussfristen folglich auch die relative Gerechtigkeit innerhalb der Arbeitnehmerschaft[651]. Mithin sind Ausschlussfristen allein nach § 307 BGB zu kontrollieren[652].

6. 309 Nr.8 a) BGB – Ausschluss des Rechts, sich vom Vertrag zu lösen

Gemäß § 309 Nr.8 a) BGB ist eine Klausel unwirksam, die bei einer vom Arbeitgeber zu vertretenden Pflichtverletzung das Recht des Arbeitnehmers, sich vom Vertrag zu lösen, ausschließt oder einschränkt[653].

Das weite Tatbestandsmerkmal „Recht zum Lösen" erfasst dabei nur gesetzliche Lösungsrechte[654], so dass nur das Recht zur außerordentlichen Kündigung des Arbeitnehmers als sein einziges Kündigungsrecht bei Vertragsverletzungen von § 309 Nr.8 a) BGB erfasst wird.Die außerordentliche Kündigung ist schon immer unabdingbar und unbeschränkbar gewesen[655]. Die umfassende Unabdingbarkeit der außerordentlichen Kündigung basiert auf den grundrechtlichen Wertungen der Art.1 Abs.1, 2 Abs.1 und 12 GG[656]. Man kann somit feststellen, dass

---

(1327 f.); Staudinger-*Coester-Waltjen*, § 11 Nr.7 AGBG Rn.20; Ulmer/Brandner/Hensen (9.Aufl.)-*Hensen*, § 11 Nr.7 Rn.21.

650 Vgl. LG Berlin v. 13.07.1988, ZIP 1988 S.1311 (1327 f.).

651 Vgl. *Reuter*, FS 50 Jahre BAG, S.177 (188 f.).

652 Siehe dazu unter 4.Kapitel D. V. 4. a).

653 Entgegen dem klaren Wortlaut, der gerade Mängel an Kaufsachen und Werken ausschließt, hält *Zeller-Müller*, S.184, auch § 309 Nr.8 a) BGB für nicht anwendbar. A.A. zu Recht: *Gotthardt*, Rn.284.

654 Wolf/Horn/Lindacher-*Wolf*, § 11 Nr.8 Rn.11.

655 BAG v. 15.3.1991, AP Nr.2 zu § 47 BBiG Bl.5; MünchArbR-*Wank*, § 120 Rn.24; ErfK-*Müller-Glöge*, § 626 Rn.234; Staudinger-*Preis* (2002), § 626 BGB Rn.38; *Schaub*, § 125 Rn.15; Erman (11.Aufl.)-*Belling*, § 626 Rn.18 ff..

656 Staudinger-*Preis* (2002), § 626 BGB Rn.40; *Zöllner*, Gutachten D zum 52. DJT, D 119 f.; *Papier*, DVBl. 1984 S.801 (813); *Preis*, Prinzipien des Kündigungsrechts, S.59 ff.

dieses Verbot für AAB im Sinne des § 305 Abs.1 BGB hinsichtlich des Rechts zur außerordentlichen Kündigung des Arbeitnehmers einfachrechtlich konkretisiert worden ist. Eine Umkehrschlussargumentation in dem Sinne, dass nun das Recht zur außerordentlichen Kündigung einzelvertraglich abdingbar sei, ist daher nicht möglich. Gleiches gilt für einen Ausschluss in einem Kollektivvertrag. Ebenso kann man nicht im Umkehrschluss argumentieren, dass zugunsten der Arbeitnehmer ein Ausschluss des Rechts zur außerordentlichen Kündigung seitens des Arbeitgebers zulässig sei.
Aus der grundrechtlichen Wertung ergibt sich darüber hinaus auch das Verbot, das außerordentliche Kündigungsrecht über ein unzumutbares Maß hinaus einzuschränken und zu erschweren[657]. Die weiteren beiden Tatbestandsalternativen des § 309 Nr.8 a) BGB führt insofern zu einer Verschärfung dieses Verbots, als die Zumutbarkeit bei Formulararbeitsverträgen beziehungsweise in Fällen des § 310 Abs.3 Nr.2 BGB einem absoluten Einschränkungsverbot weicht. Für die Vereinbarung einer Vertragsstrafe oder von Rückzahlungsklauseln bezüglich Gratifikationen, Ausbildungskosten, Urlaubsgeld, Arbeitgeberdarlehen usw. für den Fall der außerordentlichen Kündigung des Arbeitnehmers geht mit § 309 Nr.8 a) BGB keine Änderung einher, da diese bereits nach alter Rechtslage als eine unzumutbare Kündigungserschwerung angesehen wurden[658].

7. § 309 Nr.10 BGB – Wechsel des Vertragspartners

Die Anwendbarkeit des Klauselverbotes des § 309 Nr.10 BGB im Arbeitsrecht, ist, anders als beispielsweise bei § 309 Nrn.1, 8 b, 9 BGB, nicht von vornherein abzulehnen. Immerhin könnte man aufgrund des Wortlautes daran denken, auch den Arbeitsvertrag als einen Spezialfall des Dienstvertrages unter den Dienstvertrag zu subsumieren. Vorab bemerkt sei, dass sich aus dem Schutzzweck des § 309 Nr.10 BGB, nach dem der Vertragspartner Gewissheit über seinen Vertragspartner haben soll, ergibt, dass § 309 Nr.10 BGB keine Anwendung findet, wenn der Verwender Vertragspartei bleibt[659]. Daher werden Fälle der Arbeitnehmerüberlassung, seien sie gewerblich und damit dem AÜG unterworfen oder nicht, von § 309 Nr.10 BGB nicht erfasst[660].

657 BAG v. 8.8.1963, AP Nr.2 zu § 626 BGB Kündigungserschwerung Bl.4; ErfK-*Müller-Glöge*, § 626 Rn.238.

658 BAG v. 18.12.1961, AP Nr.1 zu § 626 BGB Kündigungserschwerung Bl.2; Staudinger-*Preis* (2002), § 628 BGB Rn.52; MünchFormularHdB-*Kallmann*, IV 6 Anm.18; ErfK-*Müller-Glöge*, § 626 BGB Rn.240.

659 *Däubler/Dorndorf*, § 309 Nr.10 Rn.1; *Stoffels*, AGB-Recht, Rn.745; Ulmer/Brandner/Hensen-*Hensen*, § 309 Nr.10 BGB Rn.5; Wolf/Horn/Lindacher-*Wolf*, § 11 Nr.13 Rn.3; MüKo-*Basedow*, § 309 Nr.10 Rn.6; Staudinger-*Coester-Waltjen*, § 11 Nr.13 AGBG Rn.12.

660 So wohl aber hinsichtlich der nicht gewerblichen Arbeitnehmerüberlassung: *Löwisch*, FS Wiedemann S.311 (319).

Für den normalen Vertragspartnerwechsel im Arbeitsrecht in Form des rechtsgeschäftlichen Betriebsübergangs spielt § 309 Nr.10 BGB allerdings keine Rolle. Insoweit besteht mit § 613 a BGB eine spezielle Norm, nach der der Wechsel des Arbeitgebers kraft Gesetzes erfolgt. Eine Klausel im Sinne des § 309 Nr.10 BGB gäbe in diesen Fällen somit nur die gesetzliche Regelung des § 613 a Abs.1 BGB wieder, so dass sie gemäß § 307 Abs.3 BGB einer Inhaltskontrolle nicht unterworfen wäre[661]. Gleiches gilt für einen Betriebsübergang kraft Gesetzes in Folge einer Verschmelzung oder Spaltung von Unternehmen oder einer Vermögensübertragung gemäß dem UmwG, denn gemäß § 324 UmwG findet § 613 a Abs.1, 4-6 BGB auch in diesen Fällen Anwendung.

Ein nicht kraft Gesetzes erfolgender Arbeitgeberwechsel und daher ein möglicher Anwendungsfall des § 309 Nr.10 BGB ist jedoch der dauerhafte Übertritt eines Arbeitnehmers in ein anderes Konzernunternehmen. Die Zulässigkeit einer diesbezüglichen Vereinbarung bei Abschluss des Arbeitsvertrages, einer sogenannten Konzernversetzungsklausel, wird vom BAG und dem überwiegenden Teil der Literatur bejaht[662], während nach anderer Ansicht von der Unzulässigkeit einer solchen Klausel auszugehen ist[663]. Mit § 309 Nr.10 BGB könnte zumindest für Formulararbeitsverträge oder bei Arbeitsverträgen, die die Voraussetzungen des § 310 Abs.3 Nr.2 BGB erfüllen, für diese Konzernversetzungsklauseln nunmehr eine gesetzliche Regelung bestehen. Danach wären dann nur solche Klauseln zulässig, in denen das übernehmende Konzernunternehmen bereits bezeichnet ist oder die dem Arbeitnehmer beim Eintritt des Dritten in den Vertrag das Recht einräumen, sich vom Vertrag zu lösen. Somit kommt der Klärung der Frage nach der Anwendbarkeit des § 309 Nr.10 BGB eine entscheidende Bedeutung zu.

Aus der Betrachtung der Entstehungsgeschichte des § 309 Nr.10 könnte das Argument gegen die Anwendbarkeit auf Arbeitsverträge entwickelt werden, dass der Gesetzgeber § 309 Nr.10 BGB aus Anlass von Missbrauchsfällen bei Bezugsverträgen mit in den Klauselkatalog aufgenommen hat[664]. Allerdings kann allein dieser Umstand nicht zu einer Begrenzung des vom Wortlaut erfassten

661 Vgl. *Däubler/Dorndorf*, § 309 Nr.10 Rn.1; MüKo-*Basedow*, § 309 Nr.10 Rn.5.

662 BAG v. 14.10.1982, AP Nr.1 zu § 1 KSchG 1969 Konzern Bl.7 f.; BAG v. 22.5.1986, AP Nr.4 zu § 1 KSchG 1969 Konzern Bl.4 R; *Windbichler*, S.97; *Lingemann/v.Steinau-Steinrück*, DB 1999 S.2161 (2162); *Henssler*, S.52; *Hanau*, ZGR 13 (1984), S. 468 (485); *Hueck/v.Hoyningen-Huene*, § 1 Rn.393; *Karamarias*, RdA 1983 S.353 (359); *Martens*, DB 1985 S.2144 (2147); *Preis*, S.322; MünchArbR-*Richardi*, § 32 Rn.21, 25; *Worpenberg*, S.43; differenzierend: *Maschmann*, RdA 1996 S.24 (35 ff.).

663 *v.Hoyningen-Huene/Boemke*, S.218; *Weinmann*, ZGR 13 (1984) S.462.

664 Vgl. BT-Drs.7/3919 S.38; so *Gotthardt*, Rn.285.

Anwendungsbereichs führen. Aus systematischen Gründen wäre eine Anwendbarkeit jedoch dann abzulehnen, wenn die Wirksamkeit einer solchen Klausel zu einem unauflösbaren Konflikt mit anderen gesetzlichen Wertungen im Arbeitsrecht führen würde[665]. Dies könnte bei dem von den Gegnern der Konzernversetzungsklauseln angeführten zugunsten der Arbeitnehmer zwingend wirkenden[666] Kündigungsschutz der Fall sein[667]. Zwar wird immer wieder argumentiert, dass bei den sogenannten Versetzungsklauseln die Besonderheit bestehe, dass dem beendeten Arbeitsverhältnis sofort ein neues Arbeitsverhältnis folge und somit dem angestrebten Bestandsschutz Rechnung getragen werde[668]. Dabei wird allerdings nicht beachtet, dass die Arbeitnehmer aus rein praktischen Erwägungen, beispielsweise aufgrund der Bindung an eine Region wegen des Baus eines Eigenheims, sehr wohl ein Interesse an einem Arbeitsplatz in dem dort ansässigen Unternehmen haben können[669]. Der sicher folgende Arbeitsvertrag mit dem anderen Konzernunternehmen kann somit den Verstoß gegen den zwingenden Kündigungsschutz keineswegs rechtfertigen.

Gegen den Einwand des Verstoßes gegen den Kündigungsschutz kann jedoch angeführt werden, dass der Gesetzgeber mit dem TzBfG ein Gesetz geschaffen hat, mit dem die Umgehung des Kündigungsschutzes durch Befristungen und Bedingungen verhindert wird. Betrachtet man die Möglichkeiten der rechtlichen Konstruktion einer dauerhaften Versetzung eines Arbeitnehmers innerhalb des Konzerns, so ist bei der Variante „Beendigung und Neubegründung des Arbeitsverhältnisses" in der Versetzungsklausel eine auflösende Bedingung enthalten[670]. Danach wäre eine Versetzungsklausel neben den Voraussetzungen des § 309 Nr.10 BGB nur unter den zusätzlichen Voraussetzungen der § 21 i.V.m. § 14 Abs.1 und 4 TzBfG zulässig, das heißt, die auflösende Bedingung „Ausübung des vertraglich eingeräumten Versetzungsrechts" muss durch einen sachlichen Grund gerechtfertigt sein[671]. Eine Umgehung des Kündigungsschutzes des Arbeitgebers ist also aufgrund dieser zusätzlichen Voraussetzungen mit der Anwendbarkeit des § 309 Nr.10 BGB nicht verbunden. Betrachtet man die Variante „Vertragsübernahme", bei der der Arbeitnehmer seine im allgemeinen anzunehmende unwiderrufliche Einwilligung im Sinne des § 183 Abs.1 1.HS BGB zu der zwischen dem bisherigen und dem neuen Arbeitgeber vereinbarten Ver-

665 So Gotthardt, Rn.85; *Zeller-Müller*, S.186f.

666 BAG v.19.12.1974, AP Nr.3 zu § 620 BGB Bedingung Bl.3; BAG v. 11.3.1976, AP Nr.1 zu § 95 BetrVG 1972 Bl.2 R; *Hueck/v.Hoyningen-Huene*, § 1 Rn.7; *Herschel/Löwisch*, § 1 Rn.2.

667 So Ulmer/Brander/Hensen-*Fuchs*, § 307 BGB Rn.471.

668 *Hanau*, ZGR 13 (1984) S.468 (469).

669 Vgl. *Maschmann*, RdA 1996 S.24 (37).

670 *Maschmann*, RdA 1996 S.24 (36).

671 Vgl. bereits *Maschmann*, RdA 1996 S.37 f.

tragsübernahme bereits in seinem Arbeitsvertrag abgibt[672], so findet das TzBfG hier zwar keine unmittelbare Anwendung. Jedoch kann bei der Beurteilung der Zulässigkeit einer unwiderruflichen Einwilligung § 14 Abs.1 und 4 TzBfG analog herangezogen werden[673]. Somit ist eine Konzernversetzungsklausel, egal welche rechtliche Konstruktion ihr zugrunde gelegt wird, nicht allein unter den Voraussetzungen des § 309 Nr.10 BGB wirksam, sondern muss darüber hinaus die Voraussetzungen des § 14 Abs.1 und 4 TzBfG erfüllen. Daher führt § 309 Nr.10 BGB nicht zu einem unauflösbaren Widerspruch zum Kündigungsschutz, so dass aus systematischen Gründen keine Einwände gegen die Anwendbarkeit des § 309 Nr.10 BGB bestehen.

Gegen den in § 309 Nr.10 b) BGB vorgesehenen Schutzmechanismus wird eingewendet, er wiederspreche fundamental dem Interesse des Arbeitnehmers an der Aufrechterhaltung des mit dem bisherigen Arbeitgeber bestehenden Arbeitsvertrags, wie es in § 613 a Abs.6 BGB mit dem dort vorgesehenen Widerspruchsrecht des Arbeitnehmers berücksichtigt wird[674]. Vor dem Hintergrund der Zulässigkeit auflösend bedingter Arbeitsverträge unter der zusätzlichen Voraussetzung des „sachlichen Grundes" gemäß § 21 i.V.m. § 14 Abs.1 und 4 TzBfG allerdings erscheint der Einwand nicht tragfähig.. Ein Recht des Arbeitnehmers zur fristlosen Kündigung erscheint daher für den Fall, dass der Arbeitnehmer beispielsweise aufgrund fehlender Flexibilität nicht in einem entfernt liegenden Konzernunternehmen arbeiten möchte, durchaus sinnvoll. Damit steht der grundsätzlichen Anwendbarkeit des § 309 Nr.10 BGB auch auf Arbeitsverträge nichts im Wege[675]. Besonderheiten des Arbeitsrechts im Sinne des § 310 Abs.4 S.2 1.HS BGB stehen dem nicht entgegen.

Zusätzlich zu den Voraussetzungen der §§ 21, 14 Abs.1 und 4 TzBfG setzt die Zulässigkeit von Konzernversetzungsklauseln in Formulararbeitsverträgen oder in Arbeitsverträgen, die die Voraussetzungen des § 310 Abs.3 Nr.2 BGB erfüllen, mithin eine der Tatbestandsalternativen des § 309 Nr.10 BGB voraus. Dass die namentliche Bezeichnung der Dritten gemäß § 309 Nr.10 a) BGB aufgrund der Schnelllebigkeit des Wirtschaftslebens gewisse Schwierigkeiten bereitet[676], ist unvermeidbar, weshalb der Alternative des § 309 Nr.10 b) BGB die entscheidendere Bedeutung zukommen wird. In Zukunft werden Konzernversetzungs-

---

672 *Maschmann*, RdA 1996 S.24 (36).

673 Vgl. bereits *Maschmann*, RdA 1996 S.39.

674 ErfK-*Preis*, §§ 305-310 BGB Rn.83; *Gotthardt*, Rn. 285; vgl. auch *Däubler/Dorndorf*, § 309 Nr.10 Rn.2.

675 So auch *Hümmerich*, NZA 2003 S.753 (758); Dauner-Lieb/Konzen/Schmidt-*Henssler*, S.615 (643).

676 Darauf aufmerksam machend: *Hümmerich*, NZA 2003 S.753 (758).

klauseln mithin nur noch mit einem dem Arbeitnehmer eingeräumten Kündigungsrecht wirksam vereinbart werden können.

8. § 309 Nr.12 BGB – Beweislast

Gemäß § 309 Nr.12 BGB ist eine Bestimmung, durch die der Verwender die Beweislast zum Nachteil des anderen Vertragsteils ändert, insbesondere indem er diesem die Beweislast für Umstände auferlegt, die im Verantwortungsbereich des Verwenders liegen, oder indem er den anderen Vertragsteil bestimmte Tatsachen bestätigen lässt, unwirksam. Eine Beweislaständerung ist nach allgemeiner Ansicht immer dann anzunehmen, wenn die Beweisposition des Vertragspartners erschwert wird, sei es durch Verlagerung der Beweislast auf den Vertragspartner, durch Veränderung der Beweisanforderungen, durch Ausschluss von Beweismitteln oder durch unwiderlegbare Fiktionen, mittels derer die Beweiserbringung dem Vertragspartners unmöglich gemacht wird[677]. Diese Vielfalt an Möglichkeiten sorgt dafür, dass auch arbeitsvertragliche Klauseln genau auf ihre Zulässigkeit nach § 309 Nr.12 BGB zu untersuchen sind.

So ist beispielsweise eine Klausel gemäß § 309 Nr.12 BGB unwirksam, nach der der Arbeitgeber nur dann Schadensersatz zu leisten hat, wenn der Arbeitnehmer ihm Verschulden nachweist[678]. Hinsichtlich der Haftung des Arbeitnehmers besteht die Beweislasterleichterung des § 619 a BGB. Ob diese Norm zwingenden Charakter hat, wird unterschiedlich beurteilt[679]. Aufgrund des § 309 Nr.12 BGB kommen die Ansichten jetzt jedenfalls in Formulararbeitsverträgen und in Arbeitsverträgen, die die Voraussetzungen des § 310 Abs.3 Nr.2 BGB erfüllen, beide zum gleichen Ergebnis[680]. Von praktischer Relevanz ist dies vor allem bei Beweislastvereinbarungen im Rahmen von Mankoabreden, die üblicherweise vorsehen, dass der Arbeitnehmer sich zu entlasten habe. Diese wurden vom BAG bislang prinzipiell als zulässig erklärt, wenn sie eine sinnvolle, den Eigenarten des Betriebes und der Beschäftigung angepasste Beweislastverteilung enthalten[681]. Von einigen Vertretern in der Literatur wurde bereits vor der Schuld-

---

677 Vgl. BGH v. 20.04.1989, NJW-RR 1989 S.817; BGH v. 28.01.1987, NJW 1987 S.1634 (1635); BGH v. 15.03.1990, NJW-RR 1990 S.856; Wolf/Horn/Lindacher-*Wolf*, § 11 Nr.15 Rn.6; Ulmer/Brandner/Hensen-*Hensen*, § 309 Nr.12 BGB Rn.8 ff.; MüKo-*Basedow*, § 309 Nr.12 Rn.9.

678 ErfK-*Preis*, §§ 305 – 310 BGB Rn.77.

679 Gegen die Abdingbarkeit: *Däubler*, NZA 2001 S.1329 (1332); Für die Abdingbarkeit: *Gotthardt*, Rn.200; *Henssler*, RdA 2002 S.129 (133); Staudinger-*Oetker* (2002), § 619 a BGB Rn.3; ErfK-*Preis*, § 619 a BGB Rn.11.

680 Vgl. ErfK-*Preis*, §§ 305 – 310 BGB Rn.77; vgl. auch *Gotthardt*, ZIP 2002 S.277 (288).

681 BAG v.13.2.1974, AP Nr.77 zu § 611 BGB Haftung des Arbeitnehmers Bl.2R; BAG v.29.1.1985, AP Nr.87 zu § 611 Haftung des Arbeitnehmers Bl.1 f.; siehe auch Münch-FormularHdB-*Kallmann*, IV 22 Anm.3.

rechtsreform kritisch zu dieser Rechtsprechung auf die Wertung des § 11 Nr.15 AGBG verwiesen[682]. Nunmehr wird das BAG seine diesbezügliche Rechtsauffassung zu revidieren haben[683]. Ein Widerspruch zwischen der generellen Unzulässigkeit von Beweislastverschiebungen in Mankoabreden und den unter bestimmten Voraussetzungen in Mankoabreden zulässigen Haftungsverschärfungen[684] besteht dabei nicht[685]. Von § 309 Nr.12 BGB könnten auch solche Klauseln erfasst sein, die dem Arbeitnehmer auferlegen, dass er eine ärztliche Arbeitsunfähigkeitsbescheinigung bereits für den ersten Tag krankheitsbedingter Arbeitsunfähigkeit beizubringen hat[686]. Hierin könnte eine die grundsätzliche Regelung des § 5 Abs.1 S.2 EntgeltFG verschärfende Beweisanforderung zu sehen sein. Jedoch gewährt § 5 Abs.1 S.3 EntgeltFG dem Arbeitgeber das Recht, eine Abweichung von § 5 Abs.1 S.2 EntgeltFG einseitig anzuordnen, so dass die §§ 305 ff. BGB mangels vertraglicher Vereinbarung keine Anwendung finden. Unzulässig ist jetzt auch die im Formulararbeitsvertrag enthaltene Bestätigung der Aushändigung einer Wettbewerbsabrede[687], es sei denn, dass die Empfangsbestätigung die Voraussetzungen des § 309 Nr.12 b BGB erfüllt. Arbeitsrechtliche Besonderheiten im Sinne des § 310 Abs.4 S.2 1.HS BGB sind auch bei § 309 Nr.12 BGB nicht zu verzeichnen.

9. § 309 Nr.13 BGB – Form von Anzeigen und Erklärungen

Gemäß § 309 Nr.13 ist eine Bestimmung, durch die Anzeigen oder Erklärungen, die dem Verwender oder einem Dritten gegenüber abzugeben sind, an strengere Form als die Schriftform oder an besondere Zugangserfordernisse gebunden werden, unwirksam. Formerfordernisse für vom Arbeitnehmer abzugebende Anzeigen und Erklärungen sind auch im Arbeitsrecht weit verbreitet.

Vor allem bedeutsam ist diesbezüglich die Kündigungserklärung des Arbeitnehmers. Üblich war (und ist) beispielsweise, dass eine Kündigung nur durch eingeschriebenen Brief wirksam erfolgen kann[688]. Das Erfordernis eines Einschreibens ist als ein besonderes Zugangserfordernis jetzt gemäß § 309 Nr.13

682 MünchArbR-*Blomeyer*, § 59 Rn.91; *Preis*, S.462 f.; *Boemke/Müller*, Anm. zu BAG v. 17.09.1998, SAE 2000 S.6 (13); *Deinert*, RdA 2000 S.22 (34 f.).
683 ErfK-*Preis*, §§ 305-310 BGB Rn.87; *Gotthardt*, Rn.320.
684 Siehe dazu unter 4.Kapitel D. V. 4. b).
685 Vgl. ErfK-*Preis*, §§ 305-310 BGB Rn.87; *Deinert*, RdA 2000 S.22 (35).
686 Die Zulässigkeit bejahend: BAG v.1.10.1997, AP Nr.5 zu § 5 EntgeltFG Bl.3 ff.
687 ErfK-*Preis*, §§ 305 – 310 BGB Rn.77.
688 Vgl. BAG v. 20.9.1979, AP Nr.8 zu § 125 BGB; LAG Hamburg v. 19.8.1971, DB 1972 S.980; *Preis*, S.412; *Reinecke*, DB 2002 S.583 (586); vgl. *Schaub*, FormularSam § 2 Rn.202.

BGB unwirksam[689]. Entsprechend sind Klauseln zu beurteilen, nach denen eine Kündigung erst dann als zugegangen gilt, wenn sie in einer bestimmten Abteilung des Unternehmens eingeht[690]. Eine Klausel, nach der ein Antrag gemäß § 8 TzBfG, § 15 BErzGG und § 81 SGB IX schriftlich an die Personalstelle zu richten ist[691], ist ebenfalls unwirksam.

Aus § 309 Nr.13 BGB ergibt sich im Umkehrschluss, dass der Arbeitgeber in den AGB das Schriftformerfordernis für Erklärungen der Arbeitnehmer festlegen darf[692]. Fraglich erscheint allerdings, ob auch die elektronische Form im Sinne des § 126 a BGB[693] in den AAB vereinbart werden darf, ob § 126 a BGB also eine strengere Formvorschrift darstellt oder nicht. Dies wird außerhalb des Arbeitsrechts unterschiedlich beurteilt[694]. Zurückzuführen sind diese Meinungsverschiedenheiten auf die Zwiespältigkeit der elektronischen Schriftform. Während sie für Wirtschaftsunternehmen eine Erleichterung darstellt, führt sie beim Einzelnen aufgrund des erheblichen technischen Aufwandes in der Regel zu Erschwernissen[695]. Angesichts des Standorts dieses Klauselverbotes in dem Katalog ohne Wertungsmöglichkeiten erscheint eine flexible Auslegung des Merkmals „strengere Form als die Schriftform" hinsichtlich § 126 a BGB nicht möglich. Entscheidend ist, dass § 309 BGB und damit auch § 309 Nr.13 BGB gemäß § 310 Abs.1 BGB zwischen Unternehmern keine Anwendung findet. Der Anwendungsbereich des § 309 Nr.13 BGB ist also auf die AGB beschränkt, bei denen Verbraucher, für die in der Regel die elektronische Form aufgrund des technischen Aufwandes beschwerlicher ist, beteiligt sind. Der Sinn und Zweck des § 309 Nr.13 BGB, dass der Vertragspartner des Verwenders nicht durch Erschwerungen gehindert werden soll, seine Rechte angemessen wahrzunehmen, spricht somit dafür, § 126 a BGB als eine strengere Form im Sinne des § 309 Nr.13 BGB zu verstehen. Daher ist eine solche Vereinbarung in den AGB für vom Arbeitnehmer abzugebende Erklärungen gemäß § 309 Nr.13 BGB unwirksam[696].

689 *Richardi*, NZA 2002 S.753 (764); MünchFormularHdB-*Kallmann*, IV 6 Anm.17; *Annuß*, BB 2002 S.458 (463); *Lingemann*, NZA 2002 S.173 (181); *Däubler*, NZA 2001 S.1329 (1336); *Zeller-Müller*, S.195; manche betrachten es als Formerfordernis, siehe Wolf/Horn/Lindacher-*Wolf*, § 11 Nr.16 Rn.7,10.

690 OLG München v. 15.1.1987, NJW-RR 1987, S.661 (664); Dauner-Lieb/Konzen/Schmidt-*Henssler*, S.615 (643).

691 MünchFormularHdB-*Kallmann*, IV 6.

692 Jauernig-*Jauernig*, § 309 Rn.22; *Richardi*, NZA 2002 S.1057 (1064).

693 Zu der grundsätzlichen Anwendbarkeit der §§ 126 III, 126 a BGB im Arbeitsrecht: *Gotthardt/Beck*, NZA 2002 S.876 (877 ff.); *Roos*, AiB 2002 S.133 (135).

694 Eine strengere Form annehmend: Bamberger/Roth-*Becker*, § 309 Nr.13 Rn.3; dafür: Jauernig-*Jauernig*, § 309 Rn.22.

695 Jauernig-*Jauernig*, § 126 a Rn.1 f.

696 *Richardi*, NZA 2002 S.1057 (1064); *Däubler*, NZA 2001 S.1329 (1336); vgl. *Nägle/Chwalisz*, MDR 2002 S.1341 (1343); *Zeller-Müller*, S.194.

In der Literatur ist eine Diskussion darüber entbrannt, ob die in Arbeitsverträgen oft enthaltenen zweistufigen Ausschlussfristen aufgrund des § 309 Nr.13 BGB unwirksam sind[697]. Neben einer fristgerechten, schriftlichen Geltendmachung des Anspruchs wird in diesen Klauseln eine fristgebundene Klageerhebung verlangt[698]. Recht zu verstehen ist diese Diskussion bei genauer Betrachtung des Wortlautes nicht. § 309 Nr.13 BGB verbietet ein strengeres Formerfordernis oder besondere Zugangserfordernisse. Die fristgebundene gerichtliche Geltendmachung ist keines von beidem[699]. Daher erscheint es nicht möglich, die Vertragsfreiheit hinsichtlich der Vereinbarung einer zweiten Ausschlussfrist mit § 309 Nr.13 BGB zu beschneiden[700]. Die von *Nägle/Chwalisz* geführte Argumentation, nach der alleiniges Ziel einer doppelten Ausschlussfrist die Erschwerung der Geltendmachung von Ansprüchen ist[701], kann jedoch möglicherweise bei einer Kontrolle dieser Klauseln gemäß § 307 BGB berücksichtigt werden[702].

Arbeitsrechtliche Besonderheiten gemäß § 310 Abs.4 S.2 1.HS BGB sind hinsichtlich der Form- und Zugangserschwernisse nicht ersichtlich.

IV. Klauseln mit Wertungsmöglichkeit

Bei den Klauselverboten mit Wertungsmöglichkeiten gemäß § 308 BGB kann die Anwendbarkeit der Nummer 3 aufgrund deren ausdrücklicher Unanwendbarkeit auf Dauerschuldverhältnisse für die Inhaltskontrolle von Arbeitsverträge ausgeschlossen werden[703]. Gleiches gilt für § 308 Nr.8 BGB, der die nach

---

697 Für die Unwirksamkeit nach § 309 Nr.13: *Hümmerich*, NZA 2003 S.753 (755); *Nägle/Chwalisz*, MDR 2002 S.1341 (1343); *Däubler*, NZA 2001 S.1329 (1336); *Schrader*, NZA 2003 S.345 (351); *Annuß*, BB 2002 S.459 (463); *Hönn*, ZfA 2003 S.325 (340 f.), *Singer*, RdA 2003 S.194 (201); *Lakies*, NZA 2004 S.569 (574 f.); *Reinecke*, BB 2005 S.378 (382); die Einschlägigkeit von § 309 Nr.13 BGB bejahend, aber eine Unwirksamkeit wegen § 310 Abs.4 S.2 1.HS BGB ablehnend: *Bayreuther*, NZA 2005 S.1337; gegen die Unwirksamkeit nach § 309 Nr.13 BGB: Dauner-Lieb/Konzen/Schmidt-*Henssler*, S.615 (643); *Gotthardt*, Rn.289; *Schlodder*, S..229 f.

698 Vgl. MünchFormularHdB-*Kallmann*, IV 6; *Schaub*, FormularSam, § 2 Rn.64.

699 So auch *Thüsing/Leder*, BB 2005 S.1563 (1564); Ulmer/Brandner/Hensen-*Fuchs*, § 307 BGB Rn.461; *Zeller-Müller*, S.195 f.

700 Im Ergebnis ebenso: BAG v. 25.5.2005, AP Nr.1 zu § 310 BGB Bl.3 R; Dauner-Lieb/Konzen/Schmidt-*Henssler*, S.615 (643); *Gotthardt*, Rn.289; *Preis/Roloff*, RdA 2005 S.144 (148 ff.).

701 *Nägle/Chwalisz*, MDR 2002 S.1341 (1343), ebenso *Reinecke*, BB 2005 S.378 (382).

702 Vgl. Dauner-Lieb/Konzen/Schmidt-*Henssler*, S.615 (643).

703 BAG v. 27.07.2005, AP Nr.2 zu § 308 BGB Bl.4 hat einen dem Arbeitsvertrag vorgeschalteten Vorvertrag anhand § 308 Nr.3 BGB kontrolliert.

Nummer 3 zulässigen Klauseln weiteren Einschränkungen unterwirft[704]. Mangels denkbarer praktischer Relevanz soll weiterhin nicht auf § 308 Nr.2 und Nr.7 BGB eingegangen werden. Auch der von *Däubler/Dorndorf* angeführte von § 628 Abs.1 S.3 BGB abweichende Fall der Rückerstattung eines entgegen § 614 BGB im Voraus gezahlten Arbeitsentgeltes[705] wird nämlich nicht vom Wortlaut des § 308 Nr.7 BGB erfasst. Die Rückerstattung ist weder Vergütung im Sinne des § 308 Nr.7 a) BGB, noch stellt der im Voraus gezahlte Lohn eine Aufwendung im Sinne des § 308 Nr.7 b) BGB dar.

1. § 308 Nr.1 BGB – Annahme und Leistungsfrist

Gemäß § 308 Nr.1 BGB ist eine Bestimmung unwirksam, durch die sich der Verwender unangemessene lange oder nicht hinreichend bestimmte Fristen für die Annahme oder Ablehnung eines Angebots oder die Erbringung einer Leistung vorbehält. Praktische Relevanz ist allenfalls für das Flexibilisierungsinstrument Arbeitszeitkonto denkbar[706]. So zum Beispiel beim Modell eines Jahresarbeitszeitkontos, bei dem Arbeitgeber und Arbeitnehmer die Arbeitszeit auf ein Jahr verteilen und dabei eine längere Phase der Arbeitsfreistellung vorgesehen ist, während derer der Arbeitnehmer aus seinem erarbeiteten Wertguthaben (§ 7 Abs.1 a SGB IV) das Arbeitsentgelt fortgezahlt bekommt. Hierin könnte eine unangemessene Frist zur Entgeltzahlung liegen. Bei der Beurteilung der Angemessenheit ist das Flexibilisierungsinteresse des Arbeitgebers entscheidend. Dass auch der Gesetzgeber längerfristige Freistellungen anerkennt, wird im Übrigen auch an § 7 SGB IV deutlich[707]. Die arbeitsrechtlichen Interessen lassen sich somit über die „Unangemessenheit" in die Klausel einbeziehen, so dass ein Rückgriff auf § 310 Abs.4 S.2 1.HS BGB nicht erforderlich ist[708].

2. § 308 Nr.4 BGB – Änderungsvorbehalte

Gemäß § 308 Nr.4 BGB ist die Vereinbarung eines Rechts des Verwenders, die versprochene Leistung zu ändern oder von ihr abzuweichen, unwirksam, es sei denn, die Vereinbarung der Änderung oder Abweichung ist unter Berücksichtigung der Interessen des Verwenders für den anderen Vertragsteil zumutbar. Dieses Klauselverbot scheint auf den ersten Blick geeignet, die Zulässigkeit von für Flexibilität in den Arbeitsbedingungen sorgenden Klauseln entscheidend zu berühren. Die Arbeitsbedingungen flexibilisierende Klauseln sind in der arbeits-

704 Vgl. ebenso *Däubler/Dorndorf*, § 308 Nr.8..

705 § 308 Nr.7 Rn.4.

706 *Gotthardt*, Rn.291.

707 MünchArbR-*Schüren*, § 166 Rn.60; MünchArbR-*Anzinger*, § 218 Rn.69.

708 So hingegen *Gotthardt*, Rn.291; Dauner-Lieb/Konzen/Schmidt-*Henssler*, S.615 (641); *Zeller-Müller*, S.197.

vertraglichen Praxis weit verbreitet. Neben Rechtsansprüche des Arbeitnehmers verhindernden Freiwilligkeitsvorbehalten und die Arbeitgeberpflichten flexibilisierenden Widerrufsvorbehalten sind in der arbeitsvertraglichen Praxis häufig auch Klauseln anzutreffen, in denen dem Arbeitgeber über sein Direktionsrecht hinausreichende Änderungsrechte bezüglich der Arbeitnehmerpflichten eingeräumt werden, beispielsweise das Recht, vergütete Zusatzaufgaben zu entziehen[709], den Verkaufsbezirk eines Provisionen erhaltenden Arbeitnehmers zu verändern[710], die Arbeitszeit bei zeitabhängiger Vergütung zu verändern[711], den Arbeitnehmer innerhalb des Konzerns zu versetzen[712] oder eine höher- oder geringer wertige Tätigkeit zuzuweisen[713]. Von praktischer Relevanz sind zudem dynamische Verweisungsklauseln auf Tarifverträge. Welche dieser Flexibilisierungsklauseln von § 308 Nr.4 BGB erfasst werden und welche Auswirkungen die Anwendung des Klauselverbotes auf sie hat, ist eine der viel diskutierten Fragen in der zur Anwendung der §§ 305 ff. BGB im Arbeitsrecht erschienenen Literatur.

a) Situation vor Inkrafttreten des Schuldrechtsreformgesetzes

aa) Die Rechtsprechung des BAG

Das BAG hielt bisher Änderungsvorbehalte in Arbeitsverträgen in den Grenzen der §§ 134, 138 BGB für zulässig. Eine Wirksamkeitsprüfung beschränkte sich in diesem Rahmen ausschließlich auf die Umgehung des Kündigungsschutzes. Danach war ein Änderungsvorbehalt dann unwirksam, wenn er auf eine Umgehung des Kündigungsschutzes abzielte. Dies nahm das BAG an, sofern der Änderungsvorbehalt den Kernbereich des Arbeitsverhältnisses betraf. Über den Begriff des Kernbereichs kam das BAG zu in sich widersprüchlichen Ergebnissen. So hat das BAG für den Eingriff in den Kernbereich des Arbeitsverhältnisses durch die Änderung der Lohnzahlungspflicht vorausgesetzt, dass dadurch das Äquivalenzverhältnis der im Synallagma stehenden Vertragspflichten nicht ganz unerheblich verändert wird. Dies wurde beispielsweise bei der Widerrufbarkeit einer Leistungszulage in Höhe von 20% des tariflichen Bruttogehaltes[714] oder bei dem Widerruf einer Leistungszulage von 19% bis 31% des Tarifstundenlohns[715] abgelehnt. Dagegen hat das BAG bei dem Recht zur Änderung der Arbeitszeit bei zeitabhängiger Vergütung einen Eingriff in den Kernbereich un-

709 BAG v. 28.5.1997, AP Nr.36 zu § 611 BGB Arzt-Krankenhaus-Vertrag; BAG v. 15.11.1995, AP Nr.20 zu § 1 TVG Tarifverträge: Lufthansa.

710 BAG v. 7.10.1982, AP Nr.5 zu § 620 BGB Teilkündigung.

711 BAG v. 12.12.1984, AP Nr.6 zu § 2 KSchG 1969.

712 BAG v. 14.10.1982, AP Nr.1 zu § 1 KSchG 1969 Konzern Bl.7 f.; BAG v. 22.5.1986, AP Nr.4 zu § 1 KSchG 1969 Konzern Bl.4 R.

713 BAG v. 10.11.1992, AP Nr.6 zu § 72 LPVG NW.

714 BAG v.7.1.1971, AP Nr.12 zu § 315 BGB.

715 BAG v.13.5.1987, AP Nr.4 zu § 305 BGB Billigkeitskontrolle.

abhängig von der Störung des Synallagmas angenommen, weil entscheidend für einen Eingriff in den Kernbereich des Arbeitsverhältnisses und damit für eine Umgehung des Kündigungsschutzes sei, dass der Bestand des Arbeitsverhältnisses als Ganzes geändert werde[716]. Verlässliche Grundsätze dafür, wann in den Kernbereich der Arbeitsverhältnisse eingegriffen wird, hat das BAG mithin nicht aufstellen können[717].

Neben der Prüfung einer Umgehung des KSchG sah das BAG Änderungsrechte bezüglich des laufenden Verdienstes nur als zulässig an, wenn sie die Änderung im Rahmen billigen Ermessens gestatteten. Ein nach dem Klauselwortlaut freies Ermessen wurde insoweit umgedeutet[718]. Entsprechend verfuhr das BAG bei Änderungsvorbehalten im Bereich der betrieblichen Altersvorsorge[719]. Billigem Ermessen entsprach die Ausübung des Änderungsvorbehaltes nur bei Vorliegen eines sachlichen Grundes[720]. Bei dieser Ausübungskontrolle gemäß § 315 BGB und nicht bei der Prüfung der Wirksamkeit lag der Schwerpunkt der Kontrolle von Änderungsvorbehalten[721].

Ansonsten erkannte das BAG auch das Recht zur Änderung nach freiem Ermessen beziehungsweise Freiwilligkeitsvorbehalte als zulässig an, also insbesondere bei Gratifikationen und sonstigen nicht zum laufenden Verdienst gehörenden Sonderleistungen. Die Ausübung des Freiwilligkeitsvorbehaltes war dabei nur an zwingendes geltendes Recht, also insbesondere an die Beachtung des Gleichbehandlungsgrundsatzes gebunden[722]. Bei der Auslegung der jeweiligen Klausel nahm das BAG die Vereinbarung eines einer Ausübungskontrolle nicht unterliegenden Freiwilligkeitsvorbehaltes nur bei zweifelsfreier Formulierung der entsprechenden Klauseln an. So entschied das BAG in einem Urteil vom 23.10.2002, dass die Bezeichnung „freiwillige Sozialleistung“ nicht klar zum

716 BAG v. 12.12.1984, AP Nr.6 zu § 2 KSchG 1969 Bl.5.

717 *Annuß*, BB 2002 S.458 (462).

718 BAG v.13.5.1987, AP Nr.4 zu § 305 BGB Billigkeitskontrolle.

719 BAG v. 17.5.1973, AP Nr.6 zu § 242 BGB Ruhegehalt-Unterstützungskassen Bl.3 R; BAG v. 28.4.1977, AP Nr.7 zu § 242 BGB Ruhegehalt-Unterstützungskassen Bl.2; BAG v. 5.7.1979, AP Nr.9 zu § 242 BGB Ruhegehalt-Unterstützungskassen; BAG v.13.5.1987, AP Nr.4 zu § 305 BGB Billigkeitskontrolle Bl.2 R f.; BAG v. 8.6.1982, AP Nr.1 zu § 1 BetrAVG Hinterbliebenenversorgung Bl.1 R.

720 BAG v. 13.05.1987, AP Nr.4 zu § 305 BGB Billigkeitskontrolle Bl.3.

721 Vgl. BAG v. 9.6.1967, AP Nr.5 zu § 611 BGB Lohnzuschläge; BAG v. 30.8.1972, AP Nr.6 zu § 611 BGB Lohnzuschläge; BAG v. 13.5.1987, AP Nr.4 zu § 305 BGB Billigkeitskontrolle Bl.3; BAG v. 15.11.1995, AP Nr.20 zu § 1 TVG Tarifverträge: Lufthansa Bl.5 f.

722 BAG 17.11.1998, RdA 2000 S.94; BAG v. 6.12.1995, AP Nr.187 zu § 611 BGB Gratifikation Bl.2 R; BAG v. 5.6.1996, AP Nr.193 zu § 611 BGB Gratifikation Bl.2; BAG v. 25.1.1985, AP Nr.68 zu § 242 BGB Gleichbehandlung Bl.2.

Ausdruck bringe, dass sich der Arbeitgeber eine grundsätzlich freie Lösung vorbehält. „Freiwillig“ könne auch in dem Sinne verstanden werden, dass sich der Arbeitgeber freiwillig zur Erbringung der Leistung verpflichte, also ohne dazu durch Tarifvertrag, Betriebsvereinbarung oder Gesetz gezwungen zu sein[723]. Im Gegensatz zu den Freiwilligkeitsvorbehalten stellte das BAG an die transparente Gestaltung von Änderungsvorbehalten keine großen Anforderungen. So nahm es einen Anrechnungsvorbehalt bereits dann an, wenn eine Zulage als übertariflich bezeichnet wurde, sofern Zweckidentität zwischen Tariflohnerhöhung und Zulage bestand, es sich also beispielsweise nicht um eine Leistungszulage handelte[724]. In Arbeitsverträgen vereinbarte Teilkündigungsrechte deutete das BAG in Widerrufsvorbehalte um, um so eine Billigkeitskontrolle gemäß § 315 BGB durchführen zu können[725].

bb) Das Meinungsspektrum in der Literatur

In der Literatur wurde die Rechtsprechung des BAG weitestgehend akzeptiert[726]. Kritisch wurde zum Teil die Zulässigkeit von Freiwilligkeitsvorbehalten gesehen. Die Umgehung des Kündigungsschutzes oder der Voraussetzungen für befristete Einzelarbeitsbedingungen wurde befürchtet[727]. Konträr dazu wurde die Umgehungsrechtsprechung des BAG bezüglich Änderungsvorbehalten von einigen Vertretern der Literatur als ungeeignet kritisiert, weil der Kündigungsschutz sich auf den bestehenden Vertrag beziehe, beim Änderungsvorbehalt der Vertrag jedoch nie ohne das Änderungsrecht bestanden habe[728]. Zudem wurden die Widersprüchlichkeiten bezüglich des Anwendungsbereichs des KSchG angemerkt[729]. Außerdem wurde das BAG teilweise wegen seiner die mangelnde Transparenz von Anrechnungsvorbehalten missachtenden Rechtsprechung kriti-

723 BAG v. 23.10.2002, AP Nr.243 zu § 611 BGB Gratifikation Bl.2 R.

724 BAG v. 22.8.1979, AP Nr.11 zu § 4 TVG Übertarifl. Lohn u. Tariflohnerhöhung Bl.1 R; BAG v. 4.6.1980, AP Nr.13 zu § 4 TVG Übertarifl. Lohn u. Tariflohnerhöhung Bl.2 R f.; *Preis*, S.427.

725 BAG v. 7.10.1982, AP Nr.5 zu § 620 BGB Teilkündigung Bl.3 f.

726 GK-KR-*Rost*, § 2 KSchG Rn.47 ff.; *Hueck/v.Hoyningen-Huene*, § 2 KSchG Rdnr. 30 a ff.; MünchArbR-*Hanau*, § 62 Rn100 ff.; den Kündigungsschutz ablehnend, aber eine wie vom BAG meist durchgeführte Ausübungskontrolle gemäß § 315 BGB bevorzugend: *Zöllner*, NZA 1997 S.121 (124 ff.); *Leuchten*, NZA 1994 S.721 (725 f.).

727 Freiwilligkeitsvorbehalte gänzlich ablehnend: Kittner/Däubler/Zwanzigern-*Kittner*, § 2 KSchG Rn.89 b f.; *Preis*, S.416 f.; für eingeschränkt zulässig haltend: MünchArbR-*Hanau*, § 62 Rn.100 f.; keine Bedenken äußernd: *Zöllner*, NZA 1997 S.121 (124); *Reiserer*, DB 1997 S.426 (427 f.); *Gaul*, AuA 2000 S.152 (156).

728 Vgl. *Hromadka*, RdA 1992 S.234 (239).

729 *Wolf*, RdA 1988 S.270 (271).

siert[730]. Nur vereinzelt wurde neben einer Rechts- und Ausübungskontrolle auch eine Zulässigkeitskontrolle am Maßstab der Angemessenheit gefordert[731].

b) Rechtslage nach Inkrafttreten des Schuldrechtsreformgesetzes

aa) Der Anwendungsbereich des § 308 Nr.4 BGB

Anders als in § 308 Nr.3 BGB sind Dauerschuldverhältnisse aus dem Anwendungsbereich des § 308 Nr.4 BGB nicht ausgeschlossen, so dass dieses Klauselgebot zunächst grundsätzlich auch auf Arbeitsverhältnisse Anwendung findet. Demgegenüber kann gegen die grundsätzliche Anwendbarkeit des § 308 Nr.4 BGB auf Arbeitsverträge nicht auf den ursprünglichen Zuschnitt der Norm auf Warenlieferungen und Werkleistungen verwiesen werden, deren Abwicklungsphase in der Tat überschaubar und planbar ist[732]. Dieser Tatsache, die auf den in dieser Arbeit anfangs dargestellten grundlegenden Unterschied zwischen AGB und AAB zurückgeht, hat der Gesetzgeber gerade keine Beachtung geschenkt. Auch der gegen die Anwendbarkeit von § 308 Nr.4 BGB von *Lindemann* angeführte, wegen § 310 Abs.3 Nr.3 BGB differenzierte Maßstab der Inhaltskontrolle je nachdem, ob Pflichten des Arbeitgebers oder des Arbeitnehmers durch die Klausel flexibilisiert werden[733], vermag nicht zu überzeugen. Insoweit geht bereits ihre Annahme fehl, § 308 Nr.4 BGB erfasse nur Verwenderleistungen[734]. Es stellt sich somit die Frage, welche der in der Praxis vorkommenden Änderungsrechte von dem Klauselverbot des § 308 Nr.4 BGB erfasst werden.

(1) Freiwilligkeitsvorbehalte

§ 308 Nr.4 BGB spricht von einem Recht des Verwenders, die versprochene Leistung zu ändern oder von ihr abzuweichen. Voraussetzung ist somit, dass eine Leistung bereits versprochen worden ist. Daran mangelt es aber bei den einen Rechtsanspruch gar nicht erst entstehen lassenden Freiwilligkeitsvorbehalten. Diese werden mithin nicht von dem Klauselverbot des § 308 Nr.4 BGB erfasst[735]. Im Übrigen werden Freiwilligkeitsvorbehalte aber auch nicht von § 307 BGB erfasst, denn auch dieser setzt eine vertragliche Abrede voraus, die bei freiwilligen Leistungen gerade nicht besteht. Da das BAG bei Freiwilligkeitsvorbehalten auch das Transparenzgebot eingehend beachtet hat, sind auch bezüglich § 307 Abs.1 S.2 BGB keine Änderungen zu erwarten.

730 *Preis*, 427 f.

731 *Krauß*, S.117 f., *Preis*, S.421;

732 So *Hanau/Hromadka*, NZA 2005 S.73 (75), *Lindemann*, S.131 f.; vgl. auch ErfK-*Preis*, §§ 305-310 Rn.53.

733 *Linedemann*, S.132.

734 Vgl. dazu unter 4.Kapitel D. IV. 2. b) aa) (2).

735 *Hümmerich*, NZA 2003 S.753 (760); *Hanau/Hromadka*, NZA 2005 S.73 (75); *Schnodder*, S.231 f.; *Thüsing/Leder*, BB 2005 S.1563 (1567 f.); *Zeller-Müller*, S.202; a.A. *Lindemann* S.324 f., 338.

(2) Änderungen bezüglich der Arbeitsleistung

Hinsichtlich der versprochenen Leistung ist umstritten, ob damit nur die Leistung des Verwenders[736] oder auch die Leistung seines Vertragspartners gemeint ist[737]. Jenachdem, unterfallen die dem Arbeitgeber eingeräumten Rechte, die Leistungspflichten des Arbeitnehmers zu ändern, dem Klauselverbot des § 308 Nr.4 BGB oder nicht.

§ 308 Nr.4 BGB spricht von dem Recht des Verwenders, die versprochene Leistung zu ändern oder von ihr abzuweichen. Die versprochene Leistung ist die vertraglich vereinbarte Leistung und damit gleichzusetzen mit der vertraglichen Leistungspflicht. Eine Änderung der Leistungspflicht durch den Verwender kann sowohl die Änderung der eigenen Leistungspflicht als auch die Änderung der Leistungspflicht des Vertragspartners sein. Von der vereinbarten Leistung dagegen abweichen, also von der Leistungspflicht abweichen, kann dem Wortsinn nach nur die tatsächlich erbrachte Leistung. Angesichts des substantivischen Charakters des „Verwenders" könnte man daher auf eine Begrenzung auf Leistungspflichten des Verwenders schließen. Sofern zwischen „ändern" und „abweichen" differenziert wird, wird jedoch nach einhelliger Meinung, darunter auch die Befürworter einer Begrenzung auf Verwenderpflichten, unter Abweichung eine Änderung der versprochenen Leistung in dem Maße verstanden, dass diese nach Art und Charakter eine andere ist[738]. Die Abweichung wird also als ein Spezialfall der Änderung verstanden. Dies ist auch richtig, da die Rechtmäßigkeit der tatsächlichen Abweichung von einer ursprünglich vereinbarten Leistungspflicht voraussetzt, dass diese Leistungspflicht geändert wird. Ändern kann der Verwender aber auch die Leistungspflichten seines Vertragspartners.

Aus der Gesetzesbegründung, in der ausschließlich auf die Änderung von Verwenderpflichten eingegangen wird[739], kann demgegenüber nichts Gegenteiliges geschlossen werden. Dass der Gesetzgeber einen bestimmten Fall vor Augen hatte, kann nicht zu einer Begrenzung der vom Wortlaut umfassenderen abstrakt-generell geltenden Norm führen. Dies insbesondere deswegen nicht, weil

---

736 So BAG v. 07.12.2005, NZA 2006 S.423 (427); OLG Köln v. 13.7.1998, ZIP 1999 S.21 (22); Ulmer/Brandner/Hensen-*Schmidt*, § 308 Nr.4 BGB Rn.4; *Stoffels*, AGB-Recht, Rn.792; *Annuß*, BB 2002 S.458 (462); *Gotthardt*, ZIP 2002 S.277 (285); *Schnitker/Grau*, BB 2002 S.2120 (2124); *Preis/Lindemann*, NZA 2006 S.632 (634) *Schnodder*, S.231; *Schaub*, § 45 Rn.16; *Zeller-Müller*, S.201.

737 Vgl. OLG Düsseldorf v. 24.6.1993, DB 1993 S.2176; Wolf/Horn/Lindacher-*Wolf*, § 10 Nr.4 Rn.7; Staudinger-*Coester-Waltjen*, § 10 Nr.4 AGBG Rn.2; *Heiermann*, NJW 1986 S.2682 (2684).

738 Ulmer/Brandner/Hensen-*Schmidt*, § 308 Nr.4 BGB Rn.4; Wolf/Horn/Lindacher-*Wolf*, § 10 Nr.4 Rn.4; nicht differenzierend: MüKo-*Basedow*, § 308 Nr.4 Rn.4; Staudinger-*Coester-Waltjen*, § 10 Nr.4 AGBG Rn.5.

739 BT-Drs.7/3919 S.25 f.

der vom Gesetzgeber nicht beachtete Fall in den §§ 315, 316 BGB vom Gesetzgeber vorgesehen ist[740].

Im Übrigen gebietet auch der Sinn und Zweck des § 308 Nr.4 BGB, nach dem der Vertragspartner vor ihn benachteiligende Störungen der Äquivalenz von Leistung und Gegenleistung geschützt werden soll[741], dass auch Änderungsvorbehalte bezüglich der Leistungspflicht des Vertragspartners von § 308 Nr.4 BGB erfasst werden. Denn auch die Änderung dieser Leistungspflichten kann zu Störungen der Äquivalenz führen, ohne dass der Vertragspartner sich dagegen wehren kann. Ganz im Gegenteil macht er sich unter Umständen sogar schadensersatzpflichtig, wenn er der geänderten Pflicht nicht nachkommt[742]. Damit bleibt festzuhalten, dass von § 308 Nr.4 BGB sowohl Änderungsvorbehalte bezüglich der Verwender- als auch der Vertragspartnerpflichten aus dem Vertrag erfasst[743].

(3) Änderungen aufgrund einer Entscheidung des Arbeitgebers

§ 308 Nr.4 BGB spricht von einem Recht des Verwenders, die versprochene Leistung zu ändern oder von ihr abzuweichen. Voraussetzung ist mithin, dass die Änderung der Arbeitsbedingungen von einer Entscheidung des Verwenders abhängt[744]. Das Ergebnis der Wortlautauslegung deckt sich auch mit dem Sinn und Zweck des Klauselverbotes, nach dem der Vertragspartner vor der Aushöhlung des Grundsatzes „pacta sunt servanda“ durch den Verwender geschützt werden soll[745]. Dynamische Verweisungsklauseln auf Tarifverträge werden daher nicht von § 308 Nr.4 BGB erfasst. Die durch sie ermöglichten Änderungen des Arbeitsvertrages erfolgen nicht aufgrund einer Entscheidung des Arbeitgebers, sondern sind bereits automatisch im Vertrag angelegte, vom Willen Dritter, den Tarifparteien, abhängige Änderungsmöglichkeiten[746]. Entsprechendes gilt für befristete Vertragsbedingungen[747]. Unerheblich ist, wie das Änderungsrecht ausgestaltet ist, also ob es als Widerrufsvorbehalt, Teilkündigungsrecht oder ohne weitere Bezeichnung als Recht, eine Vertragsbedingung zu ändern, ausgestal-

740 Wolf/Horn/Lindacher-*Wolf*, § 10 Nr.4 Rn.7.

741 Vgl. BT-Drs.7/3919 S.26; MüKo-*Basedow*, § 308 Nr.4 Rn.1; Ulmer/Brandner/Hensen-*Schmidt*, § 308 Nr.4 BGB Rn.1.

742 Wolf/Horn/Lindacher-*Wolf*, § 10 Nr.4 Rn.7.

743 Im Ergebnis ebenso: *Reinecke*, NZA 2005 S.953 (956 f.); a.A., jedoch ohne diese zu begründen: BAG v. 07.12.2005, NZA 2006 S.423 (427); ebenso *Preis/Lindemann*, NZA 2006 S.632 (634).

744 *Däubler/Dorndorf*, § 308 Nr.4 Rn.51; a.A. Wolf/Horn/Lindacher-*Wolf*, § 10 Nr.4 Rn.5.

745 Vgl. Staudinger-*Coester-Waltjen*, § 10 Nr.4 AGBG Rn.2.

746 Vgl. *Hanau/Hromadka*, NZA 2005 S.73 (74); anders ArbG Bremen v. 29.06.2005, AZ.: 9 Ca 9117/05.

747 *Däubler/Dorndorf*, § 308 Nr.4 Rn.51; vgl. *Hanau/Hromadka*, NZA 2005 S.73 (75).

tet ist. Deshalb wird die bisherige Umdeutung von Teilkündigungsrechten in Widerrufsvorbehalte in Zukunft nicht mehr notwendig sein[748].

bb) Zumutbarkeit des Änderungsrechts

Mit § 308 Nr.4 BGB sind die oben genannten vorformulierte Änderungsrechte somit nun einer Zumutbarkeitskontrolle unterworfen. In Abgrenzung zur Ausübungskontrolle gemäß § 315 BGB kann sich die Zumutbarkeitskontrolle nur darauf beschränken, ob die vorbehaltene Änderung der versprochenen Leistung überhaupt und ob der dabei vorbehaltene Spielraum dem Arbeitnehmer zumutbar ist[749]. Die Zumutbarkeit ist wie die Angemessenheit des § 307 BGB anhand genereller Maßstäbe zu beurteilen. Es ist somit eine Abwägung der typischen Interessen der beteiligten Geschäftskreise, also der Arbeitgeberschaft und der Arbeitnehmerschaft, durchzuführen[750]. Zumutbar ist die Änderungsklausel dann, wenn die typischen Interessen eines Arbeitgebers die typischen Interessen der Arbeitnehmer überwiegen.

Das Arbeitgeberinteresse an Änderungsklauseln besteht aufgrund der meist langen Vertragsdauer eines Arbeitsvertrages zum einen in der Flexibilisierung der Arbeitsbedingungen, um diese und damit seinen Betrieb an veränderte äußere Umstände anzupassen[751]. Dabei ist die Vereinfachung des Änderungsverfahrens, also die Umgehung der Voraussetzungen der Änderungskündigung beziehungsweise Massenänderungskündigung, das Hauptaugenmerk der Arbeitgeber[752]. Neben dem Anpassungsinteresse an äußerlichen Veränderungen besteht alsGrund für das Bedürfnis des Arbeitgebers nach Möglichkeiten zur vereinfachten Änderung der Arbeitsbedingungen vor allem aber auch in der Notwendigkeit zur Organisation des Betriebsverbandes. Insbesondere Gratifikationen sind dabei ein Mittel, um das Zusammenwirken und -leben im Betrieb zu regeln[753]. Diese Steuerungsfunktion kann diesen bestimmten Arbeitsbedingungen nur dann zukommen, wenn der Arbeitgeber sie flexibel handhaben kann.

Demgegenüber steht der Wunsch der Arbeitnehmer, dass von den aktuell geltenden Arbeitsbedingungen möglichst nicht zu ihren Ungunsten abgewichen

748 ErfK-*Preis*, §§ 305-310 BGB Rn.63.

749 Vgl. Staudinger-*Coester-Waltjen*, § 10 Nr.4 AGBG Rn.6.

750 Wolf/Horn/Lindacher-*Wolf*, § 10 Nr.4 Rn.14; Ulmer/Brandner/Hensen-*Schmidt*, § 308 Nr.4 BGB Rn.9; MüKo-*Basedow*, § 308 Nr.4 Rn.7; a.A.: OLG Köln v. 20.6.1984, NJW 1985 S.501: auf den Einzelfall abstellend.

751 BAG v. 12.1.2005, AP Nr.1 zu § 308 BGB Bl.3; BAG v. 07.12.2005, NZA 2006 S.423 (427 f.); vgl. *Zöllner*, NZA 1997 S.121 ff.; *Reuter*, FS 50 Jahre BAG, S.177 (190); *Schnitker/Grau*, BB 2002 S.2120 (2123); *Hanau/Hromadka*, NZA 2005 S.73 (77); *Schaub*, § 45 Rn.16.

752 Vgl. *Krauß*, S.95 ff.

753 *Reuter*, FS 50 Jahre BAG, S.177 (190 f.).

werden soll, also das Bestandsschutzinteresse[754]. Dass dieser Wunsch grundsätzlich hinter dem Arbeitgeberinteresse zurückzutreten hat, zeigt sich bereits an der Tatsache, dass eine auf kurze Sicht ungünstigere Arbeitsbedingung[755] auf längere Sicht gesehen, also nicht nur bei einer eine Änderungskündigung gemäß § 2 KSchG rechtfertigende unmittelbaren Gefährdung des Bestands der Arbeitsplätze[756], günstiger sein kann. Der Arbeitsplatz kann nämlich damit an die wirtschaftliche und technische Entwicklung angepassten und somit in einem konkurrenzfähigen Unternehmen gesichert werden.

Mithin kann festgestellt werden, dass die Notwendigkeit der Flexibilisierung der Arbeitsverhältnisse dazu führt, dass das „Ob" des Änderungsvorbehaltes in Arbeitsbedingungen keine Frage der Zumutbarkeit ist. Daraus ist zunächst zu folgern, dass der zur alten Rechtslage aufgestellte Grundsatz, dass in das vertragliche Synallagma nicht mittels Änderungsvorbehalt eingegriffen werden dürfe, spätestens jetzt fallen gelassen werden sollte.

Es geht somit im Arbeitsrecht im Rahmen der Zumutbarkeit nur um die Frage, ob der dem Arbeitgeber eingeräumte Spielraum dem Arbeitnehmer zuzumuten ist. Entscheidende Bedeutung kommt hierbei dem Interesse der Arbeitnehmer an einer gewissen Planungssicherheit zu, auf dem das Bedürfnis der Arbeitnehmerschaft an der unveränderten Beibehaltung der Arbeitsbedingungen beruht[757]. Als Selbstverständlichkeit erscheint dabei, dass das Interesse an Planungssicherheit abnimmt, wenn die Flexibilisierung sich auf nicht im Synallagma stehende Pflichten bezieht[758]. Aus diesem Grund muss ein Änderungsrecht dem Arbeitnehmer zumindest die Möglichkeit einräumen, sich auf zukünftige Änderungen einzustellen. Änderungsrechte sind daher nur dann als zumutbar zu betrachten, wenn sowohl die Ausübung des Änderungsrechts als auch der Umfang des Änderungsrechts an einen sachlichen Grund gekoppelt sind, dem Arbeitgeber also kein Recht zu willkürlichen Änderungen eingeräumt wird. Insbesondere muss sich aus der Änderungsklausel für den Arbeitnehmer deutlich entnehmen lassen, wann der Arbeitgeber von diesem Recht Gebrauch machen und in welchem Umfang eine Änderung der jeweiligen Vertragsbedingung vom Arbeitgeber vorgenommen werden kann[759]. Insofern schlägt im Rahmen der Zumutbarkeit das in § 307 Abs.1 S.2 BGB enthaltene Transparenzgebot durch. Angesichts der Unvor-

754 Vgl. *Hueck/v.Hoyningen-Huene*, Einl. Rn.4.

755 Z.B. die Kürzung einer Gratifikation.

756 Vgl. BAG v. 20.3.1986, AP Nr.14 zu § 2 KSchG 1969 Bl.5 R; *Hueck/v.Hoyningen-Huene*, § 2 Rn.72 f.

757 Vgl. BAG v. 07.12.2005, NZA 2006 S.423 (427 f.).

758 Vgl. *Preis/Lindemann*, NZA 2006 S.632 (635).

759 Vgl. BAG v. 12.1.2005, AP Nr.1 zu § 308 BGB Bl.4; Staudinger-*Coester-Waltjen*, § 10 Nr.4 AGBG Rn.6; MüKo-*Basedow*, § 308 Nr.4 Rn.7.

hersehbarkeit von Ereignissen, die die Änderungsbedürftigkeit der arbeitsvertraglichen Bedingungen auslösen können, ist naturgemäß eine abschließende konkrete Benennung nicht möglich[760]. Dort wo erfahrungsgemäß Änderungen zu erwarten sind, wird man deren Benennung in der Klausel für deren Zumutbarkeit fordern müssen[761]. Der Änderungsgrund „sachlicher Grund" genügt diesbezüglich nicht[762]. Dem Arbeitnehmer ist damit im Hinblick auf die Vorhersehbarkeit ebenso wenig geholfen wie bei einem „offenen" Widerrufsvorbehalt. Die Angabe der Tendenz des Grundes, aufgrund dessen der Arbeitgeber sich eine Änderung der Arbeitsbedingung offen halten möchte beziehungsweise muss, ist dem Arbeitgeber durchaus möglich. In seinem Urteil vom 12.01.2005 hat das BAG erste Vorschläge für Widerrufsgründe gemacht: wirtschaftliche Gründe und Leistung oder Verhalten des Arbeitnehmers. Weiterhin führt das BAG aus, dass auch der Grad der Störung – als Beispiele nennt es die wirtschaftliche Notlage des Unternehmens, ein negatives wirtschaftliches Ergebnis der Betriebsabteilung, ein nicht ausreichender Gewinn, der Rückgang der beziehungsweise das Nichterreichen der erwarteten wirtschaftlichen Entwicklung, eine unterdurchschnittliche Leistungen des Arbeitnehmers oder eine schwerwiegende Pflichtverletzungen - konkretisiert werden müsse, wenn der Arbeitgeber hierauf abstellen will und nicht schon allgemein auf die wirtschaftliche Entwicklung, die Leistung oder das Verhalten des Arbeitnehmers gestützte Gründe nach dem Umfang des Änderungsvorbehalts ausreichen und nach der Vertragsregelung auch ausreichen sollen. Das BAG scheint damit die Anforderungen an die Transparenz von dem Willen des Arbeitgebers abhängig machen zu wollen. Dieses subjektive Element ist im Rahmen der Zumutbarkeitsprüfung des § 308 Nr.4 BGB fehl am Platz. Vielmehr muss der Arbeitgeber bei seiner Willensbildung berücksichtigen, dass die Vorhersehbarkeit der die Änderungen zulassenden Gründe und damit das arbeitnehmerische Bedürfnis an Planungssicherheit einen möglichst konkreten Klauseltext erfordern[763]. So hat auch die bisherige Rechtsprechung bei motivierenden Sonderzulagen (unabhängig vom Willen des Arbeitgebers) gefordert, dass für eine Änderung der Zulage aufgrund eines in der Vergangenheit liegenden Leistungsverhaltens von vornherein feststehen müsse, welche Schlechtleistungen eine Kürzung beziehungsweise ein Wegfall der Sonderzulage nach sich ziehen[764]. Allerdings hat das BAG zu Recht eine Verknüpfung des Umfanges der vorbehaltenen Änderung mit der Konkretisierung der Voraus-

760 Staudinger-*Coester-Waltjen*, § 10 Nr.4 AGBG Rn.6; ErfK-*Preis*, §§ 305-310 BGB Rn.59; *Reichold*, ZTR 2002 S.202 (207); *Gotthardt*, ZIP 2002 S.277 (288).

761 Vgl. *Hanau/Hromadka*, NZA 2005 S.73 (77 f.); *Preis/Lindemann*, NZA 2006 S.632 (636).

762 So *Schlodder*, S.235 f.

763 Kritisch dazu auch *Schimmelpfennig*, NZA 2005 S.603 (607).

764 Vgl. BAG v. 26.10.1994, NZA 1995 S.266; LAG Hamm v. 05.11.1997, NZA-RR 1998 S.293 (295).

setzung des Änderungsvorbehaltes hergestellt. Erlaubt die Ausübung des Änderungsvorbehaltes einen - oft durch einen tariflichen Mindestlohn beschränkten - Eingriff in das Synallagma von Arbeitsentgelt und Arbeitsleistung, reichen als Änderungsgrund nicht allgemein die wirtschaftlichen Verhältnisse aus. Man wird vielmehr als Grund eine wirtschaftliche Notlage fordern müssen. Auch nur unter dieser Voraussetzung wird ein solch weitgehender Eingriffsspielraum in den Vertrag dem Arbeitnehmer aufgrund seines Interesses an einem sicheren und fortbestehenden Arbeitsplatz zumutbar sein.

Die Planungssicherheit bedeutet aber auch, dass der Arbeitgeber den Grundsatz „pacta sunt servanda" nicht gänzlich aushebeln kann, der Umfang des Änderungsrechts und bei Vorliegen der Voraussetzungen mithin nicht grenzenlos sein darf. Insofern greift auch der Rechtsgedanke des § 307 Abs.2 Nr.1 BGB. Der Arbeitnehmer muss sich im Kern auf den Bestand der mit dem Arbeitgeber vereinbarten Arbeitsbedingungen verlassen können. Wann dieser Kern des Arbeitsverhältnisses erreicht wird, ist eine nur schwer in Kriterien fassbare Frage. Hilfreich kann hier der von der Rechtsprechung zur alten Rechtslage bemühte „Kernbereich des Arbeitsverhältnisses" sein. Danach sind ca. 70 % der Bezüge als Kern anzusetzen[765]. Da sich das Entgeltsystem oftmals aus mehreren Tatbeständen zusammensetzt, ist eine mögliche maximale Kürzung jedoch praktisch kaum im Vertrag regelbar, weil der Arbeitgeber die Bezüge, auch zu Steuerungszwecken, an mehreren Tatbeständen kürzen kann. Es ist daher, sofern es nur um die unmittelbare Kürzung von Bezügen geht, eine Zumutbarkeit nur dann ausgeschlossen, wenn der Arbeitgeber sich beispielsweise ausdrücklich vorbehält, bei entsprechender wirtschaftlicher Lage das Entgelt um 50% zu reduzieren. Im Falle tarifgebundener Arbeitsverhältnisse wird diese Zumutbarkeitsproblematik aufgrund des tariflichen Mindestlohns praktisch jedenfalls nicht vorkommen. Der Eingriff in den Kernbereich wird dann im Rahmen der Ausübungskontrolle zu prüfen sein. Theoretisch denkbar ist auch der andere Fall, dass der Arbeitgeber die Bezüge beibehält, die vom Arbeitnehmer versprochene Arbeitsleistung aber erhöht. Bei Vollzeit-Arbeitsverhältnissen stellt das Arbeitszeitgesetz eine Grenze dar, die es zu einer Unzumutbarkeit gar nicht erst kommen lässt. Bei Teilzeitarbeitsverhältnissen verhindert § 4 Abs.1 S.2 TzBfG eine unzumutbare Arbeitszeiterhöhung bei gleichbleibenden Bezügen.

Fraglich ist, wie vor dem Hintergrund vorgenannter Grundsätze die Zumutbarkeit gemäß § 308 Nr.4 BGB von Änderungsvorbehalten bezüglich der Änderung der vom Arbeitnehmer zu erbringenden Leistung zu beurteilen ist. Grundsätzlich wird ein das Direktionsrecht erweiterndes Versetzungsrecht des Arbeitgebers

765 So jetzt auch BAG v. 12.1.2005, AP Nr.1 zu § 308 BGB Bl.3 R; BAG v. 07.12.2005,NZA 2006 S.423 (428); zustimmend: *Preis/Lindemann*, NZA 2006 S.632 (634 f.).

dem Arbeitnehmer zumutbar sein. Dies vor allem deswegen, weil damit Vorteile für den Arbeitnehmer im Falle notwendig werdender betriebsbedingter Kündigungen verbunden sind[766], die Klausel somit auch dem Interesse an einem fortbestehenden Arbeitsplatz dient. Aber auch das Versetzungsrecht des Arbeitgebers darf, wenn es auch zur Vorhersehbarkeit des Arbeitnehmers an einen sachlichen Grund gekoppelt ist, nicht in den Kernbereich des Arbeitsverhältnisses eingreifen. Ausgehend von dem Kernbereich von 70 % des Arbeitsentgeltes wird man eine Klausel dann für unzumutbar ansehen, wenn dem Arbeitgeber das Recht eingeräumt wird, dem Arbeitnehmer eine geringer wertige Tätigkeit verbunden mit einer Verminderung der Entlohnung um 25 - 30 % zuzuweisen.

Vorstehende Grundsätze gelten grundsätzlich auch für die Prüfung einer unangemessenen Benachteiligung durch Befristungen einzelner Arbeitsbedingungen anhand des § 307 Abs.1 und Abs.2 BGB. Angesichts des fortbestehenden Arbeitsverhältnisses und der durch die Frist bedingten Absehbarkeit der eintretenden Änderung wird dem Interesse der Arbeitnehmer an Planungssicherheit bei Beachtung dieser Grundsätze weniger Gewicht beizumessen sein[767]. Der gegen eine Inhaltskontrolle befristeter Arbeitsbedingungen erhobene Einwand, dass es sich bei befristeten Arbeitsbedingungen um essentialia negotii handele[768], vermag nicht zu überzeugen. Nicht das Verhältnis von Leistung und Gegenleistung wird hier kontrolliert, sondern die Befristung. Diese ist, da die Regelungen in § 620 Abs.1 und 3 sowie dem TzBfG für einzelne Arbeitsbedingungen nicht einschlägig sind, einer Wertung zugänglich.

cc) Konsequenzen der Anwendbarkeit des § 308 Nr.4 BGB

Die nicht überzeugende Prüfung der Umgehung des KSchG kann fallen gelassen werden. Mit dem Mittel der Zumutbarkeitsprüfung kann eine widerspruchsfreie Kontrollpraxis erreicht werden. Eine Differenzierung zwischen Arbeitsverhältnissen, die dem KSchG unterfallen und solchen, die ihm nicht unterfallen, wird damit hinfällig[769]. Die Überprüfung von Änderungsvorbehalten jedes Arbeitsverhältnisses gemäß § 308 Nr.4 BGB kann anhand zweier Kriterien erfolgen: Zum einen ist die Vorhersehbarkeit der Ausübung des Leistungsänderungsrechts und seines Umfanges durch Anknüpfung an konkrete Sachgründe erforderlich,

766 Vgl. *Lingemann*, NZA 2002 S.181 (191); *Hümmerich*, NZA 2002 S.753 (758); *Hromadka*, FS Dieterich, S.251 (270); *Schnitker/Grau*, BB 2002 S.2120 (2125).

767 Vgl.auch BAG v. 27.07.2005, AP Nr.6 zu § 307 BGB Bl.9 ff.; *Preis/Bender*, NZA-RR 2005 S.337 (339 ff.).

768 *Thüsing/Leder*, BB 2005 S. 1563 (1568).

769 *Annuß*, BB 2002 S.458 (462); *Gotthardt*, ZIP 2002 S.277 (288); *Schnitker/Grau*, BB 2002 S.2120 (2123); a.A. *Lingemann*, NZA 2002 S.181 (190 f.); *Zeller-Müller*, S.206; das Nebeneinander der Kontrollen am Maßstab des § 2 KSchG einerseits und der §§ 305 ff. BGB andererseits ohne Begründung feststellend: *Hanau/Hromadka*, NZA 2005 S.73 (76).

zum anderen darf das Änderungsrecht nicht in den Kernbereich des Arbeitsverhältnisses eingreifen.

Inwieweit ein das Zumutbarkeitskriterium nicht erfüllender Änderungsvorbehalt wie bisher in einen zulässigen, also an einen sachlichen Grund gekoppelten Änderungsvorbehalt umgedeutet werden kann, hängt von der Geltung des Verbotes der geltungserhaltenden Reduktion im Arbeitsrecht ab[770]. Abgesehen davon und den höher zu steckenden Anforderungen an die Transparenz der Änderungsklauseln[771] wird § 308 Nr.4 BGB somit im Ergebnis zu keinen großen Veränderungen der Rechtsprechung führen[772].

Vorstehende Ausführungen bestätigt beispielsweise das BAG in seiner Entscheidung vom 01.03.2006 zur Anrechnung einer Tariflohnerhöhung, deren Zumutbarkeit es – sofern eine Inhaltskontrolle gemäß § 307 Abs.3 BGB überhaupt zulässig war[773] - mit der Begründung bejahte, dass die Gesamtgegenleistung sich durch die Anrechnung nicht verringere[774]. Eine Tariflohnerhöhung genügt der Voraussetzung der Vorhersehbarkeit. Zudem liegt ein Eingriff in den Kernbereich durch die gleichbleibende Gesamtgegenleistung nicht vor. Das BAG hat in dieser Entscheidung offen gelassen, ob es den Anrechnungsvorbehalt anhand § 308 Nr.4 BGB oder anhand § 307 Abs.1 BGB überprüft hat. Entscheidend dafür wäre die Frage gewesen, ob die Anrechnung automatisch oder durch eine Willenserklärung des Arbeitgebers erfolgen sollte[775].
Streng von der Wirksamkeitsprüfung getrennt wird auch weiterhin eine Ausübungskontrolle gemäß § 315 BGB zu erfolgen haben[776]. Diese wird vor allem in der Prüfung bestehen, ob der sachliche Grund im Einzelfall vorgelegen und sich die Änderung in seinem Umfang gehalten hat sowie ob der Arbeitgeber den Gleichbehandlungsgrundsatz beachtet hat. Zwar darf diese Ausübungskontrolle nicht dazu missbraucht werden, eine verwender- und damit arbeitgeberfreundliche laxere Inhaltskontrolle zu rechtfertigen, jedoch sollte man sie im Rahmen

770 Siehe dazu unter 4.Kapitel D. VI.

771 Beispielsweise wird der Vorbehalt einer Anrechnung von übertariflichen Zulagen auf Tariflohnerhöhungen in Zukunft entgegen der bisherigen Rechtsprechung, die einen solchen bislang bereits aus der Bezeichnung „übertariflich“ entnahm, konkret formuliert werden müssen; so auch ErfK-*Preis*, §§ 305-310 BGB Rn.65; *Reichold*, ZTR 2002 S.202 (207).

772 Vgl. *Richardi*, NZA 2002 S.1057 (1062); *Singer*, RdA 2003 S.194 (203); *Schnitker/Grau*, BB 2002 S.2120 (2126); Dauner-Lieb/Konzen/Schmidt-*Henssler*, S.615 (641); ausführlich zu den einzelnen Flexibilisierungsklauseln *Lindemann*, S.253 ff.

773 Insofern war die Tatsachenebene nicht aufgeklärt.

774 BAG v. 01.03.2006, NZA 2006 S.746 (748).

775 Siehe dazu unter 4.Kapitel D. IV. 2. b) aa) (3).

776 Vgl. auch BAG v. 12.01.2005, AP Nr.1 zu §308 BGB Bl.5; *Preis/Lindemann*, NZA 2006 S.632 (638).

der Zumutbarkeit vor dem Hintergrund der tatsächlichen Schwierigkeiten des Arbeitgebers, den Anforderungen des § 308 Nr.4 BGB gerecht zu werden, im Hinterkopf haben[777].

3. § 308 Nr.5 und Nr.6 BGB – Fingierte Erklärungen und Fiktion des Zugangs

In Arbeitsverträgen enthaltene Erklärungs- und Zugangsfiktionen sind praktisch bisher nicht bedeutsam in Erscheinung getreten. In Zukunft werden sie in vorformulierten Arbeitsbedingungen anhand des § 308 Nr.5 und Nr.6 BGB zu überprüfen sein[778]. Von praktischer Relevanz könnte allenfalls § 308 Nr.6 BGB für eine Bestimmung sein, nach der der Arbeitnehmer auf den Zugang verzichtet und eine Bekanntmachung am Schwarzen Brett ausreichen soll[779].

V. Angemessenheitskontrolle gemäß § 307 BGB

1. Das Transparenzgebot des § 307 Abs.1 S.2 BGB – Insbesondere zur Zulässigkeit der Bezugnahme auf Tarifverträge

Eine unangemessene Benachteiligung kann sich gemäß § 307 Abs.1 S.2 BGB daraus ergeben, dass die Bestimmung nicht klar und verständlich ist. Das Transparenzgebot wurde in der Sache bereits vor Inkrafttreten des Schuldrechtsmodernisierungsgesetzes vom BAG verbreitet umgesetzt[780]. Der Arbeitgeber wird mithin dazu verpflichtet, den Arbeitnehmern ihre Rechte und Pflichten in den AAB möglichst klar und durchschaubar darzulegen[781], wobei die Anforderungen nicht überzustrapazieren sind[782]. Dies bezieht sich zum einen auf die sprachliche Gestaltung der AAB, zum anderen aber vor allem auf den Inhalt der AAB, also aufgestellte Voraussetzungen und ihre Rechtsfolgen[783].

---

777 *Schnitker/Grau*, BB 2002 S.2120 (2123); *Sievers*, NZA 2002 S.1182 (1184).

778 *Hümmerich*, NZA 2003 S.753 (764); *Gotthardt*, Rn.294; *Däubler/Dorndorf*, § 308 Nr.6 Rn.6.

779 *Gotthardt*, Rn.294; *Däubler/Dorndorf*, § 308 Nr.6 Rn.6.

780 BAG v. 22.12.1970, AP Nr.2 zu § 305 BGB Billigkeitskontrolle Bl.3 R; BAG v. 3.5.1979, AP Nr.6 zu § 4 KSchG 1969 Bl.2 R; BAG v. 11.04.2000, AP Nr.227 zu § 611 BGB Gratifikation Bl.2; BAG v. 27.04.2000 - 8 AZR 301/99, n.v.

781 Vgl. BGH v. 24.11.1988, NJW 1989 S.222 (224); BGH v. 19.10.1999, NJW 2000 S.651 (652); Palandt-*Heinrichs*, § 307 Rn.17.

782 BGH v. 3.6.1998, NJW 1998 S.3114 (3116); vgl. BGH v. 17.12.1998, NJW 1999 S.942 (944); BGH v. 10.7.1990, NJW 1990 S.2383 (2384); Palandt-*Heinrichs*, § 307 Rn.18.

783 Vgl. BAG v. 31.08.2005, AP Nr.8 zu § 6 ArbZG Bl.6 R; Staudinger-*Coester*, § 9 AGBG Rn.128 f.

Gemäß § 307 Abs.3 S.2 BGB gilt das Transparenzgebot auch für die eigentlich gemäß § 307 Abs.3 S.1 BGB bzw. § 310 Abs.4 S.3 i.V.m. § 307 Abs.3 S.2 BGB kontrollfreien AAB. Insofern unterfallen auch Bezugnahmeklauseln in Formularverträgen, von ihrem Regelungsgehalt her klassische Problemkinder des Transparenzgebotes, der Kontrolle des § 307 Abs.1 S.2. In der höchstrichterlichen Rechtsprechung und der AGB-rechtlichen Literatur stand und steht man solchen Klauseln daher auch vorwiegend kritisch gegenüber[784]. Durch die Anwendbarkeit der §§ 305 ff. BGB im Arbeitsrecht wird die Frage aufgeworfen, wie die Zulässigkeit der in der Arbeitsvertragsgestaltung durchaus üblichen auf Tarifverträge Bezug nehmenden Klauseln, insbesondere bei sogenannten Doppelverweisungen[785], zu beurteilen ist. Dabei sind die unterschiedlichen Formen solcher Klauseln zu beachten. So ist zwischen statischen Klauseln, die auf einen Tarifvertrag in der Fassung eines bestimmten Datums verweisen und dynamischen Klauseln zu unterscheiden, die auf den jeweils geltenden Tarifvertrag verweisen. Dynamische Bezugnahmeklauseln lassen sich darüber hinaus noch differenzieren in solche, die nur in zeitlicher Hinsicht eine Dynamik bewirken und solchen, die eine fachliche Dynamik aufweisen, indem sie den im Betrieb jeweils geltenden Tarifvertrag in Bezug nehmen[786].

Das BAG sah Bezugnahmeklauseln, auch die Fälle sogenannter Doppelverweisungen, vor Inkrafttreten des Schuldrechtsmodernisierungsgesetzes grundsätzlich auch hinsichtlich der Bestimmtheit für wirksam an[787]. Hieran wird richtigerweise auch die Anwendbarkeit des § 307 Abs.1 S.2 BGB nichts ändern. Hinsichtlich der statischen Bezugnahmeklauseln liegt dies auf der Hand, sind doch sowohl Voraussetzungen als auch Rechtsfolgen der Bezugnahmeklausel bei Vertragsschluss hinreichend durch die Angabe des Tarifvertrags bestimmt[788]. Problematischer erscheint die Zulässigkeit auf den ersten Blick allerdings bei dynamischen Bezugnahmeklauseln. Bei ihnen ist zum Zeitpunkt des Vertragsschlusses nicht klar, welche AAB in Zukunft gelten werden. Deshalb wurden

784 BGH v. 21.06.1990, NJW 1990 S.3197 (3198); Ulmer/Brandner/Hensen-*Fuchs*, § 307 BGB Rn.337; Wolf/Horn/Lindacher-*Wolf*, § 9 Rn.151; vgl. auch Staudinger-*Coester*, § 9 AGBG Rn.144; *Oetker*, JZ 2002 S.337 (340 f.).

785 Dabei wird auf einen Tarifvertrag Bezug genommen, der seinerseits auf einen anderen Tarifvertrag verweist.

786 Die fachliche Dynamik ist meist mit der zeitlichen kombiniert. Dies Klauseln sind sogenannte große dynamische Bezugnahmeklausel.

787 BAG v. 9.7.1980, AP Nr.7 zu § 1 TVG Form Bl.3; BAG v. 16.8.1988, AP Nr.8 zu § 1 BetrAVG Beamtenversorgung Bl.2 ff.; vgl. BAG v. 5.11.1963, AP Nr.1 zu § 1 TVG Bezugnahme auf Tarifverträge Bl.1 f.; BAG v. 2.3.1988, AP Nr.11 zu § 1 TVG Form Bl.2 f.; BAG v. 30.08.2000, AP Nr.12 zu § 1 TVG Bezugnahme auf Tarifvertrag Bl.2 ff.; BAG v. 4.8.1999, AP Nr.14 zu § 1 TVG Tarifverträge:Papierindustrie Bl.2 f.

788 Vgl. *Preis*, S.392; das Problem lag hier früher eher im Bereich des § 305 c Abs.1 BGB.

dynamische Bezugnahmeklauseln auf Tarifverträge zum Teil vor Inkrafttreten des Schuldrechtsmodernisierungsgesetzes auch kritisch betrachtet[789]. Die jetzige Geltung des § 307 Abs.1 S.2 BGB vermag diese Kritik nicht zu stützen. Zunächst ist zu bemerken, dass eine gemäß § 307 Abs.1 S.2 BGB unbestimmte Regelung eine unangemessene Benachteiligung darstellen kann, aber keinesfalls zwingend darstellt. Insofern bleibt eine Wertung anhand des § 307 Abs.1 S.1 BGB auch bei einer gewissen inhaltlichen Unbestimmtheit weiterhin möglich[790]. Dabei sind, dem Rechtsgedanken des § 307 Abs.2 Nr.1 BGB folgend, die gesetzlichen Wertungen zu berücksichtigen. Maßgebliche Bedeutung kommt dabei vorliegend den Normen des Nachweisgesetzes zu. § 2 Abs.3 NachwG sieht ausdrücklich den Verweis auf die einschlägigen Tarifverträge vor. Eine unangemessene Benachteiligung ist demnach bei Bezugnahmeklauseln mit zeitlicher Dynamik nicht gegeben. Sofern es sich jedoch nicht um den Verweis auf einen einschlägigen Tarifvertrag handelt, helfen die Wertungen des NachwG nicht weiter. Insbesondere bietet § 2 Abs.1 S.2 Nr.10 NachwG keine Hilfestellung, da, wie bereits dem Wortlaut sowie dem Vergleich zu § 2 Abs.3 NachwG zu entnehmen ist, mit den anzuwendenden Tarifverträgen allein die aktuell geltenden gemeint sind[791]. Allerdings stehen dynamische Bezugnahmeklauseln in unmittelbarem Zusammenhang mit dem als Besonderheit des Arbeitsrechts zu deklarierenden Gleichbehandlungsinteresse der Belegschaft, so dass das Interesse des einzelnen Arbeitnehmers an hinreichend bestimmten AAB demgegenüber nicht gemäß § 307 Abs.1 S.2 BGB unangemessen benachteiligt wird[792].

2. § 307 Abs.2 Nr.1 BGB: Abweichen von wesentlichen Grundgedanken der gesetzlichen Regelung

§ 307 Abs.2 Nr.1 BGB kommt im Arbeitsrecht gegenüber dem allgemeinen Zivilrecht eine andere Bedeutung zu. Mit „gesetzlichen Regelungen" ist nach richtiger Ansicht in erster Linie nur dispositives Gesetzesrecht gemeint[793]. Sofern AGB Abweichungen von zwingendem Gesetzesrecht enthalten, folgt deren Unwirksamkeit bereits aus § 134 BGB[794]. Da es sich bei arbeitsrechtlichen Normen

789 LAG Niedersachsen v. 23.11.1984, DB 1985 S.708, ArbG Berlin v. 7.3.1975, BB 1975 S.559; *Preis*, S.391 ff.; *Hanau/Kania*, FS Schaub, S.239 (243 ff.).

790 Auch entstehungsgeschichtlich ist dies mit der Entwicklung des Transparenzgebotes aus § 9 AGBG belegt.

791 Ebenso *Oetker*, FS Wiedemann S. 383 (397); a.A. *Däubler/Dorndorf*, § 307 Rn.292.

792 Ein Verweis auf die Besonderheitenklausel des § 310 Abs.4 S.2 1.HS BGB ist aufgrund der Wertungsmöglichkeit in § 307 Abs.1 S.2 BGB nicht erforderlich; so aber *Oetker*, i FS Wiedemann S. 383 (397); *Däubler/Dorndorf*, § 307 Rn.292; im Ergebnis ebenso *Thüsing/Lambrich*, NZA 2002 S. 1361 (1364).

793 Ulmer/Brandner/Hensen-*Fuchs*, § 307 BGB Rn.208; *Däubler/Dorndorf*, § 307 Rn.217; Palandt-*Heinrichs*, § 307 Rn.26; Staudinger-*Coester*, § 9 AGBG Rn.170.

794 A.A. jedoch BGH v. 26.01.1983, NJW 1983 S.1320 (1322).

überwiegend um zwingendes Gesetzesrecht handelt, ist die Bedeutung des § 307 Abs.2 Nr.1 BGB insofern eher gering[795]. Nach herrschender Meinung erfasst das Merkmal „gesetzliche Regelungen" jedoch auch ungeschriebene Rechtsgrundsätze und Prinzipien, die hinter den gesetzlichen Vorschriften stehen[796]. Danach stellt auch das durch Auslegung, Analogie oder Rechtsfortbildung geschaffene Richterrecht „gesetzliche Regelungen" im Sinne des § 307 Abs.2 Nr.1 BGB dar[797]. Aufgrund der besonderen Ausprägung des Richterrechts im Arbeitsrecht liegt hier die größere Bedeutung des § 307 Abs.2 Nr.1 BGB. Es ist dabei jedoch stärker als beim normierten Gesetzesrecht das Augenmerk auf die Rechtsnatur des § 307 Abs.2 BGB als Regelbeispiele zu richten und zu prüfen, ob die Abweichung vom Richterrecht tatsächlich eine unangemessene Benachteiligung darstellt.

3. § 307 Abs.2 Nr.1 BGB: Tarifverträge, Betriebs- und Dienstvereinbarungen = „gesetzliche Regelung"?

Durch einige wenige Stimmen in der Literatur ist eine Diskussion darüber entbrannt, ob über den Wortlaut des § 307 Abs.2 Nr.1 BGB hinaus aufgrund des § 310 Abs.4 S.3 BGB kollektivrechtliche Verträge als Maßstab für die Angemessenheitsprüfung im Sinne des § 307 Abs.2 Nr.1 BGB herangezogen werden können[798], mit der zum Teil gezogenen Folge, dass auch Entgeltregelungen am tariflichen Lohnniveau kontrolliert werden könnten[799].

Die Befürworter einer solchen aus § 310 Abs.4 S.3 BGB gezogenen Konsequenz lassen allerdings eine fundierte Begründung hierfür vermissen. Während *Däubler* ohne Argumente die bloße Behauptung aufstellt[800], meint *v. Westphalen*, dass durch die Gleichstellung der Kollektivverträge mit den allgemein geltenden

795 *Däubler/Dorndorf*, § 307 Rn.235 ff., die insbesondere auf die in § 615 S.3 BGB zum Ausdruck kommende Betriebsrisikolehre als Anwendungsbeispiel verweisen.

796 BGH v. 1.12.1981, NJW 1982 S.644 (645); BGH v. 28.04.1983, NJW 1983 S.1671 (1672); BGH v. 23.04.1991, NJW 1991 S.1886 (1887); BGH v. 15.07.1997, NJW 1997 S.2752 f.; Ulmer/Brandner/Hensen-*Fuchs*, § 307 Rn.211; Staudinger-*Coester*, § 9 AGBG Rn.172; *Däubler/Dorndorf*, § 307 Rn.219.

797 BGH v. 08.07.1993, NJW 1993 S.2738 (2739); v.25.02.1998, NJW 1998 S.1640 (1642), Ulmer/Brandner/Hensen-*Fuchs*, § 307 Rn.211; Palandt-*Heinrichs*, § 307 Rn.26; *Däubler/Dorndorf*, § 307 Rn.219; a.A. in Bezug auf Flexibilisierungsabreden *Lindemann*, S.168, die jedoch verkennt, dass das Richterrecht neben der bisher ausgeübten Inhalts- bzw. Billigkeitskontrolle des BAG, die selbstverständlich kein Maßstab sein kann, andere Wertungen vorhalten kann, die in die Abwägung gemäß § 307 Abs.2 Nr.1 BGB einfließen können.

798 *Däubler*, NZA 2001 S.1329 (1334); Henssler/v.Westphalen-*v. Westphalen*, § 310 Rn.10; *Lakies*, NZA-RR 2002 S.337 (344); unklar: *Reinecke*, DB 2002 S.583 (585).

799 *Däubler*, NZA 2001 S.1329 (1334); *Lakies*, NZA-RR 2002 S.337 (344).

800 *Däubler*, NZA 2001 S.1329 (1334).

Rechtsvorschriften im Sinne des § 307 Abs.3 S.1 BGB diesen eine ebenso allgemeine und umfassende Geltung zukommen müsse[801]. *Lakies* geht noch einen Schritt weiter und meint, dass die im normativen Teil des Tarifvertrages getroffenen Regelungen unabhängig von § 310 Abs.4 S.3 BGB Rechtsvorschriften im Sinne des § 307 Abs.3 S.1 BGB seien, wie sich auch aus § 1 Abs.1 TVG ergebe[802].

Bereits eine genaue Betrachtung des Wortlautes des § 310 Abs.4 S.3 i.V.m. § 307 Abs.3 BGB stellt die These, Kollektivverträge könnten als Kontrollmaßstäbe herangezogen werden, in Frage. Der Wortlaut besagt nämlich nur, dass die §§ 307 Abs.1 und 2, 308, 309 BGB dann für Bestimmungen in AAB gelten, wenn die AAB von Kollektivverträgen im Sinne des § 310 Abs.4 S.3 BGB abweichen oder diese ergänzende Regelungen enthalten. Der Kontrollmaßstab für den Fall einer Abweichung wird dagegen nicht vom Regelungsgehalt erfasst[803]. Aussagen über Kontrollmaßstäbe sind vielmehr in den Absätzen 1 und 2 des § 307 BGB gemacht. Die Gleichstellung des § 310 Abs.4 S.3 BGB ist aber gerade auf den Absatz 3 des § 307 BGB begrenzt. Hätte die Gleichstellung sich auf den gesamten § 307 BGB, also insbesondere auch auf die gesetzlichen Regelungen im Sinne des § 307 Abs.2 Nr.1 BGB beziehen sollen, so hätte der Gesetzgeber die Verweisung nicht auf Absatz 3 begrenzen dürfen[804]. Weil aber § 307 Abs.3 S.1 BGB in keinem Zusammenhang mit dem bei der Angemessenheitskontrolle anzuwendenden Maßstab steht, ist auch die Argumentation *Lakies* - der normative Teil der Tarifverträge sei bereits unabhängig von § 310 Abs.4 S.3 BGB von § 307 Abs.3 S.1 BGB erfasst - nicht überzeugend.

Auch aus den Gesetzesmaterialien lassen sich für eine Ausweitung des Kontrollmaßstabes durch § 310 Abs.4 S.3 BGB keine Hinweise entnehmen[805]. Ganz im Gegenteil: § 310 Abs.4 BGB wird in der Beschlussempfehlung des Rechtsausschusses damit begründet, dass die Bereichsausnahme für das Arbeitsrecht nur teilweise zurückgenommen werden soll[806]. Mit dieser Begründung ist eine Ausdehnung des Kontrollmaßstabs der Inhaltskontrolle im Arbeitsrecht gegenüber den anderen Rechtsgebieten unvereinbar[807].

---

801 Henssler/v.Westphalen-*v. Westphalen*, § 310 Rn.10.

802 *Lakies*, NZA-RR 2002 S.337 (344).

803 *Lingemann*, NZA 2002 S.181 (188); *Reuter*, FS 50 Jahre BAG, S.177 (194).

804 *Henssler*, RdA 2002 S.129 (136); *Gotthardt*, ZIP 2002 S.277 (282); *Lieb*, FS Ulmer S.1231 (1243); *Preis*, NZA 2003, Sonderbeilage zu Heft 16, S.19 (31); *Bayreuther*, RdA 2003 S.81; Ulmer/Brandner/Hensen-*Fuchs*, § 307 BGB Rn.451.

805 Vgl. BT-Drs.14/6857 S.54.

806 BT-Drs.14/7052 S.189.

807 *Henssler*, RdA 2002 S.129 (136).

Im Übrigen spricht der systematische Standort der Gleichstellung in § 310 Abs.4 BGB gegen eine Erweiterung der Kontrollmaßstäbe auf Kollektivverträge. § 310 Abs.4 S.1 und 2 BGB beinhalten Einschränkungen der Inhaltskontrolle. Eine Ausdehnung der Inhaltskontrolle in Satz 3 hineinzulesen, widerspräche damit dem System des § 310 Abs.4 BGB[808]. Einschränkende und ausdehnende Elemente innerhalb des § 310 Abs.4 BGB fügen sich aber auch nicht in § 310 BGB ein. Dessen Absätze 1 und 2 enthalten ausschließlich die §§ 305 ff. BGB einschränkende Regelungen, während § 310 Abs.3 BGB nur erweiternde Regelungen trifft. Auch im Hinblick auf § 5 TVG stößt die Erweiterung der Kontrollmaßstäbe auf Kollektivverträge auf Bedenken. Sie würde aufgrund des gemäß § 4 Abs.3 TVG zwingenden Charakters tarifvertraglicher Regelungen bei tarifgebundenen Arbeitsverträgen im Ergebnis keine Veränderung herbeiführen. Nicht tarifgebundene Arbeitnehmer würden hingegen mittelbar dem Tarifvertrag unterworfen werden. Die Erweiterung der Kontrollmaßstäbe würde also zu einer verdeckten Allgemeinverbindlichkeitserklärung führen, ohne dass die in § 5 TVG aufgestellten Voraussetzungen erfüllt sein müssten[809].

Außerdem folgt aus dem Wortlaut des § 310 Abs.4 S.3 BGB, der Kollektivverträge nur als Ganzes Rechtsvorschriften im Sinne des § 307 Abs.3 S.1 BGB gleichstellt, sowie aus dem hinter § 307 Abs.2 Nr.1 BGB Gedanken des Leitbildes des dispositiven Gesetzesrechts als angemessene Regelung, dass als Kontrollmaßstab nur Kollektivverträge als Ganze beziehungsweise in sich abgeschlossene Regelungskomplexe, denen auch die Angemessenheitsvermutung zukommt, und nicht einzelne kollektivvertragliche Regelungen als Kontrollmaßstab herangezogen werden können[810]. Die Angemessenheit einer einzelnen arbeitsvertraglichen Regelung anhand eines kompletten Regelwerkes beziehungsweise in sich geschlossenen Regelungskomplexes eines Kollektivvertrages zu beurteilen, erscheint, sofern es sich nicht um eine mit Abweichungen versehene Bezugnahmeklausel auf diesen Tarifvertrag handelt, kaum möglich[811]. Aufgrund der Eindeutigkeit dieser Auslegungsergebnisse soll auf bestehende verfassungsrechtliche Bedenken gegen eine Erweiterung des Kontrollmaßstabs um Kollektivverträge – Stichwort „negative Koalitionsfreiheit“ - nicht weiter eingegangen werden.[812].

808 Vgl. auch *Henssler*, RdA 2002 S.129 (136).

809 *Bayreuther*, RdA 2003 S.81 (82); *Joost*, FS Ulmer, S.1199 (1208); *Thüsing*, BB 2002 S.2666 (2671); *Oetker*, FS Wiedemann, S.383 (394); vgl. auch *Gotthardt*, ZIP 2002 S.277 (282).

810 *Tschöpe*, DB 2002 S.1830 (1833 f.); so wohl auch *Preis*, NZA 2003, Sonderbeilage zu Heft 16, S.19 (31).

811 Vgl. auch *Zeller-Müller*, S.119 f.

812 Vgl. insoweit *Bayreuther*, RdA 2003 S.81 (82 ff.); *Lieb*, FS Ulmer S.1231 (1244); *Henssler*, RdA 2002 S.129 (136); Henssler/v.Westphalen-*v. Westphalen*, § 310 Rn.11; *Tschöpe*, DB 2002 S.1830 (1833).

Mithin ergibt sich aus § 310 Abs.3 S.3 BGB keine Ausdehnung der Kontrollmaßstäbe auf Kollektivverträge. Folglich muss auch der auf der gegenteiligen Auffassung basierenden These, Entgeltabreden könnten nun einer Kontrolle am tariflichen Lohnniveau unterzogen werden[813], eine Absage erteilt werden[814].

4. Überprüfung ausgewählter arbeitsvertraglicher Klauseln anhand des § 307 BGB

Die Inhaltskontrolle anhand des § 307 BGB soll beispielhaft an drei üblichen von Arbeitgebern verwendeten Klauseln dargestellt werden, da die Beurteilung der Unangemessenheit in vielen Fällen, beispielsweise seien Rückzahlungsklauseln bezüglich Ausbildungskosten, Urlaubsgeld oder Arbeitgeberdarlehen sowie Befristung einzelner Arbeitsbedingungen genannt (FN: vgl. ErfK-*Preis*, §§ 305 – 310 BGB Rn.91, § 611 Rn.555), im Ergebnis der bisherigen Kontrollpraxis entsprechen[815].

a) Ausschlussfristen

Fast in jedem Arbeitsvertrag sind sogenannte Ausschlussfristen zu finden[816], mit denen bestehende Ansprüche gegen den Arbeitgeber nach einer gewissen Zeit erlöschen sollen. Im Unterschied zur Verjährung sind diese vereinbarten Ausschlussfristen dabei als rechtshindernde Einwendung von Amts wegen zu berücksichtigen[817]. Sinn und Zweck von Ausschlussfristen ist die Förderung von Rechtsfrieden und Rechtssicherheit[818]. Für Arbeitsverträge sind Ausschlussfristen darüber hinaus jedoch insbesondere in Bezug auf die Flexibilität des Betriebsvermögens und die Wahrung der relativen Gerechtigkeit innerhalb der Ar-

813 *Lakies*, NZA-RR 2002 S.337 ff.; *Däubler*, NZA 2001 S.1329 (1334 f.).

814 Dazu *Bayreuther*, RdA 2003 S.81 (87 ff.).

815 Vgl. zur Befristung einzelner Arbeitsbedingungen: BAG v. 27.07.2005, AP Nr.6 zu § 307 BGB Bl.7 ff.; BAG v. 18.01.2006 - 7 AZR 191/05, noch n.v.; *Preis/Bender*, NZA-RR 2005 S.337 (339); zu Rückzahlungsklauseln vgl. hinsichtlich der angemessenen Höhe LAG Köln v. 25.11.2005 – Az.:11 Sa 551/05; hinsichtlich des zulässigen die Rückzahlungsklausel auslösenden Beendigungsgrundes LAG Baden-Württemberg v. 26.07.2005 – Az.:22 Sa 91/04, n.v., dieses Urteil bestätigend BAG v. 11.04.2006, Pressemitteilung 25/2006; zur alten Rechtslage LAG Bremen v. 25.02.1994, BB 1994, S.1150; Henssler/Willemsen/Kalb-*Thüsing*, § 611 BGB Rn.470.

816 Weshalb auch das Verbot überraschender Klauseln gemäß § 305 c Abs.1 BGB für den Regelungsgegenstand an sich nicht von Bedeutung ist, vgl. BAG v. 25.05.2005, AP Nr.1 zu § 310 BGB Bl.3.

817 ErfK-*Preis*, §§ 194-218 BGB Rn.33;

818 ErfK-*Preis*, §§ 194-218 BGB Rn.32; *Gaul*, ZTR 1988 S.123 (124); *Kiefer*, NZA 1988 S.785.

beitnehmerschaft von entscheidender Bedeutung[819]. Bei der Prüfung der unangemessene Benachteiligung gemäß § 307 Abs.1 S.1 BGB im Rahmen von Ausschlussfristen sind folgende Gesichtspunkte zu beachten: die Länge der Frist, der Fristbeginn, die Ein- oder Zweiseitigkeit sowie die Ein- oder Zweistufigkeit der Ausschlussfrist.

aa) Länge der Ausschlussfrist

Das BAG erklärte vor der Schuldrechtmodernisierungsreform zweimonatige Ausschlussfristen für zulässig[820], zuletzt sogar eine einmonatige[821] und lag damit weit unter den vom BGH für unzulässig gehaltenen 3 Monaten[822]. Die Prüfung des BAG erfolgte wie bei den tarifvertraglichen Ausschlussfristen nur anhand des § 138 BGB, wobei das Gericht sich inhaltlich nicht daran hielt und der angewendete Prüfungsmaßstab sich eher an § 242 BGB anlehnte[823]. In seinen Urteilen unter neuer Rechtslage hat sich das BAG in seiner Beurteilung der Angemessenheit der Frist an die Mindestfrist des BGH von 3 Monaten angepasst[824]. Damit stimmt es überein mit der überwiegenden Ansicht in der Literatur, die die bisherigen kurzen Ausschlussfristen spätestens nun gemäß § 307 BGB für unzulässig hält[825].

Es erscheint fraglich, ob das BAG den besonderen Umständen des Arbeitsrechts damit genügend Rechnung beigemessen hat. Wie es nämlich richtig ausführt, sieht das Arbeitsrecht mit § 4 KSchG, § 17 TzBfG, § 81 Abs.2 S.2 Nr.4 SGB IX und § 61 b Abs.1 ArbGG (hinzu kommen noch § 626 Abs.2 BGB, § 9 MuSchG, § 15 Abs.4 BBiG und § 12 KSchG) zahlreiche kurze Ausschlussfristen vor. Dass im Arbeitsrecht ein Bedürfnis nach Ausschlussfristen besteht, zeigen auch die zahlreichen kurzen tarifvertraglichen Ausschlussfristen, auch wenn man diese nicht gemäß § 307 Abs.2 Nr.1 BGB zum Maßstab heranziehen darf[826]. Dies tut jedoch das BAG, indem es seine Entscheidung maßgeblich mit der sich aus den tarifvertraglichen Ausschlussfristen ergebenden Durchschnittsfrist von 3 Monaten begründet. Auch die weitere Argumentation des BAG, die im Arbeitsrecht

819 Siehe bereits unter 4.Kapitel D. III. 6. c).

820 BAG v. 17.6.1997, AP Nr.2 zu § 74 b HGB Bl.2 f.; BAG v. 27.02.2002, AP Nr.162 zu § 4 TVG Ausschlussfristen Bl.3 f.

821 BAG v. 13.12.2000, AP Nr.2 zu § 241 BGB.

822 BGH v. 19.05.1988, NJW 1988 S.2888; BGH v.20.3.1978, NJW 1978 S.1314; BGH v. 24.09.1979, VersR 1980 S.40 f.

823 BAG v. 24.3.1988, AP Nr.1 zu § 241 Bl.2 f.

824 BAG v. 28.09.2005, AP Nr.7 zu § 307 BGB Bl.5 R f.; BAG v. 25.5.2005, AP Nr.1 zu § 310 BGB Bl.5.

825 Vgl. *Birnbaum*, NZA 2003 S.944 (948); *Däubler*, NZA 2001 S.1329 (1336 f.); *Henssler*, RdA 2002 S.129 (137 f.); *Gotthardt*, ZIP 2002 S.277 (287); ErfK-*Preis*, §§ 194-218 BGB Rn.49 f.; *Singer*, RdA 2003 S.194 (200 f.).

826 Vgl. dazu unter 4.Kapitel D. V. 3.; ebenso *Preis/Roloff*, RdA 2005 S.144 (150).

existierenden Ausschlussfristen beträfen nur Sonderfälle, nämlich die Beendigung des Arbeitsverhältnisses[827], vermag nicht zu überzeugen. Es verkennt die Lückenhaftigkeit des Arbeitsrechts, die diesen systematischen Argumentationsstrang im Arbeitsrecht hinfällig macht. Bei der Prüfung einer unangemessenen Benachteiligung durch Ausschlussfristen in Arbeitsverträgen ist somit das besondere betriebliche Interesse an kurzen Ausschlussfristen in die herkömmliche Angemessenheitsprüfung, bei der richtigerweise die Verjährungsfristen als Leitbild zu beachten sind[828], einzubeziehen, so dass im Arbeitsrecht kürzere Fristen als die im allgemeinen Zivilrecht für unangemessen benachteiligend erachteten Ausschlussfristen zulässig sein können[829].

bb) Zweistufige Ausschlussfristen

Unter Verweis auf die seit langem im Arbeitsleben anerkanntermaßen besonders gebotenen raschen Klärung von Ansprüchen und der Bereinigung offener Streitpunkte – Ursache dafür sind die bereits vorstehend erwähnten besonderen Interessen des Betriebsverbandes - hat das BAG ohne lange zu zögern richtigerweise die Wirksamkeit zweistufiger Ausschlussfristen angenommen[830]. Erst mit der gerichtlichen Klärung wird nämlich hinreichende Klärung über etwaige Ansprüche erreicht[831].

cc) Fristbeginn von Ausschlussfristen

Richtig erscheint auch, dass eine kurze Ausschlussfrist unwirksam ist, die bereits vor Kenntnis des Arbeitnehmers von dem Anspruch zu laufen beginnt[832]. Die Gefahr, dass hierdurch der Arbeitnehmer seine Ansprüche gar nicht geltend machen kann und somit gegen grundsätzliche Wertungen der §§ 195 ff. BGB verstoßen werden würde, lässt die betrieblichen Interessen zurückstehen. Eine solche Klausel ist gemäß § 307 Abs.2 Nr.1 BGB eine unangemessene Benachteiligung der betroffenen Arbeitnehmer.

---

827 Ebenso *Däubler/Dorndorf*, § 310 Rn.96; *Gotthardt*, Rn.310.

828 So auch maßgeblich BAG v. 25.05.2005, AP Nr.1 zu § 310 BGB Bl. 4 ff.; BAG v. 28.09.2005, AP Nr.7 zu § 307 BGB Bl.4 f.

829 Vgl. *Reuter*, FS 50 Jahre BAG, S.177 (S.188 f.); im Ergebnis ebenso: ArbG Frankfurt v. 13.08.2003, NZA-RR 2004 S.238 (239 f.); *Lingemann*, NZA 2002 S.181 (189 f.); *Reichold*, ZTR 2002 S.202 (207); diesen Aspekt durchaus auch anerkennend BAG v. 25.05.2005, AP Nr.1 zu § 310 BGB Bl.3 R; a.A. ist *Reinecke*, BB 2005 S.378 (389), der die spezifischen Interessen innerhalb des Betriebsverbandes nicht beachtet und daher 6-monatige Ausschlussfristen für angemessen erachtet.

830 "BAG v. 25.05.2005, AP Nr.1 zu § 310 BGB Bl.3 R.

831 *Thüsing/Leder*, BB 2005 S.1563 (1565).

832 BAG v. 01.03.2006, NZA 2006 S.783 (784); Vgl. insbesondere *Preis/Roloff*, RdA 2005 S.144 (155); ErfK-*Preis*, §§ 194-218 BGB Rn.49 a; *Reinecke*, BB 2005 S.378 (381); *Thüsing/Leder*, BB 2005 S.1563 (1566).

dd) Ein- und Zweiseitige Ausschlussfristen

Zu folgen ist auch der sich herauskristallisierenden herrschenden Auffassung, dass einseitige Ausschlussfristen eine unangemessene Benachteiligung gemäß § 307 Abs.1 S.1 BGB darstellen[833], da die betrieblichen Interessen auch bei zweiseitigen, nicht nur zu Lasten der Arbeitnehmer gehenden beidseitigen Ausschlussfristen gewahrt werden.

b) Mankoabrede

Gängige Vertragsklauseln sind auch die sogenannten Mankoabreden, in denen der Arbeitnehmer die Haftung für Fehlbeträge in von ihm betreuten Kassen und Warenbeständen sowie sonstigen ihm überlassenen Gegenständen übernimmt. Zum Ausgleich zahlt der Arbeitgeber ein höheres Gehalt oder sein sogenanntes Mankogeld. Sinn und Zweck solcher Mankoabreden ist es, dem Arbeitgeber über Beweisschwierigkeiten hinwegzuhelfen, die ihn ansonsten gegenüber veruntreuenden Arbeitnehmern schutzlos stellen würden[834].

Das BAG hat in jahrelanger Rechtsprechung solche Mankoabreden immer dann für zulässig gehalten, wenn sie eine sinnvolle, den Eigenarten des Betriebs und der Beschäftigung angepasste Beweislastverteilung enthielten oder sie eine vom Verschulden des Arbeitnehmers unabhängige Haftung für solche Fehlbeträge festlegten, die ausschließlich in seinem Arbeits- und Kontrollbereich entstanden sind. Das erhöhte Arbeitsentgelt oder das Mankogeld musste dabei in einem angemessenen Verhältnis zum übernommenen Risiko stehen[835]. Insbesondere vor dem Hintergrund seiner Auffassung über den einseitig zwingenden Charakter der Grundsätze zur Arbeitnehmerhaftung hat sich das BAG seit seiner jüngeren Rechtsprechung vor der Schuldrechtsmodernisierungsreform einschränkend auf den Standpunkt gestellt, dass eine Haftung aufgrund einer Mankoabrede die Summe der gezahlten Mankogelder nicht übersteigen dürfe[836]. Das Schrifttum stand und steht dieser Entwicklung vorwiegend kritisch gegenüber. Insbesonde-

833 BAG v. 31.08.2005, AP Nr.8 zu § 6 ArbZG Bl.4 f.; BAG v. 2.3.2004, AP Nr.31 zu § 3 TVG Bl.7 ff.; LAG Schleswig.Holstein v. 22.9.2004, LAGE Nr.5 zu § 307 BGB 2002 Bl.5 f.; ErfK-*Preis*, §§ 194-218 Rn.50; *Krause* RdA 2004 S.36 (47); *Preis/Roloff* RdA 2005 S.144 (154); *Reinecke*, BB 2005 S.378 (381); *Thüsing/Leder*, BB 2005 S.1563 (1564).

834 Vgl. *Reichold*, ZTR 2002 S.202 (209).

835 BAG v. 22.11.1967, AP Nr.67 zu § 626 BGB Bl.5; BAG v. 27.2.1970, AP Nr. 54 zu § 611 BGB Haftung des Arbeitnehmers Bl.2; BAG v. 13.02.1974, AP Nr.77 zu § 611 BGB Haftung des Arbeitnehmers Bl.2; BAG v. 29.1.1985, AP Nr.87 zu § 611 BGB Haftung des Arbeitnehmers Bl.1 R.

836 BAG v. 2.12.1999, AP Nr.3 zu § 611 BGB Mankohaftung Bl.2 R.

re wird die Ansicht des BAG von dem einseitig-zwingenden Charakter der Arbeitnehmerhaftung und des § 619 a BGB vehement attackiert[837].

Fraglich ist, wie die Zulässigkeit von Mankoabreden unter der Anwendung der §§ 307 ff. BGB zu bewerten ist. Sofern mit der Mankoabrede auch eine Beweislastregelung verbunden sein sollte, ist auf die Ausführungen unter § 309 Nr.12 BGB zu verweisen. Ist im Rahmen der Mankoabrede auch eine Pauschalierung des Schadensumfangs vorgesehen, wird auf die Ausführungen zu § 309 Nr.5 BGB verwiesen[838]. Ansonsten und bei „lediglich" haftungsverschärfenden Mankoabreden ist auf die Kontrolle gemäß § 307 BGB zurückzugreifen. Eine unangemessene Benachteiligung des Arbeitnehmers ergibt sich aus § 307 Abs.2 Nr.1 BGB, wenn die Mankoabrede nicht mit den Grundsätzen zur Arbeitnehmerhaftung vereinbar ist[839]. Insofern ist festzustellen, dass das BAG mit seiner jüngeren Rechtsprechung im Ergebnis der Zeit voraus war. Allein mit den von ihm aufgestellten Voraussetzungen ist nämlich sichergestellt, dass der Arbeitnehmer nicht weitergehend als in der Höhe der erlangten Mankogelder für Fehlbeträge in den Fällen haftet, in denen er grundsätzlich nicht zu haften hat[840]. Diese darüber hinausgehende Haftung stellt nämlich eine Übernahme des Betriebsrisikos dar, das nicht der Arbeitnehmer, sondern der Arbeitgeber zu tragen hat. Insofern kann der Argumentation der BAG-Kritiker nicht gefolgt werden, die eine angemessene Mankogeldzahlung mit einer Haftungshöchstbegrenzung (über dem Mankogeld liegend) mit der Haftungsprivilegierung der Arbeitnehmer für vereinbar halten[841]. Eine unangemessene Benachteiligung gemäß § 307 Abs.1 S.1 BGB kann jedoch trotz Einhaltung der vorgenannten Voraussetzung dann vorliegen, wenn der Ausgleichszeitraum, der durch die in ihm dem Arbeitnehmer zufließenden Mankogelder die Höhe der Haftungssumme bestimmt, zu lang bemessen ist[842]. Die Kritik des überwiegenden Schrifttums unter Hinweis auf den dispositiven Charakter der Arbeitnehmerhaftung steht der Inhaltskontrolle nicht entgegen, da gesetzliche Regelungen im Sinne des § 307 Abs.2 Nr.1 BGB gerade dispositiven Charakter aufweisen[843].

Es bleibt somit festzustellen, dass die Inhaltskontrolle gemäß der §§ 307 ff. BGB die Rechtslage zu Mankoabreden im Hinblick auf ihren haftungs-

---

837 ErfK-*Preis*, § 619 a BGB Rn.38; *Schwirtzek*, NZA 2005 S.437 ff.; *Stoffels*, AR-Blattei SD 870.2 Rn.127 b; *Lansnicker/Schwirtzek*, BB 1999 S.259 (261); *Gotthardt*, Rn.319; a.A. *Deinert*, RdA 2000 S.22 (33 f.).

838 Insofern ist entgegen ErfK-*Preis*, § 619 a BGB Rn.47 und *Schwirtzek*, NZA 2005 S.437 (440 f.) nicht nur auf den Rechtsgedanken des § 309 Nr.5 BGB zurückzugreifen.

839 Vgl. *Schwirtzek*, NZA 2005 S.437 (441)

840 Vgl. insoweit nur MünchArbR-*Blomeyer*, § 59 Rn.23 ff.

841 *Schwirtzek*, NZA 2005 S.437 (442); *Gotthardt*, Rn.319.

842 Vgl. *Deinert*, RdA 2000 S.22 (34).

843 Vgl. unter 4.Kapitel V. 2.

verschärfenden Inhalt in der Sache nicht verändert hat. Sie ermöglicht dem BAG jedoch, von seiner im Hinblick auf die ansatzweise normierten Haftungsgrundsätze für Arbeitnehmer in der dispositiven Vorschrift des § 276 Abs.1 S.1 BGB kaum aufrecht zu erhaltenden Begründung abzurücken.

c) Verzichtsklauseln, insbesondere Ausgleichsquittungen

Auch die Zulässigkeit von Verzichtsklauseln und damit im Arbeitsverhältnis insbesondere die Zulässigkeit von Ausgleichsquittungen, in denen der Arbeitnehmer im Rahmen der Beendigung des Arbeitsverhältnisse auf Ansprüche gegen den Arbeitgeber verzichten sollen, ist auf den Prüfstand zu stellen. Ziel dieser Klauseln ist vor allem, für Rechtsklarheit zu sorgen und dem Arbeitgeber damit frei von eventuell existenten Forderungen Planungssicherheit bei der Organisation des Betriebes zu verschaffen.

Das BAG hat vor Inkrafttreten des Schuldrechtsmodernisierungsgesetzes in konsequenter Weise auf eine Inhaltskontrolle von Ausgleichsquittungen verzichtet, weil die von ihm zur Rechtfertigung des Eingriffs in die Vertragsfreiheit herangezogene strukturelle Unterlegenheit in dieser Situation zwischen Arbeitnehmer und Arbeitgeber nicht besteht[844]. Lediglich das Verbot überraschender Klauseln des § 305 c Abs.1 BGB und die Auslegungsregel des § 305 c Abs.2 BGB wendete das BAG, da in ihnen allgemeine Rechtsgrundsätze zum Ausdruck kommen, sinngemäß an[845].

Nach der neuen Rechtslage findet § 307 BGB – das nicht überzeugende strukturelle Ungleichgewicht ist als Voraussetzung weggefallen – grundsätzlich auf Ausgleichsquittungen Anwendung. In Rechtsprechung und Literatur finden sich aus diesem Grund zahlreiche Stimmen, die die Ausgleichsquittungen – jedenfalls die ohne Gegenleistung - nun für unwirksam halten[846]. Dem kann nicht gefolgt werden. Vor allem ist die Argumentation, die fehlende Gegenleistung intendiere die unangemessene Benachteiligung, nicht überzeugend, da eine Kontrolle von Leistung und Gegenleistung aufgrund des Fehlens jeglichen Maßstabs

844 Das BAG führte nur eine Rechtskontrolle durch: beispielsweise Verstoß gegen § 613 a BGB –BAG v. 10.12.1998, AP Nr.185 zu § 613a BGB; vgl. MünchArbR-*Hanau*, § 75 Rn.1 ff. m.w.N.

845 BAG v. 29.6.1978, AP Nr.5 zu § 4 KSchG 1969 Bl.2; BAG v. 20.8.1980, AP Nr.3 zu § 9 LohnFG Bl.2 f.; LAG Berlin v. 18.01.1993, LAGE Nr.3 zu § 4 KSchG Ausgleichsquittungen Bl.4.

846 LAG Schleswig-Holstein v. 24.09.2003, NZA-RR 2004 S.74 (75 f.); LAG Düsseldorf v. 13.4.2005, DB 2005 S.1463 (1465); *Reinecke*, DB 2002 S.583 (586); ErfK-*Preis*, §§ 305-310 BGB Rn.74 b; *Däubler/Dorndorf*, Einl. Rn.168.

gemäß § 307 Abs.3 BGB ausscheidet[847]. Im Übrigen ist der einseitige Rechtsverzicht zwar unzweifelhaft für den Arbeitnehmer benachteiligend, gegenüber dem auf einer Besonderheit des Arbeitsverhältnisses beruhende berechtigte Interesse des Arbeitgebers und der Belegschaft[848] ist diese Benachteiligung grundsätzlich nicht unangemessen[849]. Denkbar ist eine unangemessene Benachteiligung aber dann, wenn die Ausgleichsquittung mit anderen für den Arbeitnehmer bedeutsamen Regelungen untrennbar verbunden wird[850]. Vorstellbar sind beispielsweise mit dem Verzicht verbundene Erklärungen des Arbeitgebers, dass er die gegenüber dem Arbeitnehmer gemachten Vorwürfe (Verdacht einer Straftat zu Lasten des Arbeitgebers) nicht mehr aufrecht erhält und dem Arbeitnehmer ein qualifiziertes, berufsförderndes Zeugnis erstellt.

VI. Rechtsfolgen unwirksamer Vertragsbestimmungen – Verbot der geltungserhaltenden Reduktion auch im Arbeitsrecht?

Hält eine arbeitsvertragliche Klausel der Kontrolle anhand der §§ 305 ff. BGB nicht stand, so stellt sich die Frage nach den daraus resultierenden Folgen. Gemäß § 306 Abs.1 BGB bleibt der Vertrag in Ausnahme zu § 139 BGB im Übrigen wirksam. Soweit die Vertragsbedingungen nicht Vertragsbestandteil geworden oder unwirksam sind, richtet sich der Inhalt des Vertrags gemäß § 306 Abs.2 BGB nach den gesetzlichen Vorschriften. Nur wenn das Festhalten an dem Vertrag auch unter Berücksichtigung der gesetzlichen Vorschriften eine unzumutbare Härte für eine Vertragspartei darstellen würde, ist der Vertrag gemäß § 306 Abs.3 BGB insgesamt unwirksam. Damit lässt die Norm offen, ob eine nach den §§ 307 ff. BGB unwirksame Klausel insgesamt unwirksam ist oder ob sich die Unwirksamkeitsfolge nur auf den unangemessenen Teil der Klausel bezieht[851].

1. Verbot der geltungserhaltenden Reduktion bei AGB

Der BGH vertritt bisher konsequent das Verbot der geltungserhaltenden Reduktion[852]. Danach darf eine nach den §§ 305 ff. BGB unwirksame Klausel durch

847 So auch BAG v. 27.11.2003, AP Nr.1 zu § 312 BGB Bl.8 R; BAG v. 22.04.2004, AP Nr.27 zu § 620 BGB Aufhebungsvertrag; vgl. *Gotthardt*, Rn.306; *Thüsing/Leder*, BB 2005 S.1563.

848 Siehe dazu 4.Kapitel C. III.

849 *Reuter*, FS 50 Jahre BAG, S.177 (189 f.).

850 *Gotthardt*, Rn.306; vgl. BGH v. 25.10.1984, NJW 1985 S.970 f.; Wolf/Horn/Lindacher-*Wolf*, §9 Rn. V 61.

851 Vgl. MüKo-*Basedow*, § 306 Rn.12.

852 BGH v. 17.5.1982, NJW 1982 S.2309 (2310), seitdem ständige Rechtsprechung.

das Gericht nicht auf das gerade noch zulässige Maß zurückgeführt werden. Die herrschende Meinung des AGB-rechtlichen Schrifttums befürwortet ebenfalls das Verbot der geltungserhaltenden Reduktion[853]. So bringt zum Beispiel *Schack* dies treffend mit dem Satz „Wer überreizt, hat verloren!“ auf den Punkt[854]. Gegen die geltungserhaltende Reduktion wird neben dem Wortlaut des § 306 BGB vor allem argumentiert, dass dem AGB-Verwender nicht das Risiko der Gesamtunwirksamkeit der Klausel genommen werden dürfe. Das Ziel der §§ 305 ff. BGB, von vornherein die Verwender von vorformulierte Vertragsbedingungen zu angemessenen Regelungen zu bewegen, würde ansonsten verfehlt[855]. In diesem Zusammenhang wird ebenfalls das Transparenzgebot angeführt, weil auch das Ziel, durch klare und verständliche Bestimmungen dem Vertragspartner des Verwenders die Möglichkeit zu geben, die sich aus den vorformulierten Vertragsbedingungen für ihn ergebenden Rechte und Pflichten zu erfassen, durch für ihn nicht erkennbar unwirksame Klauseln verfehlt werde[856].

2. Verbot der geltungserhaltenden Reduktion auch bei AAB – Überblick über den Meinungsstand

Im Gegensatz zum BGH und der herrschenden AGB-rechtlichen Literatur hat das BAG unangemessene Klauseln in vielen Fällen auf ein angemessenes Maß zurückgeführt, beispielsweise bei der Kürzung einer Weihnachtsgratifikation aufgrund von Fehlzeiten[857], bei an übermäßig lange Fristen gekoppelte Rückzahlungsklauseln[858] oder bei der Umdeutung von Widerrufsvorbehalten nach

853 Wolf/Horn/Lindacher-*Lindacher*, § 6 Rn.31 ff.; Ulmer/Brandner/Hensen-*Schmidt*, § 306 BGB Rn.14; *v.Hoyningen-Huene*, Inhaltskontrolle, Rn.68; Erman (11.Aufl.)-*Roloff*, § 306 Rn.8; Palandt-*Heinrichs*, Vorb. v. § 307 Rn.8; Soergel-*Stein*, § 6 AGBG Rn.13; Eine geltungserhaltende Reduktion befürwortend: MüKo-*Basedow*, § 306 Rn.12 ff.; *Hager*, JZ 1996 S.175 ff.; *v.Mettenheim*, FS Piper, S.937 (950); Staudinger-*Schlosser*, § 6 AGBG Rn.17 ff.;

854 *Schack*, Rn.363.

855 BGH v. 24.9.1985, NJW 1986 S.1610 (1612); Ulmer/Brandner/Hensen-*Schmidt*, § 306 BGB Rn.14.

856 Ulmer/Brandner/Hensen-*Schmidt*, § 306 BGB Rn.14.

857 BAG v. 15.2.1990, AP Nr.15 zu § 611 BGB Anwesenheitsprämie;.

858 BAG v. 3.10.1963, AP Nr.1 zu § 611 BGB Urlaub und Gratifikation; BAG v. 24.1.1963, AP Nr.29 zu Art.12 GG Bl.4 R; BAG v. 23.2.1983, AP Nr.6 zu § 611 BGB Ausbildungsbeihilfe; BAG v. 11.4.1984, AP Nr.8 zu § 611 BGB Ausbildungsbeihilfe Bl.2 R; BAG v. 15.12.1993, AP Nr.17 zu § 611 BGB Ausbildungsbeihilfe Bl.3 ff.; BAG v. 16.3.1994, AP Nr.18 zu § 611 BGB Ausbildungsbeihilfe Bl.10; BAG v.6.9.1995, AP Nr.23 zu § 611 BGB Ausbildungsbeihilfe; BAG v. 5.12.2002, AP Nr.32 zu § 611 BGB Ausbildungsbeihilfe Bl.3 f.

freiem in Widerrufsvorbehalte nach billigem Ermessen[859]. Die arbeitsrechtliche Literatur war bezüglich der vom BAG praktizierten geltungserhaltenden Reduktion gespalten[860]. Durch die Anwendbarkeit der §§ 305 ff. BGB im Arbeitsrecht hat diese Diskussion neuen Zündstoff bekommen. Während die Befürworter eines Verbotes der geltungserhaltenden Reduktion erfreut durch den Wegfall der Bereichsausnahme eine gesetzliche Entscheidung grundsätzlich zu Gunsten des Verbotes feststellen[861], sind die Vertreter einer geltungserhaltenden Reduktion bemüht, arbeitsrechtliche Besonderheiten zu suchen, die die Fortführung der BAG-Rechtsprechung rechtfertigen und die geltungserhaltende Reduktion im Arbeitsrecht weiterhin „salonfähig" bleiben lassen. So wird auf das im Arbeitsvertragsrecht weitgehend fehlende, zur Schließung der durch die Gesamtunwirksamkeit entstandenen Vertragslücke gemäß § 306 Abs.2 BGB jedoch benötigte dispositive Recht verwiesen[862]. Außerdem sei es für den Arbeitgeber aufgrund der fehlenden Maßstäbe im Arbeitsvertragsrecht schwierig, die Zulässigkeit seiner Arbeitsbedingungen im Voraus zu überblicken, so dass eine Gesamtunwirksamkeit der unangemessenen Klausel nicht in jedem Falle sachgerecht sei[863]. Für eine geltungserhaltende Reduktion wird des Weiteren der Charakter des Arbeitsvertrags als Dauerschuldverhältnis ins Felde geführt[864]. Die Fortsetzung des Vertragsverhältnisses zu angemessenen Konditionen für die Zukunft sei oft für den Arbeitnehmer günstiger als der totale Wegfall der unangemessenen Vertragsbedingung[865]. Außerdem sei die Gesamtunwirksamkeit der unangemessenen Klausel anders als bei anderen Dauerschuldverhältnissen aufgrund der hohen Anforderungen an die Wirksamkeit von Kündigungen und Änderungskündigungen problematisch[866]. Andere sehen die bisherige BAG-Rechtsprechung als Besonderheit im Sinne des § 310 Abs.4 S.2 1.HS BGB an und wollen so die geltungserhaltende Reduktion im Arbeitsrecht erhalten[867].

859 BAG v. 13.5.1987, AP Nr.4 zu § 305 BGB Billigkeitskontrolle Bl.2 R; BAG v. 17.5.1973, AP Nr.6 zu § 242 BGB Ruhegehalt-Unterstützungskassen Bl.3 R; BAG v. 28.4.1977, AP Nr.7 zu § 242 BGB Ruhegehalt-Unterstützungskassen Bl.2.

860 Zustimmend: MünchArbR-*Hanau*, § 69 Rn.52; *Fastrich*, S.336; *Hromadka*, FS Dieterich, S.251 (276 ff.); eine geltungserhaltende Reduktion ablehnend: *Fenn*, FS Söllner, S. 331 (363); *v.Hoyningen-Huene*, Anm. zu BAG v. 6.9.1995, AP Nr.23 zu § 611 BGB Ausbildungsbeihilfe Bl. 6 f.; *Stoffels*, SAE 1995 S.176 (180).

861 *Singer*, RdA 2003 S.195 (203 f.); *Reinecke*, DB 2002 S.583 (586).

862 So auch *Gotthardt*, ZIP 2002 S.277 (289); *Hromadka*, NJW 2002 S.2523 (2529 f.); *Willemsen/Grau*, RdA 2003 S.321 (324).

863 *Hromadka*, NJW 2002 S.2523 (2529); *Söllner*, ZFA 2003 S.145 (158); *Bayreuther*, NZA 2004 S.953 (954); zur alten Rechtslage so bereits andeutend: *Reinecke*, NZA 2000 Beil.3 S.23 (28).

864 *Bayreuther*, NZA 2004 S.953 (954).

865 *Söllner*, ZfA 2003 S.145 (158 f.); *Schnitker/Grau*, BB 2002 S.2120 (2126); *Hromadka*, FS Dieterich, S.251 (278).

866 *Hromadka*, NJW 2002 S.2523 (2529); *Hromadka*, FS Dieterich, S.251 (276 f).

867 *Thüsing*, BB 2002 S.2666 (2674); *Bayreuther*, NZA 2004 S.953 (955 ff.).

3. Ergänzende Vertragsauslegung

So gegensätzlich die Positionen von Befürwortern und Gegnern der geltungserhaltenden Reduktion sich auch anhören mögen, im Ergebnis kommen sie in vielen Fällen zu den selben Ergebnissen. Dies liegt daran, dass der BGH[868] mit Zustimmung des überwiegenden Schrifttums[869] die durch die Gesamtunwirksamkeit der Klausel entstehende Lücke nicht nur durch dispositives Recht, sondern im Falle dessen Fehlens richtigerweise auch durch ergänzende Vertragsauslegung schließt.

a) Grund für eine ergänzende Vertragsauslegung

Der Grund dafür liegt in dem Zusammenspiel des § 306 Abs.2 BGB und des Verbots der geltungserhaltenden Reduktion. Dem Verwender unangemessener Klauseln soll genau die Spanne genommen werden, die zwischen dem gesetzlich geregelten Normalfall und der hiervon nach dem Gesetz gerade noch zulässigen Abweichung liegt[870]. Fehlt jedoch eine dispositive gesetzliche Regelung, versagt dieses Zusammenspiel. Diese Lückenhaftigkeit wird unter Berücksichtigung der typischen Interessen beider Vertragsparteien in vielen Fällen als ein nicht sachgerechtes Ergebnis erachtet[871]. Dies ist auch bei den das Zusammenleben und Zusammenarbeiten der Arbeitnehmer im Betrieb regelnden AAB der Fall, da relative Gerechtigkeit ebenso wenig durch das bloße Aufreißen von Lücken innerhalb der AAB hergestellt werden kann[872]. Sofern aufgrund des arbeitnehmerschützenden Charakters des Arbeitsrechts für eine äußerst restriktive Gebrauchmachung der ergänzenden Vertragsauslegung appelliert wird[873], wird die von den AGB abweichende Funktion der AAB verkannt. Bei der ergänzenden Vertragsauslegung wird nicht der hypothetische Wille der konkreten Vertragspartei-

868 BGH v. 1.2.1984, NJW 1984 S.1177 (1178); BGH v. 12.7.1989, NJW 1990 S.115 (116); BGH v. 22.1.1992, NJW 1992 S.1164 (1165); BGH v. 28.10.1981, NJW 1982 S.870 (872).

869 Ulmer/Brandner/Hensen-*Schmidt*, § 306 BGB Rn.34 ff.; Staudinger-*Schlosser*, § 6 AGBG Rn.12; Wolf/Horn/Lindacher-*Lindacher*, § 6 Rn.15; *v.Hoyningen-Huene*, Inhaltskontrolle, Rn.68; a.A.: *Löwe*, BB 1983 S.2014 f.; *Steindorff*, ZHR 148 (1984) S.271 (276 f.); *Trinkner*, BB 1983 S.1874 (1876).

870 LAG Köln v. 1.2.2001, NZA-RR 2001 S.461 (463); *Willemsen/Grau*, RdA 2003 S.321 (324).

871 BGH v. 1.2.1984, NJW 1984 S.1177 (1178); BGH v. 3.11.1999, NJW 2000 S.1110 (1114); BGH v. 30.9.1998, BGHZ 139, 333 (339 f.); *Willemsen/Grau*, RdA 2003 S.321 (324 f.); *Henssler*, RdA 2002 S.129 (137); *Lingemann*, NZA 2002 S.181 (186 f.); *Gotthardt*, ZIP 2002 S.277 (289); Wolf/Horn/Lindacher-*Lindacher*, § 6 Rn.15; Ulmer/Brandner/Hensen-*Schmidt*, § 306 BGB Rn.31 f.; a.A.: *Löwe*, BB 1983 S.2014 f.; *Trinkner*, BB 1983 S.1874 (1876).

872 *Reuter*, FS 50 Jahre BAG, S.177 (S.192); *Söllner*, ZfA 2003 S.145 (159).

873 So *Leder/Morgenroth*, NJW 2004 S.2797 (2799).

en, sondern in abstrakt-genereller Weise der hinsichtlich des Vertragstyps typische Wille der Vertragspartner herangezogen[874]. Abzustellen ist darauf, „was die Parteien bei einer angemessenen, objektiv-generalisierenden Abwägung ihrer Interessen nach Treu und Glauben redlicherweise vereinbart hätten, wenn ihnen die – nicht bedachte - Unwirksamkeit der Klausel bekannt gewesen wäre“[875].

b) Vorteile der ergänzenden Vertragsauslegung im Arbeitsrecht

Im Wege dieser ergänzenden Vertragsauslegung können die oben herausgearbeiteten Besonderheiten des Arbeitsrechts berücksichtigt werden. Trotz Festhaltens an dem Verbot der geltungserhaltenden Reduktion sind damit für das Arbeitsrecht stimmige Ergebnisse zu erzielen, ohne dass auf die Besonderheitenklausel des § 310 Abs.4 S.2 1.HS BGB zurückgegriffen werden muss[876]. Beispielsweise lassen sich Störungen der relativen Gerechtigkeit durch die ergänzende Vertragsauslegung vermeiden. So ist etwa durch die Rückführung überlanger Bindungsfristen bei Rückzahlungsklauseln, die sich auf für erbrachte Betriebstreue gezahlte Gratifikationen beziehen, die Gerechtigkeit dahingehend zu wahren, dass der die Betriebstreue Verweigernde nicht ebenso mit der Gratifikation bedacht wird wie der betriebstreue Arbeitnehmer. Gleiches gilt für gemäß § 307 BGB unangemessene Rückzahlungsklauseln bezüglich Ausbildungskosten, Urlaubsgeld und Arbeitgeberdarlehen im Falle einer Beendigung des Arbeitsverhältnisses. Die Interessen des Arbeitgebers an der Betriebsorganisation und des Arbeitnehmers an innerbetrieblicher Gerechtigkeit sorgen hier bei der ergänzenden Vertragsauslegung dafür, dass die zur alten Rechtslage entwickelten Grundsätze im Wege der ergänzenden Vertragsauslegung an ihre Stelle treten[877]. Insofern war es auch beispielsweise unnötig, dass das BAG in seiner (auch ansonsten nicht überzeugenden) Entscheidung vom 21.04.2005[878] auf den soge-

---

874 BGH v. 1.2.1984, NJW 1984 S.1177 (1178); BGH v. 12.7.1989, NJW 1990 S.115 (116); Ulmer/Brandner/Hensen-*Schmidt*, § 306 BGB Rn.32; MüKo-*Basedow*, § 306 Rn.27; Erman (11.Aufl.)-*Roloff*, § 306 Rn.13.

875 BGH v. 12.7.1989, NJW 1990 S.115 (116).

876 Vgl. z.B. BAG v.12.01.2005, AP Nr.1 zu § 308 BGB Bl.4 R f.; *Willemsen/Grau*, RdA 2003 S.321 (325); *Gotthardt*, ZIP 2002 S.277 (289); *Henssler*, RdA 2002 S.129 (137); *Thüsing/Leder*, BB 2005 S.938 (944).

877 Im Ergebnis ebenso auf die ergänzende Vertragsauslegung verweisend *Schlodder*, S.239 ff., die zur dennoch sich stellenden Frage der Geltung des Verbots der geltungserhaltenden Reduktion keine Stellung bezieht ;a.A. unter Verkennung der arbeitsrechtlichen Besonderheiten jedoch LAG Köln v. 25.11.2005, Az. 11 Sa 551/05 (noch nicht rechtskräftig), n.v.; LAG Hamm v. 07.03.2006, Az.: 19 Sa 1958/05, n.v. BAG v. 11.04.2006, Pressemitteilung 25/2006.

878 BAG v. 21.04.2005, AP Nr.3 zu § 307 BGB Bl.4 R; zustimmend Ulmer/Brandner/Hensen-*Fuchs*, § 307 BGB Rn.485.

nannten „blue-pencil-test"[879] zurückgegriffen hat, um den zulässigen „Teil" der Vertragsstrafe aufrecht zu erhalten.

Aufgrund des abstrakt-generellen Maßstabs in Form der typischen Interessen der Vertragsparteien sowie der drohenden Rechtsfolge des § 306 Abs.3 BGB, die im Zweifel weder den Interessen des Verwenders noch den Interessen seines Vertragspartners Rechnung trägt, ist die grundsätzliche Einschränkung der ergänzenden Vertragsauslegung bei mehreren denkbaren Gestaltungsmöglichkeiten[880] abzulehnen. Auch der erhobene Einwand, der hypothetische Wille ließe sich häufig nicht ermitteln[881], greift vor dem Hintergrund des abstrakt-generellen Maßstabs nicht.

Auch der Hinweis *Bayreuthers*, die ergänzende Vertragsauslegung führe aufgrund des bei ihr anzuwendenden abstrakt-generellen Maßstabs im Ergebnis zu einer geltungserhaltenden Reduktion, weshalb man ehrlicherweise ihr Verbot im Arbeitsrecht gar nicht erst anwenden solle[882], überzeugt nicht. Zwar ist ihm Recht zu geben, dass es im Ergebnis oft keinen Unterschied macht, ob eine unangemessene Klausel auf ein zulässiges Maß zurückführt wird oder aber in einem zweistufigen Verfahren die Klausel zunächst insgesamt für unwirksam erklärt und dann im Wege ergänzender Vertragsauslegung die entstandene Lücke im Vertrag mit einer angemessenen Klausel geschlossen wird[883]. Insbesondere im Arbeitsrecht bestehen aufgrund des weitgehend fehlenden dispositiven Arbeitsvertragsrechts bei der Beachtung des Verbotes der geltungserhaltenden Reduktion damit im Ergebnis überwiegend keine Unterschiede im Vergleich zur Rückführung unangemessener Klauseln auf ein angemessenes Maß[884]. Jedoch muss zum einen beachtet werden, dass die ergänzende Vertragsauslegung anders als die geltungserhaltende Reduktion im Ergebnis nicht das Ziel hat, die unangemessene Klausel gerade so weit zu entschärfen, dass sie der Inhaltskontrolle

879 Aufgrund der dabei dem Wortlaut einer Klausel übermäßig zukommenden Bedeutung ist dieser abzulehnen, vgl. dazu ausführlich *Thüsing*, BB 2006 S.661 ff.

880 BGH v. 1.2.1984, NJW 1984 S.1177 (1178); Wolf/Horn/Lindacher-*Lindacher*, § 6 Rn.21; Ulmer/Brandner/Hensen-*Schmidt*, § 306 BGB Rn.38; vgl. auch *Bunte*, NJW 1984 S.1145 (1148).

881 *Hromadka*, NJW 2002 S.2523 (2529 f.).

882 *Bayreuther*, NZA 2004 S.953 (956).

883 Vgl. Wolf/Horn/Lindacher-*Lindacher*, § 6 Rn.29; *Hromadka*, NJW 2002 S.2523 (2529); *Lingemann*, NZA 2002 S.181 (187); *Willemsen/Grau*, RdA 2003 S.321 (325); *Gotthardt*, ZIP 2002 S.277 (289); *Henssler*, RdA 2002 S.129 (137).

884 Auch die arbeitsrechtliche Rechtsprechung wendete die vom BGH praktizierte ergänzende Vertragsauslegung zum Teil vor Inkrafttreten der Schuldrechtsreform an: LAG Köln v. 1.2.2001, NZA-RR 2001 S.461 (463); BAG v.6.9.1995, AP Nr.23 zu § 611 BGB Ausbildungsbeihilfe Bl.4 R; BAG v. 5.12.2002, AP Nr.32 zu § 611 BGB Ausbildungsbeihilfe Bl.3 f.

standhält. Vielmehr soll die entstandene Lücke im Wege der ergänzenden Vertragsauslegung so geschlossen werden, wie es typischerweise der Wille typischer Arbeitsvertragsparteien ist[885].*Bayreuther* lässt zudem diejenigen Fälle außer Acht, in denen auch im Arbeitsrecht dispositives Gesetzesrecht zur Verfügung steht. Während in diesen Konstellationen die Vertreter des Verbotes der geltungserhaltenden Reduktion dieses zur Schließung der durch die Gesamtunwirksamkeit der unangemessenen Klausel entstandenen Lücke heranziehen, reduzieren die Befürworter der geltungserhaltenden Reduktion die unangemessene Klausel auf das nach den §§ 305 ff. BGB gerade noch zulässige Maß[886]. Ein denkbarer Fall im Arbeitsrecht ist beispielsweise eine nach § 309 Nr.10 BGB unwirksame Konzernversetzungsklausel. Folgt man den Befürwortern der geltungserhaltenden Reduktion, so wären diese unwirksamen Klauseln in wirksame auf das Unternehmen begrenzte Versetzungsklauseln umzudeuten, während die Anhänger des Verbotes der geltungserhaltenden Reduktion die Vertragslücke mit dem auf den Betrieb beschränkten Direktionsrecht des Arbeitgebers schließen[887]. Ein anderes Beispiel stellen unangemessene Ausschlussfristen dar. Einer Verlängerung der Ausschlussfrist auf den kürzesten, gerade noch zulässigen Zeitraum durch die geltungserhaltende Reduktion steht die Lückenschließung mittels der gesetzlichen Verjährungsregelungen gegenüber.

4. Ablehnung der geltungserhaltenden Reduktion im Arbeitsrecht

Für vorstehend genannte Fälle stellt sich damit die Frage nach der Geltung des Verbots der geltungserhaltenden Reduktion im Arbeitsrecht.

Die von Teilen des arbeitsrechtlichen Schrifttums auch nach Wegfall der Bereichsausnahme befürwortete grundsätzliche Zulässigkeit einer geltungserhaltenden Reduktion für den Bereich des Arbeitsrechts über die Besonderheitenklausel des § 310 Abs.4 S.2 1.HS BGB ist abzulehnen. Abgesehen davon, dass über den Weg der Einhaltung des Verbotes der geltungserhaltenden Reduktion mittels der ergänzenden Vertragsauslegung vielfach die gleichen Ergebnisse erzielt werden und insofern der Rückgriff auf § 310 Abs.4 S.2 1.HS BGB gar nicht erforderlich ist, lässt die vom Gesetzgeber entschiedene grundsätzliche Anwendbarkeit der §§ 305 ff. BGB und damit verbunden auch des Verbotes der geltungserhaltenden Reduktion auf das Gebiet des Arbeitsrechts dies nicht zu. Eine Fortführung der bisherigen BAG-Rechtsprechung wäre im Übrigen auch mangels arbeitsrechtlicher Besonderheiten im Sinne des § 310 Abs.4 S.2 1.HS BGB nicht möglich. Auch die gegen das Verbot der geltungserhaltenden Reduk-

885 Vgl. BGH v. 10.01.1974, NJW 1974 S.551 (553); BGH v. 01.02.1984, NJW 1984 S.1177 (1179); *Morgenroth/Leder*, NJW 2004 S.2797 (2799).

886 Vgl. Wolf/Horn/Lindacher-*Lindacher*, § 6 Rn.29 f.

887 Vgl. auch *Willemsen/Grau*, RdA 2003 S.321 (326).

tion im Arbeitsrecht vorgebrachten Einwände sind nicht überzeugend. Der Charakter des Arbeitsvertrages als Dauerschuldverhältnis steht der Anwendbarkeit nicht entgegen. Auch bei Dauerschuldverhältnissen hat der BGH das Verbot der geltungserhaltenden Reduktion angewendet[888]. Die erschwerten Kündigungsmöglichkeiten des Arbeitgebers aufgrund des arbeitsrechtlichen Kündigungsschutzes sind in diesem Zusammenhang nicht überzeugend. Der Gesetzgeber der §§ 305 ff. BGB sieht den Verwender im Falle der Unwirksamkeit einer Klausel nur dann nicht mehr an den Vertrag gebunden, wenn gemäß § 306 Abs.3 BGB das Festhalten an dem Vertrag für den Verwender unzumutbar ist. Dabei wird eine Unzumutbarkeit regelmäßig dann nicht angenommen, wenn die Möglichkeit besteht, sich aus wichtigem Grund vom Vertrag lösen zu können[889]. Dieses Recht steht dem Arbeitgeber zweifelsohne zu. Unterhalb der Schwelle des „wichtigen Grundes" ist eine Bindung an den Vertrag damit vom Gesetzgeber gewollt, so dass auch die eine ordentliche Kündigung erschwerenden kündigungsschutzrechtlichen Voraussetzungen dem Verbot der geltungserhaltenden Reduktion nicht entgegengehalten werden können. Der erhobene Einwand fehlender Maßstäbe in Form von dispositivem Gesetzesrecht, das dem Arbeitgeber als Orientierungshilfe bei der Gestaltung seiner Arbeitsbedingungen dienen könnte, ist mit den §§ 305 ff. BGB gerade beseitigt und stellt nur noch eine Übergangsproblematik dar[890]. Es ist vielmehr so, dass auch im Arbeitsrecht die Argumente für ein Verbot der geltungserhaltenden Reduktion ihre Richtigkeit haben. Die präventive Wirkung der §§ 305 ff. BGB kann nur dann erreicht werden, wenn auch dem Arbeitgeber nicht das Risiko der Gesamtunwirksamkeit der von ihm verwendeten unangemessenen Arbeitsbedingung genommen wird[891].

5. Ergebnis

Gilt somit das Verbot der geltungserhaltenden Reduktion auch im Arbeitsrecht, ist die durch die Gesamtunwirksamkeit der Klausel entstehende Regelungslücke gemäß § 306 Abs.2 BGB durch dispositives Recht zu schließen, sofern dieses im Arbeitsrecht ausnahmsweise zur Verfügung steht. Kann der Vertrag mit dispositivem Gesetzesrecht geschlossen werden, so wird zum Teil vertreten, dass dieses Ergebnis abschließend gemäß § 310 Abs.4 S.2 1.HS BGB überprüft werden und

888 Für Mietverträge über Wohnraum: BGH v. 7.6.1989, NJW 1989 S.2247 (2249); *Preis*, NZA 2003 Sonderbeilage zu Heft 16, S.19 (28); *Gotthardt*, ZIP 2002 S.277 (289).

889 Ulmer/Brandner/Hensen-*Schmidt*, § 306 BGB Rn.44; Wolf/Horn/Lindacher-*Lindacher*, § 6 Rn.63.

890 *Gotthardt*, ZIP 2002 S.277 (289).

891 BAG v. 4.3.2004, AP Nr.3 zu § 309 BGB Bl.9 R f.; BAG v. 28.09.2005, AP Nr.7 zu § 307 BGB Bl.6 f.; *Fenn*, FS Söllner, S. 331 (363); *Preis*, NZA 2003 Sonderbeilage zu Heft 16, S.19 (28); *Gotthardt*, ZIP 2002 S.277 (289); *Lindemann*, AuR 2002 S.81 (87); *Joost*, ZIP 2004 S.1981 (1985); *Lindemann*, S.242; *v.Hoyningen-Huene*, Anm. zu BAG v. 6.9.1995, AP Nr.23 zu § 611 BGB Ausbildungsbeihilfe Bl.6 f.

gegebenenfalls im Wege einer generellen Interessenabwägung eine Zurückführung der unangemessenen Klausel auf das gerade noch zulässige Maß vorgenommen werden könne[892]. Hierbei wird allerdings der Sinn und Zweck des § 310 Abs.4 S.2 1.HS BGB verkannt. Mit dieser Klausel soll eine Möglichkeit geschaffen werden, die §§ 305 ff. BGB zu modifizieren, soweit diese mit dem Arbeitsrecht nicht kompatibel sind. Dies wird man von dem die Vertragslücke gemäß § 306 Abs.2 BGB ausfüllenden dispositiven Arbeitsrecht allerdings kaum behaupten können, zumindest wird man hier keinen Gesetzesungehorsam begehen können, indem man sich über § 310 Abs.4 S.2 1.HS BGB gegen die Kompatibilität mit den Bedürfnissen der Arbeitswelt ausspricht. Als Beispiel sei nochmals eine unwirksame Konzernversetzungsklausel angeführt. Nach der hier bevorzugten Lösung wird diese unwirksame Klausel mittels des dem Arbeitgeber gesetzlich eingeräumten betriebsbezogenen Weisungsrechtes gemäß § 306 Abs.2 BGB ersetzt. Diesem Weisungsrecht liegt die dem Arbeitgeber obliegende Organisation der Arbeitsabläufe zu Grunde. Das mittels der §§ 305 ff. BGB gefundene Ergebnis widerspricht somit nicht den arbeitsrechtlichen Besonderheiten. Das Bedürfnis der Arbeitgeber nach noch mehr Flexibilisierung im Arbeitsrecht zu befriedigen, ist nicht die Aufgabe des § 310 Abs.4 S.2 1.HS BGB. Insofern kommt hier die präventive Wirkung der §§ 305 ff. BGB voll zur Geltung. Damit bleibt festzuhalten, dass § 310 Abs.4 S.2 1.HS BGB im Rahmen des § 306 BGB keine Bedeutung hat[893].

E. Konsequenzen der Anwendbarkeit auf vor dem 01.01.2002 geschlossene Arbeitsverträge:

Gemäß Art.229 § 5 S.2 EGBGB finden seit dem 01.01.2003 die §§ 305 ff. BGB auch auf die vor dem 01.01.2002 geschlossenen Dauerschuldverhältnisse Anwendung. Durch diese Regelung wollte der Gesetzgeber vermeiden, „dass auf Jahre hinaus doppeltes Recht gilt"[894]. Dabei sollte die Übergangsfrist von einem Jahr den Vertragsparteien Gelegenheit geben, ihren Vertrag dem neuen Recht

892 *Willemsen/Grau*, RdA 2003 S.321 (328).

893 Anderer Ansicht: *Willemsen/Grau*, RdA 2003 S.321 (326), der eine Besonderheit in der in § 74 a I S.1-3 HGB vorgesehen geltungserhaltende Reduktion sieht, die über § 110 GewO für alle Arbeitsverhältnisse von Gesetzgeber zeitlich nach der Schuldrechtsreform durch das Dritte Gesetz zur Änderung der Gewerbeordnung und sonstiger gewerberechtlicher Vorschriften vom 24.8.2002 (BGBl. I, S.3412 ff.) ausgedehnt worden sei; *Grobys*, DStR 2002 S.1002 (1009); *Söllner*, ZfA 2003 S.145 (158 f.); *Thüsing*, NZA 2002 S.591 (594).

894 BT-Drs.14/6040 S.273.

anzupassen[895]. Ab dem 01.01.2003 sollte das neue Recht dann mit ex-nunc-Wirkung auf diese Altverträge Anwendung finden[896]. Nach dem eindeutigen Wortlaut des Art.229 § 5 S.2 EGBGB sowie nach den Äußerungen des Gesetzgebers ist eine Ausnahme von dieser Regelung für Arbeitsverträge nicht vorgesehen.

I. Forderungen nach Vertrauensschutz

Zahlreiche Stimmen im Schrifttum wollen dieses Ergebnis allerdings nicht so stehen lassen und befürworten eine verfassungskonforme Auslegung vor dem Hintergrund des durch die unechte Rückwirkung berührten Vertrauensschutzes der Arbeitgeber[897]. Der Gesetzgeber habe die Bereichsausnahme für das Arbeitsrecht kurz vor Toresschluss aufgehoben und die schwerwiegenden Folgen für die Arbeitsverträge, für deren Bereich die §§ 305 ff. BGB im Gegensatz zum Zivilrecht angeblich absolutes Neuland waren, nicht bedacht[898]. Aufgrund des Vertrauensschutzes müsse der angemessene Teil einer unteilbaren Klausel aufrecht erhalten werden, wenn diese bislang von der Rechtsprechung akzeptierte Klausel aufgrund der Perfektionierung der Inhaltskontrolle nun unwirksam sei. Man könne von Arbeitgebern nicht verlangen, dass sie klüger als die Arbeitsgerichte seien und die Änderungen des Gesetzgebers vorhersehen könnten[899].

Das BAG spricht in seiner Entscheidung vom 12.01.2005 sogar von echter Rückwirkung[900]. Dabei sieht es den Arbeitsvertrag als einen abgeschlossenen Sachverhalt an[901]. Dieses Verständnis entspricht allerdings nicht dem des Bundesverfassungsgerichts. Dieses hat eine echte Rückwirkung dann als gegeben angesehen, „wenn das Gesetz nachträglich ändernd in abgewickelte, der Vergangenheit angehörende Tatbestände eingreift[902]. Die §§ 305 ff. BGB sollen aber laut Art.229 § 5 S.2 EGBGB erst vom 01.01.2003 an mit ex-nunc-Wirkung

895 Die Jahresfrist als zu kurz kritisierend: Ulmer/Brander/Hensen-*Fuchs*, § 307 BGB Rn.487.

896 BT-Drs.14/6040 S.273.

897 Wobei zum Teil fälschlicher Weise von einer teleologischen Reduktion die Rede ist.

898 *Hanau/Hromadka*, NZA 2005 S.73 (78); *Preis*, NZA 2003, Sonderbeil. zu Heft 16, S.19 (28); ders. etwas zurückhaltender in NZA 2005 S.1014 (1019).

899 Palandt-*Heinrichs*, Vorb. v. § 307 Rn.10; *Hanau/Hromadka*, NZA 2005 S.73 (78); *Preis*, NZA 2003, Sonderbeil. zu Heft 16, S.19 (28 f.); *Schimmelpfennig*, NZA 2005 S.603 (608); *Stoffels*, NZA 2005 S.726 (728); vgl. auch Ulmer/Brandner/Hensen-*Fuchs*, § 307 BGB Rn.487.

900 BAG v. 12.1.2005, AP Nr.1 zu § 308 BGB Bl.4 R.

901 BAG v. 12.01.2005, AP Nr.1 zu § 308 BGB Bl.4 R.1.2005, AP Nr.1 zu § 308 BGB Bl.4 R.

902 BVerfGE 30, 367 (385 f.); v.Münch/Kunig-*Schnapp*, Art.20 Rn.31.

auf zu diesem Zeitpunkt noch bestehende und damit nicht abgewickelte Arbeitsverträge Anwendung finden. Sie sollen also mit den Worten des 1.Senates des BVerfG auf gegenwärtige, noch nicht abgeschlossene Sachverhalte und Rechtsbeziehungen für die Zukunft einwirken und damit sogleich die betroffene Rechtsposition nachträglich entwerten[903]. Art.229 § 5 S.2 EGBGB stellt mithin nur einen Fall unechter Rückwirkung dar.

II. Zulässigkeit der unechte Rückwirkung?

Die unechte Rückwirkung ist aber grundsätzlich zulässig[904]. Dies ist nur dann nicht der Fall, wenn mit dem Gesetz ein Eingriff verbunden ist, mit dem der Betroffene nicht rechnen brauchte und eine Abwägung des Ausmaßes des Vertrauensschadens des Einzelnen und der Bedeutung des gesetzlichen Anliegens für das Wohl der Gemeinschaft ein Überwiegen des Vertrauensschutzes ergibt[905].

Es stellt sich bereits die Frage, ob die Arbeitgeber - wie von vielen behauptet - wirklich nicht mit einem solchen Eingriff in die Privatautonomie zu rechnen brauchten. Richtig ist, dass die Aufhebung der Bereichsausnahme kurz vor Toresschluss erfolgte. Durchaus berechtigt ist allerdings die Frage, ob die Arbeitgeber erwarten konnten, dass die von der BGH-Rechtsprechung abweichende arbeitsrechtliche Vertragspraxis unverändert weiter Bestand haben würde. So hatten sich bereits Stimmen in der Literatur gemehrt, die eine Angleichung forderten. Außerdem hat auch das BAG zum Teil jetzt von den §§ 305 ff. BGB geforderte Maßstäbe gefordert, beispielsweise in seiner Rechtsprechung zu Änderungsvorbehalten das Vorliegen eines sachlichen Grundes, ohne dass die Vertragspraxis sich dieser Vorgaben angenommen hat. Die Überraschung des Eingriffs in die Privatautonomie erscheint daher nur in seiner Art und Weise begründet und nicht in der Sache selbst.

Jedenfalls aber überwiegt in der Abwägung der Interessen das Wohl der Allgemeinheit den Vertrauensschutz der von dem Eingriff betroffenen Arbeitgeber als Verwender von AAB. Betrachtet man nämlich den durch die Anwendbarkeit der §§ 305 ff. BGB entstandenen Vertrauensschaden für die Arbeitgeber, so ist zurückblickend auf die in dieser Arbeit dargestellten Folgen der Anwendbarkeit festzustellen, dass mit dem Eingriff in die Privatautonomie relativ geringe Belastungen für den Arbeitgeber entstanden sind. Dies gilt insbesondere vor dem

903 BVerfGE 95, 64 (86).

904 BVerfGE 95, 64 (86); v.Münch/Kunig-*Schnapp*, Art.20 Rn.31; *Badura*, D 53.

905 BverfGE 72, 141 (154); 72, 175 (196); v.Münch/Kunig-*Schnapp*, Art.20 Rn.31; *Badura*, D 53.

Hintergrund der für das Arbeitsrecht geschaffenen Besonderheitenklausel und der oftmals übertriebenen Furcht vor dem Verbot der geltungserhaltenden Reduktion[906]. Demgegenüber steht allerdings mit den §§ 305 ff. BGB kein großer Vorteil für die Allgemeinheit. Zwar hat die Inhaltskontrolle von Arbeitsbedingungen ein gesetzliches Gerüst verpasst bekommen, durch die Besonderheitenklausel des § 310 Abs.4 S.2 1.HS BGB ist es mit dessen Leitfunktion zur Schaffung von mehr Rechtssicherheit allerdings nicht weit her. Im Übrigen kann auch die vom Gesetzgeber herangezogene Schutzbedürftigkeit der Arbeitnehmer nicht als tragende Säule für die Verhältnismäßigkeit dienen. Immerhin aber muss anerkannt werden, dass die Arbeitnehmer innerhalb eines Betriebsverbandes faktisch keine Möglichkeit haben, auf die Arbeitsbedingungen einzuwirken. Entscheidend für die Verhältnismäßigkeit der unechten Rückwirkung dürfte aber sein, dass eine Aufspaltung der Belegschaft in zwei Gruppen mit verschiedenen Arbeitsbedingungen dem Gleichbehandlungsinteresse der Arbeitnehmer zuwiderläuft[907]. Dessen Anerkennung als Teil der Legitimation der Kontrolle von Arbeitsbedingungen gebietet es nahezu, Arbeitsverhältnisse möglichst zügig der gleichen Inhaltskontrolle zu unterwerfen[908]. Zu berücksichtigen ist dabei auch, dass den Arbeitgebern die Möglichkeit offen steht, dem Arbeitnehmer zur Anpassung der Altarbeitsverträge an die neue Rechtslage eine Vertragsanpassung anzubieten und dies bereits ein Jahr vor Geltung des neuen Rechts hätte erfolgen können. Hat der Arbeitgeber dies nämlich getan und lehnt der Arbeitnehmer das Angebot ohne sachlichen Grund ab, so kann der Arbeitnehmer sich nicht mehr auf die Unwirksamkeit einer nach neuem Recht nun unwirksamen Klausel berufen. Dieses Verhalten würde einen Verstoß gegen das Verbot des venire contra factum proprium bedeuten. Der Arbeitgeber hat damit nämlich alles Erforderliche getan, um auf eine angemessene Vertragsgestaltung hinzuwirken[909]. Entgegen *Däubler/Dorndorf* muss dies auch für Anpassungsangebote für den Zeitpunkt nach dem 31.12.2002 gelten. Der Arbeitnehmer darf nämlich redlicherweise keine Vorteile aus den Schwierigkeiten des Arbeitgebers ziehen, die dieser bei der Überprüfung seiner Altarbeitsverträge auf ihre inhaltliche Angemessenheit gemäß den §§ 305 ff. BGB und bei der anschließenden

---

906 Vgl. zum Verbot der geltungserhaltenden Reduktion und der dieses abmildernden ergänzenden Vertragsauslegung auch *Stoffels*, NZA 2005 S.726 (728 ff.), der jedoch auch eine Ausnahme vom Verbot der geltungserhaltenden Reduktion aus Vertrauensschutzgesichtspunkten erwägt.

907 Dies anerkennend: *Däubler/Dorndorf*, Einl. Rn.173.

908 Weshalb auch der nach Einstellungszeitpunkt differenzierende Kündigungsschutz des § 23 KSchG kritisch zu betrachten ist.

909 *Singer*, RdA 2003 S.195 (204); *Wisskirchen/Stühm*, DB 2003 S.2225 (2227); *Armbrüster/Wiese*, DStR 2003 S.334 339); *Däubler/Dorndorf*, Einl. Rn.174; ähnlich auch *Lindemann*, S.245.

Anpassung des Altvertrages hat[910]. Zudem ist zu bedenken, dass bei einem solchen Anpassungsversuch durch den Arbeitgeber dem Präventionsgedanken des Verbotes der geltungserhaltenden Reduktion nicht mehr Rechnung getragen werden muss[911].

910 Weitergehend wohl *Wisskirchen/Stühm*, DB 2003 S.2225 (2227), die anscheinend auf einen Anpassungsversuch des Arbeitgebers verzichten.

911 Vgl. *Singer*, RdA 2003 S.195 (204).

5. Kapitel: Zusammenfassung

I. Grundlage für die Beurteilung der Frage, ob mit der Ausdehnung des Anwendungsbereichs der AGB-Kontrolle auf das Arbeitsrecht die vom Gesetzgeber angestrebten Wirkungen „Schutz der Arbeitnehmer", „Schaffung von Rechtssicherheit" und „Angleichung des arbeitsrechtlichen Schutzniveaus an das des allgemeinen Zivilrechts" erzielt werden, ist der zu Beginn dieser Arbeit angestellte Vergleich von AGB und AAB. Die Regelungswerke sind nicht vergleichbar:

Während AGB allein aus Rationalisierungsgesichtspunkten und zur Ergänzung fehlenden beziehungsweise zur Anpassung des deklaratorischen Gesetzesrechts verwendet werden, sind AAB ein notwendiges Mittel zur Gewährleistung eines produktiven Betriebsablaufs und zur Befriedigung des der Belegschaft eines Betriebs als Gemeinschaft innewohnenden Bedürfnisses nach gleicher Behandlung.

Aus den daraus resultierenden unterschiedlichen Gründen für die Akzeptanz der Regelungsmechanismen – Wahlfreiheit auf der einen und Zwang auf der anderen Seite – ergeben sich grundsätzlich unterschiedliche Ziele der Inhaltskontrolle. Während die AGB-Kontrolle grundsätzlich nur die Funktionsunfähigkeit des Marktes zur Qualitätssicherung von AGB ausgleichen soll und nur über § 310 Abs.3 BGB den Schutz des die AGB verwendenden Vertragspartners bezweckt, hat die AAB-Kontrolle nur den Schutz der Arbeitnehmer im Visier.

II. Die gesetzliche Regelung des Anwendungsbereichs der Inhaltskontrolle im Arbeitsrecht ist im Ergebnis als positiv zu bewerten.

Die inhaltliche Kontrolle gemäß den §§ 305 ff. BGB erfasst neben den klassischen Formulararbeitsverträgen auch Gesamtzusagen sowie in analoger Anwendung betriebliche Übungen als individualrechtliche Gestaltungsformen von AAB.

Individualarbeitsverträge sind jetzt zu Recht nur noch unter den Voraussetzungen des § 310 Abs.3 Nr.2 BGB einer Inhaltskontrolle zugänglich.

Mit § 310 Abs.4 S.1 BGB ist hinsichtlich der kollektivrechtlichen Gestaltungsformen von AAB ein inhaltlich kontrollfreier Raum gesetzlich festgelegt worden. Neben den nach allgemeiner Auffassung bisher stets kontrollfreien Tarifverträgen ist nun richtigerweise auch die vom BAG immer wieder vorgenommene „Billigkeitskontrolle" von Betriebsvereinbarungen kraft Gesetzes ausgeschlossen.

Sowohl bezüglich der Kontrolle von Individualarbeitsverträgen als auch bezüglich der Kontrolle von Betriebsvereinbarungen kann die Streichung der Bereichsausnahme zu mehr Rechtssicherheit führen. Entgegen den Bestrebungen des Gesetzgebers ist das Schutzniveau damit im Arbeitsrecht – hinsichtlich der Individualarbeitsverträge allerdings mit der angestrebten Angleichung an das Schutzniveau im allgemeinen Zivilrecht – nicht erhöht, sondern auf das erforderliche Maß abgesenkt worden.

III. Die im Arbeitsrecht geltenden Besonderheiten sind die im Arbeitsrecht geltenden Eigenarten rechtlicher oder tatsächlicher Art, die auf einem über den bloßen Austausch von Leistungen hinausgehenden Charakter arbeitsrechtlicher Verträge basieren.

Bei ihrer „angemessenen Berücksichtigung" ist das unter Anwendung der §§ 305 ff. BGB erzielte Ergebnis der arbeitsvertraglichen Inhaltskontrolle danach zu überprüfen, ob es mit den Besonderheiten des Arbeitsrechts zu vereinbaren ist. Insofern sind anhand eines generellen Maßstabs die die Besonderheiten ausmachenden Interessenlagen mit dem gefundenen Ergebnis abzuwägen.

IV. Im Ergebnis führt die Inhaltskontrolle von AAB anhand der §§ 305 ff. BGB zu keinen weitgreifenden Änderungen der bisherigen Kontrollpraxis:

Konstitutive Bezugnahmeklauseln unterfallen gemäß § 310 Abs.4 S.1 BGB wie bisher dann nicht einer inhaltlichen Kontrolle, wenn sie auf einen Tarifvertrag oder einen in sich geschlossenen Regelungskomplex eines Tarifvertrages Bezug nehmen, in dessen Geltungsbereich der Arbeitsvertrag fällt.

Hinsichtlich des Vertragsstrafenverbotes des § 309 Nr.6 BGB, das über § 310 Abs.4 S.2 1.HS BGB im Arbeitsrecht für unanwendbar zu erklären ist, zeigt sich deutlich die dogmatische Fragwürdigkeit der Gleichsetzung von AGB- und AAB-Kontrolle.

Konzernversetzungsklauseln in AAB sind nur noch unter den Voraussetzungen des § 309 Nr.10 BGB und der §§ 21, 14 Abs.1 und 4 TzBfG zulässig.

Mit § 308 Nr.4 BGB ist eine Rechtsgrundlage für die im Ergebnis zur bisherigen Kontrollpraxis unveränderte Inhaltskontrolle von Änderungsvorbehalten geschaffen worden, die die in der Begründung nicht überzeugende sich auf eine Umgehung des § 2 KSchG stützende Rechtsprechung des BAG überflüssig macht.

Dem Verbot der geltungserhaltenden Reduktion stehen keine im Arbeitsrecht geltenden Besonderheiten entgegen, da diese sich im Wege der ergänzenden Vertragsauslegung berücksichtigen lassen.

V. Nach den vorstehenden Ergebnissen ist zu resümieren, dass der Gesetzgeber mit der unzutreffenden Gleichsetzung der AAB mit AGB bei der Verfolgung seiner angestrebten Ziele überwiegend gescheitert ist. Zwar ist hinsichtlich des Umfanges der Inhaltskontrolle, was die einzelnen Gestaltungsmittel von Arbeitsbedingungen angeht, mit den §§ 305 ff. BGB ein Plus an Rechtssicherheit zu verzeichnen. Mit § 310 Abs.4 S.2 1.HS BGB als die Norm, die die auf den dogmatischen Unterschieden der Regelungswerke beruhenden Unstimmigkeiten überwindenden soll, ist allerdings zwangsläufig der zu zusätzlicher Rechtsunsicherheit führende Ansatzpunkt zum Hinterfragen jedes anhand der §§ 305 ff. BGB gefundenen Ergebnisses geschaffen worden. Damit ist auch der angestrebte größere Schutz der Arbeitnehmer – letztendlich bringt die Inhaltskontrolle nach den §§ 305 ff. BGB bereits nur wenige Änderungen zur im Ergebnis überwiegend als richtig zu bewertenden Kontrollpraxis nach alter Rechtslage – nicht zu verzeichnen.

Literaturverzeichnis

Adams, Michael: Ökonomische Begründung des AGB-Gesetzes, BB 1989 S.781 – 788.

Annuß, Georg: Der Arbeitnehmer als solcher ist kein Verbraucher!, NJW 2002 S.2844 – 2846.

ders.: AGB-Kontrolle im Arbeitsrecht: Wo geht die Reise hin?, BB 2002 S.458 – 463.

ders.: Grundstrukturen der AGB-Kontrolle von Arbeitsverträgen, BB 2006 S.1333-1339.

Armbrüster, Christian/ Wiese, Volker: Die Folgen der Schuldrechtsreform für vor dem 1.1.2002 begründete Dauerschuldverhältnisse, DStR 2003 S.334-342.

Badura, Peter: Staatsrecht, Systematische Erläuterung des Grundgesetzes für die Bundesrepublik Deutschland, 3.Aufl., München 2003.

Bamberger, Heinz Georg (Hrsg.)/ Roth, Herbert (Hrsg.): Kommentar zum Bürgerlichen Gesetzbuch, Band 1, Gesamtverzeichnis, §§ 1 – 610 BGB, München 2003.

Bartz, Alexander: „AGB"-Kontrolle nun auch im Arbeitsrecht, AuA 2002 S.62 – 65.

Bassenge, Peter/ Brudermüller, Gerd/ Diedrichsen, Uwe/ Edenhofer, Wolfgang/ Grüneberg, Christian/ Heinrichs, Helmuth/ Heldrich, Andreas/ Putzo, Hans/ Sprau, Hartwig/ Weidenkaff, Walter: Palandt, Bürgerliches Gesetzbuch, 65.Aufl., München 2006; zitiert: Palandt-*Bearbeiter*.

Battis, Ulrich: Bundesbeamtengesetz, 3.Aufl., München 2004.

Bauer, Jobst-Hubertus/ Diller, Martin: Nachvertragliche Wettbewerbsverbot: Änderungen durch die Schuldrechtsreform, NJW 2002 S.1609 – 1615.

ders./ Kock, Martin: Arbeitsrechtliche Auswirkungen des neuen Verbraucherschutzrechts, DB 2002 S.42 – 46.

ders./ Krieger, Steffen: AGB-Kontrolle und kein Ende – Weshalb sich Arbeitgeber nicht durch Vertragsstrafenvereinbarungen vor vertragswidrigem Verhalten von Arbeitnehmern schützen dürfen, SAE 2006 S.11 – 16.

Bayreuther, Frank: Die Rolle des Tarifvertrags bei der AGB-Kontrolle von Arbeitsverträgen, RdA 2003 S.81 – 91.

ders.: Das Verbot der geltungserhaltenden Reduktion im Arbeitsrecht - Zur Kehrtwende des BAG vom 4. 3. 2004, NZA 2004 S.953 – 956.

ders.: Vertragskontrolle im Arbeitsrecht nach der Entscheidung des BAG zur Zulässigkeit zweistufiger Ausschlussfristen, NZA 2005 S.1337 – 1340.

Becker, Friedrich: Zur Inhaltskontrolle von Allgemeinen Arbeitsbedingungen, NJW 1973 S.1913 – 1918.

ders. (Begr.)/ Hillebrecht, Wilfried (Begr.): Gemeinschaftskommentar zum Kündigungsschutzgesetz und zu sonstigen kündigungsschutzrechtlichen Vorschriften, 7.Aufl., Neuwied u.a. 2004; zitiert: GK-KR-*Bearbeiter*.
Behrens, Fritz/ Münch, Peter: „Zukunft des öffentlichen Dienstes – öffentlicher Dienst in der Zukunft“, ZRP 2003 S.329 – 332.
Beisenkötter, Bernhard: Arbeitsvertragsbruch durch den Arbeitnehmer, Münster 1997.
Bengelsdorf, Peter: Arbeitsrechtlicher Aufhebungsvertrag und gestörte Vertragsparität, BB 1995 S.978 – 984.
ders.: Schadensersatz bei Nichtantritt der Arbeit, BB 1989 S.2390 – 2398.
Berger, Christian/ Bork, Reinhard/ u.a.: Stein/Jonas, Kommentar zur Zivilprozessordnung, Band 8, §§ 828 – 915 h, 22.Aufl., Tübingen 2004; zitiert: Stein/Jonas-*Bearbeiter*.
Berkowsky, Wilfried: Was ändert die Reform im Arbeitsrecht?, AuA 2002 S.11 – 16.
Beuthien, Volker: Pauschalierter Schadensersatz beim Vertragsbruch des Arbeitnehmers, BB 1973 S.92 – 96.
Birnbaum, Christian: Was sind die „im Arbeitsrecht geltenden Besonderheiten“?, NZA 2003 S.944 – 950.
Blomeyer, Wolfgang: Die „Billigkeitskontrolle“ der abändernden Betriebsvereinbarung über betriebliche Ruhegelder, DB 1984 S.926 – 934.
Boemke, Burkhard/ Müller, Stefan: Anm. zu BAG v. 17.09.1998, SAE 2000 S.6 – 14.
Boysen, Axel: Betriebsverband und Arbeitsverhältnis am Beispiel der Gruppenarbeit, Ein Beitrag zur Entwicklung der arbeitsrechtlichen Dogmatik im Wandel der Industriearbeit, Frankfurt a.M. 1998.
Braun, Stefan: Headhunting – Auch ein arbeitsrechtliches Problem? NZA 2003 S.633 – 639.
Brox, Hans: Anm. zu BAG v. 23.05.1984, AP Nr.9 zu § 339 Bl.4 R – 7 R.
ders. (Begr.)/ Rüthers, Bernd/ Henssler, Martin: Arbeitsrecht, 16.Aufl., Stuttgart u.a. 2004.
Bülow, Peter/ Artz, Markus: Fernabsatzverträge und Strukturen eines Verbraucherprivatrechts im BGB, NJW 2000 S.2049 – 2056.
Bunte, Hermann-Josef: Zehn Jahre AGB-Gesetz – Rückblick und Ausblick, NJW 1987 S.921 – 928.
ders.: Ergänzende Vertragsauslegung bei Unwirksamkeit von AGB-Klauseln, NJW 1984 S.1145 – 1150.
Busch, Ralf/ Dendorfer, Renate: Abwerbung von Mitarbeitern, BB 2002 S.301 – 306.
Bydlinski, Franz: Juristische Methodenlehre und Rechtsbegriff, Wien New York 1982.

Canaris, Claus-Wilhelm: Die Vertrauenshaftung im deutschen Privatrecht, München 1971; zitiert:*Canaris*, Vertrauenshaftung.

ders.: Funktion, Struktur und Falsifikation juristischer Theorien, JZ 1993 S.377 – 391.

ders.: Wandlungen des Schuldvertragsrechts – Tendenzen zu seiner "Materialisierung", AcP 200 (2000) S.273 – 364.

Coester-Waltjen, Dagmar: Die Inhaltskontrolle von Verträgen außerhalb des AGBG, AcP 190 (1990), S.1 – 33.

Conein-Eikelmann, Karin: Erste Rechtsprechung zur Wirksamkeit von Vertragsstrafenabreden nach der Schuldrechtsreform, DB 2003 S.2546 – 2548.

Damm, Reinhard: Verbraucherrechtliche Sondergesetzgebung und Privatrechtssystem, JZ 1978 S.173 – 180.

Däubler, Wolfgang: Arbeitsrecht, Ratgeber für Beruf, Praxis und Studium, 3.Aufl., Frankfurt a.M. 2001; zitiert: *Däubler*, Arbeitsrecht.

ders.: Die Auswirkungen der Schuldrechtsmodernisierung auf das Arbeitsrecht, NZA 2001 S.1329 – 1337.

ders.: Das Arbeitsrecht 1, Leitfaden für Arbeitnehmer, 14.Aufl., Reinbek 1990; zitiert: *Däubler*, ArbR I.

ders. (Hrsg.): Tarifvertragsgesetz mit Arbeitnehmer-Entsendegesetz, 2.Aufl., Baden-Baden 2006; zitiert: Däubler-*Bearbeiter*, TVG.

ders. (Hrsg.)/ Kittner, Michael (Hrsg.)/ Klebe, Thomas (Hrsg.): BetrVG, Betriebsverfassungsgesetz mit Wahlordnung, §§ 321-325 UmwG, §§ 121-128 InsO und EBR-Gesetz, 7.Aufl.,Frankfurt a.A. 2000; zitiert: DKK (7.Aufl.)-*Bearbeiter*.

ders. (Hrsg.)/ Kittner, Michael (Hrsg.)/ Klebe, Thomas (Hrsg.): BetrVG, Betriebsverfassungsgesetz mit Wahlordnung und EBR-Gesetz, 10.Aufl.,Frankfurt a.A. 2006; zitiert: DKK (10.Aufl.)-*Bearbeiter*.

ders./ Dorndorf, Eberhard: AGB-Kontrolle im Arbeitsrecht, München 2004.

Dauner-Lieb, Barbara: Verbraucherschutz durch Ausbildung eines Sonderprivatrechts für Verbraucher, Systemkonforme Weiterentwicklung oder Schrittmacher der Systemveränderung?, Berlin 1983.

dies. (Hrsg.)/ Konzen, Horst (Hrsg.)/ Schmidt, Karsten (Hrsg.): Das neue Schuldrecht in der Praxis, Köln u.a. 2003; zitiert: Dauner-Lieb/Konzen/Schmidt-*Bearbeiter*.

Deinert, Olaf: Mankohaftung, RdA 2000 S.22 – 37.

Denecke: Die konkrete Ordnung des Betriebes als Rechtsquelle, DArbR 1940, S.141 –146.

Diehn, Thomas: AGB-Kontrolle von arbeitsrechtlichen Verweisungsklauseln, NZA 2004 S.129 – 135.

Dieterich, Thomas: Grundgesetz und Privatautonomie im Arbeitsrecht, RdA 1995 S.129 – 136.

ders. (Hrsg.)/ Hanau, Peter (Begr.)/ Schaub, Günter (Hrsg.): Erfurter Kommentar zum Arbeitsrecht, 6.Aufl., München 2006; zitiert: ErfK-*Bearbeiter*.

ders. (Hrsg.)/ Hanau, Peter (Hrsg.))/ Schaub, Günter (Hrsg.): Erfurter Kommentar zum Arbeitsrecht, 2.Aufl., München 2006; zitiert: ErfK (2.Aufl.)-*Bearbeiter*.

Dreier, Horst (Hrsg.): Grundgesetz-Kommenatr, Band 1 (Art.1 – 19), 2.Aufl., Tübingen 2004.

Drexl, Josef: Die wirtschaftliche Selbstbestimmung des Verbrauchers: Eine Studie zum Privat- und Wirtschaftsrecht unter Berücksichtigung gemeinschaftsrechtlicher Bezüge, Tübingen 1998.

Duden: Das große Wörterbuch der deutschen Sprache, 3.Aufl., Mannheim u.a. 1999.

Duden: Das Bedeutungswörterbuch, 3.Aufl., Mannheim u.a. 2002.

Dütz, Wilhelm: Arbeitsrecht, 10.Aufl., München 2005.

Ebeling, Ralph: Die Bezugnahme auf Tarifverträge im Arbeitsvertrag, Regensburg 2003.

Erichsen, Hans-Uwe (Hrsg.)/ Ehlers, Dirk (Hrsg.): Allgemeines Verwaltungsrecht, 12.Aufl., Berlin 2002; zitiert: *Erichsen*.

Ernst, Wolfgang (Hrsg.)/ Zimmermann, Reinhard: Zivilrechtswissenschaft und Schuldrechtsreform: Zum Diskussionsentwurf eines Schuldrechtsmodernisierungsgesetzes des Bundesministeriums der Justiz, Tübingen 2001; zitiert: Ernst/Zimmermann-*Bearbeiter*.

Fastrich, Lorenz: Richterliche Inhaltskontrolle im Privatrecht, München 1992.

Fenn, Herbert: Formulararbeitsverträge, gesamteinheitliche Arbeitsbedingungen und das AGBG, S.333 – 365 in: Europas universale rechtsordnungspolitische Aufgabe im Recht des dritten Jahrtausends, Festschrift für Alfred Söllner zum 70.Geburtstag, hrsg. von: Köbler, Gerhard/ Heinze, Meinhard/ Hromadka, Wolfgang, München 2000.

Fenski, Martin: Ausschlussklauseln in Allgemeinen Arbeitsbedingungen, AuR 1989 S.168 – 173.

Fiebig, Andreas: Der Arbeitnehmer als Verbraucher, DB 2002 S.1608 – 1610.

Fitting, Karl (Begr.): Betriebsverfassungsgesetz, Handkommentar, 20.Aufl., München 2000; zitiert: *Fitting* (20.Aufl.).

ders. (Begr.): Betriebsverfassungsgesetz, Handkommentar, 23.Aufl., München 2006; zitiert: *Fitting* (23.Aufl.).

Flume, Werner: Allgemeiner Teil des Bürgerlichen Rechts, Zweiter Band, Das Rechtsgeschäft, 4.Aufl., Berlin u.a. 1992.

Gamillscheg, Franz: Die Grundrechte im Arbeitsrecht, AcP 164 (1964) S.385 – 445.

ders.: Betriebliche Übung, S.227 – 247, in: Festschrift für Marie Luise Hilger und Hermann Stumpf, hrsg. von: Dieterich, Thomas/ Gamillscheg, Franz/ Wiedemann, Hermann, München 1983.

ders.: Kollektives Arbeitsrecht, Band I: Grundlagen/ Koalitionsfreiheit/ Tarifvertrag/ Arbeitskampf und Schlichtung, München 1997.

ders.: Die Solidarität als Rechtsbegriff, Seite 135 – 153, in: Festschrift für Erich Fechner zum 70. Geburtstag, hrsg. von: Georg Wannagat, Wolfgang Gitter, Tübingen 1973.

Gast, Wolfgang: Das Arbeitsrecht als Vertragsrecht, Heidelberg 1984.

Gaul, Björn: Tipps zu Vereinbarungen im Arbeitsvertrag, AuA 2000 S.152 - 156.

Gaul, Dieter: Inhalt und Wirkung tariflicher Ausschlußfristen, ZTR 1988 S.123 – 129.

ders./ Bobrowski, Paul (Begr.): Das Arbeitsrecht im Betrieb, von der Einstellung bis zur Entlassung, Band I, 8.Aufl., Heidelberg 1986; zitiert: *Gaul.*

Geißler, Markus: Die Privatautonomie im Spannungsfeld sozialer Gerechtigkeit, JuS 1991 S.617 – 623.

Giesen, Richard: Bezugnahmeklauseln - Auslegung, Formulierung und Änderung, NZA 2006 S.625 – 632.

Goertz, Alexander: Die gegenläufige Betriebsübung, AuR 1999 S.463 – 467.

Gotthardt, Michael: Arbeitsrecht nach der Schuldrechtsreform, 2. Aufl., München 2003.

ders.: Der Arbeitsvertrag auf dem AGB-rechtlichen Prüfstand, ZIP 2002 S.277 – 288.

ders./ Beck, Carsten: Elektronische Form und Textform im Arbeitsrecht: Wege durch den Irrgarten, NZA 2002 S.876 – 883.

Grimm, Jacob (Begr.)/ Grimm, Wilhelm (Begr.): Deutsches Wörterbuch, Vierten Bandes Erste Abtheilung II. Theil, Zwölfte Lieferung, Leipzig 1897; zitiert: *Grimm*, Deutsches Wörterbuch.

Grobys, Marcel: AGB-Kontrolle von Arbeits- und Dienstverträgen nach dem Schuldrechtsmodernisierungsgesetz, DStR 2002 S.1002 – 1009.

Großmann-Doerth, Hans: Selbstgeschaffenes Recht der Wirtschaft und staatliches Recht, Freiburg 1933.

Gumpert, Jobst: Inhaltskontrolle von Formulararbeitsverträgen und „Allgemeinen Arbeitsbedingungen", BB 1974 S.139 – 142.

Gunkel, Werner: Die Haftung von Unternehmern und Betriebsangehörigen, 3.Aufl., Berlin 1965.

Hagemeier, Christian (Begr.)/ Kempen, Otto Ernst (Begr.)/ Zachert, Ulrich (Begr.)/ Zilius, Jan (Begr.): Tarifvertragsgesetz, Kommentar für die Praxis, 3.Aufl., Köln 1997; zitiert: *Kempen/Zachert* (3.Aufl).

dies.: Tarifvertragsgesetz, 4.Aufl., Köln 2006; zitiert: Kempen/Zachert (4.Aufl) - *Bearbeiter*.

Hager, Johannes: Der lange Abschied vom Verbot der geltungserhaltenden Reduktion, JZ 1996 S.175 – 179.

Hanau, Peter: Gemeinsame Anm. zu Nr.4 und 6 zu § 77 BetrVG 1972, AP Nr.6 zu § 77 BetrVG 1972 Bl. 6 –9 R.
ders.: Fragen der Mitbestimmung und Betriebsverfassung im Konzern, ZGR 13 (1984) S.468 – 494.
ders.: Rechtswirkungen der Betriebsvereinbarung, RdA 1989 S.207 – 211.
ders./ Hromadka, Wolfgang: Richterliche Kontrolle flexibler Entgeltregelungen in Allgemeinen Arbeitsbedingungen, NZA 2005 S.73 – 78.
ders./ Kania, Thomas: Die Bezugnahme auf Tarifverträge durch Arbeitsvertrag und betriebliche Übung, S.239 – 262, in: Tarifautonomie für ein neues Jahrhundert, Festschrift für Günter Schaub zum 65.Geburtstag, Hrsg.: Schlachter, Monika/ Ascheid, Reiner/ Friedrich, Hans-Wolf, München 1998.
Heiermann, Wolfgang: Wirksamkeit des Ausschlusses der Preisanpassungsmöglichkeit nach VOB durch Allgemeine Geschäftsbedingungen, NJW 1986 S.2682 – 2687.
Heinrich, Christian: Formale Freiheit und materiale Gerechtigkeit - Die Grundlagen der Vertragsfreiheit und Vertragskontrolle am Beispiel ausgewählter Probleme des Arbeitsrechts, Tübingen 2000.
Heinrichs, Helmut: Das Gesetz zur Änderung des AGB-Gesetzes, NJW 1996 S.2190 – 2197.
Heinze, Meinhard: Arbeitsrecht in der gesellschaftlich-ökonomischen Ordnung der Bundesrepublik Deutschland, S.305 – 325, in: Festschrift für Dieter Gaul zum 70. Geburtstag, Hrsg.: Boewer, Dietrich/ Gaul, Björn, Neuwied u.a. 1992.
ders.: Konventionalstrafe und andere Sanktionsmöglichkeiten in der arbeitsrechtlichen Praxis, NZA 1994 S.244 – 251.
Henningfeld, Michael: Auswirkungen der neuen §§ 305 ff. BGB auf die Arbeitsvertragskontrolle, Bonn 2005.
Henssler, Martin: Arbeitsrecht und Schuldrechtsreform, RdA 2002 S.129 – 140.
ders.: Der Arbeitsvertrag im Konzern, Berlin 1983.
ders. (Hrsg.)/ Westphalen, Friedrich Graf v. /Hrsg.: Praxis der Schuldrechtsreform, Recklinghausen 2001.
ders. (Hrsg.)/ Willemsen, Heinz Josef (Hrsg.)/ Kalb, Heinz-Jürgen (Hrsg.): Arbeitsrecht Kommentar, Köln 2004; zitiert: Henssler/Willemsen/Kalb-*Bearbeiter*.
Herschel, Wilhelm/Steinmann, Georg/ Löwisch, Manfred: Kommentar zum Kündigungsschutzgesetz, 6.Aufl., Heidelberg 1984; zitiert: *Herschel/Löwisch*.
Hessert, Anja-Isabel: Arbeitsrecht im Kleinunternehmen, Göttingen 2003.
Hildebrandt, Reinhard: Disparität und Inhaltskontrolle im Arbeitsrecht, Göttingen 1987.

Hilger, Marie Luise: Das betriebliche Ruhegeld – Zugleich ein Beitrag zum Recht der betrieblichen Arbeitsbedingungen, Heidelberg 1959.
Hippel, Eike v.: Verbraucherschutz, 3.Aufl., Tübingen 1986.
Hönn, Günther: Zu den „Besonderheiten" des Arbeitsrechts, ZfA 2003 S.325 – 359.
ders.: Kompensation gestörter Vertragsparität, München 1982.
Hoyningen-Huene, Gerrick v.: Anm. zu BAG v. 6.9.1995, AP Nr.23 zu § 611 BGB Ausbildungsbeihilfe Bl.5 – 7 R.
ders.: Die Billigkeit im Arbeitsrecht, Ein Beitrag zur rechtsdogmatischen Präzisierung der Billigkeit im Zivilrecht – dargestellt am Beispiel des Arbeitsrechts, München 1978.
ders.: Die Inhaltskontrolle nach § 9 AGB-Gesetz, Heidelberg 1991; zitiert: *v.Hoyningen-Huene*, Inhaltskontrolle.
ders. / Boemke, Burkhard: Die Versetzung, Heidelberg 1991.
Hromadka, Wolfgang: Schuldrechtsmodernisierung und Vertragskontrolle im Arbeitsrecht, NJW 2002 S.2523 – 2530.
ders.: Arbeitsrecht – Quo vadis, S.241 – 265, in: Festschrift 40 Jahre Der Betrieb, Stuttgart 1988.
ders.: Zur betrieblichen Übung, NZA 1984 S.241 – 246.
ders.: Änderung von Arbeitsbedingungen, RdA 1992 S.234 – 265.
ders.: Inhaltskontrolle von Arbeitsverträgen, S.251 – 278, in: Richterliches Arbeitsrecht, Festschrift für Thomas Dieterich zum 65. Geburtstag, hrsg. von: Hanau, Peter/ Heither, Friedrich/ Kühling, Jürgen, München 1999.
ders.: Anm. zu BAG v. 25.10.1983, SAE 1984 S.330 – 334.
ders./ Maschmann, Frank: Arbeitsrecht Band 1, Individualarbeitsrecht, 2.Aufl., Berlin u.a. 2002; zitiert: *Hromadka/Maschmann*, Band 1 (2.Aufl.).
ders./ Maschmann, Frank: Arbeitsrecht Band 1, Individualarbeitsrecht, 3.Aufl., Berlin u.a. 2006.
Hueck, Alfred: Lehrbuch des Arbeitsrechts, Erster Band, 7.Aufl., Berlin, Frankfurt a.M. 1963.
ders. (Begr.)/ Hoyningen-Huene, Gerrick v./ Linck, Rüdiger: Kündigungsschutzgesetz, 12.Aufl., München 1997.
ders./ Nipperdey, Hans Carl: Lehrbuch des Arbeitsrechts, Erster Band, 7.Aufl., Berlin u.a. 1963.
Hümmerich, Klaus: Erweiterte Arbeitnehmerrechte durch Verbraucherschutz, AnwBl 2002 S.671 – 681.
ders.: Gestaltung von Arbeitsverträgen nach der Schuldrechtsreform, NZA 2003 S.753 – 764.
ders./ Holthausen, Joachim: Der Arbeitnehmer als Verbraucher, NZA 2002 S.173 – 181.
Imping, Andreas: Die Neugestaltung des AGB-Gesetzes, WiB 1997 S.337 – 341.

Jauernig, Othmar (Hrsg.): Bürgerliches Gesetzbuch, 11.Aufl., München 2004; zitiert: Jauernig-*Bearbeiter*.

Jobs, Friedhelm: Gerichtliche Billigkeitskontrolle bei abändernden Betriebsvereinbarungen?, AuR 1986 S.147 – 148.

Joost, Detlev: Allgemeine Geschäftsbedingungen und Arbeitsvertrag, Ein Beispiel für eine missglückte Gesetzgebung, S.1199 – 1210, in: Festschrift für Peter Ulmer zum 70. Geburtstag am 2.Januar 2003, hrsg. von: Habersack, Mathias/ Hommelhoff, Peter/ Hüffer, Uwe/ Schmidt, Karsten, Berlin 2003.

ders.: Vertragsstrafen im Arbeitsrecht – Zur Inhaltskontrolle von Formularverträgen im Arbeitsrecht, ZIP 2004 S.1981 – 1986.

Joussen, Jacob: Arbeitsrecht und Schuldrechtsreform, NZA 2001 S.745 – 751.

Karamarias, Stylianos D.: Bundesdeutsches Individualarbeitsrecht im Konzern, RdA 1983 S.353 – 364.

Kater, Horst/ Leube, Konrad: Gesetzliche Unfallversicherung SGB VII, München 1997.

Keßler, Rainer: Die Kirchen und das Arbeitsrecht, Darmstadt 1986.

Kettler, Gero: Das BAG und die „umgekehrte" betriebliche Übung, NJW 1998 S.435 – 438.

Kiefer, Karl-Heinz: Ausschlussfristen – überholte Regelungen?, NZA 1988 S.785 – 789.

Klaas, Christoph: Zur EG-Richtlinie über missbräuchliche Klauseln in Verbraucherverträgen, „Stellen" von AGB, insbesondere Inhaltskontrolle notarieller Verbraucherverträge?, S.247 – 258, in: Festschrift für Hans Erich Brandner zum 70. Geburtstag, hrsg. von: Pfeiffer, Gerd/ Kummer, Joachim/ Scheuch, Silke, Köln 1996.

Klevemann, Joachim: Anm. zu ArbG Bochum vom 08.07.2002, AiB 2002 S.579 – 582.

Köhler, Helmut: BGB Allgemeiner Teil, 29.Aufl., München 2005.

Koller, Ingo: Anm. zu BAG v. 23.5.1984 – 4 AZR 129/82, SAE 1985 S.155 – 158.

ders.: Das Transparenzgebot als Kontrollmaßstab Allgemeiner Geschäftsbedingungen, S.667 – 686, in: Festschrift für Ernst Steindorff zum 70. Geburtstag am 13. März 1990, Hrsg.: Baur, Jürgen F./ Hopt, KlausJ./ Mailänder, K. Peter, Berlin u.a. 1990.

Konzen, Horst: Anm. zu BAG v. 14.02.1984, AP Nr.21 zu § 112 BetrVG 1972 Bl.5 – 8.

Koppenfels, Katharina v.: Vertragsstrafen im Arbeitsrecht nach der Schuldrechtsmodernisierung, NZA 2002 S.598 – 602.

Kötz, Hein: Der Schutzzweck der AGB-Kontrolle – Eine rechtsökonomische Skizze, JuS 1993 S.209 –214.

Krause, Rüdiger: Vereinbarte Ausschlussfristen (Teil 1), RdA 2004 S.36 – 47.

Krauß, Ernst-Friedrich: Phänomenologie der „Vertragsstrafe“, AuR 1975 S.152 f.
Krauß, Michael: Widerruf von Arbeitgeberleistungen, Berlin 1997.
Kreutz, Peter: Grenzen der Betriebsautonomie, München 1979.
ders.: Kritische Gedanken zur gerichtlichen Billigkeitskontrolle von Betriebsvereinbarungen, ZfA 1975 S.65 – 84.
Lakies, Thomas: Inhaltskontrolle von Vergütungsvereinbarungen im Arbeitsrecht, NZA-RR 2002 S.337 – 344.
ders.: AGB-Kontrolle: Ausschlussfristen vor dem Aus?, NZA 2004 S.569 – 576.
Langenfeld, Gerrit (Hrsg.): Münchener Vertragshandbuch, Band 5. Bürgerliches Recht I, 5.Aufl., München 2003; zitiert: MünchFormularHdB-*Bearbeiter*.
Langheid, Theodor: Vertragsstrafenvereinbarung in Arbeitsverträgen, DB 1980 S.1219 f.
Lansnicker, Frank/ Schwirzek, Thomas: Neuordnung der Mankohaftung, BB 1999 S.259 – 262.
Larenz, Karl: Methodenlehre der Rechtswissenschaft, 6.Aufl., Berlin u.a. 1991; zitiert: *Larenz*, Methodenlehre.
ders./ Wolf, Manfred: Allgemeiner Teil des Bürgerlichen Rechts, 9.Aufl., München 2004.
Leder, Tobias/ Morgenroth, Sascha: Die Vertragsstrafe im Formulararbeitsvertrag, NZA 2002 S.952 – 957.
Leinemann, Wolfgang: Kasseler Handbuch zum Arbeitsrecht, Band 1, Arbeitsverhältnis, Inhalt des Arbeitsverhältnisses und Arbeitsverhältnisse mit erhöhtem Schutz, 2.Aufl., Neuwied u.a. 2000; zitiert: KassHdB-*Bearbeiter*.
Leuchten, Alexius: Widerrufsvorbehalte und Befristung von Arbeitsvertragsbedingungen, insbesondere Provisionsordnungen, NZA 1994 S.721 – 728.
Lieb, Manfred: AGB-Recht und Arbeitsrecht nach der Schuldrechtsmodernisierung, S.1231 – 1244 in: in: Festschrift für Peter Ulmer zum 70. Geburtstag am 2.Januar 2003, hrsg. von: Habersack, Mathias/ Hommelhoff, Peter/ Hüffer, Uwe/ Schmidt, Karsten, Berlin 2003.
ders.: Arbeitsrecht, 7.Aufl., Heidelberg 2000; zitiert: *Lieb* (7.Aufl.).
ders.: Arbeitsrecht, 8.Aufl., Heidelberg 2003; zitiert: *Lieb* (8.Aufl.).
Lindacher, Walter: Richterliche Inhaltskontrolle Allgemeiner Geschäftsbedingungen und Schutzbedürftigkeit des Kunden, BB 1972 S.296 – 299.
Lindemann, Viola: Neuerungen im Arbeitsrecht durch die Schuldrechtsreform, AuR 2002, S.81 – 87.
ders.: Flexible Gestaltung von Arbeitsbedingungen nach der Schuldrechtsreform, Köln 2003.
Lingemann, Stefan: Allgemeine Geschäftsbedingungen und Arbeitsvertrag, NZA 2002 S.181 – 192.

ders./ v.Steinau-Steinrück, Robert: Konzernversetzung und Kündigungsschutz – Zugleich Besprechung des BAG-Urteils vom 21.1.1999 – 2 AZR 648/97, DB 1999 S.806 -, DB 1999 S.2162 – 2166.

Locher, Horst: Das Recht der Allgemeinen Geschäftsbedingungen, 3.Aufl., München 1997.

Lohr, Martin: Vertragsstrafen im Arbeitsverhältnis, MDR 2000 S.433 – 436.

Look, Frank van: Individualschutz im Vereinsrecht, in: WM-Festgabe für Thorwald Hellner zum 65.Geburtstag am 9.Mai 1994, Sonderheft WM 1994 S.46 – 56.

Lorenz, Egon: Die Rechtswahlfreiheit im internationalen Schuldvertragsrecht, Grundsatz und Grenzen, RIW 1987 S.569 – 584.

Löwe, Walter: Anm. zu OLG Düsseldorf v. 16.9.1983 – 25 U 110/83, BB 1983 S.2014 f.

ders./ Westphalen, Friedrich Graf v./ Trinkner, Reinhold: Großkommentar zum AGB-Gesetz, Band II: §§10-30, 2.Aufl., Heidelberg 1983.

Löwisch, Manfred: Auswirkungen der Schuldrechtsreform auf das Recht des Arbeitsverhältnisses, S.311 – 332 in: Festschrift für Herbert Wiedemann zum 70. Geburtstag, hrsg. von: Wank, Rolf/ Hirte, Heribert/ Frey, Kaspar/ Fleischer, Holger/ Thüsing, Gregor, München 2002.

ders.: Zweifelhafte Folgen des geplanten Leistungsstörungsrechts für das Arbeitsvertragsrecht, NZA 2001 S.465 – 467.

ders./ Rieble, Volker: Tarifvertragsgesetz, München 1992; zitiert: *Löwisch/Rieble*.

ders./ Rieble, Volker: Tarifvertragsgesetz, 2.Aufl.,München 2004; zitiert: *Löwisch/Rieble* (2.Aufl.).

Mangoldt, Hermann v. (Begr.)/ Klein, Friedrich/ Starck, Christian (Hrsg.): Kommentar zum Grundgesetz, Band 3: Artikel 83 bis 146, 5.Aufl., München 2005; zitiert: v.Mangoldt/Klein-*Bearbeiter*.

Martens, Klaus-Peter: Die Arbeitnehmerüberlassung im Konzern, DB 1985 S.2144 – 2150.

Maschmann, Frank: Abordnung und Versetzung im Konzern, RdA 1996 S.24 – 40.

Maunz, Theodor (Begr.)/ Dürig, Günter (Begr.): Grundgesetz, Band I, Art.1 – 5, 46. Ergänzungslieferung, München 2006; zitiert: Maunz/Dürig-*Bearbeiter*.

Maurer, Hartmut: Allgemeines Verwaltungsrecht, 16.Aufl., München 2006.

Medicus, Dieter: Über die Rückwirkung von Rechtsprechung, NJW 1995 S.2577 – 2584.

ders.: Allgemeiner Teil des BGB, 8.Aufl., Heidelberg 2002; zitiert: *Medicus*, AT BGB.

ders.: Wer ist ein Verbraucher?, S.471 - 486 in: Wege zum japanischen Recht, Festschrift für Zentaro Kitagawa zum 60 Geburtstag am 5. April 1992, hrsg. von Hans G. Leser, Berlin 1992.
Mettenheim, Christoph v.: Methodologische Gedanken zur geltungserhaltenden Reduktion im Recht der allgemeinen Geschäftsbedingungen, S.937 – 954, in: Festschrift für Henning Piper, Hrsg.: Erdmann, Willi/ Gloy, Wolfgang/ Herber, Rolf, München 1996.
Morgenroth, Sascha/ Leder, Tobias: Die Besonderheiten des Arbeitsrechts im allgemeinen Zivilrecht, NJW 2004 S.2797 – 2799.
Müller, Bernd: Arbeitsrecht im Öffentlichen Dienst, 5.Aufl., München 2001.
Münch, Ingo v. (Begr.)/ Kunig, Philip (Hrsg.): Grundgesetz-Kommentar, Band 2 (Art.20 bis Art.69), 5.Aufl., München 2001.
Nägle, Stefan/ /Chwalisz, Patrizia: Schuldrechtsreform – Das Ende arbeitsvertraglicher Ausschlussfristen, MDR 2002 S.1341 – 1348.
Natzel, Ivo: Schutz des Arbeitnehmers als Verbraucher?, NZA 2002 S.595 – 597.
Nebel, Andreas: Die Normen des Betriebsverbandes am Beispiel der ablösenden Betriebsvereinbarung, Heidelberg 1989.
Nicklisch, Fritz: Zum Anwendungsbereich der Inhaltskontrolle Allgemeiner Geschäftsbedingungen, BB 1974 S.941 – 949.
Nikisch, Arthur: Arbeitsrecht, I.Band, Allgemeine Lehren und Arbeitsvertragsrecht, 3.Aufl., Tübingen 1961.
Oetker, Hartmut: Dynamische Verweisungen in Allgemeinen Geschäftsbedingungen als Rechtsproblem, JZ 2002 S.337 – 342.
ders.: Anm. zu BAG v. 19.1.1999, AP Nr.9 zu § 1 TVG Bezugnahme auf Tarifverträge Bl.5 – 10.
ders.: Arbeitsvertragliche Bezugnahme auf Tarifverträge und AGB-Kontrolle, S.383 – 400 in: Festschrift für Herbert Wiedemann zum 70. Geburtstag, hrsg. von: Wank, Rolf/ Hirte, Heribert/ Frey, Kaspar/ Fleischer, Holger/ Thüsing, Gregor, München 2002.
ders. (Gesamtred.): Betriebsverfassungsgesetz: Gemeinschaftskommentar, Bd.2, 7.Aufl., Neuwied Kriftel 2002; zitiert: GK-BetrVG-*Bearbeiter*.
Ohly, Ansgar: Generalklausel und Richterrecht, AcP 201 (2001), S.1 - 47.
Otto, Hansjörg: Das Recht der Angestellten und Arbeiter im öffentlichen Dienst, Herne, Berlin 1973.
Papier, Hans-Jürgen: Art.12 GG – Freiheit des Berufs und Grundrecht der Arbeit, DVBl 1984 S.801 – 814.
Popp, Gerfried Josef: Schadensersatz und Vertragsstrafe bei Arbeitsvertragsbruch, NZA 1988 S.455 – 458.
Preis, Ulrich: Arbeitsvertragliche Verweisungen auf tarifverträge, S.425 – 448, in: Festschrift für Herbert Wiedemann zum 70. Geburtstag 2002, hrsg. von Rolf Wank, München 2002.

ders.: Prinzipien des Kündigungsrechts bei Arbeitsverhältnissen, München 1987; zitiert: *Preis*, Prinzipien des Kündigungsrechts.

ders.: Arbeitsrecht, Verbraucherschutz und Inhaltskontrolle, NZA 2003 Sonderbeilage zu Heft 16 S.19 – 33.

ders.: Grundfragen der Vertragsgestaltung im Arbeitsrecht, Neuwied u.a. 1993.

ders./ Bender, Wolfgang: Die Befristung einzelner Arbeitsbedingungen - Kontrolle durch Gesetz oder Richterrecht?, NZA-RR 2005 S.337 – 345.

ders./ Lindemann, Viola: Änderungsvorbehalte - Das BAG durchschlägt den gordischen Knoten, NZA 2006 S.632 – 638.

ders./ Roloff, Sebastian: Die Inhaltskontrolle vertraglicher Ausschlussfristen, RdA 2005 S.144 – 159.

Raiser, Ludwig: Das Recht der Allgemeinen Geschäftsbedingungen, Hamburg 1935.

Ramm, Thilo: Entwürfe zu einem Deutschen Arbeitsvertragsgesetz mit dem Arbeitsgesetzbuch der DDR von 1990 und dem österreichischen Entwurf einer Teilkodifikation des Arbeitsrechts von 1960, Frankfurt am Main 1992.

Rebmann, Kurt (Hrsg.)/ Säcker, Franz Jürgen (Hrsg.)/ Rixecker, Roland (Hrsg.): Münchener Kommentar zum Bürgerlichen Gesetzbuch, Band 1, Allgemeiner Teil, §§ 1 - 240, AGB-Gesetz, 4.Aufl., München 2001; zitiert: MüKo-*Bearbeiter*.

dies.: Münchener Kommentar zum Bürgerlichen Gesetzbuch, Band 2 a, Schuldrecht Allgemeiner Teil, §§ 241 - 432, 4.Aufl., München 2003; zitiert: MüKo-*Bearbeiter*.

dies.: Münchener Kommentar zum Bürgerlichen Gesetzbuch, Band 10, Einführungsgesetz zum Bürgerlichen Gesetzbuche (Art.1 - 46), Internationales Privatrecht, 4.Aufl., München 2006; zitiert: MüKo-*Bearbeiter*.

Reich, Norbert: Zivilrechtstheorie, Sozialwissenschaften und Verbraucherschutz, ZRP 1974 S.187 –194.

Reichenbach, Sandy Bernd: Konventionalstrafe für den vertragsbrüchigen Arbeitnehmer, NZA 2003 S.309 – 313.

Reichold, Hermann: Anm. zu BAG v. 15.11.2000 AP Nr.84 zu § 77 BetrVG Bl.4 – 8 R.

ders.: Anmerkungen zum Arbeitsrecht im neuen BGB, ZTR 2002 S.202 – 209.

Reifner, Udo: Alternatives Wirtschaftsrecht am Beispiel der Verbraucherverschuldung, Neuwied, Darmstadt 1979.

Reinecke, Gerhard: Kontrolle Allgemeiner Arbeitsbedingungen nach dem Schuldrechtsmodernisierungsgesetz, DB 2002 S.583 – 588.

ders.: Vertragskontrolle im Arbeitsrecht, NZA 2000 Sonderbeilage zu Heft 3 S.23 – 33.

ders.: Die gerichtliche Kontrolle von Ausschlussfristen nach dem Schuldrechtsmodernisierungsgesetz, BB 2005 S.378 – 388.

ders.: Flexibilisierung von Arbeitsentgelt und Arbeitsbedingungen nach dem Schuldrechtsmodernisierungsgesetz, NZA 2005 S.953 – 961.
Reiserer, Kerstin: Freiwilligkeits- und Widerrufsvorbehalt bei Gratifikation, DB 1997 S.426 – 429.
Reuß, W./ Siebert, W.: Die konkrete Ordnung des Betriebes, 3.Aufl., Berlin u.a. 1943.
Reuter, Dieter: Betriebsverfassung und Privatautonomie, ZfA 1975 S.85 – 96.
ders.: Gemeinsame Anm. zu BAG v. 8.12.1981 – 3 ABR 53/80 und BAG v.8.12.1981 – 3 AZR 518/80, SAE 1983 S.201 – 204.
ders.: Die Integration des Verbraucherschutzrechts in das BGB, S.99 – 113, in: Reform des deutschen Schuldrechts, Tagung der Christian-Albrechts-Universität und des Vereins Kieler Doctores Iuris e.V., Hrsg.: Eckert, Jörn/ Delbrück, Jost, Baden-Baden 2003; zitiert: Eckert/Delbrück-Reuter.
ders.: Möglichkeiten und Grenzen einer Deregulierung des Arbeitsrechts, S.449 – 491, in: Festschrift für Herbert Wiedemann zum 70. Geburtstag 2002, hrsg. von Rolf Wank, München 2002.
ders.: Das Sonderarbeitsrecht des Pressebereichs, S.941 – 965 in: Arbeitsrecht in der Bewährung, Festschrift für Otto Rudolf Kissel zum 65. Geburtstag, hrsg. von: Heinze, Meinhard/ Söllner, Alfred, München 1994.
ders.: Möglichkeiten und Grenzen einer Auflockerung des Tarifkartells, ZfA 1995 S.1 – 94.
ders.: Inhaltskontrolle im Arbeitsrecht (§ 310 Abs.4 BGB), S.177- 196, in: Festschrift 50 Jahre Bundesarbeitsgericht, hrsg. v. Oetker, Hartmut/ Rieble, Volker, München 2004.
ders.: Die Lohnbestimmung im Betrieb (ohne Mitbestimmungsproblematik), - Realität, rechtliche Einordnung, rechtspraktische Konsequenzen -, ZfA 1993 S.221 – 254.
ders.: Die Praxis des Arbeitsrechts – eine Achillesferse der Sozialen Marktwirtschaft, ORDO 48 (1997) S.437 – 463.
ders.: Der neuralgische Dritte Weg, Zu den rechtlichen Grundlagen kirchlicher Arbeitsverhältnisse, HK 1994 S.194 – 200.
RGRK: Hrsg.: Mitgliedern des Bundesgerichtshofes: Das Bürgerliche Gesetzbuch mit besonderer Berücksichtigung der Rechtsprechung des Reichsgerichts und des Bundesgerichtshofes, Band II, Teil 3/1, 12. Aufl., Berlin u.a. 1997; zitiert: RGRK-*Berarbeiter*.
RGRK: Hrsg.: Mitgliedern des Bundesgerichtshofes: Das Bürgerliche Gesetzbuch mit besonderer Berücksichtigung der Rechtsprechung des Reichsgerichts und des Bundesgerichtshofes, Band II, Teil 3/2, 12. Aufl., Berlin u.a. 1997; zitiert: RGRK-*Berarbeiter*.
Richardi, Reinhard: Anm. zu BAG v. 30.01.1970, AP Nr.142 zu § 242 BGB Ruhegehalt Bl.9 R – 12 R.

ders.: Gestaltung der Arbeitsverträge durch Allgemeine Geschäftsbedingungen nach dem Schuldrechtsmodernisierungsgesetz, NZA 2002 S.1057 – 1064.

ders.: Auslegung und Kontrolle von Arbeitsverträgen und Betriebsvereinbarungen in der Rechtsprechung des Bundesarbeitsgerichts, in: Die Arbeitsgerichtsbarkeit, Festschrift zum 100jährigen Bestehen des Deutschen Arbeitsgerichtsverbandes, Neuwied u.a. 1994.

ders.: Arbeitsrecht in der Kirche, Staatliches Arbeitsrecht und kirchliches Dienstrecht, 3.Aufl., München 2000; zitiert: ArbR in der Kirche (3.Aufl.).

ders.: Arbeitsrecht in der Kirche, Staatliches Arbeitsrecht und kirchliches Dienstrecht, 4.Aufl., München 2003; zitiert: ArbR in der Kirche (4.Aufl.).

ders. (Hrsg.): Betriebsverfassungsgesetz mit Wahlordnung, München 2006; zitiert: Richardi-*Bearbeiter*.

ders. (Hrsg.)/ Wlotzke, Otfried (Hrsg.): Münchner Handbuch zum Arbeitsrecht, Band 1: Individualarbeitsrecht I, 2.Aufl., München 2000; zitiert: MünchArbR-*Bearbeiter*.

dies.: Münchner Handbuch zum Arbeitsrecht, Band 3: Kollektives Arbeitsrecht, 2.Aufl., München 2000; zitiert: MünchArbR-*Bearbeiter*.

Rieble, Volker: Arbeitsmarkt und Wettbewerb, Der Schutz von Vertragsfreiheit und Wettbewerbsfreiheit im Arbeitsrecht, Berlin u.a. 1996; zitiert: *Rieble*, Arbeitsmarkt und Wettbewerb.

ders./ Klumpp, Steffen: Widerrufsrecht des Arbeitnehmer-Verbrauchers?, ZIP 2002 S.2153 – 2161.

Roos, Bernd: Schriftformerfordernis und elektronische Medien im Arbeitsleben, AiB 2002 S.133 – 136.

Sachs, Michae: Grundgesetz, 2.Aufl., München 1999.

Säcker, Franz-Jürgen: Gruppenautonomie und Übermachtkontrolle im Arbeitsrecht, Berlin 1972.

Schack, Haimo: BGB-Allgemeiner Teil, 10.Aufl., Heidelberg 2004 .

Schaub, Günter: Arbeitsrechts-Handbuch, Systematische Darstellung und Nachschlagewerk für die Praxis, 9.Aufl., München 2000; zitiert: *Schaub* (9.Aufl.).

ders.: Arbeitsrechtliche Formularsammlung, 7.Aufl., München 1999; zitiert: Schaub, FormularSam.

ders./ Koch, Ulrich/ Linck, Rüdiger: Arbeitsrechts-Handbuch, Systematische Darstellung und Nachschlagewerk für die Praxis, 11.Aufl., München 2005; zitiert: *Schaub*.

Schimmelpfennig, Hans-Christoph: Inhaltskontrolle eines formularmäßigen Änderungsvorbehalts- Zum Widerrufsvorbehalt in Arbeitsverträgen nach der Schuldrechtsreform, NZA 2005 S.603 – 610.

Schliemann, Harald: Die öffentliche Hand als Arbeitgeber, ZTR 1990 S.135 – 141.

ders.: Zur arbeitsgerichtlichen Kontrolle kollektiver Regelungen, S.577 – 606, in: Arbeitsrecht und Sozialpartnerschaft, Festschrift für Peter Hanau, hrsg. von Udo Isenhardt, Ulrich Preis, Köln 1999.

ders. (Hrsg.): Das Arbeitsrecht im BGB, Kommentar, 2.Aufl., Berlin u.a. 2002; zitiert: Schliemann-*Bearbeiter*.

Schlodder, Antje: Der Arbeitsvertrag im neuen Schuldrecht, Heidelberg 2004.

Schlünder, Bertold/ Scholz, Harald: Notarielle Verträge über neue Häuser nach der AGBG-Novelle, ZfBR 1997 S.55 – 59.

Schnitker, Elmar/ Grau, Timon: Klauselkontrolle im Arbeitsvertrag, BB 2002 S.2120 – 2126.

Schrader, Peter: Neues zu Ausschlussfristen, NZA 2003 S.345 – 351.

Schulze, Reiner (Hrsg.)/ Schulte-Nölke, Hans (Hrsg.): Die Schuldrechtsreform vor dem Hintergrund des Gemeinschaftsrechts, Tübingen 2001; zitiert: Schulze/Schulte-Nölke-*Bearbeiter*.

Schünemann, Wolfgang B.: Mündigkeit versus Schutzbedürftigkeit, Legitimationsprobleme des Verbraucher-Leitbildes, S.279 - 298 in: Festschrift für Hans Erich Brandner zum 70. Geburtstag, hrsg. von: Pfeiffer, Gerd/ Kummer, Joachim/ Scheuch, Silke, Köln 1996.

ders.: Generalklausel und Regelbeispiele, JZ 2005 S.271 – 279.

Schuster, Norbert: Arbeits- und Aufhebungsverträge auf dem Prüfstand, - Neues Recht ab dem 01.01.2002 -, AiB 2002 S.274 – 280.

Schwarz, Eckard: Überraschungskontrolle nach § 3 AGBG im Arbeitsrecht? Oder gilt § 23 Absatz 1 AGBG doch noch?, BB 1996 S.1434 – 1437.

Schwarz, Stefanie: Bürgenschutz durch deutsches und europäisches Verbraucherschutzrecht, Baden-Baden 2001.

Schwerdtfeger, Jörg: Änderungen des AGB-Gesetzes durch Umsetzung der Verbrauchervertragsrichtlinie, DStR 1997 S.499 – 503.

Schwerdtner, Peter: Grenzen der Vereinbarungsfähigkeit von Vertragsstrafen im Einzelarbeitsverhältnis, S.631 – 656, in: Festschrift für Marie Luise Hilger und Hermann Stumpf, hrsg. von: Dieterich, Thomas/ Gamillscheg, Franz/ Wiedemann, Hermann, München 1983.

Schwidden, Frank: Die wesentlichen Unterschiede zwischen den Arbeits- und Beamtenverhältnissen im öffentlichen Dienst – Ein vergleichender Kurzüberblick -, ZfSH/SGB 1994 S.24 – 31.

Schwirzek, Thomas: Mankoabreden nach der Schuldrechtsreform – Zurück in die Zukunft, NZA 2005 S.437 – 443.

Seiter, Hugo: Die Betriebsübung, Zugleich ein Beitrag zur Lehre vom Rechtsgeschäft und von den Zurechnungsgründen rechtserheblichen Verhaltens im Privatrecht, Augsburg 1967.

Sievers, Jochen: Individualrechtliche Möglichkeiten und Grenzen einer Entgeltreduzierung, NZA 2002 S.1182 – 1188.

Singer, Reinhard: Arbeitsvertragsgestaltung nach der Reform des BGB, RdA 2003 S.194 – 204.
ders.: Neue Entwicklungen im Recht der Betriebsübung – Die Rechtsprechung des Bundesarbeitsgerichts und zur Privilegierung öffentlicher Arbeitgeber -, ZfA 1993 S.487 – 516.
.*Soergel, Hs. Th. (Begr.)*: Bürgerliches Gesetzbuch mit Einführungsgesetz und Nebengesetzen, Band 3, 12.Aufl., Stuttgart u.a. 1991.
Söllner, Alfred: Zur Anwendung der gesetzlichen Vorschriften über Allgemeine Geschäftsbedingungen im Arbeitsrecht, ZfA 2003 S.145 – 161.
ders.: Vertragsstrafen im Arbeitsrecht, AuR 1981 S.97 – 105.
ders.: Einseitige Leistungsbestimmung im Arbeitsverhältnis, Mainz 1966.
ders.: Zur Verfassungs- und Gesetzestreue im Arbeitsrecht, RdA 1985 S.328 – 337.
Speiger, Peter: Die Reduzierung der Gratifikationsleistungen durch betriebliche Übung, NZA 1998 S.510 – 513.
Staudinger, Julius v. (Begr.): Kommentar zum Bürgerlichen Gesetzbuch mit Einführungsgesetz und Nebengesetzen, Buch 1, Allgemeiner Teil, §§ 134 – 163, Neubearbeitung 2003, Berlin 2003.
ders. (Begr.): Kommentar zum Bürgerlichen Gesetzbuch mit Einführungsgesetz und Nebengesetzen, Buch 2, Recht der Schuldverhältnisse, §§ 616-630, Neubearbeitung 2002, Berlin 2002.
ders. (Begr.): Kommentar zum Bürgerlichen Gesetzbuch mit Einführungsgesetz und Nebengesetzen, Zweites Buch, Recht der Schuldverhältnisse, §§ 328 – 361 b, Neubearbeitung 2001, Berlin 2001.
ders. (Begr.): Kommentar zum Bürgerlichen Gesetzbuch mit Einführungsgesetz und Nebengesetzen, Buch 2, Recht der Schuldverhältnisse, §§ 328 – 359, Neubearbeitung 2004, Berlin 2004.
ders. (Begr.): Kommentar zum Bürgerlichen Gesetzbuch mit Einführungsgesetz und Nebengesetzen, Buch 2, Recht der Schuldverhältnisse, §§ 611 – 615 (Dienstvertragsrecht), Neubearbeitung 2005, Berlin 2005.
ders. (Begr.): Kommentar zum Bürgerlichen Gesetzbuch mit Einführungsgesetz und Nebengesetzen: Einführungsgesetz zum Bürgerlichen Gesetzbuch/IPR, Art.27 – 37, 13.Bearb. 2002, Berlin 2002.
ders. (Begr.): Kommentar zum Bürgerlichen Gesetzbuch mit Einführungsgesetz und Nebengesetzen, Gesetz zur Regelung des Rechts der Allgemeinen Geschäftsbedingungen (AGBG), 13.Bearb, Berlin 1998.
ders. (Begr.): Kommentar zum Bürgerlichen Gesetzbuch mit Einführungsgesetz und Nebengesetzen: EGBGB, Art.219 – 245 EGBGB (Jüngere Übergangsvorschriften/ Verordnungsermächtigungen), Neubearbeitung 2003, Berlin 2003.
Stein, Axel: Tarifvertragsrecht, Stuttgart u.a. 1997.

Steindorff, Ernst: Probleme des Art. 30 EWG-Vertrag, ZHR 148 (1984) S.338 – 355.

Stern, Klaus: Das Staatsrecht der Bundesrepublik Deutschland, Band II, Staatsorgane, Staatsfunktionen, Finanz- und Haushaltsverfassung, Notstandsverfassung, München 1980; zitiert: *Stern*, StR II.

Stoffels, Markus: Anm. zu BAG v. 16.3.1994 – 5 AZR 339/92, SAE 1995 S.176 – 181.

ders.: Der Vertragsbruch des Arbeitnehmers – Zugleich ein Beitrag zu den Grenzen der Vereinbarungsfreiheit im Arbeitsverhältnis, Heidelber 1994; zitiert: *Stoffels*, Vertragsbruch.

ders.: AGB-Recht, München 2003; zitiert: *Stoffels*, AGB-Recht.

ders.: Arbeitsvertragsbruch, AR-Blattei SD 230 S.1 – 64.

ders.: Altverträge nach der Schuldrechtsreform - Überlegungen zum Vertrauensschutz im Arbeitsvertragsrecht, NZA 2005 S.726 – 730.

Tappe, Konstantin/ Koplin, Bernhard: Die „negative betriebliche Übung" – Beendigung einer betrieblichen Übung durch Etablierung einer gegenläufigen Übung -, DB 1998 S.2114 – 2118.

Thüsing, Gregor: Inhaltskontrolle von Formulararbeitsverträgen nach neuem Recht, BB 2002 S.2666 – 2674.

ders.: Kirchliches Arbeitsrecht, Tübingen 2006; zitiert: *Thüsing*, Kirchl. ArbeitsR.

ders.: Inhaltkontrolle kirchlicher Arbeitsvertragsrichtlinien, ZTR 2005 S.507 – 515.

ders.: Was sind die Besonderheiten des Arbeitsrechts?, NZA 2002 S.591 – 595.

ders.: Unwirksamkeit und Teilbarkeit unangemessener AGB, BB 2006 S.661 – 664.

ders.: Angemessenheit durch Konsens - Zu den Grenzen der Richtigkeitsgewähr arbeitsvertraglicher Vereinbarungen, RdA 2005 S.257 – 270.

ders.: Anm. zu BAG v. 17.04.2996, AP Nr.24 zu § 611 BGB Kirchendienst Bl.4 R – 6 R.

ders./ Lambrich, Thomas: AGB-Kontrolle arbeitsvertraglicher Bezugnahmeklauseln - Vertragsgestaltung nach der Schuldrechtsreform -, NZA 2002 S.1361 – 1370.

ders./ Leder, Tobias: Neues zur Inhaltskontrolle von Formulararbeitsverträgen, BB 2004 S.42 – 47.

ders./ Leder, Tobias: Gestaltungsspielräume bei der Verwendung vorformulierter Arbeitsvertragsbedingungen - Allgemeine Grundsätze, BB 2005 S.938 – 945.

ders./ Leder, Tobias: Gestaltungsspielräume bei der Verwendung vorformulierter Arbeitsbedingungen – Besondere Klauseln, BB 2005 S.1563- 1570.

Tonner, Klaus: Die Rolle des Verbraucherrechts bei der Entwicklung eines europäischen Zivilrechts, JZ 1996 S.533 – 541.

Travlos-Tzanetatos, Dimitros: Die Regelungsbefugnis der Betriebspartner und ihre Grenzen zum Einzelarbeitsvertrag, Zugleich ein Beitrag zu der Problematik der Innenschranken der Betriebsautonomie, Berlin 1974.

Trinkner, Reinhold: Anm. zu BGH v. 19.9.1983 – VIII ZR 84/82, BB 1983 S.1874 – 1876.

Tschöpe, Ulrich: Sind Entgeltabreden der Inhaltskontrolle nach §§ 305 ff. BGB unterworfen?, DB 2002 S.1830 – 1834.

Ulmer, Peter/ Brandner, Hans Erich/ Hensen, Horst-Diether/ Schmidt, Harry: AGB-Gesetz, Kommentar zum Gesetz zur Regelung des Rechts der Allgemeinen Geschäftsbedingungen, 9.Aufl., Köln 2001; zitiert: Ulmer/Brandner/Hensen (9.Aufl.)-*Bearbeiter*.

ders./ Hensen, Horst-Diether/ Christensen, Guido/ Fuchs, Andreas/ Schmidt, Harry: AGB-Recht, Kommentar zu den §§ 305 – 310 BGB und zum Unterlassungsklagengesetz, 10.Aufl., Köln 2006; zitiert: Ulmer/Brandner/Hensen-*Bearbeiter*.

Wackerbarth, Ulrich: Unternehmer, Verbraucher und die Rechtfertigung der Inhaltskontrolle vorformulierter Verträge, AcP 200 (2000) S.45 – 89.

Wahrig, Gerhard (Hrsg.)/ Krämer, Hildegard (Hrsg.)/ Zimmermann, Harald (Hrsg.): Brockhaus, Wahrig, Deutsches Wörterbuch, Dritter Band G – JZ, Stuttgart 1981; zitiert:Brockhaus, Deutsches Wörterbuch.

Wahsner, Roderich: Betriebsverfassung in Kleinbetrieben, AiB 1996 S.81 – 87.

Wank, Rolf: Arbeitnehmer und Selbständige, München 1988.

Weber, Ulrich/ Ehrich, Christian/ Hörchens, Angela: Handbuch zum Betriebsverfassungsrecht, Köln 1998.

Weimann, Heinz: Der Konzern im Arbeitsrecht aus Sicht der Praxis, ZGR 13 (1984) S.460 – 464.

Westermann, Harm Peter (Hrsg.): Erman, Bürgerliches Gesetzbuch, Band I, 10.Aufl., Köln 2000; zitiert: Erman (10.Aufl.)-*Bearbeiter*.

ders. (Hrsg.): Erman, Bürgerliches Gesetzbuch, Band I, 11.Aufl., Köln 2004; zitiert: Erman (11.Aufl.)-*Bearbeiter*.

ders. (Hrsg.): Erman, Bürgerliches Gesetzbuch, Band II, 11.Aufl., Köln 2004; zitiert: Erman (11.Aufl.)-*Bearbeiter*.

Westphalen, Friedrich Graf v.: Die Novelle zum AGB-Gesetz, BB 1996 S.2101 – 2106.

Wiedemann, Herbert (Hrsg.): Tarifvertragsgesetz, mit Durchführungs- und Nebenvorschriften, 6.Aufl., München 1999; zitiert: Wiedemann-*Bearbeiter*.

Willemsen, Heinz Josef/ Grau, Timon: Geltungserhaltende Reduktion und „Besonderheiten des Arbeitsrechts“, RdA 2003 S.321 – 328.

Windbichler, Christine: Arbeitsrecht im Konzern, München 1989.

Wisskirchen, Gerlind/ Stühm, Thomas: Anspruch des Arbeitgebers auf Änderung von unwirksamen Klauseln in alten Arbeitsverträgen, DB 2003 S.2225 – 2230.

Witt, Alexander: Keine AGB-Kontrolle tariflicher Regelungen?, NZA 2004 S.135 – 138.

Wolf, Manfred: Die Vorformulierung als Voraussetzung der Inhaltskontrolle, S.299 – 309, in: Festschrift für Hans Erich Brandner zum 70. Geburtstag, hrsg. von: Pfeiffer, Gerd/ Kummer, Joachim/ Scheuch, Silke, Köln 1996.

ders.: Inhaltskontrolle von Arbeitsverträgen, RdA 1988 S.270 – 276.

ders.: Willensmängel und sonstige Beeinträchtigungen der Entscheidungsfreiheit in einem europäischen Vertragsrecht, S.85 – 128, in: Europäische Vertragsrechtsvereinheitlichung, Tübingen 2000; zitiert: *Wolf*, Europ. Vertragsrechtsvereinheitlichung.

ders./ Horn, Norbert/ Lindacher, Walter F.: AGB-Gesetz, Kommentar, 4.Aufl., München 1999; zitiert: Wolf/Horn/Lindacher-*Bearbeiter*.

Wolff, Hans J. (Begr.)/ Bachof, Otto/ Stober, Rolf: Verwaltungsrecht, Band 1, 11.Aufl. München 1999.

Worpenberg, Stephan: Die konzerninterne Arbeitnehmerüberlassung, Frankfurt a.M. 1993.

Zeller-Müller, Linus: Auswirkungen der Schuldrechtsreform auf die Inhaltskontrolle von Arbeitsverträgen und auf Aufhebungsverträge, Frankfurt a.M. u.a. 2004.

Zippelius, Reinhold: Juristische Methodenlehre, 9.Aufl., München 2005.

Zöllner, Wolfgang: Vorsorgende Flexibilisierung durch Vertragsklauseln, NZA 1997 S.121 – 129.

ders.: Die politische Rolle des Privatrechts, JuS 1988 S.329 – 336.

ders.: Sind im Interesse einer gerechteren Verteilung der Arbeitsplätze Begründung und Beendigung der Arbeitsverhältnisse neu zu regeln? Gutachten D für den 52. Deutschen Juristentag, München 1978; zitiert: *Zöllner*, Gutachten D zum 52.DJT.

ders.: Immanente Grenzen arbeitsvertraglicher Regelungen, RdA 1989 S.152 – 162.

ders.: Regelungsspielräume im Schuldvertragsrecht, Bemerkungen zur Grundrechtsanwendung im Privatrecht und zu den sogenannten Ungleichgewichtslagen, AcP 196 (1996) S.1 – 36.

ders.: Privatautonomie und Arbeitsverhältnis – Bemerkungen zu Parität und Richtigkeitsgewähr beim Arbeitsvertrag, AcP 176 (1976) S.221 – 246.

ders./ Loritz, Karl-Georg: Arbeitsrecht, Ein Studienbuch, 5.Aufl., München 1998.

Zivilrechtliche Schriften
Beiträge zum Wirtschafts-, Bank- und Arbeitsrecht

Herausgegeben von Peter Kreutz und Dieter Reuter

Band 1 Sabine Koch: Eigenkapitalleistungen und eigenkapitalersetzende Leistungen des Kommanditisten in der gesetzestypischen Kommanditgesellschaft. 1992.

Band 2 Knut Weigle: Die leitenden Angestellten zwischen Sprecherausschuß und Betriebsrat. 1993.

Band 3 Stephan Worpenberg: Die konzerninterne Arbeitnehmerüberlassung. 1993.

Band 4 Carsten Führling: Sonstige Unternehmensverträge mit einer abhängigen GmbH. 1993.

Band 5 Heike Grote-Seifert: Das englische Arbeitskampfrecht unter besonderer Berücksichtigung der Entwicklung seit 1979. Zugleich: Vergleichende Analyse der Rechtslage in Deutschland und England. 1994.

Band 6 Uwe Theobald: Gesamthaftungsverhältnisse. Die Gesamtschuld als Ausgleichsmodell bei der mehrfachen Drittsicherung einer Forderung. 1994.

Band 7 Kay-Uwe Jacobs: Die Wahlvorstände für die Wahlen des Betriebsrats, des Sprecherausschusses und des Aufsichtsrats. 1995.

Band 8 Horst-Jürgen Michallek: Die Verteilung des wirtschaftlichen Risikos der Nothilfe. Eine rechtsvergleichende Studie. 1995.

Band 9 Sibylle Kessal-Wulf: Die Innenverbände. Am Beispiel Publikumsgesellschaft, Franchising, Mitarbeiterbeteiligung und Betriebsverband. 1995.

Band 10 Britta Holdorf-Habetha: Der Übergang von gewerblich genutztem Vermögen im Wege der Erbfolge im Einkommensteuerrecht. 1996.

Band 11 Sönke-Peter Nehlsen: Nutzungsausfallersatz. Ein notwendiges Übel? Versuch einer dogmatischen Begründung und Alternativlösungen. 1997.

Band 12 Sebastian Graf von Wallwitz: Tarifverträge und die Wettbewerbsordnung des EG-Vertrages. Wettbewerbsbeschränkende Tarifverträge und das Kartellverbot des Artikel 85 EGV. 1997.

Band 13 Hans-Joachim Arnold: Die Bilanzierung des Geschäfts- oder Firmenwertes in der Handels-, Steuer- und Ergänzungsbilanz. 1997.

Band 14 Volker Hoes: Die Überschuldung Privater als Problem von Ungleichgewichten. 1997.

Band 15 Dörte Christiansen: Betriebszugehörigkeit. Die Zuordnung von Arbeitnehmern aus betriebsverfassungsrechtlicher Sicht. 1998.

Band 16 Axel Boysen: Betriebsverband und Arbeitsverhältnis am Beispiel der Gruppenarbeit. Ein Beitrag zur Entwicklung der arbeitsrechtlichen Dogmatik im Wandel der Industriearbeit. 1998.

Band 17 Kristoffer Blydt-Hansen: Die Rechtsstellung der Destinatäre der rechtsfähigen Stiftung Bürgerlichen Rechts. 1998.

Band 18 Per Christiansen: Über die reale Seite der Verbände. Die Bedeutung der tatsächlichen Zweckverfolgung in einem Verband für dessen Legitimität, Existenz und Kontinuität. 1999.

Band 19 Annette Grotkamp: Die Bedeutung des Gesamtbetriebsrats und die Abgrenzung seiner Zuständigkeit zu den Einzelbetriebsräten im Rahmen des Strukturwandels in der deutschen Wirtschaft. 1999.

Band 20 Oliver Ebert: Die Kosten der Einigungsstelle gemäß § 76 a BetrVG 1972 unter besonderer Berücksichtigung der Honorierung von Einigungsstellenmitgliedern. 1999.

Band 21 Christoph Nawroth: Die steuerliche Anerkennung von Familienpersonengesellschaften bei fehlerhaftem Gesellschaftsvertrag. Zur Anwendung der Lehre von der fehlerhaften Gesellschaft im Steuerrecht. 1999.

Band 22 Kai Litschen: Die juristische Person im Spannungsfeld von Norm und Interesse. Am Beispiel der Gesellschafterhaftung in der GmbH. 1999.

Band 23 Eva Günther-Gräff: Kündigung und Kündigungsschutz von Absatzmittlungsverträgen. Dargestellt am Beispiel des Handelsvertreters, des Vertragshändlers und des Franchisenehmers. 1999.

Band 24 Martin Steiner: Entgelte der Kreditinstitute. Regelungen beim Girovertrag mit rechtsvergleichender Darstellung des anglo-amerikanischen Rechts. 2000.

Band 25 Sven Claussen: Grenzen der Insichgeschäfte im Gesellschaftsrecht. 2000.

Band 26 Sönke Peters: Der gesellschaftsrechtliche Grundsatz der Einheitlichkeit der Mitgliedschaft. 2000.

Band 27 Gabriele Komp: Die juristische Person als Geschäftsführungsorgan einer Kapitalgesellschaft. Betrachtungen zu §§ 76 Abs. 3 S. 1 AktG und 6 Abs. 2 S. 1 GmbHG. 2000.

Band 28 Gunnar Mayer: Das außerdienstliche Verhalten von Arbeitnehmern. Ein Beitrag zu Geschichte, Grundlagen und Erscheinungsformen außerdienstlicher Verhaltenspflichten. 2000.

Band 29 Michael Mönke: Die Sicherung der Bauunternehmer nach § 648 a BGB. Unter besonderer Berücksichtigung der Vereinbarkeit der Regelung mit den Prinzipien des Zivilrechts. 2000.

Band 30 Oliver May: Die Zulässigkeit der Regelung von Lohn und Arbeitszeit in Betriebsvereinbarungen. 2001.

Band 31 Robert Pape: Die tarifvertragliche Unkündbarkeit. Zugleich ein Beitrag zu den Grenzen der Tarifautonomie im Kündigungsschutzrecht und zum partiell zweiseitig-zwingenden Charakter des § 1 Abs. 2 und 3 KSchG. 2002.

Band 32 Wilm-Christian Jaekel: Die Bindung an formnichtige Grundstücksverträge nach Treu und Glauben. 2002.

Band 33 Susanne Müller: Die Gesellschafterklage als rechtsformübergreifendes Institut. 2002.

Band 34 Freia Peters: Treuhand und Unterbeteiligung an Gesellschaftsanteilen. Eine vergleichende Betrachtung für den Bereich des Gesellschafts- und des Steuerrechts. 2003.

Band 35 Mario Nahrwold: Die wirtschaftliche Betätigung von Idealvereinen am Beispiel der Ausgliederungsvorhaben der Fußballbundesligavereine. Eine Untersuchung zu Geltungsgrund und Grenzen des Nebentätigkeitsprivileges. 2003.

Band 36 Henning Plöger: Sonderarbeitsrechte im Pressebereich. Auswirkungen eines institutionellen Grundrechtsverständnisses auf das Arbeitskampf- und arbeitsrechtliche Statusrecht der Presse. 2003.

Band 37 Christian Springmann: Der Betriebsrat und die Betriebsbeauftragten. Ein Vergleich zweier betrieblicher Funktionsträger unter besonderer Berücksichtigung ihres Verhältnisses zueinander. 2004.

Band 38 Holger Meyer: Der Tatbestand des Betriebsübergangs nach der Rechtsprechung des Europäischen Gerichtshofs und des Bundesarbeitsgerichts. 2004.

Band 39 Philipp Christopher Brügge: Das Gesetz über Teilzeitarbeit. Eine Analyse unter arbeitsrechtlichen und beschäftigungspolitischen Gesichtspunkten. 2004.

Band 40 Sebastian Klausch: Unmöglichkeit und Unzumutbarkeit im System des allgemeinen Leistungsstörungsrechts nach der Schuldrechtsmodernisierung 2002. 2004.

Band 41 Felix Hütte: Die individualistische GbR als Mitglied anderer Vereinigungen. 2005.

Band 42 Tobias Schommer: Die Berücksichtigung und Gewichtung der Interessen der Arbeitsvertragsparteien im Rahmen des kollektiven und allgemeinen Weiterbeschäftigungsanspruchs des Arbeitnehmers. 2005.

Band 43 Christa Wettzel: Die unternehmerische Entscheidungsfreiheit im Rahmen der betriebsbedingten Kündigung. 2006.

Band 44 Andrea Scheibe: Die Mitbestimmung der Arbeitnehmer in der SE unter besonderer Berücksichtigung des monistischen Systems. 2006.

Band 45 Sebastian Ritz: Die Auswirkungen des Gesetzes zu Reformen am Arbeitsmarkt auf den Anwendungsbereich der dreiwöchigen Klagefrist gemäß den §§ 4 bis 7 KSchG. 2007.

Band 46 Anne Pfister: Die Übertragung von Aufgaben auf Arbeitsgruppen gemäß § 28a BetrVG unter besonderer Berücksichtigung der Förderungspflicht aus § 75 Abs. 2 Satz 2 BetrVG. 2007.

Band 47 Merve Ehlers: Personalkostenabbau durch betriebliche Bündnisse für Arbeit. Welche Gesetzesänderungen des geltenden Rechts sind zur Anpassung an die heutigen Wirtschafts- und Arbeitsbedingungen und zur Legalisierung der gängigen Rechtspraxis erforderlich? 2007

Band 48 Nicole Hasselmann: Die Lehre *Ulmers* zur Gesellschaft bürgerlichen Rechts im Wandel der Jahrzehnte. Das Rechts- und Haftungssystem der Gesellschaft bürgerlichen Rechts. 2007.

Band 49 Ina Maria Wiesner: Die Schriftform im Betriebsverfassungsgesetz. 2008.

Band 50 Christian Rebel: Grundprobleme des Nachteilsausgleichs gemäß § 113 Abs. 3 BetrVG. 2008.

Band 51 Benedikt von Wissel: Die Beeinflussung des eigenen Börsenkurses durch die Aktiengesellschaft. Erscheinungsform, Zulässigkeit und Grenzen im deutschen Kapitalmarktrecht. 2008.

Band 52 Malte Kriebitzsch: Die Inhaltskontrolle von Allgemeinen Arbeitsbedingungen anhand der §§ 305 ff. BGB. 2008.

www.peterlang.de

Kolibri 360 GmbH
Ferdinand-Jühlke-Straße 7
99095 Erfurt, Deutschland
produktsicherheit@kolibri360.de

Druck:
CPI Druckdienstleistungen GmbH
im Auftrag der
Kolibri 360 GmbH
Ferdinand-Jühlke-Str. 7
99095 Erfurt